# Toutes les bases et les recettes de la bonne cuisine

Du même auteur aux Editions Ouest-France :

*Nouveau guide de la congélation*
*Nouveau guide de la diététique*
*Nouveau guide de la minceur*
*Nouveau guide des confitures*
*Nouveau guide de la cuisine allégée*
*Quand les enfants font de la bonne cuisine*
*Toutes les recettes de la bonne cuisine au micro-ondes*

Amélie Bar

# Toutes les bases et les recettes de la bonne cuisine

ÉDITIONS OUEST-FRANCE
13 rue du Breil, Rennes

Je dédie ce livre

- *à mes professeurs qui m'ont tout appris,*
- *à mes anciennes élèves qui m'ont tout réappris,*
- *à mes nouvelles élèves qui ont tout à apprendre.*

# INTRODUCTION

*Ce livre s'adresse non seulement aux débutantes, mais aussi à celles qui veulent se perfectionner. Il s'adresse même à celles qui connaissent bien ces bases mais qui voudraient avoir des idées faciles et originales de variantes ou de judicieux conseils sur la simplification du travail culinaire.*

*Pour savoir bien cuisiner, il n'est pas nécessaire de connaître ou de collectionner d'innombrables recettes. Il faut savoir par cœur les bases. Pour cela, il faudra les répéter jusqu'à ce que vous soyez sûre de vous.*

*La technique de ces bases a été simplifiée au maximum ; ce guide vous préviendra des difficultés éventuelles et des gestes à éviter.*

*Quand vous les connaîtrez (ne les apprenez pas toutes à la fois : une par mois, cela suffit...) vous choisirez selon votre humeur la variante du moment et, plus tard, il vous viendra des idées à vous. A ce moment-là, vous inventerez vos propres recettes. Vos amis les réclameront. Votre mari sera fier de la réussite de vos réceptions et de la facilité avec laquelle vous les réaliserez avec sa collaboration. Quant à ce guide, vous l'aurez un peu oublié, mais vous y reviendrez comme on aime revoir et consulter un ami fidèle et sûr.*

# 1. Comment m'organiser ?

Ne me dites pas : « Je n'ai pas le temps de faire de la cuisine, je travaille au dehors », ou le contraire : « Je passe mon temps à la cuisine et aux commissions ». Ces phrases je les entends tous les jours. Je viens vous persuader du contraire : mais il va falloir que vous réfléchissiez :

- sur la manière de travailler ;
- de grouper plusieurs tâches ensemble ;
- de choisir le temps favorable.

La cuisine ne doit pas être un travail supplémentaire qui vous harcèle au retour à votre foyer ; mais vous devez trouver tout prêt ou presque, comme si une fée, d'un coup de baguette, avait fait l'ouvrage en votre absence.

Ne me dites pas que je rêve. Si vous avez un four avec programmateur, vous pourrez sans remords faire au retour de votre travail un détour pour voir une amie et votre dîner se mettra en route sans vous attendre. Il vous suffira d'un simple fignolage pour vous mettre à table 1/4 h après votre arrivée. Cela suppose une simple réflexion et un geste de prévision.

Vous allez apprendre à PRÉVOIR. C'est le mot clé. Prévoir en gros vos menus, vos achats. Ensuite vous choisirez le bon moment pour faire de la cuisine. Cela peut être le samedi matin. Une heure vous suffira chaque semaine, deux heures si vous recevez.

Quand vous connaîtrez les recettes de base, vous en profiterez pour cuisiner en GROSSES QUANTITES. Si vous êtes deux, n'hésitez pas à cuisiner pour quatre. Vous éviterez la répétition des gestes inutiles et vous gagnerez du temps. Sans aucune fatigue supplémentaire, vous aurez pour plusieurs fois des plats cuisinés, ou mi-cuisinés d'avance en conservant le reste quelques jours au réfrigérateur, ou plusieurs mois au congélateur.

**Exemples** :

Vous avez décidé de faire une tarte aux pommes. Faites votre pâte pour 3 ou 4 proportions qui pourront être utilisées les jours suivants sans être reconnues, sous forme de :

- quiche lorraine ;
- de pâté de poisson ;
- de friands.

Si vous avez un congélateur, vous retrouverez avec plaisir dans quelques mois des fonds de tarte tout prêts. Vous pouvez procéder de même pour :

- la pâte à choux ;
- la pâte à crêpes ;
- la pâte feuilletée.

Vous pouvez toutes les utiliser sucrées ou salées.

En cuisant en grosses quantités vous vous constituerez des RÉSERVES pour la semaine (réfrigérateur) pour l'année (congélateur). C'est le moyen de proposer à votre famille une cuisine variée, soignée comme pour les amis. Vous n'aurez plus ce martèlement en tête « qu'allons-nous manger ce soir ? ». Si vous ne faites pas cet effort de réflexion, vous tomberez tôt ou tard dans le piège de la monotonie : le bifteck-nouilles, du vite fait. Vous gâcherez le plaisir d'un repas appétissant si facile à réaliser quand il est à moitié ou presque fait.

Vous détestez la routine ? Alors organisez-vous. Ce que je vous propose vous permettra toutes les fantaisies.

## 2. Comment cuisiner vite et bien ?

1° Réfléchissez à vos gestes. Supprimez les répétitions inutiles, groupez les préparations. Ex : préparez déjeuner et dîner en même temps.

2° Rangez les épices, les ustensiles courants à votre portée. Ceci est à revoir chaque année.

3° Si vous n'avez pas de machine à laver la vaisselle (utile seulement à partir de 4 personnes), n'accumulez pas la vaisselle, c'est démoralisant.

4° Vous devez toujours vous mettre à table ayant tout lavé et rangé le matériel utilisé.

5° La cuisine ne supporte pas de distraction. La surveillance doit être constante. Faites-vous aider d'un compte-minutes qui vous suit dans vos diverses occupations. Utilisez aussi à votre profit le compte-minutes et le programmateur incorporés à l'appareil de cuisson. Ils rendent de grands services et vous laissent l'esprit tranquille.

## 3. Comment prévoir mes repas de tous les jours ?

Actuellement, beaucoup de personnes se plaignent de malaises digestifs sans se rendre compte qu'il suffirait de prendre au sérieux leur repas, pris sur le pouce, à la « va-vite », parfois debout, pour que ces malaises disparaissent.

Il y a des règles importantes à respecter pendant les repas.

1° **Le repas doit être une détente** pour tous, y compris la maîtresse de maison qui doit se considérer comme une invitée.

Il doit se dérouler dans le calme. Eviter les allées et venues inutiles qui créent une atmosphère d'agitation. Avant de vous mettre à table, disposez les plats chauds à proximité de vous. S'il y a une volaille ou un rôti à découper, le faire avant le repas.

2° **La présentation des plats doit toujours être soignée** et mettre en appétit. Ce n'est pas un raffinement réservé aux invités. Eviter les plats et casseroles en aluminium sur la table. C'est beaucoup moins compliqué d'utiliser un plat décoratif avec queue amovible qui va directement, du réfrigérateur sur le gaz ou au four et à votre table. Il en existe qui ne sont pas plus difficiles à nettoyer qu'une casserole ordinaire.

3° **La variété des menus** est indispensable pour ne pas lasser et dégoûter les petits appétits.

Les restes ne seront jamais resservis tels quels. Ils subiront une transformation astucieuse et ne réapparaîtront que le lendemain ou le surlendemain. Ils auront été, bien sûr, rangés sans tarder au réfrigérateur.

4° **Les assiettes et plats seront chauds** pour conserver à la cuisine toute sa saveur. Rien de plus désagréable qu'une sauce figée dans l'assiette. La cuisine, à part quelques exceptions (soufflés, omelettes) peut attendre en vase clos au chaud un long moment sans inconvénient. Pour cela, il faut des plats avec couvercle, au besoin un chauffe-plats et un chauffe-assiettes. Ces dernières, s'il n'y en a que deux, peuvent être chauffées au dernier moment à la vapeur sur une casserole.

La journée comprend trois repas. Chacun a son importance et doit être pris en considération.

### 1° LE PETIT DÉJEUNER

Il ne doit pas être oublié sous prétexte que vous êtes pressée. Grâce à lui, vous serez en forme pour la journée. Il vaut la peine qu'on s'y attarde.

Pour cela prenez un plateau, disposez dessus tout ce qui est nécessaire pour le petit déjeuner : confiture, miel, beurre, sucre, café, chocolat en poudre, presse-citron...

Vous rangez le plateau dans votre placard. Même votre mari, s'il est complaisant, pourra vous le servir sans difficulté. La boisson chaude peut être préparée la veille et gardée dans une bouteille isolante (thermos).

### 2° LE DÉJEUNER

S'il est pris en famille, il doit être prêt à l'heure, pour que chacun puisse repartir au travail sans énervement.

Il faut prévoir un quart d'heure de repos après le café.

Le déjeuner doit être le plus souvent léger. Evitez les fritures répétées ou les viandes en sauce qui rendent pénible le travail de l'après-midi.

### 3° LE DINER

Il ne doit pas être bâclé. C'est l'occasion de se retrouver sans être pressé par la reprise du travail. C'est aussi le moment de compenser les erreurs alimentaires, très fréquentes si vous avez pris vos repas à l'extérieur. Pour cela, pensez toujours à introduire dans votre menu :

– un légume vert ;
– un fromage ou un laitage ;
– une crudité ou un fruit.

# 4. Comment faire un menu équilibré ?

Pour assurer une alimentation saine et équilibrée, il nous faut réfléchir à la composition de nos menus. Ce n'est ni compliqué, ni long. Vous pourrez le faire trouver même à vos enfants à partir de 10 ans.

**COMMENT COMPOSER UN MENU ?**

1° **On choisit le plat principal :**
– soit la viande rouge ou blanche, volaille, abats ;
– soit le poisson, mollusques, crustacés ;
– soit les œufs.

Leur richesse nutritive est équivalente :
100 g de viande = 100 g de poisson = 2 1/2 œufs.

Ils servent à renouveler nos cellules. Si leur présence est indispensable, une moyenne de 120 g par jour de viande ou équivalents est suffisante si nous ne voulons pas, plus tard, être sujet à la goutte de nos arrière-grands-parents.

Il faut éviter d'introduire trop fréquemment de la charcuterie, si bonne et si facile à utiliser, mais trop grasse.

Il est souhaitable de consommer une fois par semaine du poisson.

2° **On cherche les légumes** qui vont aller avec le plat principal ou rester indépendants :

Ex : poulet et haricots verts ; poisson seul et chou-fleur seul.

Tous les jours, il faut consommer des légumes verts, 250 g.

Ce sont les petits pois, carottes, céleri, endives, haricots verts, poireaux...

Ils nous apportent le fer et les minéraux indispensables au bon fonctionnement de l'organisme.

On fera bien de ne pas donner 2 fois par jour des féculents, ni 2 fois au même repas.

Les féculents sont : riz, pâtes, semoule, pommes de terre, légumes secs, flageolets, lentilles, fèves, châtaignes, banane.

Exemple d'erreur à éviter :
– déjeuner : pommes de terre ;
– dîner : pâtes et riz au lait.

Généralement, on donne :
– 1 fois par jour des pommes de terre, remplacées une fois par semaine par, pâtes, riz, légumes secs.
– 1 fois par jour des légumes verts.

Si vous déjeunez à l'extérieur, les féculents sont le plus souvent donnés au menu. Vous ferez donc un effort pour choisir des légumes verts pour votre table familiale.

Vous avez le choix, car vous pouvez quand les légumes verts frais sont chers ou lorsque vous êtes pressée, prendre sans inconvénient des légumes de conserve. Leur teneur en minéraux reste inchangée. Vous pouvez aussi prendre des légumes congelés dont la valeur alimentaire reste excellente et dont le goût de fraîcheur contente les plus difficiles.

3° **Les produits laitiers**

Ils peuvent être donnés sous forme de laitages, sauces au lait, purée au lait, soufflés, tous les fromages natures ou gratinés.

Ils nous assurent le calcium nécessaire à la solidité de nos os et dents. Ce sont les aliments de sécurité.

Tous les fromages sont riches en calcium mais il faut savoir que le gruyère, l'emmenthal sont 3 fois plus riches que le camembert.

A chaque repas, il faut une ration de 40 g de fromage ou 1/4 l de laitage.

4° **Les crudités**

– Les légumes crus : salade, radis, tomate, persil, céleri-rave... (attention, la betterave rouge est cuite).

– Les fruits crus : pommes, poires, citrons, oranges, pamplemousses, clémentines, fruits de saison... (sauf la banane qui est un féculent).

Ils nous apportent la vitamine C qui nous protège du scorbut et des infections. Ils contiennent tous de la cellulose qui régularise les fonctions de l'intestin.

Les fruits acides sont les plus riches en vitamine C. Il est absolument indispensable d'avoir un fruit acide par jour, surtout l'hiver car les crudités sont souvent réduites. Les agrumes sans distinction sont riches en vitamine C.

Ils doivent être présents à chaque repas : 1 crudité ou un fruit.

5° **L'assaisonnement : les corps gras**

Le beurre, seul riche en vitamine A (vitamine de croissance et de bonne vision) sera utilisé de préférence cru ou fondu.

L'huile d'arachide, supportant les températures élevées, convient bien aux fritures.

Les autres huiles : soja, maïs, tournesol sont à réserver pour les salades ou mayonnaises.

La margarine peut remplacer le beurre dans les préparations culinaires.

En France, on a tendance à consommer trop de corps gras, responsables en partie des accidents cardiaques, de l'excès de cholestérol dans le sang. Il faut donc faire attention à ne pas en abuser. Eviter à tout prix le beurrier en permanence sur la table.

La consommation normale ne devrait pas dépasser par jour : 20 g de beurre, 15 g d'huile.

## 5. Comment vérifier si le menu est sans erreur ?

Pour vérifier si un menu est sans erreur alimentaire, vous utilisez trois crayons de couleur : rouge, bleu, vert.

Un menu équilibré comporte obligatoirement :

– un **aliment protidique :** viande, poisson, œuf que vous soulignez en ROUGE ;

– **un produit laitier :** laitage, fromage, que vous soulignez en BLEU ;

– **une crudité :** légume ou fruit que vous soulignez en VERT.

## 6. Exemple de menus équilibrés pour une journée d'hiver

**DÉJEUNER**

Crudités
(carottes + olives noires
+ betterave + persil)

Rôti de bœuf haché
au bacon

Haricots verts

Fromage

Orange

**DINER**

Potage aux légumes

Riz pilaf aux moules

Salade

Crème à la vanille

Ananas

**VERIFICATION**

Chacun de ces menus comporte les 3 couleurs indispensables. Il y a un agrume dans la journée. Il y a une fois des légumes verts.

## 7. Comment avoir des idées pour composer les menus de la semaine ?

Vous pouvez par exemple classer les plats que vous connaissez en 5 listes. Ces listes s'allongeront des nouveaux plats que vous découvrirez :

- une liste de plats de viandes ;
- une liste de plats de poissons ;
- une liste de plats garnis et entrées chaudes (convenant bien pour le soir) ;
- une liste de crudités, salades composées ;
- une liste de desserts.

## 8. Pensez au petit déjeuner

Du petit déjeuner dépend la qualité de votre journée de travail. Il faut le considérer comme un vrai repas. Ne l'escamotez pas sous prétexte que vous êtes pressé. Ce n'est pas une raison ; lisez le chapitre « Comment prévoir mes repas de tous les jours ». Vous verrez que dès demain vous pourrez profiter d'un petit déjeuner préparé à l'avance sans vous lever plus tôt !

Il y a d'autres arguments plus sérieux et qui demandent réflexion :

« Je n'ai pas faim le matin ».

« Je déteste le lait ».

« Le café au lait me pèse toute la matinée sur l'estomac »

S'il est très souhaitable d'avoir l'habitude de prendre un bol de lait aromatisé au café ou au chocolat, il n'est pas possible de l'imposer à tous. Mais avez-vous pensé que vous pouvez remplacer sans inconvénient le bol de lait (1/4 l) par :

- une cuillerée à soupe pleine de lait en poudre, moins volumineux ;
- ou un laitage : crème, riz, semoule au lait (faits maison ou du commerce) ;
- ou une glace à base de lait (très appréciée l'été) ;
- ou 2 yaourts ;
- ou 4 petits suisses ;
- ou 125 g de fromage blanc ;
- ou 40 g de fromage de votre choix.

Vous devez faire un effort pour trouver le moyen de prendre et de faire prendre à votre famille, un produit laitier le matin. C'est le seul moyen d'assurer le calcium nécessaire aux os et dents.

Ainsi, si vous n'avez pas faim, vous n'êtes pas obligé de

consommer et de faire consommer à vos enfants de nombreuses tartines qui dégoûtent les petits appétits.

La consommation d'un jus de fruits est aussi très conseillée, surtout l'hiver pour apporter un supplément de vitamine C.

Il convient aussi aux intestins paresseux, enfin il stimulera votre appétit défaillant.

Si vous avez naturellement de l'appétit vous adopterez sans difficulté le petit déjeuner anglais en introduisant :

- un œuf à la coque, ou un œuf sur le plat au bacon ;
- des corn-flakes ;
- du porridge (bouillie de flocons d'avoine).

# 9. Exemples de petits déjeuners sans bol de lait

1° *Demi-pamplemousse*
*2 yaourts aux fraises*
*Pain grillé*
*Beurre*
*Miel*

2° *Jus de raisin*
*Pain*
*Beurre*
*Gruyère*

3° *Jus d'orange*
*Riz au lait*

4° *Jus d'ananas*
*Crème à la vanille*
*Biscuits*

# 10. Comment avoir des idées pour composer des menus de réception ?

Un menu de réception doit être avant tout raffiné, économique et facile à réaliser.

Pourquoi réserver aux réceptions les plats raffinés ? Certains ne sont pas plus difficiles à exécuter, ni plus onéreux. La recherche dans l'art culinaire permet de varier les menus ; souvent il s'agit de détails.

Par exemple, prenez l'habitude d'ajouter au simple poulet rôti dont on se plaint trop souvent de sa fadeur :

- une farce aux raisins secs + zeste de citron + gingembre ;
- quelques feuilles d'estragon mélangées à un petit suisse ;

– quelques herbes de Provence : romarin, sarriette, basilic ;
– du bacon et de l'ail ;
– un enrobage de moutarde aromatique + de la chapelure ;
– un flambage au cognac.

En utilisant tous ces petits moyens vous acquérez, sans vous en apercevoir, une science naturelle de l'assaisonnement et de l'usage des épices qui doivent améliorer le goût sans se laisser deviner.

Quand vous avez trouvé le plat principal de votre menu :

– si vous choisissez une entrée chaude assez consistante, faite à base de pâte, cherchez un dessert léger à base de fruits ;

– si vous avez fait l'inverse, choisissez un dessert à base de pâtisserie.

## 11. Exemples de menus de réception pour l'été

1° *Riz en salade (tomates, olives, crevettes)*
*Rôti de veau*
*Jardinière de légumes*
*Salade*
*Fromage*
*Coupe de vacherin aux fraises*

2° *Cornets de jambon (carottes, citron, raisins secs noirs)*
*Julienne à la sauce aux câpres*
*Fonds d'artichauts farcis aux petits pois*
*Fromage*
*Salade*
*Paris-Brest*

3° *Œufs en gelée*
*Brochettes (agneau, porc, bœuf, tomate, oignon)*
*Sauce béarnaise*
*Salade niçoise (p. de terre, haricots verts, tomates, olives)*
*Fromage*
*Baba aux fruits au sirop*

4° *Melon*
*Lapin à la broche (moutarde + herbes de Povence)*
*Haricots verts*
*Fromage*
*Salade*
*Crème surprise*

5° *Pamplemousse farci aux crevettes*
*Tournedos*
*Haricots beurre persillés*
*Salade*
*Fromage*

6° *Langue en gelée*
*Asperges sauce mousseline*
*Pâté en croûte*
*Salade*
*Glace à la vanille et au citron*

## Exemples de menus de réception pour l'hiver

1° *Pamplemousse*
*Rôti de porc au lait farci aux pruneaux*
*Haricots verts*
*Salade*
*Fromage*
*Gâteau à l'ananas*

2° *Croissants au jambon*
*Rôti de dindonneau à la broche*
*Pommes farcies aux pruneaux*
*Salade de mâche + betteraves*
*Fromage*
*Œufs à la neige*

3° *Quiche lorraine*
*Gigot d'agneau*
*Flageolets*
*Salade*
*Fromage*
*Salade de fruits*

4° *Brochettes de boudin blanc aux pommes*
*Pintade aux raisins*
*Petits pois*
*Salade*
*Fromage*
*Charlotte à l'abricot*

5° *Sablés au fromage*
*Canard au citron*
*Céleri*
*Salade*
*Fromage*
*Ananas*

6° *Carolines au jambon*
*Escalopes viennoises*
*Pommes de terre sautées*
*Salade*
*Fromage*
*Sorbet à l'orange*

# 12. Ce qu'il faut savoir des vins ?

Le choix d'un vin est toujours une affaire délicate car tel vin ne va pas avec n'importe quel plat. C'est pourtant lui qui met en valeur la réussite culinaire. Si vous n'en faites pas grand cas, ce n'est peut-être pas la même chose pour vos invités.

Voici quelques conseils de base pour vous éviter de graves erreurs. Mais ce n'est qu'avec l'expérience de connaisseurs, selon votre région d'origine, vos goûts, vos découvertes, que vous apprendrez les subtilités de servir un vin pas forcément de grand prix mais de qualité avec le mets qui lui convient.

A vos débuts, vous pouvez demander à votre fournisseur habituel sauf si votre mari en fait son affaire.

## STOCKAGE ET MANIPULATIONS

Si vous avez une cave assez fraîche (10-15° maximum), vous pouvez stocker quelques bonnes bouteilles judicieusement choisies.

Vous les remplacerez à mesure de leur utilisation. Ne les gardez pas plus d'un an, car peu de caves conviennent au vieillissement.

Vous les rangerez en les couchant pour éviter que le bouchon ne se dessèche. Manipulez vos bouteilles avec précautions. Ne les secouez pas en les débouchant car le vin présente souvent un léger dépôt qui doit rester au fond. Rien de plus désagréable que de trouver ce résidu dans son verre.

## COMMENT CHOISIR LES VINS

Votre choix dépendra du style de repas que vous organiserez.

1° **S'il s'agit d'un repas courant entre amis :** il n'est pas nécessaire de servir de grands vins. Un seul suffit, qui peut être un vin de pays : vin rosé, vin gris, de bonne qualité. Il doit être jeune et s'harmoniser avec le plat principal.

2° **S'il s'agit d'un repas plus recherché avec des amis** : on peut choisir deux vins :

– un blanc sec pour l'entrée ou un blanc doux pour le dessert ;

– un rouge pour le plat principal.

3° **S'il s'agit d'un repas de réception :** classiquement, on servait autrefois plusieurs vins, mais en sachant qu'un vin délicat doit toujours précéder un vin corsé et qu'un vin sec doit toujours précéder un vin demi-sec ou moelleux.

A l'heure actuelle, on se limite généralement à un vin de très grand cru et l'on s'y tient pour tout le repas.

## Vins blancs secs

- Bordeaux blanc : graves.
- Bourgogne blanc : chablis, pouilly-fuissé.
- Alsace : sylvaner.
- Centre : vouvray, sancerre, quincy.
- Nantes : muscadet, gros plant.

Ces vins se marient bien avec :

- huîtres (le sylvaner spécialement) ;
- crustacés (muscadet) ;
- poisson.

## Vins rouges étoffés mais pas trop corsés

- Bordeaux : st-émilion, pomerol, médoc, st-estèphe.
- Côtes du Rhône : hermitage.
- Bourgueil.

Ces vins se marient bien avec les viandes rouges ou blanches, les rôtis, les grillades et les volailles.

## Vins rouges corsés très parfumés

- Bourgogne : chambertin, clos-vougeot, vosne-romanée, aloxe-corton, nuits-st-georges ;
- Beaujolais : beaujolais-village, brouilly, chiroubles, moulin à vent ;
- Bordeaux : côtes de fronsac, st-julien ;
- Côtes du Rhône : châteauneuf-du-pape ;
- Côtes du Jura : arbois.

Ces vins se marient bien avec les viandes rouges rôties ou en sauce, le gibier, les fromages.

## Vins blancs liquoreux

- Bordeaux blanc : sauterne, château-du-cros, ste-croix-du-mont, graves supérieur moelleux ;
- Champagne : doux ou demi-sec ;
- Vouvray, saumur ;
- Touraine : mont-louis .
- Anjou : coteaux du Layon.
- Alsace : gewurtztraminer.

Ces vins se marient bien avec les entremets et les desserts.

## Vins rosés (demi-secs)

Ce sont généralement des vins de pays :

- Côtes de Provence ;
- Anjou : cabernet ;
- Saumur.

Ces vins se marient bien avec tous les plats, sauf les poissons, les crustacés, les huîtres qui ne peuvent être servis qu'avec un vin blanc sec.

**A QUELLE TEMPÉRATURE SERVIR LES VINS ?**

La température du vin a une grande importance pour sa dégustation. Il faut donc les servir à la température leur convenant.

**Les vins blancs, les vins rosés** seront servis frais ou frappés.

N.B. – Il ne faut pas laisser séjourner un vin blanc au réfrigérateur : vous le « casseriez ».

**Le champagne ou vouvray, bourgogne (méthode champenoise)** seront servis frappés, mais non glacés.

N.B. – L'utilisation du seau à glace les met à la bonne température, voisine de 0° sans les inconvénients du réfrigérateur.

**Les vins rouges, beaujolais, mâconnais, languedoc** seront servis à la température de la cave : 12°.
**Le bourgogne** sera servi à la température voisine de 15-16°.
**Le bordeaux** sera servi plus chambré : 18-20°.

N.B. – Pour chambrer un vin, c'est-à-dire l'amener à la température ambiante de la pièce, il ne faut en aucun cas le mettre sur une source de chaleur. Il doit se chambrer naturellement et lentement.

# 13. Comment prévoir ma première réception et les suivantes ?

Commencez par inviter une ou deux personnes avec lesquelles vous êtes sans crainte.

Sous prétexte d'invitation, ne cherchez pas des recettes inconnues, à réaliser au dernier moment. C'est la catastrophe !

Au contraire vous **commencerez par chercher un menu facile**, ce qui ne l'empêche pas d'être original, agréable et économique. Il comprendra plusieurs plats que vous connaissez bien et dont au moins deux pourront être préparés la veille :

Ex : l'entrée et le dessert.

Si vous invitez plusieurs fois des amis différents, n'hésitez pas à recommencer le même menu jusqu'à ce que vous soyez sûre de votre compétence.

Ensuite **il faudra prévoir les achats** :

Sur le papier où vous avez inscrit votre menu, vous notez en détail les aliments et produits nécessaires pour le réaliser.

N'oubliez pas de noter le vin qui accompagnera le menu.

**RÉALISATION**

**1° Ce qu'il faut faire la veille :**

Le maximum, pour être frais et dispos le jour de la réception. Vous pouvez toujours faire en partie, ou complètement :

- **le dessert :** charlotte, glace, œufs à la neige ;
- **l'entrée :** œufs en gelée, riz en salade.

Si vous avez prévu une volaille, vous pouvez la farcir pour qu'elle soit prête à cuire le jour. La farce ne présente aucune difficulté mais elle donne une note de raffinement toujours appréciée et augmente notoirement la quantité.

Dans un coin de votre salle à manger, votre table peut être dressée.

**2° Ce qu'il faut faire le jour:**

Les finitions : décoration et assaisonnement des plats.

Vous pouvez confier à votre mari les tâches suivantes :

- le service du vin et du pain ;
- peut-être la préparation du café.

Quant à vous, essayez d'être calme et reposée. N'attendez pas le dernier moment dans votre cuisine pour aller vous refaire une « beauté » car les invités peuvent arriver plus tôt que prévu. Votre repas doit pouvoir supporter aussi tous les retards. S'il s'agit d'une entrée à réchauffer, tenez le four prêt où vous la mettrez dès l'arrivée des invités. Procédez de même si vous tenez à servir du soufflé. Préférez la présentation en ramequins individuels. Vous n'aurez pas à redouter la redescente spectaculaire.

Quand les invités sont partis, notez sur un carnet spécial que vous appellerez « le carnet des grands jours » :

- la date de la réception ;
- le nom des invités ;
- le menu choisi ;
- éventuellement: les appréciations, goûts ou dégoûts des invités. (Ex : M. X n'aime pas la tarte aux pommes, il l'a dit en dégustant avec plaisir la charlotte à l'ananas) ;
- les erreurs commises, les quantités à rectifier.

Ces notations se révèleront très précieuses pour vous éviter de redonner le même menu, sauf si vos invités le réclament. Elles vous feront faire des progrès en vous épargnant de recommencer des erreurs.

# 14. Comment choisir mon service de table ?

Pour recevoir, il n'est pas du tout nécessaire de posséder un service de table complet, composé de nombreuses pièces assorties.

A l'heure actuelle, c'est plutôt encombrant à ranger. Certaines pièces ne sont d'ailleurs pas d'usage courant. Il est plus agréable d'avoir quelques assortiments restreints vous permettant de dresser des tables de styles différents.

**COMPOSITION**

- 12 assiettes plates blanches ou fleuries ;
- 12 assiettes à dessert fantaisie ;
- 6 assiettes en grès ;
- 6 bols en porcelaine chinoise ou japonaise avec leurs cuillères assorties (potage, petit déjeuner, sauces, hod'œuvre) ;
- 12 coupes en verre : salades de fruits, crème, glaces ;
- 12 ramequins blancs ou de couleur en porcelaine à feu : soufflés, mousse au chocolat, œufs en gelée ;
- 2 plats en « pyroflam » avec couvercle : légumes, viandes ;
- 1 plat à tarte et sa pelle ;
- 1 plat long : brochettes, plat en gelée ;
- 1 plat à hors-d'œuvre ;
- 1 service à fondue : (facultatif) ;
- 1 carafe ;
- 1 pichet en grès fantaisie ;
- 1 ménagère en inox ou argenterie ;
- 12 couteaux à fromage ou à fruits. Ils vous serviront davantage que des couteaux à poisson ;
- 12 verres à eau (grands) ;
- 12 verres à vin (moyens) ;
- 12 verres à vin de dessert (petits).

Avec cela, vous pourrez dresser des tables cérémonieuses, rustiques ou fantaisies.

# 15. Comment choisir ma nappe ?

La nappe sera toujours posée sur un molleton de coton ou de mousse, vendu dans le commerce, pour protéger la table.

**CHOIX DE LA NAPPE**

1° **Cérémonieuse.** Pour le soir, préférez la nappe blanche, pur fil ou tergal, en damas, dentelle sur fond blanc, brodée à la main. Tout est permis dans le raffinement !

2° **Fantaisie :** tergal uni ou à fleurs, en tissu non tissé. Ces nappes sont d'un entretien facile et sèchent rapidement.

3° **Rustique** : en grosse toile de coton uni ou à carreaux. Les serviettes seront assorties à la nappe.

# 16. Comment dresser la table ?

**LES ASSIETTES**

L'assiette à potage est la seule qui peut se superposer à l'assiette plate. Vous pouvez la remplacer par les bols en porcelaine japonaise, très raffinés avec leurs cuillères.

La serviette de table est posée sur l'assiette.

**LA FOURCHETTE**

Elle se pose à gauche, les dents tournées vers la nappe.

**LE COUTEAU**

Il se pose à droite, le tranchant de la lame tourné vers l'assiette.

**LA CUILLÈRE A POTAGE**

Elle se pose à droite du couteau, la partie creuse est tournée vers la nappe.

**LES VERRES**

Ils seront placés en ordre de grandeur. En allant de gauche à droite on a :

- le plus grand verre destiné à l'eau ;
- le moyen destiné au vin de table rouge ou blanc ;
- le plus petit destiné au vin de dessert.

**LES COUVERTS A DESSERT**

Ils seront placés à l'avance sur l'assiette à dessert et servis en même temps.

# 17. Comment décorer la table ?

Vous avez le choix selon les circonstances et la saison.
**Le soir**, les candélabres seront toujours très appréciés.

**Les fleurs et branchages**

Le bouquet qui orne le milieu de table ne doit pas faire obstacle entre les convives. Choisissez un **pique-fleurs en verre** ou en métal. Vous pouvez aussi prendre un plat creux en faïence ou en pyrex et y créer un **jardin flottant.** Vous prenez pour cela quelques têtes de fleurs : dahlias, tulipes, jonquilles, qui surnagent parmi des feuilles plates comme le tussilage imitant le nénuphar.

Un compotier en céramique ou un panier en vannerie garnis de fruits ou de légumes conviennent bien pour une table rustique.

PRINTEMPS

Jardin flottant :
jonquilles et tussilages

HIVER

Pique-fleurs :
alkékenges (amour en cage)
et branches de pin

HIVER

Pique-fleurs :
alkékenges (amour en cage)
et cardère (chardon pour les ânes)

## 18. Comment se déroule le service de la table ?

Les plats se passent à gauche.
Les assiettes se desservent à droite.
Le vin se sert à droite.

La première servie est la voisine de droite de votre mari, ensuite sa voisine de gauche et ainsi de suite jusqu'à vous-même. Puis votre voisin de droite, votre voisin de gauche et ainsi de suite jusqu'à votre mari.

Tous les plats sont servis 2 fois à l'exception de la salade et du fromage.

C'est à la maîtresse de maison de donner l'exemple de s'asseoir pour se mettre à table et qui se lève la première quand le repas est terminé.

Le café et les liqueurs sont toujours servis en dehors de la table du repas.

## 19. Comment placer mes invités ?

Vous, Madame, vous placerez à votre droite l'invité d'honneur et à votre gauche celui qui est un peu moins important. Vous procéderez de même avec votre mari, pour l'invitée de marque.

Vous placerez vos invités ainsi par ordre d'importance. Le bout de table (si la table n'est pas ronde) est réservé aux célibataires et aux jeunes.

Si vous recevez de nombreux convives, n'hésitez pas à mettre à la place prévue un carton au nom de l'invité.

## 20. Comment faire mes achats une fois par semaine ?

Selon le temps dont vous disposez, vous procéderez de deux manières :

– Soit vous travaillez toute la semaine à l'extérieur et vous ferez en famille (avec l'auto) vos achats groupés dans un grand magasin.

– Soit vous êtes chez vous et vous pourrez vous offrir le luxe de la matinée du marché, où les occasions vous entraîneront généralement plus loin que vous ne l'avez pensé, surtout si vous êtes une débutante.

**RECOMMANDATIONS :**

Vous ne partirez pas faire vos courses sans une liste précise des provisions nécessaires. Cela vous permettra d'acheter juste, bien, sans rien oublier, mais aussi sans excès.

Vous devez avoir prévu en gros vos menus de la semaine.

Vous avez besoin en principe chaque semaine de :

- viande,
- poisson,
- œufs,
- lait,
- légumes,
- fruits,
- fromages.

Vous regarderez également sur le « pense-bête » utilisé à cet effet, les provisions d'épicerie qui vous manquent.

# 21. Surveillance de mes réserves

Il est important de surveiller régulièrement vos réserves. Cela vous permettra de faire face à l'imprévu :

- si vous êtes obligée de recevoir à l'improviste ;
- si vous rentrez trop tard pour les achats nécessaires ;
- si vous êtes souffrante et ne pouvez sortir pendant quelques jours.

Cela vous permettra de ne pas retourner plusieurs fois dans un magasin ; c'est une perte de temps et une fatigue inutiles.

Un placard aux réserves bien constitué résoudra sans difficulté les problèmes d'approvisionnement (voir tableau, plan d'achat alimentaire mensuel pour une famille de 4 personnes).

Pour contrôler ce qui manque, placez à côté des provisions ou dans votre cuisine un « pense-bête ».

**Quelles sont les provisions de fond et les quantités à avoir ?**

Les quantités nécessaires sont évidemment liées :

- aux habitudes alimentaires ;
- à la grandeur de la famille ;
- à la place dont vous disposez ;
- au genre d'habitation : appartement ou maison.

A titre indicatif et pour une consommation moyenne, voici un plan d'achat alimentaire mensuel pour une famille de 4 personnes (2 parents plus 2 enfants) qui prennent tous leurs repas à domicile.

## PLAN D'ACHAT ALIMENTAIRE MENSUEL POUR UNE FAMILLE DE QUATRE PERSONNES

| DENRÉES NON PÉRISSABLES | CONSOMMATION ET ACHAT MENSUEL DE DENRÉES | PLACARD AUX RÉSERVES |
| --- | --- | --- |
| Pâtes | 2 kg | 1 kg |
| Riz | 2 kg | 1 kg |
| Semoule | 0,5 kg | 0,5 kg |
| Tapioca | 0,5 kg | 0,5 kg |
| Lentilles | 0,5 kg | 0,5 kg |
| Farine | 1,5 kg | 1 kg |
| Sucre | 3 kg morceaux | 1 kg morceaux |
| | 1 kg cristal | 2 kg cristal |
| | 1 kg semoule | 1 kg semoule |
| Confiture | 2 kg | 1 kg |
| Fruits secs | 0,2 kg raisins secs | 0,5 kg raisins secs |
| | 0,2 kg pruneaux | 0,5 kg pruneaux |
| Chocolat | 0,4 kg | 0,2 kg |
| Gâteaux secs | variable | 1 boîte |
| Lait en poudre | variable | 1 boîte |
| Thé | variable | 1 paq. 100 g |
| Café | 1 kg | 0,250 kg |
| Sel | 0,250 kg fin | 0,5 kg fin |
| | 0,5 kg gros | 0,5 kg gros |
| Olives | variable | 1 pot |
| Moutarde | 1 pot | 1 pot |
| Cornichons | 1 pot | 1 pot |
| Huile | 2 litres | 1 litre |
| Margarine | 2 kg | |
| Purée déshydratée | variable | 1 grand paquet (4 sachets) |
| Potages déshydratés | variable | 1 crème d'asperges |
| | | 1 poireaux - pommes de terre |
| | | 1 poulet-vermicelle |
| | | 1 cresson |
| Conserves de poisson | variable | 2 b. sardines |
| | | 2 b. maquereaux |
| | | 2 b. thon |
| | | 2 b. colin |
| | | 1 b. moules |
| | | 1 b. coquilles St-Jacques |
| | | 1 b. crevettes |
| | | 1 b. crabe |
| Conserves de viande | variable | 1 b. langue |

**Crème d'oseille** (recette p. 49). ▶

## PLAN D'ACHAT ALIMENTAIRE MENSUEL POUR UNE FAMILLE DE QUATRE PERSONNES (suite)

| DENRÉES NON PÉRISSABLES | CONSOMMATION ET ACHAT MENSUEL DE DENRÉES | PLACARD AUX RÉSERVES |
|---|---|---|
| | | 1 b. museau |
| | | 1 b. jambon |
| | | 2 b. pâté |
| | | 1 b. quenelles |
| Conserves de légumes | variable | 2 b. petits légumes |
| | 4 à 8 boîtes | 2 b. petits pois |
| | au total | 2 b. flageolets |
| | | 2 b. céleri |
| | | 1 b. épinards |
| | | 1 b. salsifis |
| | | 1 b. choucroute |
| | | 1 b. artichauts |
| | | 1 b. asperges |
| | | 1 b. cœurs de palmier |
| | | 2 b. champignons de Paris |
| Plats garnis | variable | 1 choucroute |
| | | 1 paella |
| | | 1 cassoulet |
| | | 1 couscous |
| Fruits au sirop | variable | 1 b. ananas |
| | | 1 b. pêches |
| | | 1 b. poires |
| | | 1 b. cocktail de fruits |
| | | 1 b. abricots |
| Fruits confits | variable | 1 sachet |
| Levure chimique | variable | 5 sachets |
| Sucre vanillé | variable | 10 sachets |
| Sucre glace | variable | 0,5 kg |
| Gousse vanille | 1 | 1 ou 2 |
| Chapelure | variable | 1 boîte |
| Gelée instantanée | variable | 2 sachets |
| Court-bouillon instantané | variable | 2 sachets |
| Bouillon-cube | variable | 1 boîte |
| P. de terre | 25-30 kg | 10-20 kg |
| Oignons | 1 kg | 1 kg |
| Ail | variable | 1 chapelet |
| Echalotes | variable | 1 chapelet |

◀ **Soupe de poisson** (recette p. 50).

**COMBIEN DE TEMPS CONSERVER LES PROVISIONS DE FOND ?**

**La durée de conservation des produits alimentaires dépend de la nature mais aussi de l'endroit où ils sont entreposés.**

**LE BEURRE :** au réfrigérateur.
- Beurre laitier : 8 jours.
- Beurre pasteurisé : 10-15 jours.
- Beurre salé : 15-20 jours.

Il se conserve mieux dans du papier aluminium.

**BISCUITS :** ramollissent à l'humidité. Ils se conservent cependant plusieurs mois dans des boîtes en plastique hermétiques.

**CHOCOLAT :** blanchit et rancit à la longue. Il se conserve longtemps dans une boîte en plastique : 6 mois.

**CONFITURE :** du commerce, plusieurs années ; faite maison, 6 mois à un an.

Il faut qu'elle soit bien cuite, recouverte de paraffine ou papier cellophane, et placée dans un endroit sec, assez frais.

**FRUITS SECS :** conservation un an dans une boîte en plastique hermétique. A l'air, ils se dessèchent rapidement.

**CONSERVES :** conservation 1 an.

Elles bombent lorsqu'elles sont exposées à la chaleur et s'oxydent à l'humidité. Il faut les ranger dans un placard sec et frais.

**HUILE :** conservation 6 mois si l'emballage est opaque et si elle est rangée dans un endroit frais. L'huile d'olive se conserve seulement deux mois.

**PATES :** conservation 6 mois, dans un endroit sec.

**RIZ :** conservation 1 an dans un endroit sec.

**SUCRE :** stockage illimité, mais l'humidité le durcit ; donc le ranger dans un endroit sec.

**POMMES DE TERRE :** conservation 6-8 mois jusqu'à la récolte nouvelle. Elles seront conservées à claires-voies à l'abri de l'humidité, de la lumière pour les empêcher de germer.

# 22. Comment utiliser les boîtes de conserves ?

Il ne faut jamais utiliser les boîtes de conserves telles quelles. Même s'il s'agit d'un plat complet avec viande et légumes prêts à la consommation.

Vous ajouterez à votre boîte quelques petits riens pour lui donner un intérêt nouveau et masquer son goût monotone. En somme, vous devez lui donner un air de fraîcheur qui lui manque toujours.

Voici quelques suggestions :

| CONSERVES | NOTE PERSONNELLE |
|---|---|
| Petits pois | Quelques feuilles d'estragon. |
| Haricots blancs | Paprika + persil haché. |
| Macédoine de légumes | Lamelles de cornichons + câpres. |
| Haricots verts | Hachis d'ail + persil haché + filet de vinaigre. |
| Lentilles | Lard fumé + hachis d'ail. |
| Carottes | Crème fraîche + persil haché. |
| Flageolets | 4 baies de genièvre ou une branche de fenouil. |
| Maquereaux au vin blanc | Anneaux d'oignons blancs crus ou hachis d'échalotes. |
| Colin au naturel | Sauce avec crème fraîche + jus de citron + pincée de safran. |
| Bœuf en daube | Flamber au cognac. |
| Cannelloni | Crème fraîche + gruyère râpé. |
| Potages en sachet | Lier avec un jaune d'œuf ou 1 c. à soupe de crème fraîche. |
| Purée de pommes de terre (en sachet) | Mettre dans l'eau de cuisson : ail, thym ou noix de muscade. |

**LES BOITES DE CONSERVES PRÉSENTENT-ELLES UN DANGER POUR LA SANTÉ ?**

Les boîtes de conserves ne présentent aucun danger. Leur contrôle de fabrication est très sévère. Quant à leur valeur nutritive, elle est la même que pour les plats cuisinés chez soi.

Lorsqu'il n'est pas possible d'acheter ou de préparer des légumes verts frais ou congelés, la maîtresse de maison n'hésitera pas à utiliser des boîtes de légumes en conserve. Cela lui permettra de composer rapidement des menus équilibrés et d'éviter l'abus de féculents.

# 23. Comment choisir une batterie de cuisine simple, moderne, économique?

**LES CASSEROLES.**

Il n'est pas du tout souhaitable d'avoir une batterie de casseroles de la même matière ; sauf si elles servent de décor à la cuisine.

La casserole doit être avant tout adaptée à la cuisson choisie.

A titre d'exemples :

– 2 casseroles ordinaires en aluminium pour les cuissons à l'eau (œufs durs, caramel), 12-15 cm de diamètre.

– 2 casseroles en téflon (20 cm = 2 l et 18 cm = 1 l) pour bouillir lait, riz au lait, sauces, riz pilaf.

– 2 couvercles universels.

**LES PLATS-CASSEROLES.**

– 2 plats « pyroflam » avec couvercle, que vous pouvez mettre directement du réfrigérateur sur le gaz ou l'électricité, puis sur la table.

**1 plat creux et carré,** 18 cm de côté. Sa queue amovible est très pratique et ne craint pas le lave-vaisselle.

Utilisations : potages, gâteaux de riz, gratins, soufflés, légumes, viandes.

**1 cassolette** (15 cm de diamètre) pour les sauces délicates (béarnaise, hollandaise, mousseline) qui ne supportent pas les changements de récipient à cause des différences de température.

– 2 plats en verre culinaire « pyrex » ou porcelaine à feu (plus cher) avec couvercle.

**1 plat rond :** légumes, gratins, soufflés, entremets.

**1 plat long :** viandes, rôtis, volailles.

Ces plats servent aux cuissons au four, mais ne supportent pas la flamme directe de gaz et nécessitent un diffuseur. La cuisson se fait sans dessécher et les aliments peuvent rester au chaud longtemps.

– 6 ou 12 ramequins en porcelaine à feu.

Utilisations : œufs cocotte, soufflés individuels, mousse au chocolat, œufs en gelée ; ramequins de poissons, de crustacés, de champignons.

N.B. – *Les casseroles ou plats en acier inoxydable sont d'un entretien délicat. Ils ne supportent pas le four. La fonte émaillée en couleur est jolie, mais elle est fragile aux coups et elle est lourde. Les casseroles en émail sont également sensibles aux coups.*

*Dans l'achat des plats allant au four, il faut penser à prendre un plat avec couvercle.*

*L'entretien du verre, de la porcelaine ou de l'émail est facile mais il doit se faire avec un produit non abrasif (Cif) si l'on veut ne pas les rayer et les ternir définitivement.*

**POÊLE ET FRITEUSE.**

– 1 poêle en téflon est indispensable.

– 1 friteuse (24 cm) assez grande en aluminium avec panier et couvercle ; ou 1 friteuse électrique, selon la fréquence des fritures et la grandeur de la famille (voir : « Que faut-il penser de l'achat de certains appareils électriques ?).

**AUTOCUISEUR.**

Ou marmite sous pression. Capacité 6 l ou 8 l. Au début prenez la 8 l : elle vous permettra de cuire de gros morceaux (langue de bœuf, pot-au-feu, potage). Vous compléterez plus tard par une 6 l qui est très commode pour les petites quantités et dont la mise sous pression est plus rapide.

**LA PETITE QUINCAILLERIE.**

– 1 petite passoire fine en fil tressé (10 cm de diamètre).

– 1 passoire à trépied en aluminium ou en plastique. Elle peut être remplacée avantageusement par le panier rigide de l'autocuiseur. Il est vendu séparément. Il permet d'égoutter directement les aliments.

– 1 moulinette à gruyère et à hors-d'œuvre.

– 1 moulin à légumes qui peut être remplacé par le mixer-batteur presse-purée.

– 1 hachoir mécanique qui peut être remplacé plus tard par le hachoir électrique.

– 1 louche.

– 1 écumoire.

– 1 série de couteaux (économique, cuisine, à découper, à pain). – Ciseaux-sécateurs.

– 1 presse-citron.

– 1 coupe-œufs.

– 1 coupe-tomates.

– Décapsuleur ouvre-boîtes.

– 1 planche à découper et 1 mini-planche à découper.

– 1 verre gradué.

– 2 spatules en bois.

**MATÉRIEL DE PATISSERIE.**

Les moules utilisés le plus fréquemment sont : les moules à tarte, à cake, à savarin ou à baba, à charlotte, à quatre-quarts.

Le téflon donne des résultats très satisfaisants, mais vous pouvez très bien utiliser des moules et plats en papier d'aluminium. Ils peuvent servir plusieurs fois et ils ont l'avantage de servir pour la congélation et la cuisson.

– 1 rouleau à pâtisserie.
– 1 pinceau.
– 1 poche à douille en toile (non indispensable).
– 1 fouet électrique et 1 mécanique.
– 1 sorbetière électrique (très appréciée pour les glaces).
– Matériel en plastique pour la cuisine et rangement (bols, terrines, boîtes rectangulaires).
– 1 moule à charlotte. L'« Ami gourmet Tupperware » avec fond amovible est très pratique et permet de démouler facilement charlottes, plats en gelée, bavaroises, salades de riz, desserts glacés, etc.
– Ramequins en plastique (Tupperware) avec fond amovible peuvent être pratiques pour les œufs en gelée, pour plus tard.
– 1 grille.

## 24. Que faut-il penser de l'achat de certains appareils modernes ou électriques ?

**AUTOCUISEUR**
**ou marmite sous pression.**

Pour la cuisson moderne, elle est absolument indispensable. Elle économise 2/3 du temps de cuisson, donc de l'énergie. Elle permet à la maîtresse de maison, toujours pressée, d'arriver à cuisiner des plats auxquels elle ne pouvait plus songer (langue de bœuf, pot-au-feu, ragoût).

Elle permet de réaliser également de nombreux desserts rapides.

D'ailleurs, de temps en temps, si vous préférez surveiller davantage la cuisson de certains aliments fragiles, vous pouvez toujours vous en servir comme une cocotte ordinaire sans mettre la soupape.

**LA FRITEUSE ELECTRIQUE.**

Elle n'est valable que si l'on consomme des frites au moins une fois par semaine. Sinon la quantité importante d'huile immobilisée représenterait une dépense exagérée.

Il en existe différents modèles.

– Petite (2 personnes) : quantité de frites, 0,750 kg ; quantité d'huile nécessaire 2,5 l.

– Moyenne (4 personnes) : quantité de frites 1 kg ; quantité d'huile, 3,5 l ou 7 pains de 500 g de végétaline.
– Grande (6 personnes) : quantité de frites, 1,250 kg ; quantité d'huile, 4 l.

Le thermostat a un grand intérêt, car il permet de régler la température. Il évite à l'huile de fumer et de devenir toxique, en produisant de « l'acroléine » (cancérigène).

La fermeture hermétique évite les odeurs désagréables.

**LE ROBOT MARIE.**

Intéressant à partir de 4 personnes, sinon le nettoyage, le montage, le rangement sont trop fastidieux.

**LE HACHOIR ÉLECTRIQUE.**

Il est très utile pour hacher de la viande, de l'oignon, du chou rouge. Les autres légumes sont un peu « mâchés ». Leur présentation est médiocre.

**FOUET ÉLECTRIQUE.**

Pratiquement indispensable si vous battez souvent les blancs en neige ou si vous faites fréquemment de la mayonnaise.

**COUTEAU ÉLECTRIQUE.**

Très utile car il permet de couper des tranches fines dans les viandes assez difficiles comme le dindonneau. Mais ce n'est pas un achat utile au début.

**APPAREIL A CROQUE-MONSIEUR ET A GAUFRES.**

L'achat peut paraître important, mais son utilisation se révèle très pratique.

Les croque-monsieur sont dorés et croustillants sans être gras.

Les gaufres assez difficiles à réussir dans un gaufrier manuel, donnent ici entière satisfaction. Il peut devenir aussi une bonne distraction pour les enfants, car il est d'un usage facile.

**LA YAOURTIÈRE ÉLECTRIQUE.**

Permet de réaliser des yaourts moitié moins chers que dans le commerce. Si on aime les yaourts, elle est amortie en 6 mois, à raison d'une utilisation par semaine. Elle fait des yaourts parfaits, de fraîcheur indiscutable, dont vous pouvez varier le goût selon votre fantaisie. On peut même réaliser des glaces légères à partir de yaourts. Son utilisation extrêmement simple la rend vraiment intéressante.

## 25. Comment choisir mon appareil de cuisson ?

N'ayez pas peur de faire la cuisine à l'électricité. Elle apporte beaucoup d'avantages et permet une cuisson très sûre et précise. Son prix de revient est équivalent au gaz si l'on respecte bien le mode d'emploi.

Vous pouvez choisir un appareil de cuisson mixte :

– 2 plaques à l'électricité et 2 brûleurs à gaz.

– 1 four électrique.

Cela vous apportera beaucoup de souplesse. Mais avant de vous encombrer d'une grosse cuisinière, avez-vous pensé à l'intérêt d'un four électrique doublé d'une rôtissoire ? Vous avez alors la possibilité de faire cuire à la broche pendant la cuisson d'un autre plat dans le four. L'encombrement est réduit et vous n'avez pas à vous accroupir pour surveiller la cuisson.

C'est l'avantage de tous les fours indépendants.

Dans tous les cas, si vous préférez la cuisinière, choisissez-la avec un tourne-broche et porte-brochettes.

A l'heure actuelle, il est très utile de choisir un appareil avec minuteur et programmateur vous permettant de contrôler à distance la mise en marche et l'arrêt automatique de votre appareil.

## 26. Comment utiliser au mieux mon réfrigérateur ?

Le réfrigérateur est utilisé par tout le monde, mais rares sont ceux qui l'utilisent convenablement.

Il est généralement considéré comme un placard produisant du froid, donc conservant mieux.

Le rôle du réfrigérateur, c'est non pas de produire du froid mais d'absorber de la chaleur, donc de dessécher l'atmosphère.

Ceci est très important. Car tout aliment mis tel quel, perd en 2 jours 20 à 50 % de son eau et de ses vitamines !

D'où première nécessité : **l'emballage** hermétique ou non hermétique selon les aliments. L'emballage permet aussi à l'aliment de garder sa saveur propre et lui évite d'emprunter celle des voisins, toujours désagréable (le beurre prend très facilement les odeurs).

La deuxième nécessité : **l'air doit circuler librement** dans le réfrigérateur. Pour cela les grilles de rangement doivent rester à claire-voie et le réfrigérateur ne doit jamais être bourré.

Ces exigences n'existent pas pour un placard !

## CHOISIR L'EMBALLAGE QUI CONVIENT ?

– Boîtes en plastique rondes, hermétiques (sans air), à utiliser seulement pour les aliments cuits.

– Boîtes en plastique rectangulaires non hermétiques, à utiliser pour les aliments crus (viande, poisson).

(Il est dangereux de mettre les viandes ou les poissons dans un emballage hermétique à cause de la fermentation à l'abri de l'air).

– Papier aluminium. Il convient à tous les aliments.

– Petits bocaux en verre, sachets en plastique (hors-d'œuvre, persil).

N.B. – *Il ne faut pas prendre d'emballage en plastique servant à d'autres usages qu'à l'alimentation car les emballages alimentaires subissent un contrôle.*

## METTRE LES ALIMENTS A LA PLACE QUI LEUR CONVIENT

Pour cela il faut respecter les différentes zones de froid du réfrigérateur (voir schéma).

## LES ALIMENTS A NE PAS METTRE AU RÉFRIGÉRATEUR

– Les fromages fermentés (roquefort, camembert, sauf si vous voulez stopper leur fermentation).

– Tous les fruits, spécialement les agrumes (citron, orange, clémentine, banane).

– Le melon (sauf pour le rafraîchir une heure avant de le consommer).

# LE RÉFRIGÉRATEUR

## Zones de froid et utilisations

**ZONE 1 : freezer** (glaces, aliments congelés, cubes de glace).

**ZONE 2 : aliments crus** (viandes, poissons).

**ZONE 3 : aliments cuits** (viandes, poissons, légumes).

**ZONE 4 : bac à légumes crus.**

**ZONE 5 : la porte** (lait, boissons, crème fraîche, beurre, margarine, fromage cuit ou fermenté, yaourt, petit-suisse, œufs).

# 27. Comment mon congélateur peut devenir mon traiteur à domicile ?

On a beaucoup parlé du congélateur comme s'il était un placard de réserves à « grosses bêtes » :

– Moi, j'ai un mouton, un veau, un cochon, un demi-bœuf !

Aussi, pas mal de personnes l'ont considéré comme un achat de luxe avec mise de fonds énorme. Mais s'il rend possible de congeler de grandes quantités à prix intéressants, ce n'est pas sa seule utilité. Il n'est donc pas réservé aux familles nombreuses. Un ménage peut très bien en tirer profit sans investissements considérables.

Petit à petit vous vous habituerez à cuisiner en grosses quantités et vous vous constituerez des réserves de plats tout prêts (voir « Comment m'organiser »).

## 1° QUELS SONT LES PLATS QUE VOUS POUVEZ FAIRE (à titre d'exemples) ?

– **Pâtes :** à crêpes ; à gaufres ; à tartes ; feuilletée.
Fonds de tartes prêts à la cuisson.
Friands.
– **Légumes :** gratin de chou-fleur ; tomates farcies.
– **Poisson :** gratin de poisson ; croquettes ; poisson entier ; dorade farcie.
– **Viandes :** hachis parmentier.
En sauce : bœuf bourguignon, à la mode ; sautés de veau ; poulet ; porc ; rognons ; paupiettes.
Rôties : porc ; veau ; poulet ; pintade.
Bouillies : langue ; pot-au-feu ; blanquette de veau ; poule au blanc.
– **Sauce :** béchamel.
– **Desserts :** glaces ; gâteau de riz ; semoule.

## 2° QUELS SONT LES PLATS QUE VOUS POUVEZ TROUVER DANS LE COMMERCE ?

Il y en a tant, que vous aurez la curiosité d'aller vous renseigner vous-même et de faire vos expériences selon votre goût.

Il y a de nombreux plats raffinés, très bien décorés, qui peuvent vous rendre service et compléteront votre réserve personnelle, lorsque vous devez recevoir à l'improviste.

Ces plats n'ont qu'un inconvénient : leur prix assez élevé.

### 3° QUEL CONGELATEUR CHOISIR ?

Il faut choisir en fonction de la quantité de ce que l'on veut congeler et garder chez soi.

Si vous êtes en ville et avez peu d'espace, le congélateur-armoire, peu encombrant, très facile de rangement pour les plats cuisinés, vous conviendra le mieux.

Si vous êtes à la campagne et vivez de vos produits, préférez au grand congélateur, difficile d'accès, deux moyens.

- Une armoire pour les plats cuisinés.
- Un coffre pour les gros morceaux à congeler.

### 4° QUE FAUT-IL PENSER DU RÉGRIGÉRATEUR + COMPARTIMENT CONSERVATEUR ?

Que ce n'est pas un congélateur mais un conservateur à moins18° et qu'il faut le considérer comme tel. Ne pas l'utiliser pour congeler mais pour conserver les produits congelés du commerce.

Sa capacité réduite n'offre seulement qu'une solution de dépannage.

# 28. Équivalences de poids et de mesures à connaître

La balance dans une cuisine n'est pas indispensable. Elle sert de temps en temps, mais vous pouvez fort bien vous en passer. Par contre, un verre mesureur est d'un usage quotidien dans la cuisine. Il donne le volume avec l'équivalence en poids des denrées usuelles. Pour la margarine et le beurre, vous utiliserez les mesures indiquées sur le papier d'emballage.

A défaut de verre mesureur, cela arrive en voyage, en camping, vous devez connaître quelques équivalences qui vous permettront de vous débrouiller sans faire d'erreurs.

**Farine :** 1 c. à soupe rase = 8 g.
**Sucre en poudre :** 1 c. à. s. rase = 10 g.
**Sel fin :** 1 c. à café rase = 4 g.
**Riz :** 1 c. à soupe rase = 8 g.
**Lentilles, pois cassés:** 1 c. à soupe rase = 6 g.
**Huile :** 1 c. à soupe = 15 g.
**Beurre :** une noix = 20 g.

# 29. Quantités à prévoir par personne

CRUDITÉS : 80 à 100 g.
VIANDES : rôtis, grillade : 120 à 150 g ;
- Côtelette : 150 à 200 g.
- En cocotte
- Bouillies
- En ragoût

} 200 à 250 g, avec os. 180 à 200 g, sans os.

- Volaille : 250 à 300 g.
- POISSON : 120 à 150 g, sans déchet (tranche ou filet).
  200 à 250 g, avec déchet (poisson entier).
- OMELETTE OU ŒUFS BROUILLÉS : 1 œuf et demi à 2 œufs par personne ; 6 œufs pour 3 personnes.
- SAUCES: un demi-litre de liquide (lait ou bouillon) pour 5 ou 6 personnes ; 1 dl pour 1 ou 2 personnes.
- LEGUMES: pommes de terre, légumes verts frais ou congelés, 250 à 300 g.
  Légumes en boîte: la boîte de 1/2 pour 2 personnes ; la boîte de 4/4 pour 4ou5 personnes.
- LÉGUMES SECS : selon leur utilisation.
  Comme légumes :
  Riz
  Pâtes
  Semoule
  Haricots secs
  Pois cassés
  Pois chiches
  Fèves
  Lentilles

  } 60 g par personne.

- En entrée ou en dessert :
  Riz
  Pâtes
  Semoule
  Lentilles
  Haricots secs

  } 30 g par personne.

- En potage :
  Riz
  Pâtes
  Semoule

  } 10 g par personne = 1 c. à soupe rase.

- DESSERT AU LAIT: 1 litre pour 8 à 10 personnes ; 1 demi-litre pour 4 ou 5 personnes ; 1 dl pour une personne.
- SALADE DE FRUITS : 100 à 150 g de fruits par personne
- FRUITS AU SIROP : la boîte de 1/2 pour 2 personnes.
  La boîte de 4/4 pour 4 ou 5 personnes.

# POTAGES

## BOUILLON AU VERMICELLE

*QUANTITÉS : 4 personnes.*
*1 l de bouillon de pot-au-feu ou de bouillon de poule ou bouillon en cube ; 50 g de vermicelle ou de petites pâtes (10 g ou 1 c. à soupe par personne).*
*GARNITURES (facultatives) : 20 g de gruyère râpé ; croûtons dorés à la poêle ou grillés au four.*
*CUISSON : vermicelle ou tapioca, 10 mn ; riz, 20 mn.*

1° Dégraisser le bouillon refroidi et le faire chauffer.
2° Quand il bout, verser en pluie le vermicelle et laisser cuire 10 mn.
3° Verser le bouillon chaud sur les croûtons. Saupoudrer de gruyère râpé et servir immédiatement.

N.B. – Vous pouvez utiliser également du tapioca ou du riz.

## POTAGE AUX LÉGUMES

*QUANTITÉS : 4 personnes.*
*On compte 100 à 150 g de légumes par personne ; 150 g de carottes ; 150 g de poireaux ; 300 g de pommes de terre ; 50 g de navets ; 1 l d'eau ; sel, 1 c. à café par litre d'eau ; 20 g de beurre (facultatif).*
*AROMATES AU CHOIX : 1 gousse d'ail ; 2 tomates ; 1 branche de céleri ; cerfeuil, basilic, persil, lait.*
*LIAISONS AU CHOIX : 1 jaune d'œuf ; 2 c. à soupe de crème fraîche.*
*PRÉPARATION : 15 mn.*
*CUISSON : en faitout, 45 mn ; à l'autocuiseur, 20 mn.*

1° Faire chauffer 1 l d'eau salée.
2° Éplucher, laver et couper les légumes en morceaux réguliers.
3° Quand l'eau bout, verser les légumes. Laisser bouillir soit 45 mn en faitout ; soit 20 mn à l'autocuiseur, à partir de la rotation de la soupape.
4° Passer le potage au moulin à légumes ou au batteur électrique (grille potage).
5° Ajouter le beurre et servir le potage bien chaud.

N.B. – Vous pouvez varier les proportions de légumes, ce sera autant de nouveaux potages. Vous pouvez ajouter d'autres légumes de votre choix : chou, laitue, cresson, haricots verts, oignons, petits pois (en fin de cuisson).

# VARIANTES

## POTAGE JULIENNE

Éplucher et laver les légumes, puis les râper ou les hacher en fines lanières. Les faire cuire selon la recette de base du potage aux légumes mais seulement 15 mn à l'autocuiseur, à partir de la rotation de la soupape ou 30 mn en faitout.

N.B. – Vous pouvez ajouter d'autres légumes de votre choix : petits pois (en fin de cuisson), chou, laitue, haricots verts.

### POTAGE AUX POIREAUX ET AUX POMMES DE TERRE

Suivre la recette de base du potage aux légumes en respectant les quantités suivantes :

POUR 4 PERSONNES : *250 g de poireaux ; 250 g de pommes de terre ; 20 g de beurre ; 1 l d'eau ; sel 1 c. à café.*

● ●

### POTAGE AU CRESSON

QUANTITÉS : *4 personnes.*
*1 l d'eau ; 1 botte de cresson (250 g) ; 20 g de beurre ou de margarine ; 20 g de farine ; sel, 1 c. à café par litre d'eau ; poivre.*
LIAISONS AU CHOIX : *1 jaune d'œuf ou 2 c. à soupe de crème fraîche.*
GARNITURE *(facultatif) : croûtons.*
PRÉPARATION : *10 mn.*
CUISSON : *à la cocotte ordinaire, 40 mn ; à l'autocuiseur, 15 mn.*

1° Laver le cresson. Le hacher grossièrement.
2° Faire revenir doucement le cresson avec la matière grasse. Saupoudrer de farine. Tourner avec une cuillère en bois jusqu'à ce que le mélange soit mousseux. Hors du feu, verser tout le liquide froid. Remettre sur le feu, en tournant sans cesse jusqu'à ébullition. Saler et poivrer. Couvrir et laisser bouillir : soit 40 mn à la cocotte ordinaire, soit 15 mn à l'autocuiseur.
3° Servir le potage au cresson lié avec du jaune d'œuf ou de la crème fraîche et accompagné de croûtons revenus à la poêle ou grillés au four.

N.B. – Vous pouvez faire de la même manière : la crème de laitue, la crème d'oseille, la crème d'épinards, la crème de poireaux, la crème de champignons, la crème aux fanes de radis (tiges et feuilles), la crème de tomates. Vous pouvez également remplacer la farine par 250 à 300 g de pommes de terre.

## VARIANTES

| | |
|---|---|
| **CRÈME DE CHAMPIGNONS**<br>**CRÈME D'ÉPINARDS**<br>**CRÈME AUX FANES DE RADIS**<br>**CRÈME DE LAITUE**<br>**CRÈME D'OSEILLE**<br>**CRÈME DE POIREAUX**<br>**CRÈME DE TOMATES**<br>**+ ail + bouquet garni** | Suivre la recette de base du potage au cresson. |

**CRÈME D'ASPERGES**
**CRÈME DE CÉLERI**
**CRÈME DE CHOU-FLEUR**
**CRÈME DE FENOUIL**

Suivre la recette de base du potage au cresson, en prenant la précaution de blanchir 5 mn les légumes à l'eau bouillante, avant de les ajouter directement dans l'eau de cuisson sans les faire revenir.

• •

## SOUPE A L'OIGNON GRATINÉE

QUANTITÉS : *4 personnes.*
GRATIN : *au gril, quelques instants ; au four, 10 mn th 8.*
*1 l d'eau ; 125 g d'oignons ; 40 g de beurre ou de margarine ; 20 g de farine ; sel 1 c. à café ; poivre.*
GARNITURE : *4 tranches de pain ; 40 g de gruyère râpé ; 20 g de margarine.*
PRÉPARATION : *10 mn.*
CUISSON : *à la cocotte ordinaire 20 mn ; à l'autocuiseur 10 mn.*

1° Couper les oignons en rondelles et les faire blondir doucement dans la matière grasse. Saupoudrer avec la farine en tournant avec une cuillère en bois, jusqu'à ce que le roux brunisse. Retirer du feu et jeter d'un seul coup l'eau froide. Bien diluer et remettre sur le feu, à bouillir, en remuant sans cesse. Saler et poivrer. Couvrir et laisser cuire soit 20 mn à la cocotte ordinaire ; soit 10 mn à l'autocuiseur, à partir de la rotation de la soupape.
2° Pendant ce temps, faire dorer les tranches de pain à la poêle ou les faire griller au four.
3° Dans une soupière allant au four, mettre les tranches de pain grillé. Verser dessus la soupe à l'oignon passée. Saupoudrer de gruyère et faire gratiner à four chaud une dizaine de minutes ou passer quelques instants sous le gril.
4° Servir la soupe à l'oignon immédiatement.

N.B. – Vous pouvez ajouter dans le bouillon passé, 40 g de vermicelle et le faire bouillir 5 mn avant de le verser sur les croûtons.

## SOUPE DE POISSON

QUANTITÉS : *4 personnes.*
*1 kg de poissons : 250 g de lotte ; 250 g de congre ; 1 merlan ou 1 saint-pierre ; 1 rouget grondin ; 150 g de tomates (2 tomates) ; 1 oignon ; 2 gousses d'ail ; 40 g de beurre ou de margarine ; 1 l d'eau ; sel 1 c. à café par litre ; poivre.*
BOUQUET GARNI : *1 branche de thym ; 1 demi-feuille de laurier ; persil ; 1 clou de girofle ; 1 pincée de safran ; 1 branche de fenouil (facultatif).*
PRÉPARATION : *20 mn*
CUISSON : *à la cocotte ordinaire, 45 mn ; à l'autocuiseur, 25 mn.*

1° Laver et vider les poissons. Les couper en tronçons. Garder les têtes.
2° Hacher l'oignon et le faire revenir doucement dans la matière grasse. Ajouter les tomates en quartiers, l'ail pilé, les poissons en morceaux avec les têtes.
3° Laisser cuire à découvert 10 mn, en écrasant le poisson avec une cuillère en bois.
4° Ajouter les aromates : bouquet garni, clou de girofle, fenouil, safran, sel. Verser l'eau. Couvrir et laisser bouillir : soit 45 mn à la cocotte ordinaire, soit 15 mn à l'autocuiseur, à partir de la rotation de la soupape.
5° Quand la soupe est cuite, la passer à la moulinette.
6° Servir avec des croûtons frottés à l'ail.

N.B. – Vous pouvez ajouter 40 g de vermicelle, soit 2 mn avant la fin de la cuisson, pour l'autocuiseur, soit 7 mn, avant la fin de la cuisson, pour la cocotte ordinaire.

# CRUDITÉS,
# SALADES, ENTRÉES

## BETTERAVES ROUGES EN SALADE

QUANTITÉS : *4 personnes.*
*400 g de betteraves rouges cuites.*
VINAIGRETTE : *2 c. à soupe d'huile ; 1/2 c. à soupe de vinaigre ; sel ; poivre ; fines herbes ; persil haché ; 1 c. à café de moutarde douce.*
GARNITURE AU CHOIX : *oignon ou échalote ; œuf dur.*

PRÉPARATION : *5 mn.*

1° Éplucher les betteraves cuites et les couper en dés.
2° Verser la vinaigrette sur les betteraves garnies selon les goûts d'œuf dur, d'échalotes et de persil hachés.

## CAROTTES RAPÉES

QUANTITÉS : *4 personnes.*
*400 g de carottes (4 carottes) ; 1/2 citron ; 2 c. à soupe d'huile ; fines herbes hachées : persil, ciboulette ; sel, poivre.*
GARNITURE *(facultatif) : œuf dur, olives, laitue.*

PRÉPARATION : *5 mn.*

1° Gratter les carottes avec le couteau économique et les laver.
2° Râper les carottes et les arroser immédiatement avec le jus de citron pour éviter qu'elles ne brunissent à l'air.
3° Assaisonner avec l'huile, le sel, le poivre et les fines herbes hachées.
4° Servir les carottes râpées garnies, au choix, d'œuf dur, d'olives et de feuilles de laitue.

N.B. – Les carottes râpées peuvent se servir seules ou accompagnées de tomates, de betteraves rouges, de concombres ou mélangées à du riz cuit et des fruits de mer (*voir recette « Salade de riz rose »).* Pour varier le goût des carottes, vous pouvez ajouter une pomme râpée en même temps que les carottes.

# VARIANTE

## CORNETS DE JAMBON AUX CAROTTES RAPÉES

QUANTITÉS : *4 personnes.*
*400 g de carottes (4 carottes) ; 4 tranches de jambon ; 50 g de raisins secs de Corinthe (noirs) de préférence ; 1/2 citron ; 2 c. à soupe d'huile ; 1 c. à café de moutarde ; quelques feuilles de laitue.*

Préparer les carottes selon la recette de base. Assaisonner avec la vinaigrette au citron. Ajouter les raisins secs. Mettre dans chaque tranche de jambon les carottes râpées et rouler en cornets. Disposer les cornets sur un plat garni de feuilles de laitue.

## CÉLERI EN RÉMOULADE

QUANTITÉS : *4 personnes.*
*400 g de céleri-rave ; 1/2 dl d'huile ; 1 c. à soupe d'huile ; 2 c. à café de moutarde forte ; sel, poivre ; 1/2 citron (facultatif).*
PRÉPARATION : *15 mn.*

1° Éplucher le céleri-rave avec le couteau économique.
2° Le râper en fines lanières et l'arroser de jus de citron, si vous voulez qu'il reste blanc.
3° Faire la sauce rémoulade en mélangeant moutarde, vinaigre et huile. Saler et poivrer.
4° Verser la sauce rémoulade sur le céleri-rave et servir.

N.B. – Vous pouvez remplacer la sauce rémoulade par une mayonnaise.

## CHAMPIGNONS CRUS EN SALADE

QUANTITÉS : *4 personnes.*
*250 g de champignons de Paris ; 1/2 citron ; 2 c. à soupe d'huile ; 1 c. à café de moutarde douce ; sel, poivre ; fines herbes hachées : persil, ciboulette ou cerfeuil.*
GARNITURE AU CHOIX *(facultatif) : œuf dur ; betteraves rouges.*
PRÉPARATION : *5 mn.*
MACÉRATION : *2 h.*

1° Retirer le bout terreux des champignons et les laver soigneusement.
2° Les couper en lamelles et les arroser immédiatement de jus de citron pour éviter qu'ils ne brunissent à l'air.
3° Laisser macérer 2 h ou une nuit au réfrigérateur dans une boîte en plastique hermétique.
4° Ajouter huile, moutarde, sel, poivre et fines herbes hachées.
5° Servir les champignons seuls ou garnis d'œuf dur, de betteraves rouges assaisonnées avec la même sauce.

## CHOU-FLEUR EN SALADE

QUANTITÉS : *4 personnes.*
*1 chou-fleur.*
VINAIGRETTE : *3 c. à soupe d'huile ; 1 c. à soupe de vinaigre ; sel, poivre ; persil haché.*
GARNITURE AU CHOIX : *1 oignon ou 2 échalotes hachées ou 1 gousse d'ail pilée ; 1 œuf dur écrasé.*
PRÉPARATION : *5 mn.*
CUISSON : *chou-fleur, en faitout, 15 mn ; à l'autocuiseur, 5 mn.*

1° Faire cuire le chou-fleur selon la recette de base.
2° Assaisonner les petits bouquets de chou-fleur de sauce vinaigrette. Saupoudrer l'œuf dur écrasé, d'échalotes et de persil hachés.

N.B. – Vous pouvez également servir le chou-fleur cru, en petits bouquets et accompagné d'une mayonnaise bien relevée.

## CHOU ROUGE

*QUANTITÉS : 4 personnes.*
*600 g de chou rouge (1 chou) ; 4 c. à soupe d'huile ; 1 c. à soupe de vinaigre ; sel, poivre ; persil haché ; 1/2 citron (facultatif).*
*GARNITURES (facultatif) : 1 oignon ou 2 échalotes hachés ; 10 noix épluchées ; œuf dur ; 1 pomme*
*PRÉPARATION : 5 mn.*
*MACÉRATION : 2 h.*

1° Couper le chou en fines lanières et l'arroser immédiatement de jus de citron. Il restera d'un violet éclatant. Le saupoudrer de sel et le laisser macérer 2 h ou une nuit au réfrigérateur dans une boîte en plastique hermétique.
2° Égoutter le chou et l'assaisonner avec la vinaigrette. Servir garni à votre choix de noix, d'oignon haché, d'œuf dur, de lamelles de pommes.

N.B. – Vous pouvez remplacer le chou rouge par un chou blanc. Ajouter à la vinaigrette 1 c. à café de moutarde. Si vous êtes pressée, blanchir le chou en lanières, 2 mn à l'eau bouillante et le rafraîchir aussitôt. Cela l'attendrira et vous évitera d'attendre 2 h de macération.

## CONCOMBRES A LA CRÈME

QUANTITÉS : *4 personnes.*
*400 g de concombres ; 1/2 dl de crème fraîche (50 g) ; 1 c. à soupe de vinaigre ; sel, poivre ; fines herbes hachées au choix : persil, ciboulette, estragon, basilic, marjolaine ou feuilles de menthe.*
PRÉPARATION : *5 mn.*
*DÉGORGEMENT : 1 h.*

1° Éplucher le concombre avec le couteau économique. Retirer les pépins.
2° Le couper en rondelles fines. Saupoudrer de sel et laisser dégorger 1 h au minimum ou une nuit au réfrigérateur dans une boîte en plastique.
3° Égoutter le concombre et l'assaisonner de vinaigrette à la crème.
4° Servir bien frais.

N.B. – Vous pouvez remplacer la vinaigrette à la crème par une vinaigrette à l'huile.

# VARIANTE

## CONCOMBRES A LA MODE ORIENTALE

QUANTITÉS : *4 personnes.*
*400 g de concombres ; 1 pot de yaourt ; 1 c. à soupe d'huile ; 1/2 jus de citron ; sel, poivre ; fines herbes hachées, au choix : feuilles de*

*menthe, estragon, ciboulette ou marjolaine.*

Préparer les concombres suivant la recette de base. Laisser dégorger 1 h avant d'ajouter la sauce au yaourt.

• •

**FRUITS FOURRÉS AUX CREVETTES**

QUANTITES : *4 personnes.*
*4 pamplemousses ou oranges, citrons, avocats ou 2 melons ; 100 g de crevettes décortiquées, langoustines ou crabe ; 2 c. à soupe de crème fraîche (facultatif) ; fines herbes hachées au choix : persil, ciboulette, estragon, cerfeuil .*
MAYONNAISE : *1 jaune d'œuf, 1/2 dl d'huile, 1 c. à café de moutarde, vinaigre ou jus de citron, sel, poivre.*
PARFUMS AU CHOIX (facultatif) : *1 c. à soupe de sauce tomate ketchup ou sauce anglaise ; 1 c. à soupe de câpres ou 2 cornichons coupés en rondelles ; épices : poivre de Cayenne, safran ou paprika, curry ; 1 c. à soupe de cognac, vermouth, xérès, whisky.*
GARNITURE : *16 crevettes roses entières ; 4 olives noires ou vertes ou 4 radis découpés en fleur ; quelques feuilles de laitue.*
PREPARATION : *20 mn.*
RAFRAICHISSEMENT : *1 h au réfrigérateur.*

1° Couper les fruits en deux ou simplement retirer une calote pour les oranges, les citrons.
2° Evider soigneusement les fruits avec un couteau (de préférence avec le couteau spécial-pamplemousse). Coupez la chair en dés et mettez-la dans une passoire, à égoutter.
3° Préparer la mayonnaise : mettre dans un bol : jaune, moutarde, sel et poivre. Tourner avec une cuillère en bois ou utiliser le fouet électrique. Quand le jaune épaissit, verser l'huile goutte à goutte au départ en tournant ou fouettant sans arrêt. A la fin ajouter un filet de vinaigre ou de jus de citron.
4° Mélanger les crevettes, la chair des fruits, la mayonnaise, la crème, et les fines herbes hachées. Farcir les fruits. Garnir avec les crevettes entières, une olive. Mettre à rafraîchir au réfrigérateur. Juste avant de servir décorer le plat avec des feuilles de laitue.

N.B. – Vous pouvez : utiliser une mayonnaise du commerce ; remplacer la mayonnaise par 4 petits suisses ou 125 g de fromage blanc ; ajouter à la farce 100 g de riz cuit à l'eau.

## VARIANTES

**FRUITS FOURRÉS AU JAMBON BLANC OU FUMÉ**

Suivre la recette de base des fruits fourrés aux crevettes. Remplacer les crevettes par 2 tranches de jambon moulinées. Ajouter 2 œufs durs écrasés.

## FRUITS FOURRÉS AU POULET

Suivre la recette de base des fruits fourrés aux crevettes. Remplacer les crevettes par 200 g de restes de poulet coupés en dés.

## FRUITS FOURRÉS AU THON

Suivre la recette de base des fruits fourrés aux crevettes. Remplacer les crevettes par 100 g de thon blanc au naturel.

## FRUITS FOURRÉS A LA SALADE EXOTIQUE

Préparer les fruits selon la recette de base et les remplir de salade exotique faite sur une demi-proportion *(voir recette de « Riz exotique »).*

• •

## TOMATES EN SALADE

QUANTITÉS : *4 personnes.*
VINAIGRETTE : *2 c. à soupe d'huile ; 1/2 c. à soupe de vinaigre ; sel, poivre ; fines herbes hachées au choix : persil, ciboulette, estragon, basilic.*
GARNITURES AU CHOIX *(facultatif) : oignon, échalote, œuf dur, olives noires ou vertes, poivron en lanières.*
PRÉPARATION : *5 mn.*

1° Couper les tomates avec un coupe-tomates en tranches fines. Eliminer en partie les pépins et le jus.
2° Verser la vinaigrette sur les tomates. Saupoudrer de fines herbes hachées. Servir les tomates garnies d'œuf dur.

## TOMATES GARNIES AU THON

QUANTITÉS : *4 personnes.*
*4 belles tomates ; 1 boîte de thon au naturel ; 2 œufs durs*
VINAIGRETTE : *2 c. à soupe d'huile, 1/2 c. à soupe de vinaigre, sel, poivre ; fines herbes hachées au choix : persil, ciboulette, estragon ou basilic ; 1 c. à café de moutarde (facultatif).*
GARNITURE : *olives noires, rondelles de cornichons.*
PRÉPARATION : *15 mn.*
CUISSON : *œuf dur, 12 mn.*

1° Faire durcir les œufs 12 mn à l'eau bouillante salée.
2° Découper un couvercle dans chaque tomate. Les vider soigneusement avec une cuillère à café. Saupoudrer l'intérieur de sel et retourner sur une grille pour qu'elles s'égouttent.
3° Décoquiller les œufs durs et les couper en petits morceaux. Ajouter le thon émietté, les fines herbes hachées. Assaisonner avec la vinaigrette.
4° Remplir les tomates de farce. Mettre une olive pour garnir.

N.B. – Vous pouvez remplacer l'huile de la vinaigrette par de la crème fraîche ou utiliser de la mayonnaise du commerce.

## VARIANTES

### TOMATES GARNIES AUX CREVETTES

Suivre la recette de base des tomates garnies au thon.
Remplacer le thon par 100 g de crevettes décortiquées.

### TOMATES GARNIES AU JAMBON

Suivre la recette de base des tomates garnies au thon.
Remplacer le thon par 2 tranches de jambon moulinées.

### TOMATES GARNIES AU RIZ ET AUX CHAMPIGNONS

QUANTITÉS : *4 personnes. 4 tomates, 200 g de riz cuit, 100 g de champignons de Paris + ail.*
*Vinaigrette ou mayonnaise ; fines herbes hachées au choix : persil, ciboulette, estragon.*

1° Préparer les tomates selon la recette de base des tomates garnies au thon.
2° Laver les champignons, les couper en lamelles et les faire revenir avec l'ail.
3° Mélanger le riz et les champignons. Assaisonner avec une vinaigrette ou une mayonnaise.
(Autre variante : *voir « Salade de riz aux fruits de mer »*).

### TOMATES GARNIES DE CONCOMBRE

Suivre la recette de base des tomates garnies au thon.
Remplacer le thon par un concombre. Éplucher le concombre. Le couper en lamelles et laisser dégorger 1 h avec le sel avant de l'utiliser. Assaisonner avec une vinaigrette à la crème.

### TOMATES GARNIES A LA MACÉDOINE

Suivre la recette de base des tomates garnies au thon.
Remplacer le thon par 200 g de macédoine de légumes en boîte.

● ●

### SALADE EXOTIQUE AUX CŒURS DE PALMIER

QUANTITÉS : *4 personnes.*
*1 boîte de grains de maïs ; 1 boîte de cœurs de palmier ; 1 boîte de petits pois ; 100 g de crevettes décortiquées.*
VINAIGRETTE : *4 c. à soupe d'huile ; 1 c. à soupe de jus de citron ; 1 c. à café de moutarde douce ; sel, poivre.*
GARNITURE : *quelques feuilles de laitue ; 10 olives noires.*

PRÉPARATION : *5 mn.*

1° Ouvrir les boîtes. Égoutter les légumes et les crevettes.
2° Couper les cœurs de palmier en rondelles ; laver la laitue.
3° Faire la vinaigrette.
4° Tapisser un saladier avec les feuilles de laitue. Verser les légumes mélangés avec les crevettes. Arroser de sauce vinaigrette. Décorer avec les olives noires.

N.B. – Vous pouvez remplacer les cœurs de palmier par des cœurs d'artichaut ou 200 g de topinambours cuits à l'eau bouillante salée (20 mn).

## VARIANTES

### SALADE EXOTIQUE AUX POUSSES DE BAMBOUS

QUANTITÉS : *4 personnes.*
*1 boîte de pousses de bambous ; 100 g de champignons chinois (à défaut champignons de Paris) ; 1 branche de céleri ; 1 banane ; 2 œufs durs ; 100 g de crevettes décortiquées ou crabe ; 1 laitue.*
VINAIGRETTE AU CITRON : *1/2 citron ; 4 c. à soupe d'huile ; sel, poivre.*

1° Faire tremper pendant une demi-heure, les champignons chinois. Si on utilise des champignons de Paris, les nettoyer soigneusement et les couper en lamelles.
2° Faire durcir les œufs 12 mn à l'eau bouillante salée. Couper le céleri en tronçons.
3° Ouvrir les boîtes de bambous et de crevettes. Égoutter. Garnir un saladier avec les feuilles de salade. Verser dessus tous les ingrédients mélangés. Arroser avec la vinaigrette.

### SALADE EXOTIQUE A L'ANANAS

QUANTITÉS : *4 personnes.*
*4 tranches d'ananas ; 1 pomme ; 1 branche de céleri ; 1 oignon ; 10 olives ; 1/2 citron.*
MAYONNAISE : *1/2 dl d'huile ; 1 jaune d'œuf ; 1 c. à café de moutarde ; sel ; poivre.*

1° Couper les fruits et légumes en dés. Arroser la pomme de jus de citron.
2° Préparer la mayonnaise. Bien mélanger le tout et servir frais.

N.B. – Vous pouvez ajouter 3 tomates coupées en rondelles.

### SALADE EXOTIQUE AU PAMPLEMOUSSE

QUANTITÉS : *4 personnes.*

*1 pamplemousse ; 2 œufs durs ; 100 g de poulet ou reste de viande ou de poisson ; 1 laitue.*
VINAIGRETTE : *4 c. à soupe d'huile, 1 c. à soupe de jus de citron, sel, poivre.*

1° Faire durcir les œufs 12 mn à l'eau bouillante salée.
2° Couper la chair du pamplemousse en dés, ainsi que le poulet. Garnir un saladier avec les feuilles de laitue.
3° Mélanger pamplemousse, poulet et rondelles d'œufs durs. Verser dans le saladier. Arroser de vinaigrette.

## SALADE EXOTIQUE A L'ORANGE

QUANTITÉS : *4 personnes.*
*2 oranges ; 1 pomme ; 1 botte de radis ; 1 laitue.*
VINAIGRETTE : *3 c. à soupe de crème fraîche ; 1c. à soupe de vinaigre ou de jus de citron.*

1° Couper la chair des oranges et pomme en dés. Laver et couper les radis en rondelles sauf une dizaine pour la garniture. Laver la laitue et la disposer dans le fond d'un saladier.
2° Mélanger les oranges, la pomme et les radis. Verser dans le saladier. Arroser de vinaigrette à la crème.

● ●

## SALADE GAULOISE

QUANTITÉS : *4 personnes.*
*2 endives ou 50 g de mâche ; 1 betterave rouge (150 g) ; 1 pomme + 1/2 citron ; 50 g de gruyère ; 10 noix décortiquées.*
VINAIGRETTE : *4 c. à soupe d'huile, 1 c. à soupe de vinaigre, 1 c. à café de moutarde douce ; sel, poivre.*
PRÉPARATION : *15 mn.*

1° Couper en dés la betterave, le gruyère et la pomme. Arroser immédiatement la pomme de jus de citron pour l'empêcher de noircir à l'air.
2° Décortiquer les noix.
3° Laver la salade. Couper en tronçons les endives.
4° Faire la vinaigrette et mélanger le tout.

N.B. – Pour varier le goût de la salade gauloise, vous pouvez ajouter 50 g de céleri-rave râpé ou une branche de céleri.

## SALADE NIÇOISE

QUANTITÉS : *4 personnes.*
*8 pommes de terre ; 4 tomates ; 4 œufs durs ; 1 boîte de haricots verts ; 1 échalote ou 1 gousse d'ail ; fines herbes : persil, ciboulette ; 1 laitue ; 1/2 poivron vert (facultatif).*
VINAIGRETTE : *4 c. à soupe d'huile ; 1 c. à soupe de vinaigre ; sel ; poivre.*
PRÉPARATION : *1/4 h.*

CUISSON : *pommes de terre, en faitout, 25 mn ; à l'autocuiseur, 15 mn (à la vapeur) ; œufs durs, 12 mn.*

1° Faire durcir les œufs 12 mn à l'eau bouillante salée.
2° Faire cuire les pommes de terre, de préférence dans leur peau, à l'autocuiseur et à la vapeur. Pour cela verser 1/4 l d'eau dans l'autocuiseur. Mettre le panier rigide avec les pommes de terre en position haute, dans l'autocuiseur. Fermer l'autocuiseur et laisser cuire 15 mn, à partir de la rotation de la soupape.
3° Couper les tomates en tranches, les haricots verts en tronçons, le poivron en lanières, les pommes de terre et les œufs durs en rondelles. Hacher l'échalote et le persil. Laver la laitue. Disposez-la dans le fond du saladier. Verser dessus tous les aliments mélangés. Arroser de vinaigrette. Servir frais.

## SALADE AUX SAUCISSES DE FRANCFORT

QUANTITÉS : *4 personnes.*
*4 pommes de terre ; 4 œufs durs ; 4 saucisses de Francfort ; 50 g de gruyère ; 1 pomme ; persil haché ; 1 laitue.*
VINAIGRETTE : *4 c. à soupe d'huile ; 1 c. à soupe de vinaigre ; 1 c. à café de moutarde ; sel, poivre ; une pincée de paprika.*
PRÉPARATION : *5 mn.*
CUISSON : *pommes de terre, en faitout, 25 mn à l'eau ; à l'autocuiseur, 15 mn à la vapeur. Œufs durs, 12 mn.*

1° Faire durcir les œufs 12 mn à l'eau bouillante salée.
2° Faire cuire les pommes de terre de préférence dans leur peau, à l'autocuiseur et à la vapeur. Pour cela, verser 1/4 de litre d'eau dans l'autocuiseur. Mettre le panier rigide contenant les pommes de terre en position haute dans l'autocuiseur. Fermer l'autocuiseur et laisser cuire 15 mn à partir de la rotation de la soupape.
3° Laver la laitue.
4° Quand les pommes de terre et les œufs sont cuits, les éplucher et les couper en rondelles. Couper la pomme en dés, ainsi que le gruyère. Hacher le persil. Bien mélanger le tout. Disposer la laitue dans un saladier, verser sur les aliments. Arroser de vinaigrette.
5° Servir frais.

## SALADE DE PISSENLITS AU LARD

*QUANTITÉS : 4 personnes.*
*200 g de pissenlits ou de mâche ; 50 à 100 g de lard de poitrine fumée ; 1 échalote ou 1 gousse d'ail ; 2 œufs durs ; huile 1 c. à café ; vinaigre 2 c. à soupe ; sel, poivre.*
*PRÉPARATION : 15 mn.*
*CUISSON : œufs durs, 12 mn.*

1° Faire durcir les œufs 12 mn à l'eau bouillante salée.
2° Éplucher et laver soigneusement les pissenlits. Égoutter.

3° Hacher l'échalote, la mettre avec la salade. Ajouter les œufs durs coupés en rondelles.
4° Couper le lard en dés et le faire revenir avec l'huile. Verser le lard et la matière grasse sur la salade. Remettre la poêle sur le feu avec le vinaigre. Faire chauffer et verser immédiatement dans le saladier. Saler, poivrer. Mélanger le tout et servir aussitôt.

N.B. – Vous pouvez ajouter à cette salade des pommes de terre tièdes et cuites à la vapeur.

## LA FARINETTE

QUANTITÉS : *4 personnes.*
*50 g de farine ; 1 c. à café de levure (facultatif) ; 2 œufs ; 1 dl de lait ; 1 c. à soupe d'huile ; sel, poivre.*
GARNITURE AU CHOIX : *fines herbes hachées : persil, ciboulette, estragon.*
ÉPICES : *paprika, safran ; jambon fumé ; champignons ; crevettes ; oignons.*
PRÉPARATION : *5 mn.*
CUISSON : *15 à 20 mn.*

1° Mettre dans une terrine la farine et la levure (facultatif). Faire une fontaine (un trou). Y verser les œufs, l'huile, sel, poivre. Bien mélanger. Ajouter le lait, petit à petit.
2° Verser la préparation dans une poêle chaude et huilée. Laisser cuire à feu doux 8 à 10 mn, poêle couverte.
3° Lorsque la farinette est dorée d'un côté, la retourner en s'aidant de 2 assiettes ou d'une deuxième poêle. Laisser cuire de nouveau à feu doux, couvert, 8 à 10 mn.
4° Servir la farinette accompagnée d'une salade.

N.B. – Il faut cuire les garnitures : jambon, champignons, crevettes, oignons avant de les ajouter à la pâte.

## CROQUE-MONSIEUR

*QUANTITÉS : 4 personnes*
*8 tranches de pain de mie ; 2 tranches de jambon ; 80 g de gruyère ; 40 g de beurre ou margarine.*
*PRÉPARATION : 1/4 h.*
*CUISSON : appareil ordinaire, 2 mn avec surveillance ; appareil électrique, 5 à 6 mn sans surveillance.*

1° Faire chauffer l'appareil à croque-monsieur le temps indiqué sur le mode d'emploi.
2° Beurrer les tranches de pain de mie, côté extérieur.
3° Découper de fines lamelles de gruyère. Disposez-les sur une tranche de pain de mie. Déposer dessus une demi-tranche de jambon. Recouvrez de lamelles de gruyère. Réunissez les tranches de pain de mie deux par deux.
4° Faire dorer les croque-monsieur. Si votre appareil n'est pas électrique, il est nécessaire de retourner l'appareil quand le cro-

que-monsieur est doré d'un côté.

N.B. – Vous pouvez également utiliser du pain de campagne, mais il faut retirer la croûte avant de préparer le croque-monsieur.

## VARIANTES

### CROQUE-MONSIEUR A L'ANANAS ET AU JAMBON

Suivre la recette de base des croque-monsieur au jambon. Ajouter au jambon, 4 tranches d'ananas. Saupoudrer de paprika.

### CROQUE-MONSIEUR AUX POMMES ET AU JAMBON

Suivre la recette de base des croque-monsieur au jambon. Ajouter au jambon, 4 pommes coupées en lamelles fines ou râpées. Servir les croque-monsieur avec une moutarde douce.

### CROQUE-MONSIEUR AUX POMMES ET AU BOUDIN BLANC

Suivre la recette de base des croque-monsieur au jambon. Remplacer le jambon par 2 parts de boudin blanc. Ajouter 1 c. à soupe de marmelade de pomme non sucrée par croque-monsieur. (Vous pouvez remplacer la marmelade de pomme par 4 pommes coupées en fines lamelles ou râpées).

### CROQUE-MONSIEUR AUX CHAMPIGNONS

*QUANTITÉS : 4 personnes.*
*8 tranches de pain de mie + 40 g de margarine ; 200 g de champignons ; 1 gousse d'ail ; 20 g de margarine.*
*BÉCHAMEL AU FROMAGE : 1 dl de lait ; 10 g de margarine ; 10 g de farine ; sel ; poivre ; 1 pincée de noix de muscade.*

Beurrer les tranches de pain de mie côté extérieur. D'autre part, faire revenir les champignons avec la margarine et l'ail. Préparer la béchamel. Pour cela, faire fondre la margarine, ajouter d'un seul coup la farine. Bien mélanger. Quand le mélange est mousseux, verser d'un seul coup le lait froid, hors du feu. Bien diluer. Assaisonner. Remettre sur le feu et porter doucement à ébullition en remuant sans cesse. Mélanger les champignons et la béchamel, fourrer avec cette farce. Faire cuire les croque-monsieur.

### CROQUE-MONSIEUR AUX FRUITS DE MER

Suivre la recette des croque-monsieur aux champignons. Remplacer les champignons par 200 g de crevettes décortiquées, de crabe, moules, coques ou coquilles saint-jacques.

N.B. – Vous pouvez utiliser des restes de poisson.



**Asperges** (recette p. 242).▶

## CROQUE-MONSIEUR AU POULET

Suivre la recette des croque-monsieur aux champignons. Remplacer les champignons par 200 g de poulet cuit.

N.B. – Vous pouvez utiliser tous les restes de viandes.

## CROQUE-MONSIEUR FAÇON PIZZA

*QUANTITÉS : 4 personnes.*
*8 tranches de pain de mie plus 40 g margarine ; 8 filets d'anchois ; 1 tomate fraîche ; 4 olives noires ; ou 1 boîte de sauce tomate ; poivre, sel.*
*COULIS DE TOMATE : 4 tomates fraîches ; 1 oignon ; 1 gousse d'ail ; thym ; laurier ; marjolaine.*

Beurrer les tranches de pain de mie côté extérieur. Préparer le coulis de tomate. Faire cuire les tomates avec l'oignon coupé en quartiers, l'ail, et les aromates soit 5 mn à l'autocuiseur, soit 20 mn à l'étuvée (casserole couverte). Mettre la purée de tomate à l'intérieur de chaque tranche de pain de mie, couvrir d'une tranche de tomate crue,d'un filet d'anchois, d'une olive noire dénoyautée. Réunir les deux tranches de pain de mie et faire cuire.

## CROQUE-MONSIEUR FAÇON QUICHE LORRAINE

QUANTITÉS : *4 personnes.*
*8 tranches de pain de mie ; 40 g de margarine ; 100 g de jambon fumé ; 1 œuf ; 4 c. à soupe de crème fraîche ; 50 g de gruyère râpé ; poivre.*

1° Beurrer les tranches de pain de mie côté extérieur.
2° Battre l'œuf ; ajouter la crème fraîche, le gruyère râpé, le poivre. Répartir ce mélange à l'intérieur des tranches de pain de mie. Ajouter le jambon fumé coupé en dés. Réunir les tranches de pain de mie deux par deux et faire cuire.

## CROQUE-MONSIEUR AU ROQUEFORT ET AUX NOIX

QUANTITÉS : *4 personnes.*
*8 tranches de pain de mie ; 40 g de margarine ; 80 g de roquefort ; 12 noix décortiquées ; 40 g de beurre.*

1° Beurrer les tranches de pain de mie côté extérieur avec la margarine.
2° D'autre part, décortiquer les noix et malaxer le roquefort avec le beurre. Mélanger le tout.
3° Etaler cette pâte à l'intérieur des croque-monsieur. Réunir les tranches de pain de mie deux par deux et faire cuire.

◀**Ratatouille niçoise** (recette p. 269).

# PLATS EN GELÉE

## LANGUE EN GELÉE FAÇON TRAITEUR

QUANTITÉS : *10 personnes.*
*1 langue de bœuf (1,8 kg à 2 kg) ; 3 litres d'eau ; 100 g de carottes (1 carotte) ; 1 oignon piqué d'un clou de girofle ; bouquet garni (thym, laurier) ; persil ; sel 3 c. à café.*
GELÉE : *1 sachet de gelée au madère ; 1/2 litre d'eau froide ou de bouillon de langue ; bouquet garni (thym, laurier (si on utilise de l'eau) ; 1 c. à soupe de madère.*
GARNITURE : *2 tomates ; 10 olives noires ; 6 radis ; feuilles de laitue.*
PRÉPARATION : *30 mn.*
CUISSON : *langue, en faitout ordinaire, 3 h : à l'autocuiseur, de 1 h à 1 h 30.*

1° Blanchir la langue 10 mn à l'eau bouillante salée avant de la cuire dans le bouillon parfumé selon le temps nécessaire.
2° Quand la langue est cuite, l'égoutter et retirer la peau rugueuse. La couper en tranches fines et disposer sur un plat. Garnir chaque tranche de langue avec une demi-rondelle de tomate et une lamelle d'olive.
3° Préparer la gelée en versant le sachet dans l'eau froide. Ajouter le bouquet garni. Porter doucement à ébullition en tournant sans cesse. Laisser tiédir la gelée. La passer et ajouter le madère. Garder une tasse de gelée pour napper la langue, verser le reste dans une boîte rectangulaire de façon à obtenir de la gelée épaisse de 1 cm. Mettre la boîte au réfrigérateur.
4° Surveiller la tasse de gelée. Quand elle commence à prendre, napper les tranches de langue.
5° Lorsque la gelée est prise, la couper en cubes et garnir le plat avec des petits tas de gelée, des feuilles de salade et des radis.

## MACÉDOINE EN GELÉE AU JAMBON

QUANTITÉS : *8 personnes.*
*4 tranches de jambon ; 1 boîte 4/4 de macédoine de légumes ou 200 g de riz cuit à l'eau ; fines herbes (ciboulette, estragon, cerfeuil).*
MAYONNAISE : *1 dl d'huile ; 1 jaune d'œuf ; 1 c. à café de moutarde ; 1 c. à café de vinaigre ; sel, poivre.*
GELÉE : *1/2 sachet de gelée au madère ; 1/4 l. d'eau ; bouquet garni : thym, laurier, romarin ; 1 c. à soupe de madère.*
GARNITURE : *1 œuf dur ; 2 tomates ; 8 radis ; 4 olives noires ou 2 cornichons ; feuilles de laitue.*
PRÉPARATION : *30 mn.*
RÉFRIGÉRATEUR : *1 h.*
MATÉRIEL : *moule à charlotte ou Ami gourmet Tupperware avec fond amovible, ou moule en couronne ou moule à cake.*

1° Faire durcir l'œuf 12 mn à l'eau bouillante salée.
2° Préparer la gelée en versant le demi-sachet de gelée dans l'eau froide. Ajouter le bouquet garni. Porter doucement à ébullition en tournant sans cesse.
3° Laisser tiédir la gelée. La passer et ajouter le madère.

4° Passer le moule à charlotte à l'eau froide. Verser dans le fond 1 cm de gelée. Mettre au freezer pendant 1/4 h.
5° Quand la gelée est prise, décorer le fond avec olives ou cornichons, rondelles de tomate.
6° Préparer la mayonnaise. Pour cela, mettre dans un bol le jaune, la moutarde, le sel et le poivre. Tourner avec une cuillère en bois ou utiliser le fouet électrique. Dès que le jaune épaissit, verser l'huile goutte à goutte au départ en tournant ou en fouettant sans arrêt. A la fin, verser le vinaigre.
7° Mélanger la macédoine, la mayonnaise et les fines herbes.
8° Couper les tranches de jambon en quatre. Les rouler sur elles-mêmes et les disposer tout autour du moule. Verser au centre la macédoine. Remplir de gelée.
9° Mettre la terrine au réfrigérateur (mais pas au freezer) et laisser prendre.
10° Lorsque la gelée est prise, démouler la terrine en la trempant quelques instants dans l'eau très chaude. Décorer le plat avec des feuilles de laitue, tomates, rondelles d'œuf dur.

## VARIANTES

### MACÉDOINE EN GELÉE AU THON

Suivre la recette de base de la macédoine en gelée au jambon.
Remplacer le jambon par 200 g de thon blanc au naturel émietté.

### MACÉDOINE EN GELÉE AUX FRUITS DE MER

Suivre la recette de base de la macédoine en gelée au jambon.
Remplacer le jambon par 200 g de crevettes décortiquées, ou crabe, langoustines, moules.

● ●

### ŒUFS EN GELÉE AU JAMBON

QUANTITÉS : *6 personnes.*
*6 œufs ; 3 tranches de jambon ; fines herbes : ciboulette, estragon, cerfeuil.*
GELÉE : *1/2 l d'eau ; 1 sachet de gelée au madère ; bouquet garni : thym, laurier, romarin ; 1 c. à soupe de madère.*
GARNITURE : *6 olives vertes, noires ou 3 cornichons ; 2 tomates ; feuilles de laitue.*

PRÉPARATION : *30 mn.*
RÉFRIGÉRATEUR : *1 h.*
MATÉRIEL : *ramequins en métal ou en plastique avec fonds amovibles (Tupperware).*

1° Faire cuire les œufs mollets, 6 mn à l'eau bouillante salée.
2° Préparer la gelée en versant le sachet dans l'eau froide.

Ajouter le bouquet garni. Porter doucement à ébullition en tournant sans cesse.
3° Laisser tiédir la gelée. Passez-la et ajoutez le madère.
4° Décoquiller délicatement les œufs mollets.
5° Mouiller les ramequins avec de l'eau froide. Verser dans le fond 1/2 cm de gelée. Mettre au freezer pendant 1/4 h.
6° Quand la gelée est prise, décorer les fonds avec olives, cornichons, rondelles de tomate.
7° Découper 6 tranches de jambon de la forme du ramequin. Déposer le jambon dans le fond du moule. Mettre l'œuf mollet dessus. Entourer avec le reste de jambon coupé en petits morceaux et mélangé aux fines herbes. Remplir de gelée.
8° Mettre les ramequins au réfrigérateur (mais pas au freezer) et laisser prendre.
9° Lorsque la gelée est prise, démouler les ramequins en les trempant quelques instants dans l'eau très chaude. Décorer le plat avec des feuilles de laitue, tomates, olives.

N. B. – Vous pouvez utiliser de la mayonnaise du commerce ou la remplacer par une vinaigrette moutardée.

## VARIANTES

### ŒUFS EN GELÉE AUX FRUITS DE MER

Suivre la recette de base des œufs en gelée au jambon. Remplacer le jambon par 200 g de crevettes décortiquées, crabe, langoustines, moules au naturel.

### ŒUFS EN GELÉE AU THON

Suivre la recette de base des œufs en gelée au jambon. Remplacer le jambon par 200 g de thon blanc au naturel.

### RAMEQUINS DE POISSON EN GELÉE

Suivre la recette de base des œufs en gelée. Remplacer les œufs et le jambon par 6 filets de poisson de 100 g (limande, sole, merlan) cuits au court-bouillon et roulés sur eux-mêmes. Garnir le fond des ramequins avec une rondelle de citron.

### FOIES DE VOLAILLES EN GELÉE

Suivre la recette de base des œufs en gelée au jambon. Remplacer le jambon et les œufs par 600 g de foies de volailles sautés à la poêle et coupés en morceaux.

## POULET EN GELÉE AU CITRON

QUANTITÉS : *6 personnes.*

*1 poulet de 1,5 kg ; huile ou margarine ; herbes de Provence : thym, romarin, sarriette ; zeste de citron (peau jaune) râpé ; 1 c. à soupe de cognac ; sel, poivre.*

GELÉE : *1 sachet de gelée au madère ; 1/2 l d'eau ; bouquet garni (thym, laurier).*

GARNITURE : *1 citron ; feuilles de laitue ; 4 olives noires ; persil.*

PRÉPARATION : *30 mn.*

CUISSON DU POULET : *au four, 1 h 15 ; à la rôtissoire, 1 h 15 ; th. 7-8 ou 240-260°.*

MATÉRIEL : *1 moule à charlotte (ou l'« Ami gourmet » Tupperware) à fond amovible.*

1° Badigeonner d'huile le poulet. Saupoudrez-le de zeste de citron et d'herbes de Provence. Faites-le rôtir au four ou à la broche.

2° Préparer la gelée en versant le sachet dans l'eau froide. Ajouter le bouquet garni. Porter doucement à ébullition en tournant sans cesse.

3° Passer la gelée et laisser tiédir.

4° Mouiller un moule à charlotte avec de l'eau froide. Verser dans le fond 1 cm de gelée. Mettre au freezer pendant 1/4 h.

5° Quand la gelée est prise, décorer le fond du moule avec une tranche de citron et une lamelle d'olive noire. Tapisser également le pourtour du moule avec des rondelles de citron et d'olives.

6° Lorsque le poulet est cuit, le découper et le désosser. Disposer les plus jolis morceaux autour du moule. Tasser le reste de volaille dans le centre. Remplir de gelée.

7° Mettre le poulet en gelée au réfrigérateur (mais pas au freezer) et laisser prendre.

8° Dès que la gelée est prise, démouler le poulet en trempant le moule quelques instants dans l'eau très chaude. Décorer le plat de feuilles de laitue et de persil.

N.B. – Vous pouvez faire cette recette avec une pintade, un canard, remplacer le citron par 2 oranges et parfumer la gelée au jus d'orange. farcir la volaille avant de la rôtir selon les recettes de poulets rôtis farcis.

# LES SOUFFLÉS

## SOUFFLÉ AU FROMAGE

QUANTITÉS : *2 ou 3 personnes.*
BÉCHAMEL : *1/4 de litre de lait ; 30 g margarine ; 30 g farine ; sel ; poivre ; noix de muscade râpée.*
GARNITURE : *2 œufs, 50 g gruyère râpé.*
PRÉPARATION : *15 mn.*
CUISSON : *30 mn, un soufflé ; 15 mn, soufflés individuels. Th. 5-6 ou 200°-220°.*
MATÉRIEL : *1 verre mesureur ; 2 terrines ; 1 casserole ; 1 cuillère en bois ; 1 spatule en caoutchouc ; 1 fouet électrique ; 1 moule à soufflé, 15 cm de diamètre.*

1° Allumer le four et beurrer largement le moule à soufflé.
2° Faire la béchamel. Faire fondre la margarine. Y ajouter la farine d'un seul coup. Quand le mélange est mousseux, verser d'un seul coup le lait froid, hors du feu. Bien diluer. Remettre sur feu doux et porter à ébullition 5 mn en remuant sans cesse.
Hors du feu, incorporer le gruyère râpé et les jaunes d'œufs. Saler, poivrer, mettre une pincée de noix de muscade.
3° Battre les blancs en neige ferme. Les incorporer délicatement avec la spatule en caoutchouc en soulevant la béchamel. Ne pas tourner, ceci pour éviter de faire retomber les blancs.
4° Verser la préparation dans le moule à soufflé beurré. Ne pas le remplir plus des trois quarts car le soufflé gonfle beaucoup à la cuisson. Faire cuire aussitôt à four moyen. Ne pas ouvrir le four pendant la cuisson car un coup d'air ferait retomber définitivement le soufflé.
5° Le soufflé est cuit lorsqu'il est gonflé et légèrement bruni. Le servir immédiatement, car un soufflé n'attend pas.

### RECOMMANDATIONS

La réussite d'un soufflé tient à deux éléments importants : les blancs d'œufs et la cuisson.
1° LES BLANCS D'ŒUFS : avant de les battre, ils ne doivent pas contenir de traces de jaune. Ils doivent être incorporés à la béchamel avec précaution en la soulevant de bas en haut pour faire passer les blancs par-dessus. Cette opération doit se faire rapidement. Il ne faut surtout pas tourner, car les blancs retombent, perdent l'air qui se dilate à la chaleur et fait gonfler le soufflé. Ils doivent être utilisés immédiatement pour ne pas retomber, donc le four doit être à la température désirée.
2° LA CUISSON : elle doit se faire obligatoirement dans un moule à soufflé à bords hauts, largement beurré ou dans des ramequins individuels. La cuisson est alors plus rapide et ne présente aucun risque de retombée. Cette manière est à recommander pour les débutantes.

Il ne faut pas ouvrir le four pendant la cuisson car un coup d'air fait retomber définitivement le soufflé.
Un soufflé ne peut pas attendre. Aussi, si vous avez décidé de faire un soufflé pour des amis, attendez qu'ils soient arrivés et ne vous laissez pas trop distraire.

## VARIANTES (salées)

### SOUFFLÉ AU JAMBON

Suivre la recette du soufflé au fromage et ajouter avec le gruyère 100 g de jambon haché ou reste de viande, volaille, foie, cervelle.

### SOUFFLÉ AUX FRUITS DE MER

Suivre la recette du soufflé au fromage.
Remplacer le gruyère par 1 l de moules cuites ou 4 langoustines, ou 100 g de crevettes, ou de poisson, miettes de thon.

### SOUFFLÉ AUX CHAMPIGNONS

Suivre la recette du soufflé au fromage. Ajouter au gruyère 100 g de champignons de Paris, hachés et revenus avec une gousse d'ail.

### SOUFFLÉ AU CHOU-FLEUR

1° Suivre la recette du soufflé au fromage.
2° Ajouter au gruyère 100 g de chou-fleur mouliné et préparé selon la façon suivante : blanchir le chou-fleur 5 mn à l'eau bouillante puis l'égoutter. Le faire cuire ensuite à l'eau bouillante salée 10 mn dans une casserole ou 5 mn à l'autocuiseur.

### SOUFFLE AUX POINTES D'ASPERGES

1° Suivre la recette du soufflé au fromage.
2° Ajouter au gruyère, les asperges préparées selon la façon suivante. Prendre une botte d'asperges, les gratter, les faire cuire à l'eau bouillante 20 mn dans une casserole ou 10 mn à l'autocuiseur. Couper les pointes d'asperges à 2 cm. Les réserver. Ecraser finement le reste.
3° Ajouter à la béchamel au fromage,les pointes d'asperges et la purée d'asperges.

### SOUFFLÉ AUX ÉPINARDS

1° Suivre la recette du soufflé au jambon.
2° Ajouter au gruyère 125 g d'épinards préparés selon la façon suivante. Faire cuire les épinards à l'eau bouillante 10 mn dans une casserole ou 5 mn à l'autocuiseur. Les égoutter en les pressant. Les passer ensuite à la moulinette pour les hacher finement.

## SOUFFLÉ AUX CAROTTES

1° Suivre la recette du soufflé au fromage.
2° Remplacer le gruyère par 300 g de carottes préparées selon la façon suivante. Faire cuire les carottes à l'eau bouillante, salée avec un oignon, une branche de thym pendant 30 mn dans une casserole et 15 mn à l'autocuiseur. Puis les égoutter et les passer à la moulinette.

## TOMATES AU SOUFFLÉ

Prendre 6 tomates. Découper une calotte à chaque tomate. Les vider avec une petite cuillère. Saupoudrer de sel le fond et les déposer dans un plat à gratin beurré. Puis les fourrer de la préparation du soufflé au fromage.

• •

## SOUFFLÉ DE POMMES DE TERRE

QUANTITÉS : *4 personnes.*
PURÉE DE POMMES DE TERRE : *400 g de pommes de terre ; 30 g beurre ; 1 dl lait (1 verre) ; sel, poivre ; noix de muscade râpée.*
GARNITURE : *2 œufs ; 50 g de gruyère.*
PRÉPARATION : *15 mn.*
CUISSON : *pommes de terre, casserole, 30 mn ; à l'autocuiseur, 15 mn ; soufflé, 15 à 20 mn, th. 5-6 ou 200°-220°.*
MATÉRIEL : *plat à soufflé ou 4 ramequins.*

1° Beurrer un plat à soufflé ou des ramequins.
2° Faire une purée de pommes de terre assez sèche. Faire cuire les pommes de terre dans l'eau bouillante salée, 30 mn dans une casserole ou 15 mn à l'autocuiseur. Quand les pommes de terre sont cuites, les réduire en purée. Ajouter, hors du feu, le beurre, le lait bouillant. Bien battre. Puis les jaunes d'œufs, le gruyère râpé.
3° Battre les blancs d'œufs en neige ferme. Les incorporer délicatement avec la spatule en caoutchouc en soulevant la purée. Ne pas tourner.
4° Remplir aux 3/4 le moule à soufflé beurré. Faire cuire aussitôt à four moyen. Ne pas ouvrir le four pendant la cuisson.
5° Le soufflé est cuit lorsqu'il est gonflé et légèrement brun. Le servir aussitôt car un soufflé n'attend pas.

N.B. – Vous pouvez utiliser un sachet de purée instantanée en diminuant de moitié la proportion de lait indiquée.

## SOUFFLÉ A LA LIQUEUR D'ORANGE

QUANTITÉS : *3 ou 4 personnes.*
BÉCHAMEL : *1/4 de l. de lait ; 30 g de margarine ; 30 g de farine.*
GARNITURE : *40 g de sucre ; 1 sachet de sucre vanillé ; 4 œufs ; 3 à*

*4 c. à soupe de liqueur d'orange.*
PRÉPARATION : *15 mn.*
CUISSON : *30 mn, un soufflé ; 15 mn, soufflés individuels : Th. 5-6 ou 200°-220°.*
MATÉRIEL : *1 verre mesureur ; 1 terrine ; 1 casserole ; 1 cuillère en bois ; 1 spatule en caoutchouc ; 1 fouet électrique ; 1 moule à soufflé, 20 cm de diamètre.*

1° Allumer le four et beurrer largement le moule à soufflé.
2° Faire la béchamel. Faire fondre la margarine, y ajouter la farine d'un seul coup. Quand le mélange est mousseux, verser d'un seul coup le lait froid, hors du feu. Bien diluer. Remettre sur feu doux et porter à ébullition 5 mn en remuant sans cesse.
3° Hors du feu, incorporer les jaunes d'œufs, le sucre, le sucre vanillé et la liqueur d'orange.
4° Battre les blancs en neige ferme. Les incorporer délicatement avec la spatule en caoutchouc en soulevant la béchamel. Ne pas tourner ceci pour éviter de faire retomber les blancs.
5° Verser la préparation dans un moule à soufflé beurré. Ne pas le remplir plus des trois quarts car le soufflé gonfle beaucoup à la cuisson. Faire cuire aussitôt à four moyen. Ne pas ouvrir le four pendant la cuisson, car un coup d'air ferait retomber définitivement le soufflé.

## VARIANTES (sucrées)

### SOUFFLÉ AU CHOCOLAT

Suivre la recette du soufflé à la liqueur d'orange. Ajouter 100 g de chocolat fondu doucement au bain-marie (c'est-à-dire en interposant ente le moule et la source de chaleur, une casserole d'eau chaude) ou sur un diffuseur.

### SOUFFLÉ AU CAFÉ

Suivre la recette du soufflé à la liqueur d'orange. Remplacer la liqueur d'orange par 2 c. à soupe de cognac. Ajouter 3 c. à soupe environ de café soluble.

### SOUFFLÉ AUX BANANES

Suivre la recette du soufflé à la liqueur d'orange. Remplacer la liqueur d'orange par 3 c. à soupe de rhum. Ajouter 2 bananes réduites en purée ou coupées en fines rondelles.

### SOUFFLÉ AUX AMANDES

Suivre la recette du soufflé à la liqueur d'orange. Ajouter 30 g de poudre d'amandes.

### SOUFFLÉ AUX POMMES

Suivre la recette du soufflé à la liqueur d'orange.
Remplacer la liqueur d'orange par 2 c. à soupe de calvados ou de rhum. Quand la préparation du soufflé est prête verser dans le moule à soufflé beurré, en alternant 1 cuillère de soufflé, 1 cuillère de compote.

● ●

### ORANGES SOUFFLÉES

QUANTITÉS : *6 personnes.*
CRÈME A SOUFFLÉ : *20 g de margarine ou de beurre ; 20 g de maïzéna ; 50 g de sucre ; 1/8 l (jus et pulpe passés d'oranges) ; zeste de citron râpé ; 3 oranges ; 3 œufs.*
PRÉPARATION : *20 mn.*
CUISSON : *20 mn, th. 6-7 ou 220°-240°.*

1° Allumer le four.
Couper en deux, les oranges. Les vider. Passer la pulpe à la moulinette.
2° Préparer la crème à soufflé: Faire fondre la margarine, ajouter la maïzéna, le sucre, le zeste de citron râpé (peau jaune) le jus et la pulpe passés d'oranges. Faire épaissir à feu doux et porter à ébullition, en remuant sans cesse. Ajouter les jaunes d'œufs, hors du feu.
3° Battre les blancs d'œufs en neige ferme avec une pincée de sel. Les incorporer délicatement à la crème.Remplir aussitôt, aux trois quarts les écorces d'orange et faire cuire immédiatement à four chaud 20 mn. Servir sans attendre.

N.B. – Vous pouvez remplacer les oranges par 3 pamplemousses, mais il faut alors doubler les proportions de la crème à soufflé.

## VARIANTES

### ORANGES SOUFFLÉES SABAYON

QUANTITÉS : *6 personnes.*
CRÈME SABAYON : *3 oranges ; 3 œufs ; 50 g de sucre ; 1 c. à soupe de rhum.*

1° Retirer un chapeau à chaque orange. Râper le zeste du chapeau. Le blanchir (passer à l'eau bouillante) 1 minute. Vider les oranges. Presser la pulpe. Recueillir le jus. Le porter à ébullition.
2° Fouetter les jaunes d'œufs avec le sucre, le jus et le zeste, jusqu'à ce que le mélange soit mousseux. Battre les blancs d'œufs en neige ferme avec une pincée de sel. Les incorporer délicatement à la crème.
3° Remplir aux trois quarts les oranges de la crème à soufflé. Faire cuire à four chaud th. 7 ou 240° pendant 20 mn.

## SOUFFLÉ AUX FRUITS AU SIROP

QUANTITÉS : *5 ou 6 personnes.*
CRÈME A SOUFFLÉ : *1/4 de jus de fruit au sirop ; 40 g de maïzéna ; 40 g de sucre ; 4 œufs.*
GARNITURE : *1 boîte de fruits au sirop (ananas, abricots, pêches, poires, prunes, framboises, fraises).*
PRÉPARATION : *15 mn.*
CUISSON : *20 mn, un soufflé ; 15 mn, soufflés individuels ; th. 5-6 ou 200-220°.*
MATÉRIEL : *1 verre mesureur ; 1 terrine ; 1 casserole ; 1 cuillère en bois ; 1 spatule en caoutchouc ; 1 fouet électrique ; 1 moule à soufflé 20 cm de diamètre.*

1° Allumer le four et beurrer largement le moule à soufflé.
2° Faire la crème. Travailler les jaunes d'œufs et le sucre. Ajouter la maïzéna. Verser le jus de fruits petit à petit. Porter doucement à ébullition quelques secondes en tournant sans cesse.
3° Mouliner finement les fruits. On peut garder quelques morceaux de fruits.
4° Ajouter les fruits à la crème.
5° Battre les blancs d'œufs en neige ferme avec une pincée de sel. Les incorporer délicatement avec une spatule en caoutchouc en soulevant la crème. Ne pas tourner.
6° Verser la préparation dans le moule à soufflé beurré. Ne pas le remplir plus des trois quarts. Faire cuire aussitôt à four moyen. Ne pas ouvrir le four pendant la cuisson.
Le soufflé est cuit lorsqu'il est gonflé et légèrement bruni. Servir immédiatement car un soufflé n'attend pas.

# LES ŒUFS

## ŒUFS A LA COQUE. ŒUFS MOLLETS. ŒUFS DURS

QUANTITÉS : *4 personnes.*
*4 œufs ; une pincée de sel.*
CUISSON : *œufs à la coque, 3 à 3 mn et demie selon les goûts ; œufs mollets, 5 à 6 mn ; œufs durs, 12 mn.*

1° Dans une casserole, faire bouillir un demi-litre d'eau avec une pincée de sel.
2° Quand l'eau bout, plonger délicatement les œufs à l'aide d'une cuillère.
– Pour obtenir des œufs à la coque, avec le blanc encore laiteux, laisser cuire 3 minutes ; avec le blanc pris, laisser cuire trois minutes et demie.
Pour obtenir des œufs mollets, laisser cuire 5 à 6 minutes. Utilisation pour des œufs en gelée ou pour accompagner une purée de légumes (pommes de terre, épinards).
– Pour obtenir des œufs durs, laisser cuire 12 minutes. Utilisations : froids (à la vinaigrette, à la mayonnaise, farcis ou pour accompagner des salades, poisson, crustacés, tomates) ; chauds (pour accompagner des sauces diverses, béchamel, au fromage, aux oignons, sauce tomate, aurore).
3° Dès que l'œuf mollet ou l'œuf dur est cuit, le passer sous l'eau froide pour retirer la coquille avec plus de facilité.

N.B. – Pour éviter aux œufs de se fêler pendant la cuisson, il faut les sortir du réfrigérateur au moins une demi-heure avant de les cuire et ne pas oublier de saler l'eau.

## ŒUFS DURS A LA BÉCHAMEL

QUANTITÉS : *4 personnes.*
*4 œufs.*
BÉCHAMEL : *un demi-litre de lait ; 40 g de margarine ; 40 g de farine ; sel ; poivre.*
AROMATES AU CHOIX : *noix de muscade râpée ; curry.*
PRÉPARATION : *15 mn.*
CUISSON : *œufs durs, 12 mn ; béchamel, 5 mn.*

1° Faire durcir les œufs 12 mn à l'eau bouillante salée. Quand ils sont cuits, les passer immédiatement sous l'eau froide.
2° Préparer la béchamel. Faire fondre la margarine, y ajouter la farine d'un seul coup. Quand le mélange est mousseux, retirer du feu et verser le lait froid d'un seul coup. Bien diluer et remettre sur le feux doux à bouillir 5 mn en remuant sans cesse. Assaisonner.
4° Découquiller les œufs. Les couper en rondelles ou dans le sens de la longueur. Les ajouter à la béchamel.
5° Servir les œufs à la béchamel seuls ou en garniture de tarte ou de tartelettes.

## VARIANTES (œufs durs à la béchamel)

### ŒUFS DURS GRATINÉS

Suivre la recette des œufs durs à la béchamel.
Ajouter à la béchamel 50 g de gruyère râpé et une pincée de noix de muscade. Mettre la préparation dans un moule beurré et faire gratiner à four chaud, th. 8 ou 260°, ou passer quelques instants sous le grill.

### ŒUFS DURS SAUCE AURORE

Suivre la recette des œufs durs à la béchamel.
Ajouter à la béchamel 1 c. à café environ de concentré de tomate. Les œufs durs sont coupés en deux dans le sens de la longueur et nappés de sauce aurore. Servir le plat saupoudré de persil haché.

### ŒUFS DURS A LA TRIPE

Suivre la recette des œufs durs à la béchamel.
D'autre part, couper un oignon en rondelles. Le faire étuver à feu très doux avec 10 g de margarine ou de beurre(casserole couverte) pendant 10 mn environ. Ajouter l'oignon cuit à la béchamel et faire mijoter 5 mn avant d'ajouter les œufs durs coupés en rondelles. Servir les œufs à la tripe seuls ou en garniture de tartes ou de tartelettes.

● ●

### ŒUFS FARCIS AUX CHAMPIGNONS

QUANTITÉS : *4 personnes.*
*4 œufs ; 50 g de crème fraîche ; 200 g de champignons ; 20 g de margarine ; 1 gousse d'ail ; fines herbes, ciboulette ou estragon ; sel ; poivre.*
PRÉPARATION : *15 mn.*
CUISSON : *œufs durs, 12 mn ; champignons, 5 mn ; gratin au four, 10 mn, th. 8 ou 260°, ou au gril, quelques instants.*

1° Allumer le four ou le gril à l'avance.
2° Faire durcir les œufs 12 mn à l'eau bouillante salée. Quand ils sont cuits, les passer immédiatement sous l'eau froide.
3° Hacher finement les champignons et l'ail. Faire revenir avec la margarine.
4° Décoquiller les œufs. Les couper en deux dans le sens de la longueur. Oter le jaune.
5° Mélanger les jaunes, les champignons, les fines herbes hachées, la crème. Saler et poivrer.
6° Remplir les blancs avec le mélange en faisant un dôme.
7° Beurrer largement un plat à four. Garnir le fond avec le reste de farce. Déposer dessus les œufs farcis.

8° Faire gratiner à four chaud pendant une dizaine de minutes, ou passer sous le gril pendant quelques instants.
9° Servir les œufs farcis bien chauds.

N.B. – Vous pouvez présenter cette recette de la même manière, en remplaçant les champignons par 100 g de crevettes décortiquées.

**ŒUFS MIMOSA**

QUANTITÉS : *4 personnes.*
*4 œufs ; quelques feuilles de salade ; persil haché (facultatif).*
MAYONNAISE : *1 œuf ; 1 dl d'huile ; 1 c. à café de moutarde ; sel ; poivre ; un filet de vinaigre.*
PRÉPARATION : *20 mn.*
CUISSON : *œufs durs, 12 mn.*

1° Faire durcir les œufs, 12 mn à l'eau bouillante salée. Quand ils sont cuits, les passer immédiatement sous l'eau froide.
2° Décoquiller les œufs. Les couper en deux dans le sens de la longueur. Oter les jaunes.
3° Passer les jaunes à la moulinette, en réservant une partie pour la décoration.
4° Faire la mayonnaise. Mettre dans un bol, le jaune, la moutarde, le sel et le poivre. Tourner avec une cuillère en bois ou un fouet électrique. Quand le jaune épaissit verser l'huile goutte à goutte, en tournant ou en fouettant sans arrêt. Verser à la fin, un filet de vinaigre.
5° Mélanger les jaunes avec la mayonnaise et le persil.
6° Remplir les blancs avec le mélange en faisant un dôme.
7° Garnir un plat de feuilles de laitue. Disposer les œufs farcis dessus. Saupoudrer de jaune d'œufs.

N.B. – Pour réaliser cette recette, vous pouvez utiliser de la mayonnaise du commerce. Vous pouvez également remplacer la mayonnaise par : 1 dl de béchamel et 1 c. à café de moutarde ou 1 yaourt, 1 c. à café de moutarde et 1 c. à café de jus de citron ou 4 petits suisses, 1 c. à café de moutarde et 1 c. à café de jus de citron.

## VARIANTES (œufs mimosa)

**ŒUFS FARCIS AUX ANCHOIS**

Suivre la recette des œufs mimosa. Ajouter 4 filets d'anchois pilés à la farce.

**ŒUFS FARCIS AUX CREVETTES**

Suivre la recette des œufs mimosa. Ajouter 100 g de crevettes décortiquées à la farce.

**ŒUFS FARCIS AUX SARDINES**

Suivre la recette des œufs mimosa. Ajouter à la farce 3 sardines à l'huile émiettées (une petite boîte), 1 c. à soupe de sauce anglaise (Ketchup) ou de concentré de tomate ; le jus d'un demi-citron.

**ŒUFS FARCIS AU THON**

Suivre la recette des œufs mimosa. Ajouter 100 g de thon émietté au naturel (1 petite boîte) et 1 c. à soupe de câpres ou 2 cornichons coupés en petits morceaux.

●●

**ŒUFS BROUILLÉS**

QUANTITÉS : *4 personnes.*
*6 œufs (on compte 1 œuf et demi à 2 œufs par personne) ; 40 g de beurre ; 1 c. à soupe de crème fraîche ; 1 c. à café d'eau ; sel ; poivre.*
AROMATES AU CHOIX : *fines herbes hachées : ciboulette ; cerfeuil, estragon ; basilic ; persil ; épices : safran ; paprika ; poivre de Cayenne.*
GARNITURES AU CHOIX : *gruyère râpé ; jambon coupé en dés ou en languettes ; champignons ; pointes d'asperges ; croûtons.*
PRÉPARATION : *5 mn.*
CUISSON : *10 à 15 mn.*

1° Casser les œufs un à un dans une tasse puis verser dans une terrine. Cette précauton est toujours à prendre, en cas d'un œuf mauvais.
Ajouter l'eau. Battre les œufs en omelette.
2° Dans une petite casserole à fond épais ou mieux une casserole en porcelaine à feu, mettre les œufs battus, la moitié du beurre, le sel, le poivre et les aromates au choix.
3° Faire cuire très doucement au bain-marie (c'est-à-dire en interposant une casserole d'eau chaude entre la casserole et la source de chaleur) ou sur un diffuseur. Tourner sans cesse, lentement pour que le mélange prenne, sans former des masses épaisses. Quand les œufs sont crémeux, retirer du feu. Joindre la seconde partie du beurre et de la crème fraîche.
4° Servir les œufs brouillés aussitôt, seuls ou en garniture sur des tranches de pain de mie dorées au beurre ; sur des tartelettes ; dans des brioches évidées et recoiffées ensuite de leur chapeau ; au centre d'une couronne de riz cuit à l'eau.

## VARIANTES

**ŒUFS BROUILLÉS AU JAMBON**

Couper en dés ou en languettes 200 g de jambon. Ajouter aux œufs battus. Faire cuire les œufs brouillés selon la recette de base.

**FOIES DE VOLAILLES AUX ŒUFS BROUILLÉS** (Voir abats).

### ŒUFS BROUILLÉS AUX FRUITS DE MER

Ajouter aux œufs battus 200 g de crevettes, ou langoustines ou crabe en boîte. Faire cuire les œufs brouillés selon la recette de base.

### ŒUFS BROUILLÉS AU GRUYÈRE

Faire cuire les œufs brouillés selon la recette de base. Ajouter 40 g de gruyère râpé en fin de cuisson.

### ŒUFS BROUILLÉS AUX POINTES D'ASPERGES

Prendre une boîte d'asperges, couper les pointes (garder les queues pour un potage). Faites-les réchauffer. Faire cuire les œufs brouillés, selon la recette de base. Quand ils sont cuits, ajouter les pointes d'asperges.

### ŒUFS BROUILLÉS AUX CHAMPIGNONS

Faire revenir 100 g de champignons coupés en lamelles avec une gousse d'ail pilée et 20 g de margarine. Les mettre de côté au chaud. Faire cuire les œufs brouillés selon la recette de base. Quand ils sont cuits, ajouter les champignons.

● ●

### ŒUFS COCOTTE

QUANTITÉS : *4 personnes.*
*4 œufs ; 4 c. à soupe de crème fraîche ; 20 g de beurre ; sel ; poivre.*
AROMATES AU CHOIX : *fines herbes hachées : ciboulette ; cerfeuil ; estragon ; basilic ; persil.*
ÉPICES : *safran ; paprika ; poivre de Cayenne. Gruyère râpé.*
GARNITURES AU CHOIX : *champignons sautés ; crevettes ; reste de viande ou de volaille ou de ratatouille niçoise ; purée d'oignons ou de tomates, d'épinards ; pointes d'asperges.*
PRÉPARATION : *5 mn.*
CUISSON : *6 à 8 mn. Th. 8-9 ou 260-290°.*

1° Allumer le four à l'avance et préparer un bain-marie dans la tôle creuse du four en mettant 2 cm d'eau chaude.
2° Beurrer largement des ramequins à four.
3° Casser un œuf dans chaque ramequin. Napper de crème fraîche. Saler et poivrer. Ajouter les aromates au choix.
4° Mettre les ramequins au bain-marie et faire cuire à four très chaud quelques minutes. Les œufs cocotte sont cuits lorsque le blanc d'œuf est pris. Servir aussitôt.

N.B. – Vous pouvez remplacer les ramequins par des brioches creusées ; des tomates ou des pommes de terre cuites évidées ; une purée de pommes de terre creusée en nids.

## ŒUFS POCHÉS

QUANTITÉS : *4 personnes.*
*4 œufs ; 1/2 l d'eau ; 2 c. à soupe de vinaigre.*
CUISSON : *3 mn.*

1° Dans une casserole, faire bouillir un demi-litre d'eau non salée avec le vinaigre. Ce dernier facilite la coagulation des protides de l'œuf.
2° Quand l'eau bout, régler le feu pour qu'elle frémisse seulement.
3° Casser les œufs un à un dans une tasse et les glisser un par un dans l'eau frémissante.
4° Retourner les œufs avec précaution à l'aide d'une écumoire en les enveloppant de manière à conserver la forme de l'œuf et pour éviter que le blanc ne s'effiloche.
5° Laisser cuire 3 mn.
6° Retirer les œufs pochés avec l'écumoire et poser sur un papier absorbant pour les égoutter.
7° Servir aussitôt soit sur des canapés (pain de mie grillé ou doré au beurre) avec une sauce béchamel, au fromage, sauce aurore, sauce tomate, sauce matelote au vin rouge *(Voir « Œufs pochés en meurette ») ;* soit sur une purée de légumes (pommes de terre, épinards).

RECOMMANDATIONS

Pour réussir la cuisson des œufs pochés :
- Il ne faut pas cuire plus de 2 œufs à la fois (pour une débutante).
- Il ne faut pas que l'eau bout, mais seulement frémisse.
- Il ne faut pas lâcher l'œuf au-dessus de l'eau de cuisson, mais le déposer en glissant la tasse dans l'eau.

## ŒUFS FRITS

QUANTITÉS : *4 personnes.*
*4 œufs ; 1 dl d'huile ; sel ; poivre.*
PRÉPARATION : *15 mn.*
CUISSON : *3 mn par œuf.*

1° Faire chauffer l'huile dans une petite poêle.
2° Casser un œuf dans une tasse.
3° Quand l'huile est chaude mais non brûlante, glisser la tasse contenant l'œuf dans l'huile.
4° Attendre que le blanc commence à prendre pour le ramener sur le jaune à l'aide d'une cuillère en bois.
5° Laisser cuire 3 minutes.
6° Retirer l'œuf frit avec une écumoire. Le poser sur un papier absorbant pour l'égoutter. Tenir au chaud entre 2 assiettes creuses. Puis recommencer les mêmes opérations pour les œufs suivants.

7° Saler et poivrer avant de servir.
8° Comme pour les œufs pochés, les œufs frits peuvent être présentés, soit sur des tranches de pain de mie dorées au beurre ou grillées avec une sauce béchamel, au fromage, sauce aurore, sauce tomate, sauce matelote au vin rouge. (Voir « Œufs pochés en meurette ») ; soit sur une purée de légumes (purée de pommes de terre, épinards, oseille, salade cuite).

## ŒUFS EN MEURETTE

QUANTITÉS : *4 personnes.*
*4 œufs ; 1 demi-litre de vin rouge ; 1 demi-litre d'eau ; 1 oignon ; 1 gousse d'ail ; bouquet garni : une branche de thym, une feuille de laurier ; persil ; sel ; poivre.*
SAUCE MATELOTE : *jus de cuisson des œufs ; 30 g de margarine ; 30 g de farine.*
PRÉPARATION : *20 mn.*

1° Dans une casserole, mettre l'eau, le vin rouge et les aromates. Faire bouillir doucement 15 mn sans couvrir.
2° Pendant ce temps, faire griller ou dorer à la matière grasse des tranches de pain de mie et faire revenir à la poêle les tranches de lard de poitrine fumé. Garder au chaud.
3° Passer le jus de cuisson ; le remettre à bouillir. Régler le feu pour qu'il frémisse seulement. Prendre une tasse y casser les œufs un par un et les glisser dans le jus bouillant (cuire les œufs deux par deux). Laisser cuire 3 mn. Les retourner délicatement avec une écumoire. Egoutter sur un papier absorbant avant de les déposer sur les tranches de pain garnies de poitrine fumée. Garder le plat au chaud.
4° Préparer la sauce matelote:
Passer le jus de cuisson. Faire fondre la margarine, y ajouter la farine d'un seul coup. Quand le roux est blond, retirer du feu et verser petit à petit le jus de cuisson. Remettre sur feu doux à bouillir 5 mn, en remuant sans cesse. Rectifier l'assaisonnement.
5° Servir les œufs nappés avec un peu de sauce et mettre le reste en saucière.

## ŒUFS SUR LE PLAT

QUANTITÉS : *4 personnes.*
*4 œufs ; 20 g de beurre ; sel ; poivre.*
PRÉPARATION : *5 m.*
CUISSON : *5 mn*

1° Dans une poêle ou mieux dans un plat à œufs en porcelaine à feu mettre le beurre à fondre doucement.
2° Quand le beurre est chaud mais non fumant, casser les œufs un à un dans une tasse et les verser dans le plat. (Cette précaution est toujours à prendre en cas d'un œuf mauvais). Saler et poivrer.
3° Laisser cuire à feux doux quelques minutes sans toucher, sans


**Omelette au jambon** (recette p. 91).▶

remuer. La cuisson ne doit pas se faire rapidement car le blanc risque d'être cuit alors que le jaune est encore froid. Les œufs sont cuits lorsque les blancs sont devenus opaques et bien pris.
4° Servir aussitôt dans le plat.

## VARIANTES

### ŒUFS SUR LE PLAT AU BACON

QUANTITÉS :*4 personnes*
*4 œufs ; 20 g beurre ; 4 tranches de bacon (ou poitrine de lard fumé) ; sel ; poivre.*

Faire blondir très légèrement les tranches de bacon. Casser les œufs dans une tasse et les verser sur les tranches de bacon. Faire cuire comme les œufs sur le plat. Saler légèrement à cause du bacon déjà salé.

### ŒUFS SUR LE PLAT AUX SAUCISSES

QUANTITÉS : *4 personnes.*
*4 œufs ; 20 g de beurre ; 4 petites saucisses.*

Faire revenir les saucisses à la poêle. Quand les saucisses sont dorées, les retirer du feu et les mettre au chaud. A la place, faire cuire les œufs sur le plat selon la recette de base. Servir les œufs sur le plat, entourés des saucisses.

◀**Omelette** (recette p. 90)

## ŒUFS SUR LE PLAT AU GRUYÈRE

QUANTITÉS : *4 personnes.*
*4 œufs ; 20 g gruyère râpé ; 20 g de beurre ; sel ; poivre.*

Suivre la recette de base des œufs sur le plat. Ajouter le gruyère râpé sur les blancs des œufs. Saler légèrement à cause du gruyère déjà salé.

## ŒUFS SUR LE PLAT AUX CREVETTES

QUANTITÉS : *4 personnes.*
*4 œufs ; 50 g de beurre ; 100 g de crevettes décortiquées.*

Faire revenir les crevettes avec le beurre. Quand elles sont dorées, verser les œufs dessus. Cuire comme les œufs sur le plat. Saler et poivrer.

## ŒUFS SUR LE PLAT A LA TOMATE

QUANTITÉS : *4 personnes.*
*4 œufs ; 20 g de beurre ; sel ; poivre ; 300 g de tomates (4 tomates) ; 1 gousse d'ail ; 20 g d'huile (2 c. à soupe) ; thym, marjolaine, persil ; sel, poivre.*

1° Couper les tomates en deux. Les faire revenir à la poêle avec l'huile et les aromates. Quand les tomates sont fondues, les retirer du feu et les mettre au chaud.
2° A la place, faire les œufs sur le plat suivant la recette de base. Servir les œufs sur le plat entourés des tomates.

• •

## OMELETTE

QUANTITÉS : *4 personnes.*
*6 œufs (on compte 1 œuf et demi par personne) ; 2 c. à soupe d'eau ; sel ; poivre ; 20 g de beurre.*
AROMATES AU CHOIX : *fines herbes hachées : ciboulette ; cerfeuil ; estragon ; basilic ; persil.*
ÉPICES : *safran ; paprika ; poivre de Cayenne.*
GARNITURES AU CHOIX : *jambon ; jambon fumé ; lard de poitrine fumé ; foie ; rognons ; restes de viande ou de volaille ; thon ; crabe ; crevettes ; langoustines ; moules ; coques ; champignons ; tomates ; aubergines ; poivrons ; épinards ; oseille ; laitue ; petits pois ; choux de Bruxelles ; asperges ; fonds d'artichauts ; pommes de terre sautées ; chips ; oignons ; croûtons ; gruyère ; noix hachées ; truffes.*
PRÉPARATION : *5 mn.*
CUISSON : *8 à 10 mn.*

1° Casser les œufs un à un dans une tasse. Les verser dans une terrine (cette précaution est toujours à prendre en cas d'un œuf mauvais).

2° Ajouter l'eau, le sel, le poivre et les aromates au choix.
3° Battre à la fourchette pour simplement mélanger les blancs et les jaunes. Il est inutile de prolonger cette opération.
4° Cuire à feu assez vif, en rabattant les bords de l'omelette vers le centre.
5° Lorsque tout le mélange est pris et le dessus encore crémeux, servir l'omelette pliée en deux sur un plat chaud. Pour cela glisser délicatement l'omelette sur le plat de service. Quand la moitié de l'omelette est sur le plat, rabattre l'autre moitié dessus.

## VARIANTES sans cuisson préalable de la garniture

### OMELETTE AU JAMBON

Couper en dés ou en languettes 200 g de jambon. Mélanger aux œufs battus et faire cuire l'omelette selon la recette de base.

### OMELETTE AUX FRUITS DE MER CUITS

Ajouter aux œufs battus soit 200 g de crevettes, langoustines ou crabe en boîte ; soit 1 litre de moules ou coques en boîte. Faire cuire l'omelette selon la recette de base.

### OMELETTE AU THON

Ajouter aux œufs battus une petite boîte de thon au naturel émietté. Faire cuire l'omelette selon la recette de base.

### OMELETTE AUX POINTES D'ASPERGES

Prendre une boîte d'asperges, couper les pointes (garder les queues pour un potage). Les ajouter aux œufs battus et faire l'omelette selon la recette de base.
Vous pouvez également fourrer l'omelette cuite avec les pointes d'asperges réchauffées.

### OMELETTE AUX FONDS D'ARTICHAUTS

Prendre une boîte de fonds d'artichauts. Les couper en morceaux et les faire réchauffer avec 20 g de beurre. Vous pouvez les lier aussi avec une béchamel. Faire cuire l'omelette selon la recette de base. Quand elle est cuite, la fourrer avec les fonds d'artichauts.

### OMELETTE AUX ÉPINARDS

Prendre une boîte d'épinards et les faire réchauffer avec 20 g de beurre, ajouter de la noix de muscade. Faire cuire l'omelette selon la recette de base. Quand l'omelette est cuite, la fourrer avec les épinards.

**OMELETTE A LA TOMATE**

Ajouter aux œufs battus une purée de tomates en boîte. Faire cuire l'omelette selon la recette de base.

**OMELETTE AUX CHIPS**

Réchauffer un paquet de chips au four. Faire l'omelette selon la recette de base. Quand l'omelette est cuite, la fourrer avec les chips. Garnir le plat avec les chips restantes.

**OMELETTE AU GRUYÈRE**

Ajouter aux œufs battus 40 g de gruyère râpé. Cuire l'omelette selon la recette de base.

**OMELETTE AUX TRUFFES**

Ajouter aux œufs battus quelques lamelles de truffes. Faire cuire l'omelette selon la recette de base.

**OMELETTE AUX NOIX**

Ajouter aux œufs battus 10 noix hachées avec 20 g de gruyère râpé. Faire cuire l'omelette selon la recette de base.

## Avec cuisson au préalable de la garniture

**OMELETTE AUX CROUTONS**

Faire dorer les croûtons dans l'huile ou la margarine. Quand ils sont dorés, les garder au chaud. Faire l'omelette selon la recette de base. Quand l'omelette est cuite, la fourrer avec les croûtons.

**OMELETTE AU BACON**

Couper en dés ou en languettes 4 tranches de bacon, de jambon fumé ou de poitrine de lard fumé. Les faire blondir légèrement à la poêle. Verser les œufs battus dessus et faire cuire l'omelette selon la recette de base.

**OMELETTE AUX FOIES DE VOLAILLES**

Prendre 4 ou 5 foies de volailles suivant leur taille. Les couper en gros dés. Les faire revenir avec 20 g de margarine ou de beurre. Saler et poivrer. Garder au chaud. Faire l'omelette selon la recette de base. Quand l'omelette est cuite, fourrer avec les foies de volailles.

**OMELETTE AUX ROGNONS**

Faire revenir 200 g de rognons de veau, porc ou bœuf, coupés en gros dés avec 20 g de margarine ou de beurre. Flamber avec 1 c. à soupe de cognac enflammé. Garder les rognons au chaud. Faire l'omelette selon la recette de base. Quand l'omelette est cuite, fourrer avec les rognons.

## OMELETTE AUX CHAMPIGNONS

Les cèpes, les girolles, les morilles et mêmes les champignons de Paris font de délicieuses omelettes.
Faire revenir les champignons coupés en lamelles ou en morceaux avec 20 g de margarine ou de beurre et une gousse d'ail pilée. Faire l'omelette selon la recette de base. Quand elle est cuite, fourrer avec les champignons.

● ●

## ŒUFS MIRABEAU

QUANTITÉS : *3 ou 4 personnes.*
ŒUFS AU LAIT SALÉS : *1/2 l de lait ; 3 œufs ; sel ; poivre.*
AROMATES AU CHOIX : *fines herbes hachées (ciboulette ; cerfeuil ; estragon ; basilic ; persil) ; noix de muscade.*
SAUCE TOMATE : *1/4 l d'eau ; 1 c. à soupe de concentré de tomate ; 20 g de margarine ; 20 g de farine ; thym ; laurier ; persil ; marjolaine ; sel ; poivre ; une gousse d'ail.*
PRÉPARATION : *15 mn.*
CUISSON : *sauce tomate, 5 mn ; œufs au lait, au four 20 à 25 mn ; th. 5-6 ou 200-220° ; à l'autocuiseur, 8 mn.*
MATÉRIEL : *ramequins à four ou moule en couronne ou un plat à soufflé.*

1° Faire bouillir le lait.
2° Beurrer largement des ramequins.
3° Battre les œufs en omelette. Verser le lait bouillant petit à petit sur les œufs en fouettant sans arrêt. Assaisonner.
4° Remplir les ramequins.
5° Vous pouvez faire cuire les œufs Mirabeau :
- Soit à four moyen, au bain-marie (c'est-à-dire en mettant de l'eau dans la tôle creuse du four). La préparation ne doit jamais bouillir.
- Soit à l'autocuiseur en y mettant 2 cm d'eau. Il faut alors couvrir les ramequins d'une assiette et les déposer dans le panier rigide ou souple. Fermer ensuite l'autocuiseur et laisser cuire 8 mn, à partir du chuchotement de la soupape, à feu très doux.

6° Les œufs au lait salés sont cuits lorsque la pointe d'un couteau ressort sans trace.
7° Pendant la cuisson des œufs Mirabeau, faire la sauce tomate. Diluer le concentré de tomate dans l'eau. Faire fondre la margarine, y ajouter d'un seul coup la farine. Quand le

roux est blond, retirer du feu et verser le liquide froid d'un seul coup. Bien diluer et remettre sur feu doux, à bouillir 5 mn avec une gousse d'ail, thym, laurier, persil, une pincée de marjolaine, sel et poivre. Tourner sans cesse jusqu'à l'épaississement.

8° Quand les œufs Mirabeau sont cuits, les démouler sur un plat creux et verser la sauce tomate autour.

Servir aussitôt bien chaud.

# POISSON, MOLLUSQUES, CRUSTACÉS.

# LE POISSON

## POISSON GRILLÉ

QUANTITÉS : *4 personnes.*
*Sans déchets. 4 tranches de 120 à 150 g par personne.*
*Avec déchets : poissons entiers. On compte 200 g par personne, soit 2, 4, 8 poissons selon leur grosseur ; huile ; sel ; poivre.*
AROMATES AU CHOIX : *herbes de Provence (thym, romarin, sarriette, fenouil).*
ÉPICES : *curry ; poivre de Cayenne ; paprika.*
GARNITURE : *citron ; 50 g de beurre ; persil haché.*
SAUCES D'ACCOMPAGNEMENT : *sauce hollandaise, tomate barbecue, à la diable barbecue, sauce blanche à la crème, à la moutarde, aux câpres.*
LÉGUMES D'ACCOMPAGNEMENT : *pomme de terre vapeur*
PRÉPARATION : *5 mn.*
CUISSON : *5 mn.*
PRÉCHAUFFAGE DU GRIL : *5 à 15 mn.*

1° Allumer le gril à l'avance, 5 à 15 mn suivant le gril utilisé.
2° Couper la tête (les nageoires si nécessaire) du poisson. Le vider. Le passer à l'eau courante et sécher avec du papier absorbant.
3° Pratiquer quelques incisions dans la peau pour qu'elle n'éclate pas à la cuisson.
4° Badigeonner le poisson d'huile sur les 2 côtés et saupoudrer d'herbes de Provence au choix. Saler et poivrer.
5° Mettre le poisson sur le gril chaud. Laisser cuire 5 mn environ de chaque côté.
6° Servir le poisson grillé avec du beurre fondu, persil haché et jus de citron. Vous pouvez l'accompagner également d'une sauce de votre choix.

### UTILISATIONS

La plupart des poissons peuvent être grillés entiers ou en tranches. Les plus couramment grillés sont :
– Entiers : sardines, maquereaux, rougets barbets, rougets grondins, harengs, merlans, soles, limandes.
– En tranches ou en filets : colin, haddock, morue, barbue, daurade, turbot, saumon, lotte, lieu, églefin, thon, roussette (saumonette).

### RECOMMANDATIONS

Pour que le poisson cuise en profondeur, il ne doit pas être trop gros (maximum 400 g), les tranches ne doivent pas être trop épaisses (maximum (2 cm).
Il ne faut pas changer de place le poisson, sur le gril, avant qu'une face soit grillée, sinon la peau se déchire.
Il est nécessaire d'inciser les poissons de grosseur moyenne pour que la peau n'éclate pas à la cuisson.
Pour faire griller les tranches, on peut les fariner avant de les

huiler. La farine et l'huile forment une croûte qui protège la chair du poisson pendant la cuisson.

## POISSON A LA POÊLE (meunière)

QUANTITÉS : *4 personnes.*
*Sans déchets : 4 tranches ou filets de 120 à 150 g par personne.*
*Avec déchets : poissons entiers. On compte 200 g par personne, soit 2, 4, 8 poissons selon leur grosseur ; 20 g de farine (2 c. à soupe) ; 40 g de margarine ou 4 c. à soupe d'huile ; sel ; poivre.*
AROMATES AU CHOIX : *herbes de Provence (thym ; romarin ; sarriette ; fenouil).*
ÉPICES : *curry ; poivre de Cayenne ; paprika ; safran ; oignons ; échalote.*
GARNITURE : *citron coupé en rondelles ; persil haché.*
LÉGUMES D'ACCOMPAGNEMENT : *pommes de terre vapeur.*
PRÉPARATION : *5 mn.*
CUISSON : *15 mn.*

1° Préparer le poisson, s'il n'est pas en tranches ou en filets. Ecailler, couper les nageoires si nécessaire. Le vider et le passer sous l'eau courante. Sécher avec du papier absorbant.
2° Saler, poivrer, saupoudrer d'herbes de Provence au choix ou autre épice. Rouler dans la farine.
3° Chauffer modérément la matière grasse dans la poêle. Faire dorer le poisson à feu doux de 5 à 7 mn. Retourner délicatement à l'aide d'une palette et laisser cuire l'autre côté de nouveau de 5 à 7 mn.
4° Servir le poisson saupoudré de persil haché sur un plat chaud, décoré de rondelles de citron.

### UTILISATIONS

Les poissons cuits à la meunière sont généralement des poissons de grosseur moyenne (entiers ou en filets) ou des gros poissons en tronçons : carrelet, limande, sole, merlan, maquereau, sardine, cabillaud, églefin, lotte, thon, saint-pierre, barbue, colin, lieu, saumon, truite, perche.

## POISSON PANÉ

QUANTITÉS : *4 personnes.*
*4 tranches ou filets de 150 g ; sel, poivre ; 40 g margarine ou 4 c. à soupe d'huile.*
AROMATES AU CHOIX : *herbes de Provence (thym ; romarin).*
ÉPICES : *curry ; safran ; cumin ; paprika.*
PANURE : *1 œuf ; 40 g de farine (4 c. à soupe) ; 100 g de mie de pain ou 4 c. à soupe de chapelure.*
GARNITURE : *1 citron coupé en rondelles ; concentré de tomate en tube ; feuilles de persil.*
SAUCES D'ACCOMPAGNEMENT : *sauce hollandaise ; sauce tomate.*
LÉGUMES D'ACCOMPAGNEMENT : *purée de pommes de terre ; fonds d'artichauts ; épinards.*

PRÉPARATION : *15 mn.*
CUISSON : *10 mn.*
MATÉRIEL : *3 assiettes ; 1 palette en bois ; 1 poêle.*

1° Préparation de la panure. Prendre 3 assiettes, dans la première, mettre la farine ; dans la seconde, l'œuf battu en omelette ; dans la troisième, la chapelure ou la mie de pain.
2° Assaisonner le poisson. Sel, poivre et autre parfum au choix.
3° Faire chauffer la poêle avec la matière grasse.
4° Pendant ce temps, passer le poisson successivement dans la farine, l'œuf et la chapelure.
5° Déposer les tranches ou filets de poisson, dans la poêle et laisser cuire à feu modéré 5 mn environ. Quand ils sont dorés, les retourner délicatement avec une spatule. Faire cuire de nouveau 5 mn.
6° Décorer les tranches ou filets avec une goutte de concentré de tomate et 2 brins de persil.
7° Servir le poisson sur un plat garni de rondelles de citron. Ne pas hésiter à l'accompagner d'une sauce au choix, cela le rendra moins sec.
Si vous le présentez avec des fonds d'artichauts, vous pouvez farcir ces derniers avec de la sauce hollandaise, et si vous le servez avec de la purée de pomme de terre, une sauce tomate conviendra parfaitement.

**POISSON AU FOUR**

QUANTITÉS : *4 personnes.*
*600 g de poisson sans déchets (150x4) ; 800 g de poisson avec déchets (200x4); 1 oignon coupé en rondelles ; 40 g de beurre ou de margarine ; 1 dl d'eau ; 1 dl de vin blanc sec ; sel ; poivre ; persil haché.*
AROMATES AU CHOIX : *échalotes, ail ; herbes de Provence (thym, romarin, fenouil en branche ou en grains) ; cumin ; citron ;*
ÉPICES : *curry ; safran.*
GARNITURES AU CHOIX : *champignons ; tomates ; pommes de terre ; fenouil.*
PRÉPARATION : *5 mn.*
CUISSON : *petit poisson 200 g, 15 mn ; poisson moyen 500 g, 20 mn ; 800 g, 30 mn ; gros poisson 1 kg, 40 mn ; 1,5 kg, 50 mn. Th. 6-7 ou 220-240°.*

1° Allumer le four à l'avance.
2° Couper les nageoires et écailler le poisson si nécessaire. Le vider et le passer à l'eau courante.
3° Beurrer un plat allant au four, y mettre l'oignon coupé en rondelles et le persil haché. Déposer dessus le poisson. Pratiquer quelques incisions dans la peau pour qu'elle n'éclate pas à la cuisson. Recouvrir le poisson de morceaux de beurre et de rondelles d'oignons restantes. Saler et poivrer.
4ᵉ Faire cuire à four moyen en arrosant toutes les 10 mn après le

premier quart d'heure de cuisson. Vérifier la cuisson avec une aiguille. Si elle ne rencontre pas de résistance en s'enfonçant dans la chair, et si elle reste brûlante en la posant sur le dos de la main, le poisson est cuit.

5° Servir le poisson accompagné du jus de cuisson.

N.B. – La garniture cuit en même temps que le poisson.

## UTILISATIONS

La plupart des poissons peuvent être cuits au four.
Cette cuisson est couramment utilisée pour les poissons de grosseur moyenne ou gros poissons en tronçons: carrelet, limande, sole, turbot, raie, merlan, maquereau, rouget, barbet, rouget grondin, mulet, bar, saint-pierre, daurade, roussette (saumonette), carpe, brochet, lotte, lieu, colin, églefin, thon, cabillaud, congre, barbue.

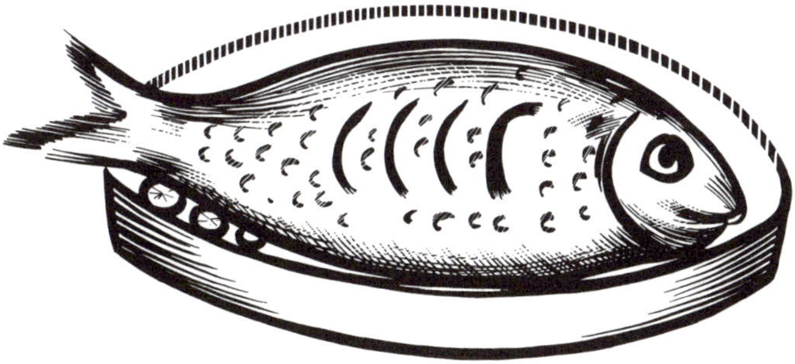

## POISSON FARCI

QUANTITÉS : *4 personnes.*
*1 poisson de 0,8 kg à 1 kg (bar, mulet, daurade, barbue, carpe) ou 4 poissons de 200 g (merlans, soles, maquereaux) ; 1 oignon et 1 carotte ; 1 dl d'eau ; 1 dl de vin blanc sec ; 20 g de margarine ou de beurre ; sel ; poivre.*
FARCE : *200 g de poisson cuit au court-bouillon frais ou en boîte (colin, merlan, lieu, cabillaud, limande) ; 50 g de mie de pain rassis ; 5 c. à soupe de lait environ ; 2 œufs ; 1 oignon ; 20 g de margarine ou de beurre ; sel ; poivre.*
AROMATES AU CHOIX : *thym ; romarin ; estragon ; cerfeuil ; ciboulette ; persil ; fenouil ; oseille.*
ÉPICES : *curry ; safran ; paprika ; noix de muscade ; ail ; échalote.*
PRÉPARATION : *30 mn.*
CUISSON : *30 à 40 mn. Th. 6-7 ou 220-240°.*

1° Allumer le four à l'avance.
2° Couper les nageoires et écailler le poisson. Vider et passer à l'eau courante.
3° Faire la farce. Verser le lait chaud sur la mie de pain émiettée. D'autre part, hacher finement l'oignon et le faire doucement étuver (dans une casserole couverte) avec la margarine ou le beurre. Effeuiller le poisson cuit destiné à la farce. Le mélanger avec la mie de pain trempée, l'oignon fondu. Ajouter les jaunes d'œufs, les aromates au choix. Saler et poivrer. Battre les bancs d'œufs en neige et les incorporer délicatement à la farce.
4° Remplir le poisson de farce. Recoudre l'ouverture.
5° Déposer dans un plat beurré allant au four, avec une carotte et un oignon coupés en rondelles. Ajouter l'eau et le vin blanc. Pratiquer quelques incisions dans la peau pour qu'elle n'éclate pas à la cuisson. Recouvrir le poisson de morceaux de beurre ou de margarine. Saler et poivrer.
6° Faire cuire à four moyen en arrosant toutes les 10 minutes après le premier quart d'heure de cuisson. Vérifier la cuisson avec une aiguille. Si elle ne rencontre pas de résistance en s'enfonçant dans la chair et si elle reste brûlante en la posant sur le dos de la main, le poisson est cuit.

# VARIANTES

## DAURADE FARCIE AUX CHAMPIGNONS

QUANTITÉS : *4 personnes.*
*1 daurade de 1 kg ; 1 oignon coupé en rondelles ; 1 dl de vin blanc sec ; 20 g de margarine ou de beurre ; sel ; poivre.*
FARCE : *200 g de champignons ; 1 gousse d'ail ; 20 g de margarine ; 50 g de mie de pain rassis ; 5 c. à soupe de lait ; 1 œuf ; sel ; poivre.*
AROMATES : *romarin ; estragon ou noix de muscade râpée.*
CUISSON : *40 à 45 mn. Th. 6-7.*

Préparer le poisson selon la recette de base. Faire la farce. Verser le lait chaud sur la mie de pain émiettée. D'autre part, hacher finement les champignons et l'ail, les faire revenir avec la margarine. Mélanger le tout. Ajouter l'œuf, l'aromate au choix, saler et poivrer. Remplir le poisson de farce. Recoudre l'ouverture. Faire cuire la daurade au four selon la recette de base, avec l'oignon, le vin blanc et la margarine.

UTILISATIONS

Cette recette peut être utilisée avec le mulet, le bar.

## TRUITES FARCIES AU BACON

Suivre la recette de la daurade farcie aux champignons, couvrir les truites avec des tranches de bacon avant de faire cuire au four.

## MULET FARCI AU FENOUIL

QUANTITÉS : *4 personnes.*

*1 mulet de 1 kg ; 1 oignon ; 1 dl de vin blanc sec ; 20 g de margarine ou beurre ; sel ; poivre.*
FARCE : *100 g de mie de pain rassis;1 demi-decilitre de lait;1 œuf;un demi-bulbe de fenouil ; persil ; sel ; poivre.*
CUISSON : *40 mn. Th. 6-7.*

Préparer le poisson selon la recette de base.
Faire la farce. Verser le lait chaud sur la mie de pain émiettée. D'autre part, hacher finement le fenouil cru et le persil. Mélanger le tout. Ajouter l'œuf. Saler et poivrer.Remplir le poisson de farce. Recoudre l'ouverture. Faire cuire le mulet selon la recette de base, avec l'oignon, vin blanc, margarine.

## BAR FARCI AUX ŒUFS DE SAUMON

QUANTITÉS : *4 personnes.*
*1 bar de 1 kg ; 1 oignon coupé en rondelles ; 1 carotte coupée en rondelles ; 1 dl de vin blanc ; 20 g de margarine ou de beurre ; sel ; poivre.*
FARCE : *100 g d'œufs de saumon ; 2 quenelles de brochet ; 1 échalote ; 50 g de cresson haché ou cerfeuil haché ; une pincée de thym ; sel ; poivre ; 2 c. à soupe de crème fraîche.*

Préparer le poisson selon la recette de base.
Faire la farce. Hacher finement l'échalote et la faire revenir avec la matière grasse. Hacher également le cresson ou le cerfeuil. Mélanger tous les ingrédients de la farce. Remplir le poisson de farce. Recoudre l'ouverture. Faire cuire le bar au four selon la recette de base avec l'oignon, la carotte, le vin blanc et la margarine ou le beurre.

## FILETS DE MERLAN EN PAUPIETTES

QUANTITÉS : *4 personnes.*
*4 filets de merlan de 120 g ; 40 g de beurre ou de margarine ; 1 oignon ; 1 dl de vin blanc sec ; sel ; poivre.*
FARCE : *50 g de mie de pain rassis ; 5 c. à soupe de lait ; 100 g de champignons ; 1 œuf dur ; persil haché ; sel ; poivre.*
AROMATES : *noix de muscade râpée (facultatif).*
PRÉPARATION : *1 quart d'heure.*
CUISSON : *autocuiseur, 5 mn ; au four, 30 mn. Th. 5-6 ; 200-220°.*

1° Préparer la farce. Faire durcir l'œuf pendant 10 mn à l'eau bouillante. D'autre part, verser le lait chaud sur la mie de pain émiettée. Hacher finement les champignons et le persil. Passer l'œuf à la moulinette. Mélanger le tout. Mettre une pincée de noix de muscade râpée, saler et poivrer.
2° Déposer une noix de farce sur les filets de merlan. Les rouler sur eux-mêmes comme des paupiettes. Ficeler en croix avec du fil.
3° Faire cuire les filets soit dans l'autocuiseur, soit dans un plat allant au four, avec le vin blanc, la carotte et l'oignon coupés en rondelles.
4° Servir les paupiettes arrosées du jus de cuisson.

## POISSON EXPRESS AU GRATIN

QUANTITÉS : *4 personnes.*
*300 g de restes de poisson cuit ou une boîte de poisson au naturel (colin, cabillaud, lieu) ; 500 g de purée de pommes de terre ou 1 sachet de purée de pommes de terre instantanée pour 4 personnes ; 1/2 l d'eau ; 1 branche de thym ; une demi-feuille de laurier ; 1 branche de romarin ; 1 gousse d'ail ; 30 g de beurre ; persil haché ; sel ; poivre.*
GRATIN : *20 g de gruyère râpé ; 20 g de chapelure (2 c. à soupe) ; 20 g de margarine ou beurre.*
PRÉPARATION : *5 mn.*
GRATIN : *Four, 10 mn, therm. 8 ou 260° ; au gril, quelques instants.*

1° Allumer le four ou le grill.
2° Préparer la purée instantanée selon le mode d'emploi. Faire chauffer l'eau avec le thym, le laurier, le romarin et 1 c. à café de sel.
3° Quand l'eau bout, verser dans une passoire sur les flocons et le beurre. Laisser gonfler quelques instants.
4° Pendant ce temps, ouvrir la boîte de poisson ; émietter avec une fourchette et mélanger avec la purée. Ajouter la gousse d'ail pilée, le persil haché, saler et poivrer.
5° Verser la préparation dans un plat à four huilé.
6° Râper le gruyère. Egaliser sur le plat. Saupoudrer de chapelure. Mettre quelques noisettes de beurre ou de margarine.
7° Faire gratiner à four chaud une dizaine de minutes ou passer quelques instants sous le grill.

## MORUE POCHÉE

QUANTITÉS : *4 personnes.*
*600 g de morue (150 g x 4).*
DESSALAGE : *12 h ; cuisson, 10 mn.*
*La morue est du cabillaud salé. Elle peut être excellente à condition d'avoir été dessalée pendant 12 h en changeant l'eau plusieurs fois.*

1° Mettre la morue dans un égouttoir et la plonger dans une bassine pleine d'eau froide. Le sel se dépose dans la bassine. C'est pourquoi il faut renouveler l'eau.
2° Pochage. Dans une casserole, mettre la morue, la recouvrir d'eau froide. Porter doucement à ébullition. Régler le feu pour que l'eau frémisse seulement. Laisser pocher 10 mn et égoutter.
3° Vous pouvez servir la morue ainsi pochée avec des pommes de terre vapeur et un beurre maître d'hôtel ou une sauce béchamel à la crème et au jaune d'œuf.

## MORUE DES TERRE-NEUVAS

QUANTITÉS : *4 personnes.*
*500 g de morue ; 500 g de pommes de terre ; 1 litre de lait ; 1 oignon coupé en rondelles.*
PRÉPARATION : *15 mn.*
DESSALAGE : *12 h.*
CUISSON : *au four, 1 h ; en autocuiseur, 15 mn ; th. 5-6 ou 200-220°.*

1° Faire dessaler la morue suivant la recette de base (morue pochée).
2° Vous pouvez faire cuire la morue des terre-neuvas, soit dans un plat beurré au four pendant 1 h, soit directement dans l'autocuiseur, 15 mn, à partir du chuchotement de la soupape, à feu doux.
3° Eplucher les pommes de terre et les couper en rondelles. Couper l'oignon aussi en rondelles. Effeuiller le poisson.
4° Mettre tout ensemble, soit dans le plat à four beurré, soit dans l'autocuiseur. Couvrir de lait.
5° Faire cuire doucement le temps nécessaire.

## MORUE AU VIN BLANC

QUANTITÉS : *4 personnes.*
*500 g de morue ; 500 g de pommes de terre ; 80 g de beurre ou margarine ; 1 oignon ; 2 dl de vin blanc sec ; poivre.*
PRÉPARATION : *15 mn.*
DESSALAGE : *12 h.*
CUISSON : *au four 1 h, ou autocuiseur 15 mn. Th. 5-6 ou 200-200°.*

1° Faire dessaler la morue suivant la recette de base (morue pochée).
2° Vous pouvez faire cuire la morue au vin blanc, soit dans un plat beurré au four, pendant 1 h, soit directement dans l'autocuiseur, 15 mn à partir du chuchotement de la soupape, à feu doux.

3° Eplucher les pommes de terre et les couper en rondelles ainsi que l'oignon. Effeuiller le poisson.
4° Mettre le tout ensemble, avec le beurre, le vin blanc et le poivre, soit dans un plat à four beurré, soit dans l'autocuiseur.
5° Faire cuire doucement le temps nécessaire.

## COQUILLES DE POISSON

QUANTITÉS : *4 personnes.*
*200 g de poisson cuit au court-bouillon frais ou en boîte ; 100 g de champignons ; 20 g margarine ; 1 gousse d'ail ; sel ; poivre.*
BÉCHAMEL AU FROMAGE : *1/4 l de lait ; 20 g de margarine ; 20 g de farine ; 25 g de gruyère râpé ; sel, poivre ; une pincée de noix de muscade.*
GARNITURE : *20 g de gruyère râpé ; 2 c. à soupe de chapelure ; 20 g de margarine ou de beurre.*
PRÉPARATION : *15 mn.*
CUISSON : *béchamel, 5 mn.*
GRATIN : *au four 10 mn ; th. 8 ou 260° ; ou au gril, quelques instants.*

1° Allumer le four ou le gril à l'avance.
2° Préparer la béchamel. Faire fondre la margarine, y ajouter d'un seul coup la farine. Quand le mélange est mousseux, retirer du feu et verser le lait froid d'un seul coup. Bien diluer le mélange et remettre sur feu doux à bouillir 5 mn en remuant sans cesse. Hors du feu ajouter le gruyère râpé.
3° Faire revenir les champignons avec l'ail dans la margarine.
4° Effeuiller le poisson.
5° Mélanger le poisson, les champignons, la béchamel. Mettre une pincée de noix de muscade. Saler et poivrer.
6° Verser la préparation dans des coquilles ou des ramequins à four beurrés. Egaliser le gruyère râpé. Saupoudrer de chapelure. Déposer des noisettes de margarine ou de beurre sur chaque coquille.
7° Faire gratiner à four chaud une dizaine de minutes ou passer quelques instants sous le gril.

N.B. – On peut varier la composition des coquilles en ajoutant : soit 1 ou 2 œufs durs coupés en rondelles ; soit 100 g de crevettes ou de moules cuites ; soit 1 oignon émincé et étuvé.

## POISSON AU COURT-BOUILLON

QUANTITÉS : *4 personnes.*
*600 g de poisson sans déchet (150 gx4) ; 800 g de poisson avec déchets (200 g x 4).*
PRÉPARATION : *5 mn.*
CUISSON : *court-bouillon de 15 à 30 mn.*
*Gros poisson : 10 mn par 500 g ; au-dessus de 2 kg, 8 mn par 500 g.*
*Petit poisson : 100 - 200 g, 10 mn en tout.*
*Poisson plat : 5mn.*

*Tranche de poisson : 2,5 cm d'épaisseur, 12 mn.*
GARNITURE : *1 citron ; persil ;* COURT-BOUILLON AU VINAIGRE : *1 litre d'eau ; 1/2 dl de vinaigre (un demi-verre) ; 1 carotte en rondelles ; 1 oignon piqué d'un clou de girofle : sel ; poivre ; bouquet garni : thym, une demi-feuille de laurier, persil.*
AROMATES AU CHOIX : *romarin, fenouil, (en branche ou en graines), carvi, anis étoilé, cumin, céleri en branche, curry, safran.*
SAUCES D'ACCOMPAGNEMENT : *poisson chaud, sauce aux câpres, à la moutarde, à la crème fraîche, au jaune d'œuf, béchamel, hollandaise, beurre maître d'hôtel (beurre et persil maniés).*
*Poisson froid : vinaigrette, rémoulade, ravigote, gribiche, mayonnaise verte, tartare, à l'ail (pour la morue).*

1° Préparer le court-bouillon. Mettre tous les ingrédients dans l'eau froide en ayant soin de couper la carotte en rondelles. Faire bouillir 15 mn au minimum et si possible une demi-heure pour que le court-bouillon soit bien parfumé.
2° Cuisson du poisson. Déposer le poisson dans le court-bouillon tiède. Amener doucement à ébullition. Régler le feu pour que le court-bouillon frémisse seulement (l'ébullition à gros bouillons détruit la chair fragile du poisson). Laisser cuire le temps nécessaire. Vérifier la cuisson avec une aiguille à tricoter. Le poisson est cuit si elle s'enfonce sans résistance jusqu'à l'arête.
Quand on désire manger le poisson froid, arrêter le feu dès le premier bouillon. Couvrir. Le poisson sera cuit et parfumé lorsque le court-bouillon sera froid.
3° Dressage du poisson cuit : l'égoutter puis retirer délicatement la peau, les arêtes, la tête. Servir le poisson sur un plat long, s'il est chaud, accompagné d'une sauce chaude au choix ; s'il est froid, accompagné d'une sauce froide au choix. Le plat sera garni de rondelles de citron et de persil haché.

## UTILISATIONS

Tous les poissons peuvent être cuits au court-bouillon. Mais cette cuisson est surtout utilisée pour les poissons gros et moyens : limande, sole, carrelet, raie, merlan, rouget-barbet, rouget-grondin, mulet, bar, saint-pierre, roussette (saumonette) congre, barbue, morue, cabillaud (ou morue fraîche), lotte, lieu, églefin, colin, saumon, brochet, perche.

## RECOMMANDATIONS

**POUR LE COURT-BOUILLON :** il est important de faire cuire le court-bouillon à l'avance, surtout pour une petite quantité de poisson. La cuisson rapide ne permet pas au court-bouillon de se parfumer suffisamment.
Ne jetez pas le court-bouillon utilisé, vous pouvez le réemployer. Il suffit de le passer. Vous avez la possibilité de le conserver soit directement au congélateur, soit dans un bocal stérilisé (15 mn à

l'autocuiseur à partir de la rotation de la soupape).
Si vous n'avez pas le temps de préparer le court-bouillon, vous pouvez utiliser un court-bouillon instantané du commerce en respectant les doses (inconvénient : vous ne choisissez pas les aromates).

**POUR LA CUISSON DU POISSON :** si votre poisson est gros et fragile, il faut l'envelopper d'une mousseline ou d'un linge fin avant de le plonger dans le court-bouillon. Avec l'aide de cette mousseline vous ne risquerez pas de le briser en le sortant du court-bouillon.

## VARIANTES DE COURT-BOUILLON

### COURT-BOUILLON AU VIN BLANC

COMPOSITION : *1 litre d'eau ; 2 dl de vin blanc sec ; 1 carotte en rondelles ; 1 oignon ; sel : 1c. à café par litre ; 5 grains de poivre ; bouquet garni (1 branche de thym ; 1 feuille de laurier, persil).*

UTILISATIONS (cuisson raffinée) : colin, lieu, roussette (saumonette), daurade ; poissons d'eau douce (saumon, truite, anguille, brochet).

### COURT-BOUILLON AU VIN ROUGE

COMPOSITION : *1/2 l d'eau ; 1/2 l de vin rouge ; 1 carotte en rondelles ; 1 oignon ; sel : 1 c. à café par litre de liquide ; 5 grains de poivre ; bouquet garni (1 branche de thym, 1 feuille de laurier, persil).*

UTILISATIONS : surtout pour les poissons d'eau douce (truite, tanche, carpe) ; cabillaud, églefin.

### COURT-BOUILLON AU LAIT

COMPOSITION : *1/2 l de lait ; 1/2 l d'eau ; 1 citron en rondelles (facultatif) ; sel, 1 c. à café par litre de liquide sauf pour les poissons salés.*

UTILISATIONS : turbot, barbue, cabillaud, églefin ; tous les poissons fumés (haddock, hareng fumé).

● ●

### MAQUEREAUX MARINÉS AU VIN BLANC

QUANTITÉS : *4 personnes.*
*4 maquereaux de 200 g.*

MARINADE : *1/4 l d'eau ; 4 dl de vin blanc sec ; 1 dl de vinaigre ; 1 carotte ; 1 oignon ; bouquet garni (une branche de thym, une feuille de laurier, persil) ; 1 branche de céleri : 1 clou de girofle ou*

*quelques grains de coriandre ; sel ; poivre.*
PRÉPARATION : *10 mn.*
CUISSON : *marinade, 15 mn ; maquereaux, 15 mn.*

1° Vider et laver à l'eau courante les maquereaux.
2° Dans une casserole, mettre la carotte et l'oignon coupés en rondelles, l'eau, le vin blanc, le vinaigre et les aromates.
3° Faire bouillir 15 mn la marinade. Laisser tiédir. Mettre les maquereaux et porter doucement à ébullition. Régler le feu pour que le bouillon frémisse seulement pendant 15 mn environ. Laisser refroidir les maquereaux dans la marinade.
4° Servir les maquereaux marinés froids accompagnés d'une salade de pommes de terre.

N.B. – Vous pouvez préparer de la même manière : les harengs frais, les sardines ou même les petits merlans.

## HADDOCK A LA CRÈME

QUANTITÉS : *4 personnes.*
*500 g de haddock (125 gx4) ; 1/2 l de lait ; thym ; laurier.*
SAUCE BÉCHAMEL : *1/2 l lait de cuisson complété ou 1/2 l de lait n'ayant pas servi à la cuisson ; 40 g de margarine ; 40 g de farine ; 2 c. à soupe de crème fraîche ou 2 jaunes d'œufs ; 2 c. à café de moutarde ; persil haché ; 1 citron.*
PRÉPARATION : *15 mn.*
CUISSON : *haddock, 15 mn ; béchamel, 5 mn.*

1° Dans une casserole, mettre le haddock, le thym, le laurier. Recouvrir de lait. Porter doucement à ébullition. Régler le feu pour que le lait frémisse seulement. Laisser cuire 15 mn environ.
2° Egoutter le haddock et le mettre dans un plat chaud.
3° Préparer une béchamel : soit avec le lait de cuisson (goût de fumé) passé et complété avec d'autre lait, soit avec du lait n'ayant pas servi à la cuisson.
Faire fondre la margarine. Y ajouter d'un seul coup la farine. Quand le mélange est mousseux, retirer du feu et verser petit à petit le lait bouillant. Bien mélanger et remettre sur feux foux à bouillir 5 mn en remuant sans cesse. Hors du feu, ajouter la crème fraîche, la moutarde, le jus de citron et le persil haché. Rectifier l'assaisonnement.
4° Servir le haddock nappé de sauce et accompagné de pommes de terre vapeur.

## POISSON BRAISÉ

QUANTITÉS : *4 personnes.*
*600 g de poisson sans déchets en tronçons, tranches ou filets ; 1 oignon ; 40 g de beurre ou margarine ; 1 dl d'eau ; 1 dl de vin blanc sec (ou jus de citron) ; sel, poivre ; bouquet garni (thym, laurier, persil).*
AROMATES AU CHOIX : *ail, échalote ; herbes de Provence (romarin.*

*cerfeuil, fenouil en branche ou en grains, anis étoilé, carvi, cumin).*
ÉPICES : *safran, paprika, curry.*
GARNITURE OU LÉGUMES D'ACCOMPAGNEMENT : *champignons, carottes, tomates, poivrons, pommes de terre, épinards, oseille, fenouil.*
CUISSON : *variable suivant les poissons (voir tableau).*
MATÉRIEL : *cocotte ordinaire ou autocuiseur.*

1° Vous pouvez faire cuire le poisson braisé soit à la cocotte ordinaire, soit à l'autocuiseur. C'est la manière la plus rapide de faire cuire sans odeur le poisson braisé.
2° Faire revenir l'oignon coupé en rondelles avec la matière grasse. Retirer l'oignon et faire dorer à la place le poisson de toutes parts.
3° Remettre l'oignon. Verser l'eau et le vin blanc. Mettre le bouquet garni ou autres aromates au choix. Saler et poivrer.
4° Fermer la cocotte et laisser cuire doucement le temps nécessaire suivant les poissons (voir tableau temps de cuisson du poisson braisé).
5° Servir le poisson accompagné du jus de cuisson.

## TEMPS DE CUISSON DU POISSON BRAISÉ

| | COCOTTE ORDINAIRE | AUTOCUISEUR |
|---|---|---|
| Filet de merlan, Saint-Pierre, sole, limande | 10 mn | 5 mn |
| Colin, lieu, anguille | 20 mn | 10 mn |
| Congre | 25 mn | 12 mn |
| Lotte, morue, roussette | 40 mn<br>30 mn | 15 mn |
| Cabillaud | 40 mn | 20 mn |
| Thon frais | 1 h - 1 h 30 | 30 mn |

## POISSON EN MATELOTE

QUANTITÉS : *4 personnes.*
*600 g de poisson sans déchets (150 g x 4) en tronçons, tranches ou filets ; 1 oignon ; 40 g de margarine ou huile ; 20 g de farine ; 2 dl de vin rouge ou blanc sec ; sel, poivre.*
BOUQUET GARNI : *une branche de thym, une demi-feuille de laurier, persil.*
AROMATES AU CHOIX : *échalote : ail ; herbes de Provence (romarin, sarriette).*
ÉPICES : *clou de girofle ; paprika ; poivre de Cayenne ; concentré de tomate ; cognac.*
GARNITURE : *champignons ; tomates.*
PRÉPARATION : *15 mn.*
CUISSON : *à la cocotte ordinaire ou à l'autocuiseur, temps variable suivant les poissons (Voir tableau).*

1° On peut faire cuire le poisson en matelote soit à la cocotte ordinaire, soit à l'autocuiseur.
2° Faire revenir l'oignon coupé en rondelles avec la matière grasse, puis retirer l'oignon. Faire dorer à la place le poisson de toute part. Retirer délicatement le poisson du feu.
3° Dans la matière grasse restante faire un roux blond en jetant d'un seul coup la farine et en tournant vivement. Mouiller avec le vin. Porter à ébulliton en tournant sans cesse. Ajouter le bouquet garni ou autre aromate au choix. Remettre l'oignon, le poisson. Saler et poivrer.
4° Fermer la cocotte et laisser cuire doucement le temps nécessaire suivant le poisson.
5° Quand le poisson est cuit, le mettre dans un plat chaud et le napper avec la sauce.

### UTILISATIONS

La cuisson du poisson en matelote est surtout utilisée pour les poissons d'eau douce. Au premier rang figure l'anguille, puis brochetons, tanches, perches, brèmes, truites, carpes. Les poissons de mer s'accommodent de cette cuisson : congre, lieu, colin, lotte, cabillaud, roussette, merlan, daurade, thon.

# VARIANTES (poisson en matelote)

## LOTTE A L'AMÉRICAINE

QUANTITÉS : *4 personnes.*
*600 g de lotte en tronçons ; 1 échalote ; 40 g de beurre ou de margarine ; 20 g de farine ; 2 dl de vin blanc sec ; 2 c. à soupe de cognac ; 1 gousse d'ail ; 300 g de tomates (3 tomates) : sel ; poivre.*
ÉPICE : *une pincée de poivre de Cayenne.*

Suivre la recette de base du poisson en matelote.
Remplacer l'oignon par une échalote. Flamber le poisson au

cognac après l'avoir fait dorer dans la matière grasse. Faire le roux blond et ajouter les tomates pelées et coupées en morceaux avant de fermer la cocotte.

N.B. – Vous pouvez supprimer le bouquet garni.

## TEMPS DE CUISSON
## DU POISSON EN MATELOTE

| | COCOTTE ORDINAIRE | AUTOCUISEUR |
|---|---|---|
| Anguille | 40 mn | 10 mn |
| Congre | 40 mn | 20 mn |
| Lieu, colin<br>Lotte<br>Cabillaud | 40 mn | 10 mn<br>15 mn<br>20 mn |
| Roussette<br>Merlan<br>Daurade | 30 mn | 15 mn |
| Brochetons<br>Perche<br>Brème<br>Tanche<br>Truite<br>Carpe | 30 mn | 15 mn |
| Thon | 1 h 30 | 40 mn |

## POISSON FRIT

QUANTITÉS : *4 personnes.*
*800 g de petits poissons (200 g x 4) ou 2 à 4 poissons, selon leur grosseur ou 4 tranches minces de 120 g de poisson ; 1/2 l de lait ; 100 g de farine ; huile à friture (1 l minimum pour bassine à frire) ou végétaline (2 pains de 500 g) ; 2 citrons, sel, poivre.*
CUISSON : *petits poissons, 4 à 5 mn friture très chaude (180°) ; poissons moyens ronds, 6 à 8 mn, friture chaude (170°) ; poissons plats, filets et tranches, 5 mn friture très chaude (180°).*
MATÉRIEL : *bassine à frire ou friteuse électrique ; 1 assiette ; 1 plat creux.*

1° Brancher la friteuse électrique contenant la matière grasse nécessaire, ou faire chauffer la bassine à frire avec le panier.
2° Pendant ce temps, préparer les poissons : vider, laver, ensuite les tremper dans du lait.
3° Au moment de les mettre dans la friture, les égoutter. Saler, poivrer et les passer dans la farine.
4° Disposer les poissons à frire dans le panier à friture. Laisser cuire le temps nécessaire. Lorsqu'ils sont bien dorés et craquants, les retirer.
5° Egoutter quelques secondes les poissons puis les déposer sur un papier absorbant. Les servir aussitôt avec les rondelles de citrons.

### UTILISATIONS

On cuit généralement à la friture les poissons petits ou de grosseur très moyenne, des filets et tranches minces :

- éperlan, lançon, brème, gardon, goujon ;
- anchois, merlan, hareng, sardine.
- sole, limande, raie, carrelet.
- barbue, colin, thon, églefin, lieu, lotte, anguille, congre, daurade, cabillaud (morue fraîche), morue.

On cuit également à la friture, le poisson pané, les beignets de poisson.

## PAIN DE POISSON

QUANTITÉS : *4 personnes.*
*250 g de poisson (saumon, colin, cabillaud, roussette, merlan, lotte) cuit au court-bouillon frais ou en boîte ; 50 g de mie de pain rassis ; 1/2 dl de lait ; 2 œufs ; 10 g margarine (pour beurrer).*
SAUCES D'ACCOMPAGNEMENT : *béchamel ; béchamel aurore ou tomate ; marinière aux câpres.*

PRÉPARATION : *10 mn.*
CUISSON : *30 à 40 mn. Th. 5-6 ou 200-220°.*
MATÉRIEL : *1 moule en couronne ou 1 moule à cake.*

1° Allumer le four à l'avance.
2° Verser le lait chaud sur la mie de pain émiettée.
3° Effeuiller le poisson.
4° Mélanger la mie de pain trempée et le poisson. Ajouter les œufs. Assaisonner.
5° Beurrer largement un moule en couronne. Y verser la préparation.
6° Faire cuire à four moyen, au bain-marie, en mettant 2 cm d'eau dans la tôle creuse du four.
7° Vérifier la cuisson à l'aide d'une aiguille. Si elle ressort sèche, le pain de poisson est cuit. Démouler sur un plat creux.
8° Servir le pain de poisson accompagné d'une sauce au choix versée au centre de la couronne.

N.B. – On peut rendre le pain de poisson plus léger en battant les blancs en neige.

## PAIN DE POISSON AUX POMMES DE TERRE

QUANTITÉS : *4 personnes.*
*250 g de poisson (saumon, colin, cabillaud, roussette, merlan, lotte) cuit au court-bouillon frais ou en boîte ; 500 g de pommes de terre cuites ; 30 g de beurre ; 2 œufs ; sel ; poivre.*
SAUCES D'ACCOMPAGNEMENT : *béchamel au fromage ; béchamel aurore ou sauce tomate ; marinière aux câpres.*
PRÉPARATION : *15 mn.*
CUISSON : *pommes de terre, à l'autocuiseur, 12 à 15 mn ; casserole, 20 mn ; pain de poisson, 30 à 40 mn ; th. 5-6 ou 200-220°.*
MATÉRIEL : *1 moule à cake ou 1 moule en couronne.*

1° Allumer le four à l'avance.
2° Faire cuire les pommes de terre épluchées, soit à l'autocuiseur et à la vapeur soit dans une casserole à l'eau bouillante salée.
3° Quand les pommes de terre sont cuites, les écraser finement à la fourchette. Ajouter le beurre.
4° Effeuiller le poisson.
5° Mélanger les pommes de terre, le poisson et les œufs. Assaisonner. Verser la préparation dans un moule beurré.
6° Faire cuire à four moyen, au bain-marie, c'est-à-dire en mettant 2 cm d'eau dans la tôle creuse du four.
7° Vérifier la cuisson avec une aiguille. Si elle ressort sèche, le pain de poisson est cuit.
8° Servir le pain de poisson accompagné d'une sauce au choix versée au centre de la couronne.


**Salade de pissenlits** (recette p. 62).▶

## CROQUETTES DE POISSON

QUANTITÉS : *4 personnes.*
*250 g de poisson cuit au court-bouillon frais ou en boîte ; 100 g de champignons ; 1 gousse d'ail ; 20 g de margarine ; 1 œuf ; sel, poivre ; huile pour la friture ou 5 c. à soupe d'huile pour la poêle ; 4 c. à soupe de chapelure.*
SAUCE BLANCHE : *1/4 l de jus de cuisson du poisson ou d'eau ; 30 g de margarine ; 30 g de farine.*
SAUCE D'ACCOMPAGNEMENT : *sauce tomate.*
PRÉPARATION : *15 mn.*
CUISSON : *10 mn, à la friture ou à la poêle.*

1° Faire revenir les champignons coupés en lamelles et l'ail dans la margarine.
2° Préparer une sauce blanche épaisse. Faire fondre la margarine, y ajouter d'un seul coup la farine. Quand le mélange est mousseux, retirer du feu et verser le liquide froid d'un seul coup. Bien diluer et remettre à bouillir 5 mn à feu doux en remuant sans cesse.
3° Effeuiller le poisson.
4° Mélanger le poisson, les champignons et la sauce. Ajouter le jaune d'œuf. Assaisonner.
5° Former des boulettes. Les passer dans le blanc d'œuf puis dans la chapelure.
6° Faire frire à la grande friture ou passer dans la poêle.
7° Quand les croquettes sont dorées, les égoutter et les déposer dans un plat sur du papier absorbant.
8° Servir les croquettes accompagnées d'une sauce tomate.

N.B. – La même préparation peut se faire en remplaçant le poisson par du jambon ou un reste de viande cuite (veau, dindonneau, volaille, bœuf bouilli).

# MOLLUSQUES

## MOULES MARINIÈRES

QUANTITÉS : *4 personnes.*
*3 litres de moules ; 2 échalotes ou 1 gousse d'ail ; 1 dl de vin blanc sec ; bouquet garni (une branche de thym, une demi-feuille de laurier) ; persil (facultatif).*
SAUCE MARINIÉRE : *0,25 l de jus de cuisson ; 20 g de margarine ; 20 g de farine ; sel ; poivre ; 1 jaune d'œuf ou 1 c. à soupe de crème fraîche.*
PRÉPARATION : *30 mn.*
CUISSON : *moules, 5 à 6 mn ; sauce, 5 mn.*

1° Gratter et laver soigneusement les moules.
2° Dans une cocotte, mettre le vin blanc, les échalotes hachées,

le bouquet garni (facultatif). Mettre les moules. Fermer la cocotte. Porter à feu vif. Remuer de temps en temps pendant la cuisson.
3° Quand les moules sont ouvertes, les retirer du feu et les mettre dans un plat au chaud. Recueillir le jus de cuisson. Le passer.
4° Préparer le roux blond de la sauce marinière. Faire fondre la margarine, y ajouter d'un seul coup la farine. Quand le mélange est blond, retirer du feu et verser petit à petit le jus de cuisson des moules. Porter doucement à ébullition, en tournant sans cesse. Hors du feu, incorporer le jaune d'œuf, saler et poivrer.
5° Servir les moules nappées de la sauce.

**MOULES FARCIES**

QUANTITÉS : *4 personnes.*
*3 litres de moules ; 2 échalotes ; 1 gousse d'ail ; 80 g de beurre ; 50 g de mie de pain rassis ; persil haché ; sel ; poivre.*
PRÉPARATION : *30 mn.*
CUISSON : *5 à 6 mn : gratin, au four, 10 mn, th. 8 ou 260° ; au gril, quelques instants.*

1° Allumer le four ou le gril à l'avance.
2° Gratter et laver soigneusement les moules.
3° Dans une cocotte, mettre les moules avec un demi-verre d'eau chaude. Fermer la cocotte. Porter à feu vif. Remuer de temps en temps pendant la cuisson. Quand les moules sont ouvertes, les retirer du feu.

4° Mettre 2 moules dans chaque coquille.
5° Hacher les échalotes, l'ail et le persil. Mélanger avec le beurre et la mie de pain émiettée. Saler et poivrer.
6° Remplir chaque coquille de farce.
7° Disposer les moules farcies dans un plat à four et faire gratiner à four chaud une dizaine de minutes ou passer quelques instants sous le gril.

N.B. – Vous pouvez préparer de la même manière les palourdes, les pétoncles, les praires et les coques. Pour ces dernières vous les présenterez dans des coquilles St-Jacques.

**COQUILLES ST-JACQUES AU GRATIN**

QUANTITÉS : *4 personnes.*
*8 coquilles saint-jacques fraîches, surgelées ou en boîte ; 200 g de champignons ; 20 g de margarine ; 1 dl de vin blanc sec ; 1 dl d'eau ; 2 échalotes ; bouquet garni : une branche de thym, 1 demi-feuille de laurier ; persil ; sel ; poivre.*

SAUCE MARINIÈRE : *1/4 l jus de cuisson ; 25 g de margarine ; 25 g de farine ; 1 jaune d'œuf.*
GARNITURE : *2 c. à soupe de chapelure ; 25 g de beurre ou de margarine.*
PRÉPARATION : *30 mn.*
CUISSON : *10 mn : gratin, au four, 10 mn, th. 8 ou 260° ; au gril, quelques instants.*

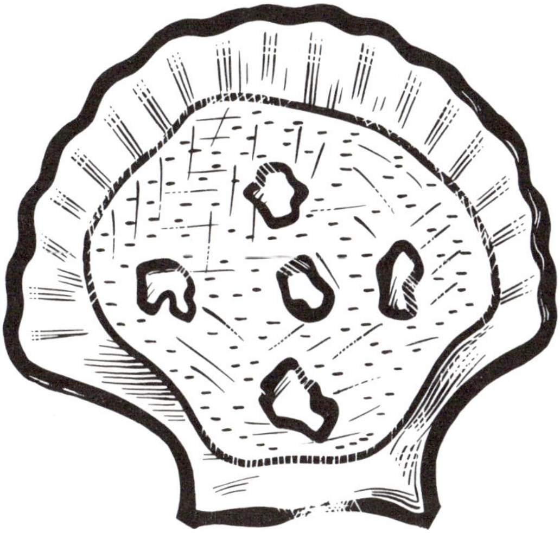

1° Allumer le four ou le gril à l'avance.
2° Détacher la chair et le corail des coquilles. Retirer la poche noire. Laver à l'eau froide.
3° Dans une casserole, mettre l'eau, le vin blanc, les échalotes hachées, le bouquet garni, sel et poivre. Déposer les mollusques dans ce court-bouillon et laisser mijoter 10 mn.
4° Pendant ce temps, faire revenir les champignons dans la margarine.
5° Préparer le roux blond de la sauce marinière. Faire fondre la margarine y ajouter d'un seul coup, la farine. Quand le mélange est blond, retirer du feu et mouiller en versant petit à petit le jus de cuisson passé. Porter doucement à ébullition en tournant sans cesse. Hors du feu, incorporer le jaune d'œuf. Rectifier l'assaisonnement.
6° Répartir la chair et le corail dans chaque coquille. Napper de sauce. Saupoudrer de chapelure et parsemer de noisette de margarine ou de beurre.
7° Faire gratiner à four chaud une dizaine de minutes ou passer quelques instants sous le gril.

N.B. – On peut remplacer la moitié des coquilles saint-jacques par 100 g de poisson cuit au court-bouillon, 100 g de moules ou crevettes cuites.

# CRUSTACÉS

## CRUSTACÉS AU NATUREL

QUANTITÉS : *4 personnes.*
*Homard ou langouste de 1 kg, ou 1 crabe de 1 kg ou 2 crabes de 500 g, ou 1,5 kg de langoustines ou 400 à 500 g de crevettes roses ou grises ; bouquet garni : (1 branche de thym, une feuille de laurier) ; persil ; sel, poivre.*
CUISSON : *homard ou langouste, 20 à 30 mn ; crabe, 20 à 30 mn ; langoustines, 10 à 20 mn suivant la grosseur ; crevettes, 5 mn.*

1° Faire bouillir l'eau avec le sel, poivre, bouquet garni.
2° Quand l'eau bout, plonger les crustacés vivants. Laisser cuire le temps nécessaire.
3° Les égouttez dès qu'ils sont cuits et les passer à l'eau froide pour les raffermir.
4° Vous pouvez servir les crustacés nature ou accompagnés d'une sauce mayonnaise ; sauce tartare.

# LES VIANDES

# Sachez les choisir, les cuire, les conserver, les transporter

**1° Comment reconnaître une viande de qualité ?**

Les muscles sont volumineux.

La graisse de couverture est abondante. Elle est blanche pour le porc, le veau et le mouton ; crème clair pour le bœuf. Elle s'insinue en filaments à travers les muscles, c'est le « persillé », indice d'une viande de qualité extra ou première.

L'odeur est agréable. La viande n'a pas été exposée au soleil ni à la chaleur, ni hachée à l'avance.

La couleur : rouge vif pour le bœuf et le mouton ; légèrement plus clair pour le porc ; blanc satiné pour le veau. Une viande trop claire indique une viande trop jeune. Une viande trop foncée indique une bête trop vieille. Dans les deux cas, la viande est dure et moins savoureuse.

La finesse du grain : plus le grain de la viande est fin, plus la viande est de qualité supérieure.

**2° Quel morceau de viande demander au boucher ?**

Question toujours embarrassante pour une débutante. Bien sûr, il ne faut pas avoir la prétention de connaître tous les morceaux dès le début, mais déjà les principaux qui vous permettront de demander avec assurance ce qui vous convient. Ceci vous aidera à être respectée par votre boucher qui vous servira avec plus d'attention et de soin.

La première chose pour ne pas le faire sursauter, c'est de ne pas confondre la qualité et la catégorie d'une viande.

Il existe 3 catégories de viande. Elles indiquent les morceaux convenant aux différentes cuissons.

La première et la deuxième catégories sont les morceaux à cuisson rapide, pour les grillades et les rôtis.

Les morceaux de troisième catégorie sont les morceaux à cuisson lente et longue : braisés, ragoûts, bouillis. Donc une viande de troisième catégorie peut être de première qualité si la bête est jeune et en bon état.

**3° Soyez précise.**

Après avoir demandé le morceau qui vous convient, indiquez sa destination, le repas auquel il sera servi et l'épaisseur que vous désirez, surtout s'il s'agit de grillades. Le bœuf est meilleur épais : 2 cm. L'agneau, le veau et le porc : 1,5 cm.

**4° Avant de reprocher au boucher que la viande n'est pas tendre, interrogez-vous sur la cuisson.**

– Le four, la poêle ou le gril sont-ils assez chauds ?

Il faut les chauffer à l'avance. Comptez un quart d'heure de préchauffage pour les fours à gaz, mais certains fours électriques demandent 20-30 mn avant d'atteindre 8 ou 260° au thermostat. Or, toutes les viandes rôties ou grillées doivent être « saisies ».

– Laissez-vous votre rôti baigner dans le jus et la matière grasse ?

Au contact du jus, les fibres musculaires se ressèrent et durcissent la viande. Il faut isoler la viande du jus en mettant une grille dans le fond du plat.

– Salez-vous au début de cuisson ?

C'est une grave erreur, car le sel fait dégorger la viande et la dessèche.

– Piquez-vous la viande avec une fourchette pour la retourner ?

Vous faites encore sortir le jus de la viande, alors qu'une palette conviendrait mieux.

– Faites-vous griller, sauter ou rôtir votre viande dès sa sortie du réfrigérateur ?

Méfiez-vous, cela la durcit. Il vaut mieux la sortir un moment à l'avance pour qu'elle soit à la température ambiante.

– Laissez-vous vos steaks dans une poêle recouverte d'un couvercle ?

La vapeur les durcit. Grillades et rôtis ne doivent pas attendre les convives. Pour un rôti, vous pouvez cependant l'emballer dans un papier d'aluminium et le laisser dans le four éteint. Il attendra une demi-heure sans inconvénient.

**5° Prenez-vous bien les précautions nécessaires pour conserver sans danger votre viande ?**

Ne gardez pas plus d'un jour ou deux les abats, la viande hachée.

Si vous avez l'intention de conserver plus longtemps un morceau de viande fraîche au réfrigérateur, demandez au boucher la durée maximum de conservation.

Ne conservez pas une viande décongelée au réfrigérateur au-delà d'une journée. Ne la recongelez jamais.

Ne congelez que les viandes dont vous connaissez la date exacte d'abattage.

Faites décongeler la viande dans le bas du réfrigérateur sur une grille au-dessus d'un plat (la viande ne doit pas baigner dans son jus).

**6° Faites attention au transport de votre viande congelée.**
Vous ne devez pas laisser à l'air plus d'une demi-heure à une heure la viande congelée si vous voulez la conserver ensuite sans danger. Munissez-vous d'une glacière en y mettant un produit réfrigérant (vendu dans les articles de camping). Vous pourrez faire vos achats en toute tranquillité même par 30° de chaleur. Sinon, achetez votre viande congelée en dernier et ne faites pas la conversation avec une amie.

# LE POULET

**QUELLE QUANTITÉ DE POULET FAUT-IL PRÉVOIR PAR PERSONNE ?**

250 à 300 g par personne, soit un poulet de 1,5 kg pour 6 personnes.

**COMBIEN DE TEMPS FAUT-IL POUR CUIRE POULET ET POULE ?**

| | COCOTTE ORDINAIRE | AUTOCUISEUR |
|---|---|---|
| **POULET rôti**<br>— au four<br>— à la broche | <br>25-30 mn par 500 g<br>25-30 mn | 20 mn |
| **Sauté** | 40-60 mn | 25-30 mn |
| **POULE bouillie** | 2 h 30 - 3 h | 50-60 mn |

**COMMENT CHOISIR UN BON POULET ?**

Le poulet nourri au grain, âgé de 3 à 6 mois est le meilleur. Sa chair est ferme et savoureuse, mais il est difficile de s'en procurer à l'heure actuelle. Dans la majorité des cas, il faut se contenter de poulets d'élevage dont la chair est souvent fade et fragile. Il faut donc chercher tous les moyens de varier la cuisson et l'assaisonnement pour le rendre appétissant.

**COMMENT DÉCOUPER UN POULET**
**(voir schéma)**

1. Coucher le poulet sur le côté, le croupion dirigé vers soi. Planter la fourchette dans la cuisse. Déjointer l'articulation de la cuisse avec le couteau et la détacher.
2. Piquer la fourchette sous l'aile. Déjointer l'articulation de l'aile avec le couteau. Arracher l'aile et le blanc en tirant vers vous.
3. Séparer le pilon de la cuisse en coupant à l'articulation.
4. Couper l'aile en deux en laissant avec l'aileron une petite partie du blanc.
5. Lever les filets restés sur la carcasse.
6. Diviser la carcasse en deux sur son travers.

1

2

3

4

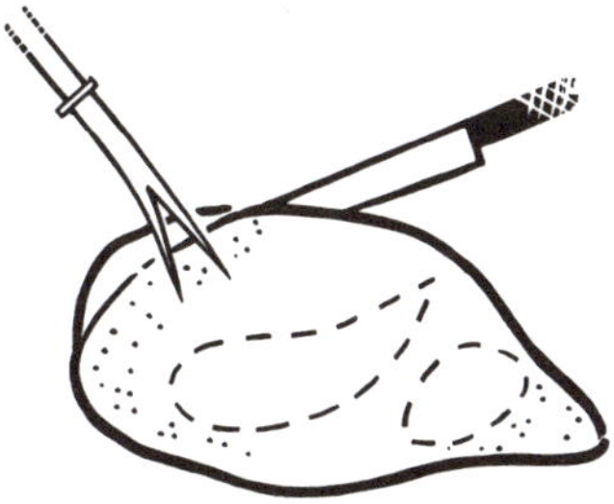

5

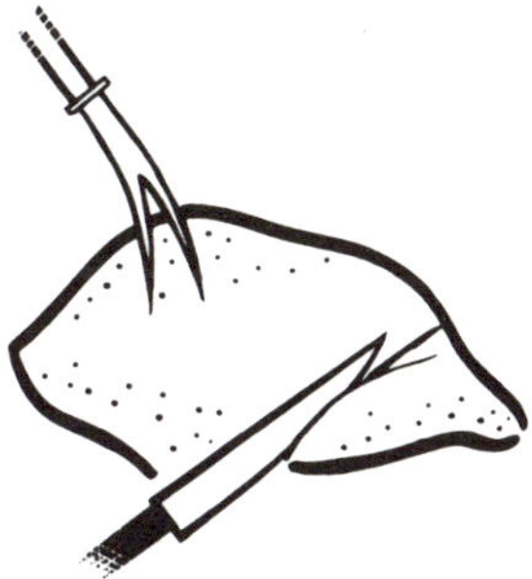

6

## POULET ROTI

QUANTITÉS : *6 personnes.*
*1 poulet de 1,5 kg (250 × 6) ; huile ou margarine ; 1 petit suisse ; sel ; poivre.*
AROMATES AU CHOIX : *ail, échalote, oignon, herbes de Provence, estragon, thym, laurier, romarin, sarriette, marjolaine.*
ÉPICES : *curry, paprika, safran, poivre de Cayenne, gingembre, zeste de citron ou d'orange, cognac, porto, Banyuls, rhum, tranches de bacon ou lard de poitrine fumé, pruneaux, olives, noix.*
GARNITURES AU CHOIX : *pommes de terre, haricots verts, céleri, fenouil, tomates, oranges, ananas, bananes, pommes.*
PRÉPARATION : *5 mn.*
PRÉCHAUFFAGE DU FOUR : *15 à 20 mn.*
CUISSON : *au four ou à la rôtissoire, 25 à 30 mn par 500 g soit 1 h 15 environ ; à l'autocuiseur, 20 mn environ. Th. 6-7 ou 220-240°.*

### PREPARATION :

Penser à vider le poulet si cela n'a pas été fait à l'achat. Le passer à la flamme pour brûler les petites plumes restantes.

### ROTI AU FOUR

Allumer le four à l'avance. Mélanger le petit suisse avec des herbes de Provence au choix, par exemple quelques feuilles d'estragon. Saler et poivrer. Déposer ce mélange à l'intérieur du poulet.
Vérifier si le poulet est bien ficelé. Le badigeonner avec de l'huile à l'aide d'un pinceau, saupoudrer des mêmes herbes de Provence que l'intérieur.
Prendre la tôle creuse du four, mettre une grille dessus et déposer le poulet sur la grille.
A mi-cuisson, retourner le poulet sans le piquer avec une fourchette. Arrosez de temps en temps avec le jus de cuisson. Le poulet est cuit lorsqu'il laisse échapper un jus incolore si on le pique à la jointure de la cuisse. Saler et poivrer l'extérieur du poulet seulement à la sortie du four. Déglacer la tôle du four en mettant un peu d'eau bouillante, recueillir le jus et servir en saucière en même temps que le poulet.

N.B. – On peut flamber le poulet rôti à la sortie du four en versant dessus 1 cuillerée à soupe de cognac bouillant et enflammé.

### POULET ROTI A LA BROCHE

Allumer la rôtissoire à l'avance. Mélanger le petit suisse avec des herbes de Provence au choix, par exemple quelques feuilles d'estragon. Saler et poivrer. Déposer ce mélange à l'intérieur du poulet. Refermer l'ouverture avec une aiguille et du fil.
Vérifier si le poulet est bien ficelé. Le badigeonner avec de l'huile à l'aide d'un pinceau. Le saupoudrer des mêmes herbes de Provence qu'à l'intérieur. Embrocher. A la sortie de la broche,

saler et poivrer. Vous pouvez le flamber en versant dessus 1 c. à soupe de cognac bouillant et enflammé.

N.B. – Le poulet rôti à la broche reste toujours moelleux car il garde son jus à l'intérieur. C'est la raison pour laquelle vous n'aurez pas de sauce. C'est la manière la plus facile de faire un excellent poulet rôti très digeste et parfumé.

### POULET ROTI A L'AUTOCUISEUR

Mélanger le petit suisse avec des herbes de Provence au choix, par exemple, quelques feuilles d'estragon. Saler et poivrer. Déposer ce mélange à l'intérieur du poulet. Vérifier si le poulet est bien ficelé. Faire dorer le poulet de toute part dans l'huile ou la margarine. Saler et poivrer de nouveau. Vous le saupoudrez avec les mêmes herbes de Provence que l'intérieur.
Fermer l'autocuiseur et laisser cuire 20 mn environ à partir du chuchotement de la soupape à feu doux. Servir le poulet acompagné du jus de cuisson.

RECOMMANDATIONS

Le poulet cuit mieux si on le couche sur le côté (les cuisses étant plus longues à cuire que les autres parties).
Le poulet a une chair maigre qui se dessèche facilement à la cuisson. Il est bon de l'arroser souvent, mais jamais avec de l'eau, le jus de cuisson suffit.
Si le poulet doit attendre les convives, vous pouvez l'envelopper dans un papier d'aluminium et le garder dans le four éteint ou à th. 1. Il restera chaud encore 30 mn environ.
Si vous voulez faire rôtir du poulet pour 2 personnes, vous pouvez sans inconvénient le faire rôtir en morceaux : soit une carcasse entière, soit une cuisse et une aile attachées ensemble. Vous pouvez glisser l'aromate de votre choix dans la carcasse ou entre l'aile et la cuisse : ail, herbes de Provence, pruneaux. Pour empêcher les morceaux de dessécher vous les enveloppez avec des tranches de lard de poitrine fumé ou vous les enduisez de moutarde, petit suisse mélangé à l'huile.

## VARIANTES

### POULET ROTI A LA DIABLE

Suivre la recette de base du poulet rôti au four ou à la broche. Quand le poulet est cuit, le tartiner de moutarde et le rouler dans une persillade (mélange de chapelure, ail pilé et persil haché). Remettre quelques minutes le poulet au four ou à la broche pour faire dorer la chapelure.

PERSILLADE : *100 g de chapelure ou biscotte ; 1 gousse d'ail ; persil haché.*

## POULET ROTI FARCI AUX CHAMPIGNONS

FARCE : *100 g de champignons ; 50 g de mie de pain rassis ; 1/2 dl de lait ou de bouillon de volaille en cube ; 1 œuf (facultatif) ; 1 oignon ; 1 gousse d'ail ; 20 g de margarine ; foie et gésier du poulet ; sel ; poivre ; noix de muscade.*

Préparer la farce. Faire revenir l'oignon dans la matière grasse. Lorsque l'oignon est blond, retirer du feu et faire sauter quelques instants les champignons avec l'ail. Verser le lait chaud sur la mie de pain émiettée. Hacher finement le gésier, le foie, l'ail, l'oignon, les champignons, le persil. Ajouter l'œuf entier, la mie de pain trempée. Saler, poivrer et mettre une pincée de noix de muscade râpée. Bien mélanger tous les ingrédients. Remplir le poulet de cette farce. Recoudre l'ouverture. Badigeonner le poulet d'huile avec un pinceau et le faire cuire selon les recettes de base, au four, à la broche ou à l'autocuiseur.

## POULET ROTI FARCI AU JAMBON FUMÉ

FARCE : *100 g de jambon fumé ; 50 g de mie de pain rassis ; 1/2 dl de bouillon de volaille en cube ; huile ou margarine ; 1 oignon ; foie du poulet ; sel ; poivre ; persil haché.*

Préparer la farce. Faire blondir l'oignon dans la matière grasse. D'autre part, verser le bouillon de volaille chaud sur la mie de pain émiettée. Hacher finement le foie, le jambon, l'oignon, le persil. Saler et poivrer. Bien mélanger le tout. Remplir le poulet de farce. Recoudre l'ouverture. Badigeonner le poulet d'huile avec un pinceau et le faire cuire selon les recettes de base : au four, à la broche ou à l'autocuiseur.

## POULET ROTI FARCI AUX RAISINS

FARCE : *50 g raisins secs ; 50 g de mie de pain rassis ; 1/2 dl environ de bouillon de volaille en cube ; 1 boudin blanc (facultatif) ; foie du poulet ; zeste d'un 1/2 citron ; 1 c. à soupe de cognac ; sel ; poivre ; une pincée de gingembre ou de safran.*
POUR L'EXTERIEUR DU POULET : *zeste d'un 1/2 citron ; huile ; 2 c. à soupe de cognac ; une pincée de gingembre ou de safran.*

Préparer la farce. Verser le bouillon de volaille chaud sur la mie de pain émiettée. Hacher finement le foie, mélanger avec le boudin blanc. Ajouter les raisins secs, le zeste de citron, le cognac. Saler, poivrer, mettre une pincée de gingembre. Bien mélanger le tout. Remplir le poulet de farce. Recoudre l'ouverture. Badigeonner le poulet d'huile avec un pinceau et saupoudrez-le avec le zeste de citron mélangé au gingembre. Faire cuire le poulet selon les recettes de base : au four, à la broche ou à l'autocuiseur.

## POULET ROTI FARCI AUX NOIX

FARCE : *20 noix décortiquées ; 50 g de mie de pain rassis ; 1/2 dl environ de lait ; 1 œuf (facultatif) ; foie du poulet ; 1 c. à soupe de cognac ; sel ; poivre.*

1° Préparer la farce. Verser le lait chaud sur la mie de pain émiettée. Hacher les noix, le foie. Ajouter l'œuf entier, le cognac, sel, poivre. Bien mélanger le tout.
2° Remplir le poulet de farce.
3° Recoudre l'ouverture. Badigeonner le poulet d'huile avec un pinceau et faire cuire selon les recettes de base : au four, à la broche ou à l'autocuiseur.

## POULET ROTI FARCI AUX PRUNEAUX

*10 pruneaux ; 3 à 4 tranches de poitrine fumée ; 1 c. à soupe de cognac.*

1° Farcir le poulet avec les pruneaux dénoyautés et arrosés de cognac.
2° Recoudre l'ouverture. Barder le poulet avec les tranches de poitrine fumée.
3° Faire cuire le poulet selon les recettes de base : au four, à la broche ou à l'autocuiseur.

## POULET ROTI AUX FRUITS

*1 poulet ; huile ; 1 petit suisse ; 1 branche de thym ; 1 feuille de laurier ; sel ; poivre ; une pincée de curry.*
FRUITS : *6 pommes ou 6 bananes ou 6 tranches d'ananas ; 50 g de beurre ; sel ; une pincée de curry ; 1 dl de crème fraîche ; 1 dl de bouillon ; 1 c. à soupe de farine.*

1° Saler et poivrer le petit suisse. Ajouter une pincée de curry. Mettre ce mélange à l'intérieur du poulet avec une branche de thym et une feuille de laurier. Recoudre l'ouverture.
2° Badigeonner le poulet d'huile avec un pinceau et faire rôtir suivant les recettes de base : au four, à la broche, à l'autocuiseur.
3° D'autre part, faire revenir doucement dans le beurre, les fruits coupés en tranches ou en rondelles. Quand les fruits sont fondus, les saupoudrer de curry, d'une cuillerée à soupe de farine (facultatif) et saler. Ajouter 1 dl de bouillon et porter doucement quelques instants à ébullition.
4° Hors du feu, lier la sauce avec la crème fraîche. Faire réchauffer la sauce sans bouillir et la mettre au chaud dans une saucière.
Servir le poulet entouré des fruits, accompagné de la sauce et de riz cuit à l'eau.
N.B. – Si vous voulez que votre poulet se rapproche davantage de la mode indienne, faites revenir les fruits avec un oignon haché.

## POULET SAUTÉ

QUANTITÉS : *6 personnes.*
*1 poulet de 1,5 kg (250 x 6) ; 50 g de margarine ou d'huile ; 10 g de farine (1 c. à soupe) ; 1 oignon ou 2 échalotes ; 1 gousse d'ail ; 1 dl de bouillon ou d'eau ; 1 dl de vin blanc sec ; sel ; poivre.*
BOUQUET GARNI : *1 branche de thym ; 1 demi-feuille de laurier ; persil.*
*AROMATES AU CHOIX : herbes de Provence : (estragon, cerfeuil, romarin, marjolaine).*
ÉPICES : *paprika, poivre de Cayenne, safran, gingembre.*
*Lard de poitrine fumé ; pruneaux ; olives ; raisins secs ; concentré de tomate ; légumes au choix (tomates, champignons, carottes, poivrons) ; cognac, porto ; crème fraîche.*
PRÉPARATION : *1/4 heure.*
CUISSON : *à la cocotte ordinaire, 40 à 60 mn ; à l'autocuiseur, 25 à 30 mn.*
MATÉRIEL : *cocotte en fonte d'aluminium ou autocuiseur ; assiette ; 2 cuillères en bois.*

Vous pouvez faire cuire le poulet sauté, soit à la cocotte ordinaire (cuisson 40 à 60 mn), soit à l'autocuiseur (25 à 30 mn à partir du chuchotement de la soupape).
C'est la manière la plus rapide et la plus économique de faire un excellent poulet sauté.
Le poulet peut être cuit entier ou découpé en morceaux. Ce travail peut être exécuté par votre fournisseur.
1° Faire blondir l'oignon coupé en rondelles avec la matière grasse. Le retirer du feu.
2° A la place, faire revenir à feu vif, les morceaux de poulet. Retourner les morceaux à l'aide de 2 cuillères en bois. Retirer du feu, quand ils sont dorés.
3° Dans la matière grasse restante, faire un roux blond en jetant d'un seul coup, la farine et en tournant vivement. Mouiller le roux avec le bouillon et le vin blanc. Porter doucement à ébullition en tournant sans cesse. Remettre les morceaux de poulet, l'oignon. Ajouter les aromates : ail, bouquet garni, sel et poivre. Fermer la cocotte et laisser cuire doucement.
4° Quand le poulet est cuit, le mettre dans un plat chaud et le servir nappé de suce.

# VARIANTES

## POULET SAUTÉ MARENGO

Suivre la recette de base du poulet sauté.
Remplacer l'oignon par 2 échalotes. Ajouter 2 c. à soupe de concentré de tomate et 100 g de champignons de Paris (5 mn avant la fin de la cuisson, pour l'autocuiseur ; 30 mn avant la fin de la cuisson, pour la cocotte ordinaire).

## POULET SAUTÉ AU PAPRIKA

Suivre la recette de base du poulet sauté.
Ajouter aux aromates, 1 c. à café de paprika (variable suivant les goûts). Quand le poulet est cuit, lier la sauce, hors du feu, avec 2 c. à soupe de crème fraîche. Servir le poulet nappé de sauce et accompagné de riz cuit à l'eau.

## POULET SAUTÉ A LA PROVENÇALE

Suivre la recette de base du poulet sauté.
Ajouter 500 g de tomates, 10 olives noires (facultatif) et 2 poivrons coupés en morceaux et épépinés.

## POULET SAUTÉ AUX PRUNEAUX ET AUX RAISINS

QUANTITÉS : *250 g de pruneaux ; 50 g de raisins secs ; 2 c. à soupe de cognac.*

Suivre la recette de base du poulet sauté.
Supprimer la gousse d'ail et le vin blanc. D'autre part, faire tremper les raisins secs dans le cognac. Si les pruneaux sont souples, il est inutile de les faire tremper. Ajouter les pruneaux et les raisins secs, 10 mn avant la fin de la cuisson.

## POULET SAUTÉ A L'ORANGE

QUANTITÉS : *2 oranges ; 50 g de raisins secs ; 2 c. à soupe de liqueur d'orange ; 1 citron.*

Suivre la recette de base du poulet sauté.
Supprimer l'ail et le vin blanc. Cinq minutes avant la fin de la cuisson, ajouter la liqueur d'orange, les oranges coupées en quartiers, les raisins secs. Quand le poulet est cuit arroser la sauce avec le jus de citron. Servir le poulet entouré d'oranges et nappé de sauce.

N.B. – Le poulet sauté entier peut se préparer également farci. (Voir les variantes du poulet rôti).

● ●

## POULE AU RIZ

QUANTITÉS : *6 personnes.*
*1 poule de 1,5 kg (250 X 6) ; 1 carotte ; 1 oignon piqué d'un clou de girofle ; 2 litres d'eau ; sel (1 c. à soupe rase de gros sel par litre d'eau) ; poivre.*
BOUQUET GARNI : *1 branche de thym ; 1 feuille de laurier ; persil.*
SAUCE POULETTE : *30 g margarine ; 30 g de farine ; 1/2 l de jus de cuisson ; sel, poivre ; 2 jaunes d'œufs.*
AROMATES AU CHOIX : *jus d'un demi-citron ou quelques feuilles d'estragon ou une pincée de curry. Riz long 350 g (60 x 6).*
PRÉPARATION : *20 mn.*
CUISSON : *en faitout, 2 h 30 à 3 h ; en autocuiseur, 50 à 60 mn.*

La poule au riz se cuit comme la blanquette de veau. Elle se sert accompagnée de riz cuit à l'eau.

## POULE AU POT FARCIE

QUANTITES : *6 personnes.*
*1 poule de 1,5 kg (250 X 6) ; 1 oignon piqué d'un clou de girofle ; 1 gousse d'ail ; 300 g poireaux (3 poireaux) ; 300 g carottes (3 carottes) ; 300 g navets (2 navets) ; 1 branche de céleri ; 1 cœur de chou ; sel (1 c. à soupe rase de gros sel par litre d'eau) ; poivre ; 3 litres d'eau.*
BOUQUET GARNI : *1 branche de thym, 1 feuille de laurier, persil.*
FARCE : *100 g de jambon fumé ; 100 g mie de pain rassis ; 1/2 dl de bouillon de volaille en cube ; foie et gésier de poule ; une petite gousse d'ail ; persil ; sel, poivre.*
PRÉPARATION : *20 mn.*
CUISSON : *en faitout ordinaire, 2 h 30 à 3 h ; à l'autocuiseur, 50 à 60 mn.*

1° Préparer la farce. Verser le bouillon de volaille chaud sur la mie de pain émiettée. Hacher le foie, le gésier, le jambon, l'ail et le persil. Saler et poivrer. Bien mélanger le tout.
2° Remplir la poule de farce. Recoudre l'ouverture.
3° Cuire la poule comme le pot-au-feu : soit dans un fait-tout ordinaire (cuisson longue, de 2 h 30 à 3 h) soit à l'autocuiseur (cuisson de 50 à 60 mn), à partir de la rotation de la soupape. C'est la manière la plus économique et la plus rapide de faire une bonne poule au pot digne de l'époque d'Henri IV.
Mettre l'eau à bouillir avec tous les aromates, le sel, le poivre et les légumes entiers, les poireaux attachés avec une ficelle comme le bouquet garni.
Quand l'eau bout, ajouter la poule farcie. Couvrir et laisser bouillir doucement. Servir la poule découpée en morceaux et entourée des légumes. Prévoir, pour accompagner ce plat, des cornichons, de la moutarde et du gros sel.

N.B. – Le bouillon de poule peut être servi en potage. Il est préférable de le laisser refroidir pour le dégraisser. On peut l'épaissir en le faisant bouillir 5 mn avec du vermicelle ou du tapioca (10 g par personne =1 c. à soupe). On peut le garder quelques jours au réfrigérateur ou plusieurs mois au congélateur. Il vous servira comme bouillon pour vos potages, ou pour vos sauces ; mais il ne faut pas le conserver avec les légumes qui le font aigrir.

## COQ AU VIN

QUANTITÉS : *6 personnes.*
*1 coq de 1,5 kg (250 g x 6) ; huile ou margarine ; 100 g de lard de poitrine fumé ; 1 oignon ; 1 gousse d'ail ; 1/2 l de vin rouge ; sel, poivre.*
BOUQUET GARNI : *1 branche de thym ; 1 demi-feuille de laurier ; persil.*
PARFUM : *2 c. à soupe de cognac.*

GARNITURE : *250 g de champignons de Paris.*
PRÉPARATION : *15 mn.*
CUISSON : *à la cocotte ordinaire, 2 h à 2 h 30 ; à l'autocuiseur, 45 à 60 mn.*

Découper le coq en morceaux. Ce travail peut être exécuté par votre fournisseur.
Vous pouvez faire cuire le coq au vin soit à la cocotte ordinaire (cuisson longue, de 2 h à 2 h 30) ; soit à l'autocuiseur (de 40 à 60 mn à partir de la rotation de la soupape). C'est la manière la plus rapide et la plus économique de faire un excellent coq au vin.
Faire dorer le lard de poitrine coupé en dés. Puis retirer les lardons. Faire dorer l'oignon coupé en rondelles. Le retirer du feu. Dans la matière grasse restante, faire revenir de toute part les morceaux de coq. Les retourner à l'aide de 2 cuillères en bois. Quand ils sont bien dorés, les arroser avec le cognac bouillant et flamber. Verser le vin rouge, remettre l'oignon et les lardons. Ajouter l'ail, le bouquet garni le sel et le poivre.
Couvrir et laisser bouillir doucement. Le coq est cuit lorsque la fourchette pénètre facilement dans la cuisse.
Ajouter les champignons coupés en lamelles (5 mn avant la fin de la cuisson en autocuiseur ; 30 mn avant la fin de la cuisson en cocotte ordinaire).
Servir le coq au vin entouré des champignons et nappé de sauce.

N.B. – Vous pouvez diminuer l'acidité du vin en ajoutant un sucre pendant la cuisson. Vous pouvez épaissir la sauce en faisant un roux avec 20 g de farine (2 c. à soupe) avant de verser le vin rouge. Ce plat peut se faire à l'avance. Il supporte très bien d'être réchauffé. Certaines personnes le trouvent même meilleur. On peut suivre la même recette pour faire un civet de lapin.

# LA PINTADE

## PINTADE ROTIE

QUANTITÉS : *4 personnes.*
*1 pintade de 1 kg ; une barde de lard ; huile ou margarine.*
TEMPS DE CUISSON : *au four, 20 mn par 500 gr ; à la broche, 30 mn par 500 gr ; autocuiseur, 30 mn.*

La pintade rôtie se fait cuire comme le poulet rôti. Sa chair étant plus sèche a besoin d'être bardée de lard ou de tranches de poitrine fumée. Elle s'accommode de toutes les variantes du poulet rôti.

## PINTADE BRAISÉE

QUANTITÉS : *4 personnes.*
*1 pintade de 1 kg.*
CUISSON : *à la cocotte ordinaire, 1 h ; à l'autocuiseur, 30 à 35 mn.*

La pintade braisée se fait cuire comme le poulet sauté. Elle s'accommode de toutes les variantes du poulet sauté.

## PINTADE BRAISÉE AUX CHOUX

QUANTITÉS : *4 personnes.*
*1 pintade de 1 kg.*
CUISSON : *à la cocotte ordinaire, 1 h ; à l'autocuiseur, 30 à 35 mn.*

Suivre la recette de base du poulet sauté. Ajouter un chou blanchi 5 mn à l'eau bouillante salée et une carotte coupée en rondelles.

# Dinde, Dindonneau, Oie

# LA DINDE

## DINDE ROTIE

*1 dinde de 3 kg pour 10 personnes ; ou en morceaux (300 gr par personne) ; barde de lard ; huile ou margarine ; sel, poivre.*
GARNITURE CLASSIQUE : *marrons ; pommes fruits.*
PRÉPARATION : *5 mn.*
CUISSON : *au four, 20 mn par 500 gr (th. 5-6 ou 200 à 220°) ; à la broche, 25 à 30 mn par 500 gr ; à l'autocuiseur, 25 mn par kg.*

La dinde se fait rôtir entière ou en morceaux comme le poulet : soit au four, soit à la broche, soit à l'autocuiseur.
Elle peut se préparer selon toutes les variantes du poulet rôti.
La chair de la dinde est assez sèche, c'est pourquoi il est recommandé de l'envelopper d'une barde de lard.
La dinde entière, souvent volumineuse (3-4 kg) a besoin d'un four modéré pour cuire en profondeur et doit être protégée par un papier d'aluminium pour ne pas brunir à la surface.
Il faut l'arroser souvent avec le jus de cuisson.

N.B. – Le dindon se fait cuire de la même façon. Sa chair plus ferme demande seulement une cuisson plus longue.

## VARIANTES

### DINDE ROTIE ET FARCIE AU BOUDIN

FARCE : *une part de boudin noir ; un boudin blanc ; foie et cœur de dinde ; 100 gr de mie de pain rassis ; 1/2 dl de bouillon de volaille en cube ; sel ; poivre ; 1 c. à soupe de cognac.*

Préparer la farce. Verser le bouillon de volaille chaud sur la mie de pain émiettée. D'autre part, hacher finement le foie et le cœur de la dinde. Ajouter le boudin noir et le boudin blanc, le cognac. Saler et poivrer. Bien mélanger le tout. Remplir la dinde de cette farce. Recoudre l'ouverture. Badigeonner la dinde d'huile. Barder et faire cuire selon les recettes de base au four, à la broche.

### DINDE ROTIE ET FARCIE AUX MARRONS

FARCE : *100 gr de veau ; 100 gr de porc ; foie de dinde ; 100 gr de mie de pain rassis ; 1/2 dl de bouillon de volaille ; une échalote ; une petite boîte de pelures de truffes ; une c. à soupe de cognac ou de porto ; 1/2 boîte de marrons au naturel ; sel, poivre.*

Faire la farce. Verser le bouillon de volaille chaud sur la mie de pain émiettée. D'autre part hacher finement le foie de dinde, le porc, le veau, l'échalote. Ajouter les marrons écrasés grossièrement, les pelures de truffes, l'alcool au choix. Saler et poivrer. Bien mélanger le tout. Remplir la dinde de cette farce. Recoudre l'ouverture. Badigeonner la dinde d'huile. Barder et faire cuire selon les recettes de base au four, à la broche. Servir la dinde entourée du reste des marrons au naturel réchauffés dans du beurre.

### ESCALOPE DE DINDE

L'escalope de dinde se fait cuire comme l'escalope de veau.
Sa chair assez fade a besoin d'être aromatisée. Tous les parfums utilisés pour le veau ou le porc lui conviennent.Elle peut s'accommoder selon toutes les variantes de l'escalope de veau.

## LE DINDONNEAU

### ROTI DE DINDONNEAU

CUISSON : *au four, 20 mn par 500 gr ; à la broche, 25 à 30 mn par 500 gr ; à l'autocuiseur, 20 mn par 500 gr.*

Le rôti de dindonneau se fait rôtir comme le rôti de veau. Sa chair assez fade a besoin d'être aromatisée pour être appréciée. Les parfums utilisés pour le veau ou le porc lui conviennent parfaitement. Il peut s'accommoder selon toutes les variantes du veau et du porc rôtis ou sautés.

## VARIANTE

### DINDONNEAU SAUTÉ AU GENIÈVRE

> QUANTITÉS : *5 ou 6 personnes.*
> *1 rôti de dindonneau de 1 kg ; 1 oignon ; 20 g de margarine ou 2 c. à soupe d'huile ; 1 dl de vin rouge ; sel ; poivre.*
> AROMATES : *6 baies de genièvre ; 1 branche de thym.*
> PRÉPARATION : *1/4 d'heure.*
> CUISSON : *à la cocotte ordinaire, 1 h 30 ; à l'autocuiseur, 40 mn.*

1° Faire revenir le dindonneau sur toutes ses faces dans la matière grasse. Quand il est doré, rejeter l'excès de gras.
2° Ajouter l'oignon coupé en quatre, le thym, le sel, le poivre, le genièvre. Verser le vin rouge. Fermer la cocotte et laisser cuire doucement.

# L'OIE

### OIE ROTIE

> *1 oie de 3 kg pour 10 personnes ou en morceaux (300 g par personne).*
> CUISSON : *au four, 30 mn par 500 g (th. 5-6 ou 200-220°) ; à la broche, 30 à 35 mn par 500 g ; à l'autocuiseur, 30 mn par kg.*

L'oie se fait rôtir comme la dinde. La chair étant grasse n'a pas besoin d'être bardée. Elle s'accommode des mêmes variantes que la dinde. L'oie rôtie se sert généralement accompagnée de marmelade de pommes au beurre (non sucrée) et de marrons entiers ou en purée.

# BROCHETTES

## BROCHETTES AU BOUDIN BLANC

QUANTITÉS : *4 personnes.*
*4 boudins blancs ; 4 pommes de reinette de préférence ; 2 c. à soupe d'huile ; 1 pincée de cannelle.*
ACCOMPAGNEMENT : *moutarde douce.*
PRÉPARATION : *5 mn.*
CUISSON : *rôtissoire 15 mn.*

1° Couper les boudins blancs en 3 tronçons.
2° Couper les pommes en quatre sans les éplucher. Retirer seulement les pépins.
3° Sur une brochette, enfiler en alternance un quartier de pomme, un tronçon de boudin blanc. Badigeonner les brochettes d'huile avec un pinceau. Saupoudrer de cannelle.
4° Faire dorer à la rôtissoire et servir immédiatement avec de la moutarde douce.

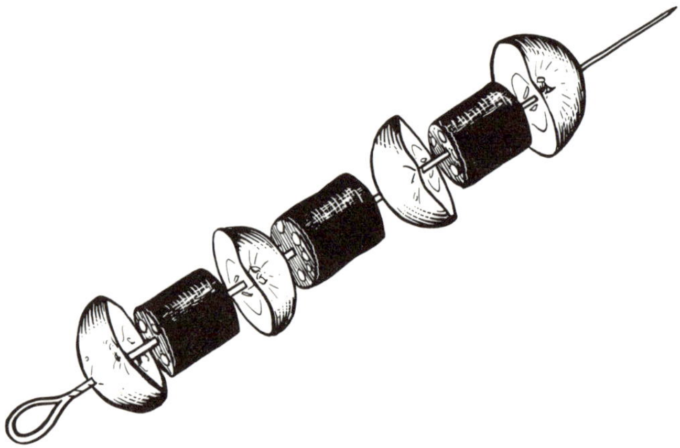

## BROCHETTES AU BOUDIN NOIR

QUANTITÉS : *4 personnes.*
*4 parts de boudin noir (15 cm de long) ; 4 pommes de reinette de préférence ; 2 c. à soupe d'huile.*
ACCOMPAGNEMENT : *moutarde forte.*
PRÉPARATION : *5 mn.*
CUISSON : *rôtissoire 15 mn.*

1° Couper les boudins noirs en 3 tronçons.
2° Couper les pommes en quatre, sans les éplucher. Retirer seulement les pépins.
3° Sur une brochette, enfiler en alternance 1 quartier de pomme, 1 tronçon de boudin noir. Badigeonner les brochettes d'huile avec un pinceau.

4° Faire dorer à la rôtissoire et servir immédiatement avec de la moutarde forte.

N.B. – Cuit de cette manière, le boudin noir n'est pas gras et reste moelleux.

## BROCHETTES DE FOIE DE VOLAILLE

QUANTITÉS : *4 personnes.*
*400 g de foie de volaille ; 12 tranches de poitrine de lard fumé ; 4 tomates ; 4 oignons ; 4 c. à soupe d'huile ; herbes de Provence (thym, romarin, sarriette).*
PRÉPARATION : *10 mn.*
CUISSON : *rôtissoire 30 mn.*

1° Couper les foies en deux et les envelopper avec une tranche de poitrine de lard.
2° Couper les tomates en quatre, ainsi que les oignons.
3° Sur une brochette, enfiler en alternance 1 oignon, 1 tomate, 1 morceau de foie. Badigeonner les brochettes d'huile avec un pinceau. Saupoudrer d'herbes de Provence et faire cuire à la rôtissoire.
Ces brochettes accompagneront parfaitement du riz pilaf aux raisins *(voir recette).*

## BROCHETTES AUX FRUITS DE MER

QUANTITÉS : *4 personnes.*
*400 g de lotte ou autre poisson ; 200 g de crevettes roses ; 1 l de moule ; 100 g de lard maigre fumé.*
MARINADE : *1 dl d'huile ; 1 jus de citron ; thym ; laurier ; romarin ; poivre.* ACCOMPAGNEMENT : *sauce tomate barbecue ; sauce à la diable barbecue ; sauce hollandaise.*
PRÉPARATION : *5 mn.*
MARINADE : *2 h.*
CUISSON : *rôtissoire 15 à 20 mn.*

1° Couper la lotte en gros cubes et la faire mariner 2 h.
2° Nettoyer soigneusement les moules et les faire ouvrir à feu vif. Les faire mariner avec la lotte.
3° Couper le lard fumé en cubes. Sur chaque brochette, enfiler en alternance 3 cubes de lottes, 1 cube de lard fumé, 3 moules, 3 crevettes. Badigeonner les brochettes d'huile de marinade et faire cuire à la rôtissoire.
Servir avec une sauce au choix.

N.B. – On peut cuire les brochettes sans avoir fait mariner la lotte et les moules mais il est alors nécessaire de les badigeonner avec de l'huile et de les saupoudrer d'herbes de Provence.

## BROCHETTES DE PORC AUX POMMES

QUANTITÉS : *4 personnes.*
*400 g de porc (filet, échine ou dindonneau) ; 4 pommes de reinette*

*de préférence ; 4 c. à soupe d'huile ; herbes de Provence (sarriette, thym, romarin).*

ACCOMPAGNEMENT : *moutarde douce ; sauce douce amère barbecue ; sauce aux raisins barbecue ; sauce barbecue des Balkans ; sauce montagnarde barbecue.*

PRÉPARATION : *5 mn.*

CUISSON : *rôtissoire, 30 mn environ.*

1° Couper la viande en cubes de 2 à 3 cm.

2° Couper la pomme en quatre sans l'éplucher. Retirer seulement les pépins.

3° Sur une brochette, enfiler, en alternance, 1 quartier de pomme, 1 série de cubes de porc. Badigeonner les brochettes avec de l'huile à l'aide d'un pinceau. Saupoudrer d'herbes de Provence.

4° Faire cuire les brochettes à la rôtissoire et servir immédiatement avec de la moutarde douce ou une sauce de votre choix.

## VARIANTES

### BROCHETTES DE PORC A L'ANANAS

Suivre la recette de base des brochettes de porc aux pommes.
Remplacer les pommes par 4 tranches d'ananas. Ajouter 50 g de lard maigre.
Servir avec du riz cuit à l'eau et assaisonné au paprika.

### BROCHETTES DE PORC AUX PÊCHES

Suivre la recette de base des brochettes de porc aux pommes.
Remplacer les pommes par 250 g de pêches au sirop. Ajouter 100 g de jambon fumé coupé en cubes.
Servir avec du riz cuit à l'eau et assaisonné au curry.

● ●

## BROCHETTES AUX SAUCISSES DE FRANCFORT

QUANTITÉS : *4 personnes*

*4 saucisses de Francfort ; 50 g de gruyère ; 12 tranches de lard de poitrine fumé (1 sachet).*

PRÉPARATION : *5 mn.*

CUISSON : *rôtissoire, 10 mn environ.*

1° Couper les saucisses en trois tronçons. Fendre chaque tronçon dans le sens de la longueur. Glisser à l'intérieur une lamelle de gruyère. Ficeler chaque tronçon avec une tranche de lard de poitrine.

2° Sur chaque brochette, enfiler 3 tronçons de saucisse.

3° Faire dorer les brochettes à la rôtissoire.

Attention : les retirer avant que le gruyère coule.

Ces brochettes accompagneront parfaitement une salade de pommes de terre et d'œufs durs

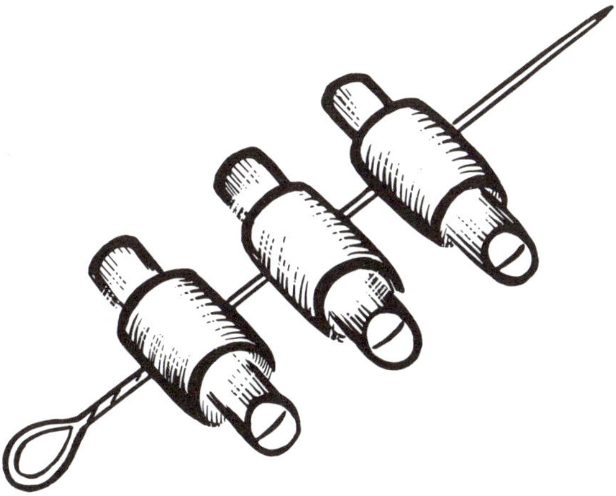

## BROCHETTES DE VIANDE MARINÉE

QUANTITÉS : *4 personnes.*
*400 g de viande au choix (haut de gigot ; filet de bœuf ; filet de porc ; échine ; noix de veau ; dindonneau ; poulet ; lapin) ; 12 grosses têtes de champignons ; 4 tomates ; 4 oignons ; 1 poivron vert ou rouge.*
MARINADE : *1/2 dl d'huile ; 1 jus de citron ; graines de fenouil ; poivre ; paprika.*
PRÉPARATION : *20 mn.*
MARINADE : *2 h.*
CUISSON : *à la rôtissoire, 30 mn.*

1° Couper la viande en cubes et la faire mariner 2 h.
2° Laver les champignons. Les arroser avec du jus de citron pour les empêcher de noircir à l'air.
3° Couper les tomates en quatre ainsi que les oignons. Détailler le poivron en carrés.
4° Sur une brochette, enfiler en alternance, 1 tête de champignon, 1 quartier de tomate, 1 quartier d'oignon, 1 série de cubes de viande. Badigeonner les brochettes d'huile de marinade et faire cuire à la rôtissoire.

N.B. – Il n'est pas indispensable de faire mariner la viande mais il faut alors la badigeonner d'huile et saupoudrer d'herbes de Provence.

## BROCHETTES DE VIANDE AUX PRUNEAUX

QUANTITÉS : *4 personnes.*
*400 g de viande au choix (haut de gigot ; filet de bœuf ; filet de porc ; noix de veau ; dindonneau ; poulet ; lapin ; cœurs d'agneau ; rognons de veau ou de porc) ; 12 tranches de lard de poitrine fumé*

*(1 sachet) ; 24 pruneaux ; 4 c. à soupe d'huile ; poivre ; herbes de Provence (thym, sarriette, romarin).*
ACCOMPAGNEMENT : *sauce béarnaise.*
PRÉPARATION : *20 mn.*
CUISSON : *30 mn à la rôtissoire.*

1° Dénoyauter les pruneaux. Les enrouler 2 par 2 dans une tranche de lard de poitrine.
2° Couper la viande en cubes. Sur une brochette, enfiler en alternance, 1 pruneau ficelé, une série de cubes de viande.
3° Badigeonner les brochettes d'huile avec un pinceau. Saupoudrer d'herbes de Provence.
4° Faire cuire les brochettes à la rôtissoire et les servir accompagnées d'une sauce béarnaise.

# LE LAPIN

## LAPIN ROTI AU FOUR

QUANTITÉS : *4 personnes.*
*1 lapin de 1,2 kg (300x4) ; 1/4 de st-marcellin ou de chèvre ou petit suisse ; 2 c. à soupe d'huile ou margarine ; sel ; poivre.*
AROMATES AU CHOIX : *oignons ; échalote ; ail ; moutarde forte et aromatisée ; herbes de Provence (thym, romarin, sarriette, estragon) ; tranches de bacon ; lard de poitrine fumé.*
GARNITURES AU CHOIX : *champignons ; haricots verts ; jardinière ; pommes de terre.*
PRÉPARATION : *5 mn.*
PRÉCHAUFFAGE DU FOUR : *15 à 20 mn.*
CUISSON : *au four, 25 mn par 500 g, soit 1 h (th. 5-6 ou 200-220°) ; à la broche, 25 mn par 500 g, soit 1 h environ ; à l'autocuiseur, 20 à 25 mn.*

1° Allumer le four à l'avance.
2° Mélanger le saint-marcellin avec l'huile, des herbes de Provence au choix. Badigeonner le lapin avec ce mélange.
3° Mettre une grille sur la tôle creuse du four ; y déposer le lapin. A mi-cuisson, retourner le lapin, sans le piquer, avec une fourchette. Arroser de temps en temps avec une cuillère à soupe d'huile. Le lapin est cuit lorsqu'il n'est plus rose.
4° Saler et poivrer seulement à la sortie du four. Déglacer la tôle du four avec un peu d'eau bouillante. Recueillir le jus et arroser le lapin découpé.

N.B. – Le lapin rôti au four a tendance à dessécher très facilement. L'emploi de fromage et d'huile a pour but d'éviter cet inconvénient. Si vous voulez le protéger davantage, vous pouvez l'envelopper d'une barde de lard ou d'une crépine.

## LAPIN ROTI A LA BROCHE

1° Allumer la rôtissoire à l'avance.
2° Mélanger le saint-marcellin avec l'huile, les herbes de Provence au choix. Badigeonner le lapin avec ce mélange.
3° Embrocher. Après cuisson, saler et poivrer.

N.B. – Le lapin à la broche reste toujours moelleux car il garde son jus à l'intérieur. C'est la raison pour laquelle vous n'aurez pas de sauce. C'est la manière la plus facile de faire un excellent lapin rôti sans risque de le dessécher. Surtout si vous avez soin de l'enduire de fromage ou de moutarde avant de le cuire.

## LAPIN ROTI A L'AUTOCUISEUR

*Supprimer le fromage.*

1° Faire dorer le lapin de toute part dans l'huile ou la margarine. Saler et poivrer. On peut ajouter une échalote ou un oignon coupé en quatre, des herbes de Provence au choix.
2° Fermer l'autocuiseur et laisser cuire 20 mn environ à partir du chuchotement de la soupape, à feu doux.


**Lapin chasseur** (recette p. 146).▶

RECOMMANDATIONS

Le lapin a une chair maigre qui se dessèche facilement à la cuisson. Il est bon de l'arroser souvent avec un peu d'huile si le jus de cuisson manque.
Si le lapin doit attendre les convives, l'envelopper dans un papier d'aluminium et le garder dans le four éteint ou à th. 1. Il restera chaud encore 30 mn environ.

# VARIANTES

## LAPIN ROTI A LA MOUTARDE

Suivre la recette de base du lapin rôti au four ou à la broche en remplaçant le fromage par de la moutarde forte ou aromatisée

## LAPIN ROTI FARCI

FARCE : *100 g échine de porc ; 100 g de jambon ; foie du lapin ; 100 g de mie de pain rassis ; 1/2 dl de bouillon de volaille en cube ; 1 gousse d'ail ; 2 échalotes ; persil ; sel ; poivre ; une pincée de noix de muscade ; 1 c. à soupe de cognac.*

1° Préparer la farce. Emietter la mie de pain et verser dessus le bouillon chaud. D'autre part, hacher finement le foie, le porc, le jambon, l'échalote et l'ail. Bien mélanger le tout. Saler, poivrer, ajouter une pincée de noix de muscade et le cognac.
2° Remplir le ventre du lapin de farce. Rabattre dessus la peau pour bien enfermer la farce et recoudre l'ouverture.
3° Faire cuire le lapin selon les recettes de base au four, à la broche ou à l'autocuiseur.

●●

## LAPIN SAUTÉ

QUANTITÉS : *4 personnes.*
*1 lapin de 1,2 kg (300x4) ; 50 g margarine ou huile ; 10 g farine (1 c. à soupe) ; 1 oignon ou 2 échalotes ; 1 dl de bouillon ou eau ; 1 dl de vin blanc sec ; sel ; poivre.*
BOUQUET GARNI : *1 branche de thym ; 1 demi-feuille de laurier ; persil.*
AROMATES AU CHOIX : *herbes de Provence (cerfeuil, estragon, romarin, marjolaine, sarriette).*
ÉPICES : *paprika ; poivre de Cayenne ; safran ; curry.*
*Lard de poitrine fumé ou non fumé ; pruneaux ; concentré de tomate ; crème fraîche ; cognac.*
LÉGUMES AU CHOIX : *champignons ; carottes ; tomates ; poivrons.*
PREPARATION : *1/4 heure.*
CUISSON : *à la cocotte ordinaire, 1 h environ ; à l'autocuiseur, 25 à 30 mn environ.*

Vous pouvez faire cuire le lapin sauté soit à la cocotte ordinaire

◀**Civet de lapin** (recette p. 146).

(cuisson 1 h environ) ; soit à l'autocuiseur (25 mn environ à partir du chuchotement de la soupape).

1° Découper le lapin en morceaux.

2° Faire blondir l'oignon coupé en rondelles dans la matière grasse. Le retirer du feu.

3° Dans la même matière grasse, faire revenir de toute part, les morceaux de lapin. Les retirer du feu quand ils sont dorés.

4° Avec la matière grasse restante, faire un roux blanc en jetant d'un seul coup la farine et en tournant vivement. Mouiller avec le bouillon et le vin blanc. Ajouter le bouquet garni, le sel et le poivre. Remettre l'oignon, les morceaux de lapin. Fermer la cocotte et laisser cuire doucement.

Quand le lapin est cuit, le mettre dans un plat chaud arrosé du jus de cuisson.

## VARIANTES

### LAPIN CHASSEUR

Suivre la recette de base du lapin sauté.
Ajouter 100 g de lard de poitrine coupé en dés. Le faire dorer après l'oignon. On peut également ajouter 125 g de champignons de Paris 5 mn avant la fin de la cuisson pour l'autocuiseur ; 30 mn avant la fin de la cuisson pour la cocotte ordinaire.

### LAPIN MARENGO

Suivre la recette de base du lapin sauté.
Ajouter 2 c. à soupe de concentré de tomate et 125 g de champignons de Paris, 5 mn avant la fin de la cuisson pour l'autocuiseur ; 30 mn avant la fin de la cuisson pour la cocotte ordinaire.

### LAPIN SAUTÉ A LA PROVENÇALE

Suivre la recette de base du lapin sauté.
Ajouter 500 g de tomates, 2 poivrons épépinés et coupés en morceaux, 1 gousse d'ail. Parfumer à la marjolaine.

● ●

### CIVET DE LAPIN

QUANTITÉS : *4-5 personnes.*
*1 lapin de 1,2 kg (300 g x 4) ; 100 g de lard de poitrine ; 50 g de margarine ou huile ; 1 oignon ; 10 g farine (1 c. à soupe) ; sel ; poivre.*
MARINADE : *1/2 l de vin rouge ; 1 oignon ; 1 gousse d'ail ; 1 échalote ; 1 c. à soupe de cognac ; 3 c. à soupe d'huile.*
BOUQUET GARNI *1 branche de thym ; 1 demi-feuille de laurier ; persil ; poivre.*

PRÉPARATION : *1/4 heure.*
MARINADE : *12 heures.*
CUISSON : *à la cocotte ordinaire 1 h 30 ; à l'autocuiseur, 40 mn environ.*
MATÉRIEL : *une cocotte en fonte d'aluminium ou un autocuiseur ; une assiette ; 2 cuillères en bois.*

On peut cuire le civet de lapin soit à la cocotte ordinaire (cuisson 1 h 30) ; soit à l'autocuiseur (30 mn environ à partir du chuchotement de la soupape).
LA VEILLE : découper le lapin en morceaux. Préparer la marinade avec tous les ingrédients. Mettre le lapin à mariner dans cette préparation pendant 12 h, au frais.
LE LENDEMAIN :
1° Égoutter les morceaux de lapin.
2° Faire revenir le lard coupé en dés et l'oignon émincé. Quand ils sont dorés, les retirer du feu.
3° A la place, faire revenir de tous côtés les morceaux de lapin. Les retourner à l'aide de 2 cuillères en bois. Quand ils sont roussis, les retirer du feu.
4° Dans la matière grasse restante, faire un roux brun en jetant d'un seul coup, la farine et en tournant vivement. Laisser brunir légèrement. Mouiller le roux brun avec la marinade et porter doucement à ébullition en tournant sans cesse. Saler et poivrer. Remettre l'oignon, les lardons, les morceaux de lapin. Fermer la cocotte et laisser cuire doucement.
Quand le lapin est cuit, le mettre dans un plat au chaud. Passer la sauce. Napper le lapin et servir.

N.B. – Si vous avez conservé le sang avec un filet de vinaigre pour l'empêcher de coaguler, versez dessus la sauce chaude en tournant. Remettre la sauce à réchauffer doucement sans bouillir (le sang coagulerait). Hors du feu, vous pouvez ajouter 1 c. à soupe de crème fraîche, 1 c. à soupe de cognac.

## VARIANTE

### CIVET DE LAPIN AUX PRUNEAUX

Suivre la recette de base du civet.
Ajouter 250 g de pruneaux, 45 mn avant la fin de la cuisson pour la cocotte ordinaire ; 25 mn avant la fin de la cuisson pour l'autocuiseur.
Avant d'ajouter les pruneaux retirer le bouquet garni.

N.B. – Le lapin de garenne et le lièvre peuvent se cuire selon la recette de base du civet de lapin et du civet de lapin aux pruneaux.

## BLANQUETTE DE LAPIN

CUISSON : *en fait-tout ordinaire, 45 mn environ ; à l'autocuiseur, 20 mn environ.*

Faire cuire le lapin comme la blanquette de veau.

## POT-AU-FEU DE LAPIN

CUISSON : *en fait-tout ordinaire, 1 h 15 à 1 h 30 ; à l'autocuiseur, 30 mn environ.*

Faire cuire le lapin comme le pot-au-feu de bœuf.

# VIANDES

## PAIN DE VIANDE

QUANTITÉS : *4 personnes.*
*300 g de viande crue (veau, porc, bœuf, dindonneau, foies de volaille, génisse) ; 100 g de mie de pain rassis ; 1/2 dl de lait ; 2 œufs ; 1 oignon (facultatif) ou ail ; sel, poivre, persil haché.*
ACCOMPAGNEMENT : *sauce tomate ; sauce madère.*
PRÉPARATION : *1/ 4 heure.*
CUISSON : *30 à 40 mn ; th. 5-6 ou 200-220°.*
MATÉRIEL : *papier d'aluminium ou un moule à cake ; un plat long allant au four.*

1° Allumer le four à l'avance.
2° Verser le lait tiède sur la mie de pain émiettée. Faire revenir l'oignon haché. Hacher la viande, le persil. Mélanger tous les ingrédients. Ajouter les œufs. Assaisonner.
3° Rouler la viande en forme de rôti dans une feuille d'aluminium huilée. Déposer le pain de viande dans un plat allant au four.
4° Faire cuire à four moyen, au bain-marie, c'est-à-dire en mettant 2 cm d'eau chaude dans la tôle creuse du four.
Vérifier la cuisson avec une aiguille. Si elle ressort sèche, le pain de viande est cuit.
Servir le pain de viande accompagné d'une sauce au choix.

N.B. – Vous pouvez remplacer la mie de pain rassis et le lait par 1 dl de béchamel épaisse ; introduire à l'intérieur du pain des œufs durs ; ajouter à la farce, 100 g de champignons hachés et revenus avec une gousse d'ail.

## PATÉ EN CROUTE

QUANTITÉS : *10 personnes.*
*250 g de veau ou de rôti de dindonneau ; 500 g de chair à saucisse ; 100 g de jambon ; 100 g de barde de lard ; 1 œuf ; thym ; laurier ; poivre ; quatre épices ; 2 c. à café de sel ( 15 à 20 g de sel par kg de pâté) ; 1 c. à café de sucre par kg de pâté ; 3 c. à soupe de cognac ; 1 jaune d'œuf pour dorer.*
PATE BRISÉE : *250 g de farine ; sel ; 125 g de margarine ; 3/4 dl d'eau.*
PRÉPARATION : *pâte brisée, 30 mn ; pâté, 30 mn.*
REPOS DE LA PATE BRISÉE : *1/2 h à 1 heure.*
MARINADE : *2 à 3 heures.*
CUISSON : *40 mn ; th. 7-8 ou 250-260°.*

1° Couper le veau en filets d'un demi-centimètre d'épaisseur et le jambon en dés. Laisser macérer plusieurs heures dans l'alcool. Remuer de temps en temps.
2° Préparer la pâte brisée selon la recette de base et la laisser reposer.
3° Préparer la farce en mélangeant l'œuf, les épices. Assaisonner fortement. Ajouter 2 c. à soupe de la marinade.
4° Garnir un moule à cake avec la pâte brisée (réserver de la pâte pour le couvercle).
5° Remplir le moule en alternant une couche de farce, une

couche de garniture, le jambon en dés et les filets rangés dans le sens de la longueur et une couche de farce. Bien tasser. Recouvrir de la barde de lard blanchie au préalable 2 mn à l'eau bouillante. Saupoudrer de thym et de laurier.

6° Façonner le couvercle avec le reste de pâte. Pratiquer un trou sur le sommet du pâté, y installer une cheminée avec du papier d'aluminium.

Dorer au jaune d'œuf dilué dans un peu d'eau.

7° Faire cuire à four chaud.

Le pâté est cuit lorsqu'on voit du jus sortir par le trou pratiqué au milieu du couvercle.

## PATÉ DE LAPIN

QUANTITÉS : *10 personnes.*
*1 lapin de 1,5 kg ; 300 g de porc (échine) ; 150 g de jambon ; 200 g de lard gras ; 200 g de barde de lard ; 1 œuf ; 2 échalotes ; thym ; laurier ; poivre ; noix de muscade ; persil ; 15 à 20 g de sel par kg de pâté ; 1 c. à café rase de sucre par kg de pâté ; 1 dl de cognac ou de madère.*
AROMATES AU CHOIX : *lamelles de truffes ; pruneaux fourrés de poitrine fumée ; baies de genièvre ; sauge ; quatre épices.*
PRÉPARATION : *1 heure.*
MARINADE : *2 à 3 heures.*
CUISSON : *1 h 30 environ. On compte 35 mn de cuisson par 500 g de pâté ; th. 6-7 ou 220-224°.*

1° Désosser entièrement le lapin.

2° Préparer la garniture, pour cela, mettre de côté les cuisses, le râble, le jambon. Découper les cuisses et le râble, en filets d'un demi-centimètre d'épaisseur et le jambon en dés.

Faire mariner, dans l'alcool pendant plusieurs heures en remuant de temps en temps.

3° Pendant ce temps, faire blanchir les bardes et le lard gras, 2 mn à l'eau bouillante.

4° Préparer la farce avec le reste du lapin, le porc, le lard gras blanchi, le foie, les rognons, les échalotes, le persil. Hacher le tout finement. Ajouter l'œuf, 2 c. à soupe de marinade. Assaisonner fortement et bien malaxer.

5° Tapisser le fond et le tour de la terrine avec les bardes de lard (en réserver une pour couvrir le pâté).

6° Mettre dans le fond de la terrine, en alternant : une couche de farce ; une couche de garniture avec les filets rangés dans le sens de la longueur ; une couche de farce. Bien tasser. Recouvrir de la barde réservée et d'une feuille de laurier. Fermer la terrine.

7° Faire cuire à four chaud, au bain-marie, c'est-à-dire en mettant 2 cm d'eau chaude, dans la tôle creuse du four.

Vérifier la cuisson avec une aiguille. Si elle ressort chaude sur toute la longueur, le pâté est cuit. Laisser refroidir doucement.

Déguster de préférence le lendemain.

## VARIANTES

### PATÉ DE CANARD

QUANTITÉS : *10 personnes.*
*1 canard de 1,5 kg ; 150 g de porc (échine) ; 150 g de veau (ou rôti de dindonneau) ; 150 g de jambon ; 150 g de lard gras ; 200 g de barde de lard ; 1 œuf ; 2 échalotes ; thym ; laurier ; poivre ; quatre épices ; 50 g de pistache (facultatif) ; 15 à 20 g de sel par kg de pâté ; 1 c à café rase de sucre par kg de pâté ; 1/2 dl de cognac.*

Suivre la recette de base du pâté de lapin. Faire mariner dans l'alcool les aiguillettes de canard, le veau et le jambon.

### PATÉ DE DINDONNEAU

Suivre la recette de base du pâté de lapin. Remplacer le lapin par un rôti de dindonneau de 600 g. Ajouter une gousse d'ail.

### PATÉ DE FAISAN

Suivre la recette de base du pâté de lapin. Remplacer le lapin par le faisan et le jambon par 200 g de veau ou de dindonneau. Supprimer la noix de muscade et ajouter 5 baies de genièvre.

### PATÉ DE POULET

Suivre la recette de base du pâté de lapin. Remplacer le lapin par le poulet.

N.B. – Si vous voulez présenter le pâté en gelée, retirer la graisse lorsqu'elle est encore chaude et remplacez-la par de la gelée en sachet parfumée au madère. Décorez le dessus du pâté avec des rondelles de citron, d'orange, des lamelles d'olives noires, de truffes.

● ●

### PATÉ DE FOIE DE VOLAILLE

QUANTITÉS : *4 personnes.*
*250 g de foies de volaille ; 250 g de porc (gorge, échine ou chair à saucisse) ; 200 g de barde de lard ; 1 œuf ; 1 échalote ; thym, laurier ; poivre ; noix de muscade ; persil ; 15 à 20 g de sel par kg de pâté ; 1 c. à café rase de sucre par kg de pâté ; 4 c à soupe de madère ou de cognac.*
PRÉPARATION : *1/4 d'heure.*
MARINADE : *2 h à 3 h.*
CUISSON : *1 h environ ; th. 5-6 ou 200-220°.*

1° Mettre les foies à mariner plusieurs heures dans l'alcool. Remuer de temps en temps.
2° Hacher les foies, le porc, l'échalote, le persil. Ajouter l'œuf, 2 c. à soupe de marinade. Assaisonner fortement et bien malaxer.
3° Blanchir les bardes de lard 2 mn à l'eau bouillante.
4° Tapisser le fond et le tour de la terrine avec les bardes de

lard. Remplir de farce. Tasser, mettre la feuille de laurier. Réserver une barde pour couvrir le pâté. Fermer la terrine.
5° Faire cuire à four moyen, au bain-marie, c'est-à-dire en mettant 2 cm d'eau chaude dans la tôle creuse du four.
Vérifier la cuisson avec une aiguille. Si elle ressort chaude sur toute la longueur, le pâté est cuit. Laisser refroidir doucement.
Déguster de préférence le lendemain.

N.B. – Si vous voulez présenter le pâté en gelée, retirez la graisse lorsqu'elle est encore chaude et remplacez-la par de la gelée en sachet parfumée au madère. Décorez le dessus du pâté avec une rondelle de citron.

# LE BŒUF

## QUELLE QUANTITÉ DE BŒUF ACHETER ?

Voici ce que vous pouvez demander par personne :

- Steaks et rôtis : 120 g par personne.
- Tournedos (épais peu large) 110 g par personne.
- Châteaubriant (épais) 180-200 g.
- Côte de bœuf à rôtir ou à griller : 1 kg 5 pour 4 personnes.
- Bœuf à la mode, bourguignon, pot-au-feu (sans os) : 180-200 g.
- Pot-au-feu (avec os) : 250g.

## COMBIEN DE TEMPS FAUT-IL POUR FAIRE CUIRE DU BŒUF ?

| | COCOTTE ORDINAIRE | AUTOCUISEUR |
|---|---|---|
| Steak grillé ou à la poêle | 1 à 2 mn sur chaque face | |
| **Rôtis** | | |
| au four (saignant) | 12 à 15 mn par 500 g | 5 mn par 500 g |
| à la broche | 30 mn par 500 g (variable selon les rôtissoires, mais toujours plus long que le four) | |
| **Braisé** | | |
| Bœuf à la mode | 3 h | 1 h 30 |
| **Ragoût** | | |
| Bourguignon | 2 h 30 - 3 h | 1 h |
| **Bouilli** | | |
| Pot-au-feu | 3 h | 1 h 30 |
| Langue | 3 h | 1 h 15 - 1 h 30 |
| Queue de bœuf | 3 h | 1 h 30 |

**QUEL MORCEAU CHOISIR ?**

## CHOIX DES MORCEAUX DE BŒUF

| | MORCEAUX | UTILISATIONS | CARACTÉRISTIQUES |
|---|---|---|---|
| CUISSON RAPIDE | Filet | Rôtis au four ou à la broche<br>Fondue bourguignonne<br>Tournedos : 3 cm d'épaisseur | Très tendre mais peu de goût.<br>Très cher car peu abondant sur une même bête (5 kg environ) |
| | Faux-filet ou contre-filet | Rôtis au four ou à la broche<br>Steaks au poivre : 2 cm d'épaisseur<br>Châteaubriants : 3-4 cm | Très tendre.<br>Très savoureuse.<br>Déchets à prévoir. |
| | Rumsteaks | Rôtis au four ou à la broche<br>Steaks au poivre<br>Fondue bourguignonne | Très tendre.<br>Très savoureuse.<br>Peu de déchets. |
| | Tende de tranche<br>Tranche grasse<br>Rond de gîte | Rôtis au four ou à la broche<br>Steaks<br>Fondue bourguignonne | Tendre.<br>Pas de déchet. |
| | Entrecôte | Steaks | Tendre.<br>Très savoureuse.<br>Entrelardée. |
| | Côte de bœuf | Rôtie au four ou grillée<br>(Poids minimum : 1,5 kg) | Tendre.<br>Très savoureuse avec os. |
| | Bavette d'aloyau<br>Araignée<br>Onglet<br>Hampe<br>Pièce parée | Steaks | Viande longue, juteuse.<br>Très savoureuse.<br>Tendre quand elle est rassise.<br>Sans déchet. |
| | Gîte à la noix<br>Aiguillette à steak<br>Macreuse à steak | Rôtis au four ou à la broche<br>Steaks | Assez tendre.<br>Savoureuse.<br>Sans déchet. |

# CHOIX DES MORCEAUX DE BŒUF

| | MORCEAUX | UTILISATIONS | CARACTÉRISTIQUES |
|---|---|---|---|
| CUISSON LENTE | Dessus de côtes | Pot-au-feu (bouilli) Bœuf à la mode (braisé ou cocotte) Bœuf bourguignon (ragoût) | Morceau plat recouvert d'une légère couche de graisse sur une face. |
| | Macreuse | d° | Maigre. Savoureuse. Gélatineuse. |
| | Premier et deuxième talons | d° | Plus ou moins maigre. Savoureuse. |
| | Plate côte couverte - découverte | d° | Plus ou moins maigre. Savoureuse. Avec ou sans os. |
| | Poitrine Tendron Flanchet | d° | Avec ou sans os. Entrelardés. |
| | Gîte - Gîte | d° | Avec ou sans os. Maigre. Gélatineux. |
| | Queue | d° | Morceau osseux, grassouillet. Très savoureux. Moelleux. |

# LE BŒUF

1. tête
2. collier (1$^{er}$ et 2$^{e}$ talons)
3. côtes ; entrecôtes
4. filet ; faux-filet
5. rumsteak
6. rond de gîte
7. gîte à la noix
8. tranche grasse ; tende de tranche
9. bavette d'aloyau ; hampe

10. plates côtes

11. macreuse

12. pièce parée

13. poitrine

14 et 17 : gîte-gîte

5. tendron

16. flanchet

18. jarret

## STEAK

QUANTITÉS : *1 personne.*
*120 g de bœuf (faux-filet, rumsteak, entrecôte, tranche grasse, tende de tranche, rond de gîte, bavette d'aloyau, araignée, onglet, hampe) ; 1/2 c. à soupe d'huile pour le steak à la poêle seulement ; sel, poivre.*
GARNITURE : *beurre frais et persil haché.*
AROMATES AU CHOIX : *herbes de Provence (thym, romarin, sarriette).*
SAUCES D'ACCOMPAGNEMENT : *béarnaise ; choron ; ailloli ; madère.*
CUISSON : *2 à 5 mn.*
PRÉCHAUFFAGE : *pour le gril, 5 à 15 mn.*

## STEAK GRILLÉ

1° Badigeonner le steak d'huile sur les 2 faces. Saupoudrer d'herbes de Provence.
2° Faire chauffer le gril à l'avance.
— **Si on utilise le gril de la rôtissoire ou du four :** compter 10 mn de préchauffage. Déposer ensuite le steak sur la grille. Mettre sous le grilloir. Glisser dessous la tôle creuse du four. Laisser griller 1 à 2 mn sur chaque face. Retourner avec une palette.
Ne pas piquer avec une fourchette, cela fait sortir le jus de la viande. Ne pas fermer la porte du four pendant la cuisson.
Saler et poivrer à la sortie.
Servir aussitôt le steak sur une assiette chaude avec du beurre frais et du persil haché.
— **Si on utilise un gril de contact sur le gaz compter un préchauffage :**
- de 5 mn pour un gril en aluminium.
- de 10 mn pour un gril en fonte.
- de 15 mn pour un gril anti-adhésif (téflon).

Procéder comme précédemment.
Pour obtenir un quadrillage, faire pivoter le steak d'un quart de tour sur lui-même.
— **Si on utilise un gril électrique,** suivre les indications de préchauffage, 10 mn environ. Procéder comme précédemment.

## STEAK A LA POÊLE

1° Faire chauffer la poêle avec un peu d'huile sur feu vif.
2 Lorsque la poêle est bien chaude mais non fumante, déposer le steak saupoudré d'herbes de Provence. Laisser à feu vif 1 à 2 mn.
Retourner avec une palette. Ne pas piquer avec une fourchette, cela fait sortir le jus de la viande.
Laisser de nouveau 1 à 2 mn suivant les goûts.
3° Saler et poivrer au moment de servir sur une assiette chaude.

# VARIANTES DE STEAKS

## TOURNEDOS AUX CHAMPIGNONS

QUANTITÉS : *4 personnes.*
*4 tournedos de 110 g chacun dans le filet (épaisseur 3 cm) ; 125 g de champignons (1 petite boîte) ; 1/2 dl de madère ; 4 croûtons ; 70 g de beurre ou de margarine ; huile.*

Faire dorer les croûtons dans 50 g de matière grasse. Faire revenir les champignons coupés en lamelles dans 20 g de matière grasse. Arroser avec un 1/2 dl de madère. Laisser cuire 2 mn. Saler. Poivrer.
Badigeonner d'huile les tournedos sur les deux faces. Les faire griller 2 à 3 mn de chaque côté, selon les goûts.
Déposer les tournedos sur les croûtons dans un plat de service chaud. Mettre les champignons au milieu. Napper avec la sauce au madère. Servir dans des assiettes chaudes.

## TOURNEDOS AU BACON

QUANTITÉS : *4 personnes.*
*4 tournedos de 110 g chacun dans le filet (épaisseur 3 cm) ; 4 tranches de bacon ; 2 c. à soupe de moutarde forte ; huile.*

Badigeonner d'huile une face du tournedos. Faire griller la partie huilée 2 mn environ. Retourner le tournedos avec une palette. Tartiner la face à griller avec de la moutarde et déposer dessus le bacon. Faire griller 3 mn environ.
Servir les tournedos avec une noisette de beurre sur un plat chaud.

## STEAKS BERCY

QUANTITÉS : *4 personnes.*
*4 steaks de 120 g ; 1 échalote hachée ; 1 dl de vin blanc sec ; 20 g de beurre ou de margarine ; 1 c. à café de farine ; 1 c. à café de concentré de tomate ; huile ; persil haché.*

Faire cuire les steaks à la poêle avec un peu d'huile selon la recette de base.
Retirer les steaks ; les garder au chaud sur le plat de service. Dans la poêle, faire fondre l'échalote hachée. Verser le vin blanc, le concentré de tomate. Saler, poivrer. Laisser bouillir 2 mn.
D'autre part malaxer le beurre avec la farine. Incorporer au jus de cuisson et mélanger sur le feu jusqu'à épaississement. Verser la sauce sur les steaks. Servir avec du persil haché.

## STEAKS A LA LYONNAISE

QUANTITÉS : *4 personnes.*
*4 steaks de 120 g ; 1 ou 2 oignons ; 1 dl de vin blanc ; huile.*

1° Faire revenir les oignons coupés en rondelles à la poêle. Quand ils sont dorés, les retirer.
2° Mettre à la place les steaks et les faire cuire selon la recette de base. Quand les steaks sont cuits, les garder au chaud sur le plat de service.
3° Déglacer la poêle en mettant le vin blanc. Faire bouillir 2 mn. Verser le jus sur les steaks garnis des rondelles d'oignons.

## STEAKS CHASSEUR

QUANTITÉS : *4 personnes.*
*4 steaks de 120 g ; 2 échalotes ; 125 g champignons de Paris ; 1 dl de vin blanc sec ; 1 c. à café de concentré de tomate ; 1 c. à café de farine ; 20 g de beurre ou de margarine ; persil haché.*

1° Faire cuire les steaks à la poêle selon la recette de base. Quand ils sont cuits, les retirer et les garder au chaud sur le plat de service.
2° Faire dorer les échalotes et les champignons hachés. Dès qu'ils sont dorés, ajouter le vin blanc, le concentré de tomate. Laisser bouillir 2 mn.
3° D'autre part, malaxer le beurre avec la farine. Incorporer au jus de cuisson et mélanger sur le feu jusqu'à épaississement. Verser la sauce sur les steaks.
Servir avec du persil haché.

## STEAK AU POIVRE

QUANTITÉS : *4 personnes.*
*4 steaks de 120 g (rumsteak ou faux-filet) ; 1/2 dl de cognac ; 4 c. à soupe de crème fraîche ; sel ; poivre en grain ; cresson (garniture).*

1° Rouler les steaks dans du poivre concassé grossièrement. Les faire cuire à la poêle avec un peu d'huile selon la recette de base. Quand ils sont cuits, les saler et les mettre dans un plat chaud.
2° Déglacer la poêle en mettant un 1/2 dl de cognac. Quand le cognac est bouillant, flamber en penchant la poêle.
3° Hors du feu, ajouter 4 c. à soupe de crème fraîche. Napper les steaks avec la sauce. Garnir le plat de cresson et servir chaud.

••

## STEAK HACHÉ

QUANTITÉS : *1 personne.*
*120 g bœuf haché ; 1 c. à café de moutarde ; huile ; sel ; poivre.*
AROMATES AU CHOIX : *ail (oignon ou échalote) revenus séparément ; herbes de Provence (thym, romarin, sarriette, estragon, marjolaine) ; noix de muscade ; ou cumin.*
GARNITURE : *persil haché ; noisette de beurre ; rondelle de citron.*

PRÉPARATION : *5 mn.*
CUISSON : *2 à 3 mn.*

1° Ecraser une pointe d'ail. Ajouter la viande, la moutarde, les herbes de Provence au choix ; le sel ; le poivre. Bien mélanger le tout. Former le steak à la main ou dans le moule du hachoir électrique.
2° Faire cuire le steak à feu vif dans la poêle avec un peu d'huile selon la recette de base. On peut également le faire griller.
3° Servir le steak bien chaud avec du persil haché.

N.B. – On reproche souvent au steak haché d'être fade et c'est vrai. Assaisonnez-le fortement et n'hésitez pas à varier les assaisonnements. Vous pouvez le traiter comme un steak ordinaire ou supérieur et le faire selon toutes les variantes de recettes données pour les steaks : Bercy, à la lyonnaise, chasseur, au poivre. L'accompagnement d'une sauce est particulièrement recommandé car le steak haché a tendance à être un peu sec. Vous pouvez le servir avec une sauce à la crème (en ajoutant, hors du feu, une c. à soupe de crème fraîche au jus de cuisson) ; une sauce tomate ; une sauce madère ; une sauce piquante.

ATTENTION : achetez de la viande hachée fraîche, manipulée avec propreté et hachée devant vous. Surtout pour les steaks hachés consommés crus, vous devez être vraiment sûre de la fraîcheur et de la qualité de la viande.

# VARIANTES DE STEAKS HACHÉS

## STEAKS HACHÉS AU JAMBON FUMÉ

QUANTITÉS : *4 personnes.*
*4 parts de 120 g de bœuf haché ; 1 c. à soupe de moutarde ; 50 g de jambon fumé ; huile ; sel, poivre.*
AROMATES AU CHOIX : *herbes de Provence (thym, romarin, sarriette).*
GARNITURE : *persil haché.*

1° Hacher le jambon fumé. Ajouter la viande, la moutarde, les herbes de Provence, le sel et le poivre. Bien mélanger le tout.
2° Former les steaks à la main ou dans le moule du hachoir électrique.
3° Les faire cuire à la poêle à feu vif ou les faire griller.
Servir les steaks chauds avec du persil haché.

## STEAKS HACHÉS PROVENÇAUX

QUANTITÉS : *4 personnes.*
*4 parts de 120 g. de bœuf haché ; 125 g. de champignons de Paris (une petite boîte) ; une gousse d'ail ; un œuf ; huile d'olive de préférence.*
AROMATES AU CHOIX : *herbes de Provence (thym, romarin, sarriette).*

GARNITURE : *persil haché.*

1° Hacher finement les champignons et l'ail. Ajouter la viande, l'œuf, les herbes de Provence, le sel et le poivre. Bien malaxer le tout.
2° Former des steaks à la main ou dans le moule du hachoir électrique. Passer les steaks dans la farine.
3° Faire cuire les steaks à feu vif dans la poêle avec un peu d'huile d'olive. Quand les steaks sont cuits les servir chauds avec du persil haché.

## STEAKS HACHÉS PANÉS

QUANTITES : *4 personnes.*
*350 g. bœuf haché ; 8 c. à soupe de chapelure (8 biscottes) ; 1 œuf ; 1 c. à soupe de moutarde ; huile ; sel, poivre.*
FINES HERBES : *persil, ciboulette ou estragon.*
GARNITURE : *rondelles de citron et persil.*

1° Hacher les fines herbes au choix. Ajouter le bœuf haché, la moutarde, la moitié de la chapelure, le jaune d'œuf, le sel et le poivre. Malaxer le tout à la main.
2° Former les steaks à la main ou dans le moule du hachoir électrique. Les passer dans le blanc d'œuf puis la chapelure restante.
3° Faire cuire les steaks panés dans la poêle avec un peu d'huile.
Servir les steaks garnis de rondelles de citron et de branches de persil.

N.B. – Vous pouvez faire revenir un oignon ou deux échalotes hachés et les ajouter au bœuf avant de former les steaks.

## STEAKS HACHÉS ÉCONOMIQUES

QUANTITÉS : *4 personnes.*
*300 g bœuf haché ; 100 g mie de pain rassis ; 1/2 dl de lait environ ; 1 œuf ; 1 oignon ; 30 g de margarine ou 3 c. à soupe d'huile ; farine (4 c. à soupe).*
AROMATES : *persil haché ; noix de muscade râpée ou cumin.*

1° Hacher finement l'oignon et le faire dorer avec un peu de margarine. Faire tremper la mie de pain dans le lait chaud. Egoutter la mie de pain. Ajouter la viande ainsi que l'œuf, l'oignon, le persil haché, une pincée de noix de muscade râpée, sel, poivre. Bien malaxer le tout.
2° Former les steaks à la main ou dans le hachoir électrique. Les passer dans la farine et les faire cuire à la poêle avec un peu de margarine ou d'huile.

N.B. – Les steaks hachés panés ou économiques peuvent prendre la forme de boulettes qui pourront être cuites soit à la poêle soit dans la friture.

## STEAKS HACHÉS AMÉRICAINS (CRUS)

QUANTITÉS : *4 personnes.*
*4 parts de 120 g. de bœuf haché ; 1 oignon ou 2 échalotes ou 1 gousse d'ail ; 2 c. à soupe de moutarde ; 2 c. à soupe de câpres ; sauce ketchup ou sauce anglaise Worcester (facultatif) ; sel, poivre ; poivre de Cayenne (facultatif) ; persil, ciboulette.*
GARNITURE : *4 jaunes d'œufs.*

1° Hacher finement l'oignon. Mélanger tous les ingrédients sauf les jaunes d'œufs. Assaisonner fortement.
2° Former à la main des steaks épais et creuser un nid au milieu suffisamment profond pour contenir le jaune d'œuf. Attention à ne pas le crever.

N.B. – Servir les steaks américains seulement à des amis dont vous connaissez les goûts.

## STEAKS HACHÉS TARTARES (CRUS)

Suivre la recette du steak américain.
Remplacer le jaune d'œuf par une sauce tartare, mayonnaise avec des fines herbes *(voir « Sauces »).*

● ●

## ROTI DE BŒUF

QUANTITÉS : *4 personnes.*
*500 g (faux-filet, rumsteak, tende tranche, tranche grasse, rond de gîte) ; huile ou margarine ; sel, poivre.*
AROMATES AU CHOIX : *ail (piquer le rôti comme un gigot) ; échalotes ; herbes de Provence (thym, romarin, sarriette) ; tranches de bacon ou lard de poitrine fumé •.*
PRÉCHAUFFAGE DU FOUR : *15 à 20 mn.*
CUISSON : *au four, 12 à 15 mn (th. 8 ou 260°) ; à la broche, 15 à 20 mn ; à l'autocuiseur : 5 mn à partir du chuchotement de la soupape.*

## ROTI DE BŒUF AU FOUR

1° Allumer le four à l'avance car la viande doit être saisie.
Si le rôti n'est pas bardé, le badigeonner d'huile avec un pinceau et le saupoudrer d'herbes de Provence ou autre parfum au choix.
2° Sur la tôle creuse du four, mettre une grille et poser le rôti sur la grille pour lui éviter de baigner dans le jus ce qui le durcit.
Au bout de 10 mn, retourner le rôti sans le piquer avec une fourchette. L'arroser avec le jus, s'il est gros.
Saler et poivrer seulement à la sortie du four (le sel fait dégorger la viande qui se dessèche).
3° Découper le rôti en tranches fines. Les déposer dans un plat chaud et servir aussitôt sur des assiettes chaudes.
4° Déglacer la tôle du four en mettant un peu d'eau bouillante. Recueillir le jus et servir en saucière.

## ROTI DE BŒUF A LA BROCHE

1° Allumer la broche 10 mn à l'avance.
Pendant ce temps, saupoudrer le rôti avec des herbes de Provence, ou le piquer avec quelques pointes d'ail. S'il n'est pas bardé, le huiler.
2° Embrocher.
3° A la sortie de la broche, saler et poivrer. Découper le rôti en fines tranches. Les déposer dans un plat chaud et servir aussitôt sur des assiettes chaudes.

N.B. – Le rôti à la broche reste toujours moelleux car il garde son jus à l'intérieur. C'est la raison pour laquelle vous n'aurez pas de sauce. C'est la manière la plus facile de faire un excellent rôti très digeste et savoureux.

## ROTI DE BŒUF A L'AUTOCUISEUR

1° Faire dorer la viande de toutes parts dans la margarine. Saler et poivrer. Vous pourrez ajouter une échalote ou un oignon coupé en quatre, des herbes de Provence.
2° Fermer la cocotte et laisser cuire à feu doux, 5 mn environ à partir du chuchotement de la soupape.
N.B. – Le rôti cuit à l'autocuiseur est différent de celui cuit au four, sa croûte est moins sèche. Les vrais amateurs préfèrent le rôti au four ou à la broche mais l'autocuiseur permet de cuire un rôti même si l'on n'a pas de four.

### RECOMMANDATIONS

Si le rôti doit attendre les convives, vous pourrez l'emballer dans un papier d'aluminium et le garder dans le four éteint ou thermostat 1. Il restera chaud encore 30 mn.
Le rôti de bœuf peut se servir accompagné d'une sauce madère aux champignons et de nombreux légumes.

## ROTI DE BŒUF HACHÉ AU BACON

QUANTITÉS : *4 personnes.*
*500 g bœuf haché (soit 4 parts de 125 g) ; 1 c. à soupe de moutarde ; 20 g de chapelure (2 biscottes) ; 1 paquet de tranches fines de lard de poitrine fumé ; sel, poivre.*
AROMATES AU CHOIX : *1 gousse d'ail ; herbes de Provence (thym, romarin, sarriette).*
PRÉPARATION : *15 mn.*
CUISSON : *20 mn : th. 8-9 ou 260-280°.*

1° Écraser la gousse d'ail. Ajouter le bœuf haché, la moutarde, la chapelure, le sel, le poivre et les herbes de Provence. Malaxer le tout à la main.
2° Former, à la main, un rôti compact. Entourer le rôti de

tranches de poitrine. Maintenir les tranches avec de la ficelle comme un vrai rôti. Déposer le rôti dans un papier d'aluminium et mettre le rôti dans un plat creux.
3° Faire cuire à four très chaud environ 20 mn.
Si le rôti doit attendre 15 à 30 mn, éteindre le four et enfermer le rôti dans le papier d'aluminium. Il restera chaud. Avant de servir couper le rôti en tranches.

## BŒUF A LA MODE (braisé)

QUANTITÉS : *6 personnes.*
*1 kg de bœuf (6 parts de 180 g de macreuse) ; 1/2 pied de veau ; 3 c. à soupe d'huile ou 30 g de margarine ; 2 oignons ; 1 dl d'eau ou de bouillon ; 1 dl de vin blanc sec ; 1 c. à soupe de cognac ; 1 kg de carottes ; sel, poivre.*
BOUQUET GARNI : *thym, laurier, persil.*
PREPARATION : *20 mn.*
CUISSON : *cocotte ordinaire, 3 h à 3 h 30 ; à l'autocuiseur : 1 h 30 environ.*
MATÉRIEL : *cocotte en fonte ou en aluminium ou autocuiseur ; assiette ; 2 cuillères en bois.*

1° On peut faire cuire le bœuf à la mode :
- soit à la cocotte en fonte ; cuisson très longue (3 h à 3 h 30) avec surveillance ;
- soit à l'autocuiseur ; 1 h 30 à partir du chuchotement de la soupape, à feu très doux. C'est la manière la plus économique et la plus facile d'obtenir un excellent bœuf à la mode.

2° Faire revenir sur feu vif la viande de toutes parts dans l'huile ou la margarine en vous aidant de 2 c. en bois (ne pas piquer la viande avec une fourchette). Ajouter les oignons coupés en rondelles. Laisser dorer un instant sans brunir. Disposer le demi-pied de veau, les carottes grattées et coupées en rondelles (avec la moulinette), le bouquet garni, sel, poivre. Verser l'eau ou le bouillon, le vin blanc, le cognac. Fermer la cocotte et laisser cuire à feu très doux.
3° Servir le bœuf à la mode chaud, coupé en tranches, entouré de sauce et des carottes.
On peut également le servir froid. Pour cela verser le bœuf à la mode dans une terrine (ou « l'Ami gourmet » Tupperware à fond amovible). Le lendemain, démouler : le bœuf à la mode se présentera en gelée. Il sera accompagné de cornichons.

N.B. – Si vous faites cuire le bœuf à la mode dans une cocotte ordinaire, il faut mettre les carottes seulement à mi-cuisson au bout de 1 h 30 environ.

## GOULASH HONGROISE

QUANTITÉS : *6 personnes.*
*1 kg de boeuf (180 x 6) de macreuse ou gîte-gîte : 100 g lard de*

*poitrine fumée ; 2 oignons ; 30 g de margarine ou 3 c. à soupe d'huile ; 1 dl de bouillon frais ou de bouillon de bœuf en cube pour la cuisson à l'autocuiseur ou 1/2 l pour la cocotte ; sel, poivre, paprika ; 2 à 3 c. à soupe de crème fraîche.*
PRÉPARATION : *1/4 h.*
CUISSON : *à la cocotte ordinaire, 1 h 30 ; à l'autocuiseur, 3/4 h.*
MATÉRIEL : *cocotte ordinaire en fonte ou un autocuiseur ; 1 assiette ; 2 cuillères en bois.*

1° On peut faire cuire la goulash :
- soit à la cocotte ordinaire en fonte ; cuisson longue (1 h 30) ;
- soit à l'autocuiseur ; 3/4 h à partir du chuchotement de la soupape,à feu très doux. C'est la manière la plus économique de faire la goulash.

2° Faire revenir la viande dans la matière grasse avec le lard coupé en dés. Ajouter les oignons hachés finement, laisser roussir un instant. Mouiller avec le bouillon. Assaisonner, mettre plus ou moins de paprika selon les goûts.
3° Fermer la cocotte et laisser cuire doucement.
4° Quand la goulash est cuite, ajouter, hors du feu, la crème fraîche et servir aussitôt accompagnée de pommes de terre vapeur ou de riz cuit à l'eau.

N.B. - Vous pouvez ajouter à la préparation : 5 tomates, 1 poivron (10 mn avant la fin de la cuisson à l'autocuiseur ; 30 mn avant la fin de la cuisson dans la cocotte ordinaire).

## BŒUF EN DAUBE

QUANTITÉS : *6 personnes.*
*1 kg de bœuf (180 x 6) de macreuse ou gîte-gîte ; 100 g de lard ; 30 g de margarine ou 3 c. à soupe d'huile ; 1 oignon ; sel, poivre ; persil haché.*
MARINADE : *1/2 l de vin blanc sec ou rouge ; 2 c. à soupe de cognac (facultatif) ; 2 c. à soupe d'huile ; 1 oignon ; 1 gousse d'ail ; 2 carottes.*
BOUQUET GARNI : *1 branche de thym ; 1 feuille de laurier ; persil.*
PRÉPARATION : *1/4 h. Marinade : 12 h.*
CUISSON : *cocotte ordinaire, 3 h ; à l'autocuiseur, 1 h 30.*

1° On peut cuire le bœuf en daube :
- soit à la cocotte ordinaire en fonte ; cuisson très longue (3 h) ;
- soit à l'autocuiseur ; 1 h 30 à partir du chuchotement de la soupape, à feu très doux. C'est la manière la plus économique et la plus facile d'obtenir un excellent bœuf en daube.

2° LA VEILLE : préparer la marinade en coupant carottes et oignon en rondelles. Ajouter l'ail, le bouquet garni, le poivre, l'huile, le vin et le cognac. Déposer la viande coupée en tranches dans cette préparation et laisser mariner toute la nuit.

3° LE LENDEMAIN : égoutter la viande.
La faire revenir dans la cocotte avec la margarine ou l'huile. Lorsque la viande est dorée, ajouter l'oignon coupé en quatre et laisser roussir un instant.Arroser avec la marinade. Saler et poivrer. Fermer la cocotte et laisser cuire très doucement.
4° Servir le bœuf en daube avec du persil haché.

## VARIANTES

### DAUBE A LA PROVENÇALE

Suivre la recette du bœuf en daube, avec du vin blanc sec. Ajouter en fin de cuisson 2 tomates, un peu de marjolaine et 10 olives noires (dans l'autocuiseur, 5 mn avant de servir ; à la cocotte ordinaire, 30 mn avant de servir).

### DAUBE A LA BÉARNAISE

Suivre la recette du bœuf en daube avec du vin rouge. Ajouter un clou de girofle à la marinade.

N.B. - Le bœuf en daube peut se servir accompagné de pâtes ou de pommes de terre vapeur. Si vous utilisez l'autocuiseur, vous pouvez faire cuire les pommes de terre en même temps en les ajoutant dans le panier rigide 20 mn avant la fin de la cuisson.

● ●

### BŒUF BOURGUIGNON

QUANTITÉS : *6 personnes.*
*1 kg de bœuf (180 x 6) comprenant des morceaux maigres (gîte-gîte, macreuse) et gras (dessus de côtes, 1er et 2e talons) ; 100 g de lard maigre ; 1 oignon ; 1 gousse d'ail ; 250 g de champignons de Paris ; 30 g de farine ; 50 g de margarine ou d'huile ; 3 dl d'eau ; 3 dl de vin rouge ; sel, poivre.*
BOUQUET GARNI : *1 branche de thym, 1/2 feuille de laurier, persil.*
PREPARATION : *1/4 h*
CUISSON:*à la cocotte ordinaire, 2 h 30 à 3 h ; à l'autocuiseur, 1 h.*
MATÉRIEL : *une cocotte ordinaire en fonte avec couvercle ou un autocuiseur ; une assiette ; 2 cuillères en bois.*

1° On peut faire cuire le bœuf bourguignon :
- soit à la cocotte ordinaire en fonte ; cuisson très longue (2 h 30 à 3 h) ;
- soit à l'autocuiseur ; 1 h à partir du chuchotement de la soupape, à feu très doux. C'est la manière la plus économique et la plus facile d'obtenir un excellent bœuf Bourguignon.

2° Dans la cocotte, faire revenir le lard coupé en dés avec l'oignon émincé et la matière grasse. Quand ils sont dorés les retirer du feu.

3° A la place, faire revenir à feu vif la viande coupée en gros dés. Retourner les morceaux à l'aide de 2 cuillères en bois. Quand les morceaux sont roussis les retirer.
4° Dans la matière grasse restante, faire un roux brun en jetant d'un seul coup la farine et en tournant vivement. Laisser brunir légèrement le roux. Mouiller le roux brun avec l'eau et le vin rouge. Porter doucement à ébullition en tournant sans cesse.
5° Remettre les morceaux de viande, le lard, l'oignon avec l'ail, le bouquet garni, le sel et le poivre. Fermer la cocotte et laisser cuire doucement. Ajouter les champignons entiers ou coupés en morceaux, 5 mn avant la fin de la cuisson pour l'autocuiseur ; 30 mn avant la fin de la cuisson pour la cocotte ordinaire.
6° Présenter la viande dans un plat creux, recouverte de sauce.

N.B. – Vous pouvez accompagner le bœuf bourguignon de pommes de terre. Si vous utilisez l'autocuiseur, vous les ajoutez 20 mn avant la fin de la cuisson et les faites cuire à la vapeur dans le panier rigide.

**POT-AU-FEU**

QUANTITÉS : *6 personnes.*
*1,500 kg de bœuf (250 x 6) comprenant : 1 kg de morceaux maigres, gîte-gîte ou macreuse, et 500 g de morceaux gras : plates-côtes, dessus de côtes (1er, 2e talons, poitrine, tendron, flanchet) ; 1 os à moelle ; 300 g de poireaux (3 poireaux) ; 300 g de carottes (3 carottes) ; 300 g de navets (2 navets) ; 1 branche de céleri ; 1 oignon piqué d'un clou de girofle ; 1 gousse d'ail ; un cœur de chou ; 1 c. à soupe rase de gros sel par litre d'eau, poivre ; bouquet garni (1 branche de thym, 1 feuille de laurier, persil) ; 3 l d'eau (on compte 1 l d'eau pour 500 g de viande).*
PRÉPARATION : *20 mn.*
CUISSON : *en faitout ordinaire, 3 h ; à l'autocuiseur, 1 h 30 environ.*

1° On peut faire cuire le pot-au-feu :
- soit dans un faitout ordinaire ; cuisson longue, 3 h environ ;
- soit à l'autocuiseur ; cuisson 1 h 30 à partir de la rotation de la soupape. C'est la manière la plus économique et la plus facile d'obtenir un excellent pot-au-feu.

2° Mettre l'eau à bouillir avec tous les aromates, le sel, le poivre et les légumes entiers ou coupés dans le sens de la longueur, les poireaux attachés avec une ficelle comme le bouquet garni.
3° Quand l'eau bout, ajouter les morceaux de viande, l'os à moelle.
4° Couvrir et laisser bouillir doucement. Quand la viande est cuite, la couper en tranches et la servir entourée des légumes avec des cornichons, de la moutarde et du gros sel.

N.B. – Le bouillon du pot-au-feu peut être servi tel quel en potage. Il est préférable de le laisser refroidir pour le dégraisser. Vous pouvez l'épaissir en le faisant bouillir 5 mn avec du vermicelle ou du tapioca (10 g par personne : 1 c. à soupe). Vous pouvez le garder quelques jours au réfrigérateur ou plusieurs mois au congélateur. Il vous servira comme bouillon pour vos sauces ; mais il ne faut pas le conserver avec les légumes qui le font aigrir.

On peut accompagner le pot-au-feu de pommes de terre ajoutées dans l'autocuiseur 20 mn avant la fin de la cuisson.
On peut également faire cuire selon la recette du pot-au-feu : une queue de bœuf ou une langue de bœuf.

RECOMMANDATIONS

Pour faire un bon pot-au-feu :
– Il faut plonger la viande au départ dans l'eau bouillante, mais si on veut obtenir un bouillon savoureux, il faut au contraire, plonger la viande dans l'eau froide. A vous de choisir.
– Choisir des morceaux de viande gras et maigres pour que le plat soit moelleux.
– Respecter les proportions de légumes et de viande, car trop de légumes et peu de viande donnent des résultats médiocres.
– Faire cuire une quantité de viande suffisante : 1 kg à 1,500 kg au minimum. Cela permet également de préparer deux repas en une cuisson. Le pot-au-feu se conserve très bien au congélateur en séparant viande, légumes et bouillon.
D'autre part, les moyens d'utiliser le bœuf bouilli sont très variés :
- soit froid à la vinaigrette, en tranches ou coupé en dés ;
- soit réchauffé sans bouillir, avec une sauce piquante, tomate, aux champignons ;
- soit pour servir de base dans les farces, hachis parmentier, croquettes.

**LANGUE DE BŒUF**

QUANTITÉS : *10 personnes.*
*1 langue de bœuf (1,8 kg à 2 kg) ; 3 l d'eau ; 100 g de carottes (1 carotte) ; 1 oignon piqué d'un clou de girofle ; 1 branche de céleri ; bouquet garni (1 branche de thym, 1 feuille de laurier, persil) ; 1 c. à soupe rase de gros sel par litre d'eau ; poivre.*
PRÉPARATION : *15 mn.*
TREMPAGE : *12 h.*
BLANCHIMENT : *10 mn.*
CUISSON : *en fait-tout ordinaire, 3 h ; à l'autocuiseur, 1 h à 1 h 30.*

1° On peut faire cuire la langue :
- soit dans un fait-tout ordinaire; cuisson très longue 3 h ;
- soit à l'autocuiseur 1 h à 1 h 30, selon les langues à partir de la rotation de la soupape. C'est la manière la plus économique de faire cuire la langue.

2° LA VEILLE : faire dégorger la langue fraîche ou congelée dans de l'eau froide additionnée de 1 dl de vinaigre.
3° LE LENDEMAIN : brosser la langue. La faire blanchir en la

plongeant 10 mn dans l'eau bouillante. Jeter l'eau. Remettre 3 litres d'eau chaude ou froide. Ajouter l'oignon, la carotte, le céleri, le bouquet garni, le sel et le poivre. Laisser bouillir doucement.

4° Quand la langue est cuite, l'égoutter. Retirer la peau rugueuse.

5° Servir la langue coupée en tranches : soit chaude accompagnée d'une sauce piquante, madère, tomate, soubise ; soit froide à la vinaigrette, sauce ravigote, gribiche, avec des cornichons, de la moutarde.

N.B. – Si vous ne recevez pas 10 personnes, vous pouvez cependant faire cuire une langue de bœuf même pour 2 personnes à condition d'avoir un congélateur. Vous retrouverez les tranches de langue qui vous dépanneront pour de nombreux repas. Si vous n'avez pas de congélateur, choisissez de faire cuire des langues moins importantes : langue de porc, de veau, d'agneau. Le temps de cuisson à l'autocuiseur varie de 45 mn à 1 h.

## FONDUE BOURGUIGNONNE

QUANTITÉS : *6 personnes.*
*1,2 kg de bœuf (200 x 6) de filet de bœuf ou de rumsteak ; 3/4 l d'huile.*
AROMATES *pour l'huile : thym, romarin.*
CONDIMENTS DIVERS : *moutardes variées ; cornichons ; câpres ; « pickles » (oignons, carottes, chou-fleur, poivron au vinaigre) ; ketchup ou sauce anglaise Worcester.*
SAUCES : *béarnaise ; tartare ; ailloli ; ravigote ; barbecue ; au piment (on en trouve dans le commerce).*
PRÉPARATION : *1/4 h à 1/2 h.*
MATÉRIEL : *1 poêlon haut ; 1 réchaud à alcool ou électrique spécial ; 6 fourchettes à long manche.*

1° Faire macérer quelques heures les herbes de Provence dans l'huile avant de la chauffer.

2° Couper la viande en cubes. Mettre une ration de viande dans un bol ou coupe (en grès ou faïence) pour chaque convive.

3° Disposer sur la table tous les condiments et sauces.

4° Faire chauffer l'huile sur le gaz ou sur le réchaud à alcool (mais prévoir alors un moment assez long).

5° Quand l'huile est bouillante, invitez vos convives à piquer au bout de leur fourchette un cube de viande et faites-le leur tremper quelques instants dans l'huile.

6° Ensuite chacun enrobe son cube de viande avec la sauce choisie. (Prévenir les convives de prendre la viande avec les lèvres sans toucher le métal car on se brûle facilement).

N.B. – Vous n'êtes pas obligée de prendre du bœuf pour faire la fondue bourguignonne. Vous pouvez faire un mélange, agneau, porc, veau, dindonneau, poulet. La viande blanche demande seulement une cuisson plus longue.

## LES SAUCES D'ACCOMPAGNEMENT

Vous préferez faire vos sauces vous-même, vous avez raison. C'est bien plus économique et sans comparaison de finesse avec les sauces du commerce.
Il vous faut au moins 3 sauces :
– Si vous êtes assez experte, vous pouvez faire une béarnaise et l'accompagner d'une vinaigrette ravigote et d'une sauce tomate barbecue *(voir « Sauces »).*
– Si vous êtes débutante, choisissez de faire une vinaigrette ravigote et une mayonnaise que vous divisez en plusieurs parts pour la parfumer différemment au choix :
**Mayonnaise tomatée** : ajouter un peu de concentré de tomate ou de ketchup, quelques gouttes de whisky ou cognac (facultatif).
**Mayonnaise à l'ail** : ajouter un peu d'ail pilé.

**Mayonnaise tartare :** ajouter un peu de moutarde, un hachis d'oignons, de fines herbes (persil, ciboulette, cerfeuil, estragon) et des rondelles de cornichons.

**Mayonnaise à la béarnaise** : faire réduire 1/2 dl de vinaigre avec deux échalotes hachées et quelques feuilles d'estragon frais ou sec jusqu'à ce qu'il ne reste presque plus de liquide. Passer la réduction et l'utiliser pour parfumer la mayonnaise (c'est excellent).

N.B. – Pour un repas avec fondue bourguignonne, prévoyez seulement pour l'accompagner une bonne salade, du fromage et des fruits.

# LE VEAU

## QUELLE QUANTITÉ DE VEAU ACHETER ?

Voici ce que vous pouvez demander par personne :

- Escalope, rôti de noix, quasi, épaule sans os : 125 g par personne.
- Côtelette, filet, première, seconde : 150 g par personne.
- Blanquette, sauté sans os : 180 g à 200 g.
- Blanquette, sauté avec os, jarret : 250 g.
- Poitrine à farcir : 1 kg pour 6 à 8 personnes.

## COMBIEN DE TEMPS FAUT-IL POUR FAIRE CUIRE LE VEAU ?

| | COCOTTE ORDINAIRE | AUTOCUISEUR |
|---|---|---|
| Escalopes à la poêle | 4-5 mn sur chaque face | 10 mn |
| Côtelettes | 5-7 mn sur chaque face, suivant l'épaisseur | 10 mn |
| **ROTIS** | | |
| **— au four** | 30 mn par 500 g | 15-20 mn par 500 g |
| **— à la broche** | 35-40 mn par 500 g | |
| Poitrine farcie (au four) | 1 h environ | 60 mn |
| Paupiettes | 1 h | 15 mn |
| **BRAISÉS ou SAUTÉS RAGOUTS** | 1 h 30 - 2 h | 30-40 mn |
| **BOUILLI** Blanquette | 1 h 30 | 45-50 mn |



**Sauté de veau à la provençale** (recette p. 190).▶

# CHOIX DES MORCEAUX DE VEAU

| | MORCEAUX | UTILISATIONS | CARACTÉRISTIQUES |
|---|---|---|---|
| CUISSON RAPIDE | Noix,<br>Sous-noix ou<br>Noix pâtissière | Rôtis<br>Escalopes<br>Paupiettes | Tendre. Maigre. |
| | Quasi | Rôtis | Tendre. Légèrement entrelardé.<br>Moelleux. |
| | Longe, filet | Rôtis<br>Côtelettes dans le filet<br>Côtelettes premières<br>Côtelettes secondes | Tendre. Légèrement entrelardé.<br>Très moelleux. |
| | Epaule | Rôtis<br>Braisés ou sautés | Maigre. Moelleux. |
| | Bas de carré ou<br>Côtes découvertes | Rôtis<br>Braisés ou sautés | Maigre. Moelleux. |
| CUISSON LENTE | Poitrine<br>Tendron<br>Flanchet | Poitrine farcie et rôtie, ou braisée<br>Braisés ou sautés (jardinière)<br>Blanquette (bouilli)<br>Ragoût (marengo) | Avec os. Moelleux.<br>Savoureux. |
| | Jarret | Bouilli (blanquette, pot-au-feu)<br>Ragoût (marengo)<br>Braisés ou sautés (jardinière) | Avec os.<br>Vendu entier ou en rondelles.<br>Moelleux.<br>Gélatineux. |

◀**Daube à la provençale** (recette p. 169).

# LE VEAU

1. Quasi
2. Noix
3. Sous-noix
4. Longe
5. Côtes premières
6. Côtes secondes
7. Epaule
8. Travers de côtes
9. Collet, bas de carré
10. Poitrine
11. Tendron
12.13. Jarret
14.Flanchet

## ESCALOPE ou COTE DE VEAU A LA POÊLE

QUANTITÉS : *1 personne.*
*1 escalope de 125 g (noix, sous-noix) ou 1 côte filet, première, seconde ; huile ; 1 c. à soupe de farine ; 1 c. à soupe de crème fraîche; citron ; persil haché*
AROMATES AU CHOIX : *herbes de Provence (thym, romarin, auge, marjolaine, ciboulette, cerfeuil, estragon).*
ÉPICES : *paprika ; poivre de Cayenne ; safran.*
*Oignon ; échalote ; cognac ; porto ; xérès ; madère.*
GARNITURES AU CHOIX : *champignons ; bacon ; poitrine fumée ; gruyère.*
SAUCES D'ACCOMPAGNEMENT AU CHOIX : *sauce à la crème ; tomate ; chasseur; soubise.*
CUISSON : *(à la poêle) escalope, 4 à 5 mn sur chaque face ; côte, 5 à 7 mn sur chaque face.*

1° Saupoudrer la viande d'herbes de Provence ou autres épices. Passer dans la farine.
2° Faire chauffer la poêle avec un peu d'huile. Lorsque la poêle est bien chaude mais non fumante, déposer l'escalope ou la côte de veau. La faire dorer à feu vif. Laisser cuire à feu modéré (5mn). Retourner avec une palette. Ne pas piquer avec une fourchette, cela fait sortir le jus de la viande. Laisser de nouveau cuire 4 à 5 mn suivant l'épaisseur de la viande. Quand celle-ci est cuite, la saler et la poivrer.
3° Déglacer la poêle avec un peu d'eau chaude ou de crème fraîche. Réchauffer sans bouillir.
4° Servir en garnissant d'une tranche de citron et de persil haché.

## ESCALOPE ou COTE DE VEAU AU GRIL

*(Voir « Côtelette de porc grillée »).*
En principe, on ne cuit pas le veau au gril, car c'est une viande maigre qui se dessèche facilement. On peut tout de même pratiquer cette cuisson pour une question de régime.

## ESCALOPE ou COTE DE VEAU A L'AUTOCUISEUR

Toutes les escalopes et les côtes de veau non panées peuvent être cuites à l'autocuiseur. Les côtes souvent plus épaisses cuisent plus longtemps.
1° Faire chauffer l'autocuiseur ouvert avec la matière grasse.
2° Saupoudrer la viande d'herbes de Provence ou autres épices. Saler et poivrer. Passer dans la farine.
3° Mettre la viande à dorer dans l'autocuiseur 2 à 3 mn de chaque côté. La retourner avec une palette.
4° Fermer l'autocuiseur et laisser cuire 5 mn, à partir du chuchotement de la soupape à feu très doux.
Quand la viande est cuite, la déposer dans un plat chaud et l'arroser avec le jus de cuisson. On peut lier la sauce avec de la crème fraîche.

RECOMMANDATIONS

– Le veau se sert toujours bien cuit.
– Il ne faut pas cuire l'escalope ou la côte de veau à feu trop doux, car le veau perd son jus en cuisant, ce qui dessèche la viande.
– Il n'est pas indispensable de fariner le veau, mais cela est préférable, car la viande ainsi séchée, enveloppée, dore mieux et reste moelleuse.

## VARIANTES (escalopes non panées)

### ESCALOPES AUX CHAMPIGNONS

QUANTITÉS : *4 personnes.*
*4 escalopes ; 4 c. à soupe de farine ; huile ; 20 g de margarine ; 4 c. à soupe de crème fraîche ; 1 jaune d'œuf ; 125 g de champignons de Paris ; 1 gousse d'ail ; sel, poivre.*

Suivre la recette de base de l'escalope à la poêle.
Faire revenir les champignons coupés en lamelles dans la margarine avec une gousse d'ail. Hors du feu, déglacer la poêle avec la crème fraîche mélangée au jaune d'œuf. Réchauffer sans bouillir, et verser cette sauce sur les escalopes entourées des champignons.

### ESCALOPES A LA PROVENÇALE

QUANTITÉS : *4 personnes.*
*4 escalopes, 2 c. à soupe d'huile ou 20 g de margarine ; 1 dl de crème fraîche ; 2 c. à café de moutarde.*
COULIS DE TOMATES : *500 g de tomates ; 1 oignon ; 1 gousse d'ail.*
AROMATES : *thym, laurier, persil, marjolaine ; sel, poivre.*

Suivre la recette de base de l'escalope à la poêle.
Faire le coulis de tomate. Couper les tomates en quartiers, les mettre avec l'oignon émincé, la gousse d'ail et les aromates. Cuire le coulis soit 5 mn à l'autocuiseur, soit 20 mn dans une casserole couverte à feu très doux. Quand les tomates sont cuites, les passer à la moulinette. Lier la sauce avec la crème fraîche, ajouter la moutarde forte. Remettre quelques instants sur feu doux, sans bouillir, et verser cette sauce sur les escalopes poêlées.

### ESCALOPES AU JAMBON ou AU BACON

QUANTITÉS : *4 personnes.*
*4 escalopes ; 4 c. à soupe de farine ; 20 g de margarine ou 2 c. à soupe d'huile ; 20 g de beurre ou de margarine ; 4 tranches de jambon ; 40 g de gruyère (4 tranches).*

Suivre la recette de base de l'escalope à la poêle.
Lorsque les escalopes sont cuites, les mettre dans un plat long

allant au feu. Recouvrir chaque escalope avec une tranche de gruyère, puis une tranche de jambon. Mettre une noisette de beurre ou margarine sur chaque escalope. Faire dorer à four chaud quelques instants.

### ESCALOPES AU PORTO

QUANTITÉS :*4 personnes.*
*4 escalopes ; 4 c. à soupe de farine ; 1/2 dl de porto blanc ou rouge, de xérès ou de madère ; 1 dl de crème fraîche ; sel, poivre.*

Suivre la recette de base de l'escalope à la poêle.
Quand les escalopes sont cuites, les retirer et les mettre au chaud dans un plat. Déglacer la poêle avec le porto, saler et poivrer. Hors du feu, lier la sauce avec la crème fraîche. Remettre quelques instants sur feu doux. Arroser les escalopes avec la sauce.

● ●

### ESCALOPES AU BACON A L'AUTOCUISEUR

QUANTITÉS : *4 personnes.*
*4 fines escalopes ; 20 g de margarine ou 2 c. à soupe d'huile ; 1 c. à soupe de farine ; 4 tranches de bacon ou de jambon mince ; 40 g de gruyère (4 lamelles) ; sel, poivre.*
AROMATES AU CHOIX : *thym, romarin, sauge, marjolaine, estragon, cerfeuil, ciboulette.*
ÉPICES : *paprika, poivre de Cayenne.*
CUISSON : *10 mn.*
MATÉRIEL : *autocuiseur ; assiette , spatule.*

1° Saupoudrer les escalopes d'herbes de Provence ou autres épices. Passer dans la farine.
2° Faire chauffer l'autocuiseur avec un peu d'huile. Déposer les escalopes et les faire dorer 2 mn sur un côté. Les retourner avec une spatule.
3° Disposer dessus le bacon et le gruyère. Laisser cuire de nouveau 2 mn. Poivrer.
4° Fermer l'autocuiseur et laissr cuire 5 mn, à partir du chuchotement de la soupape.
Quand les escalopes sont cuites, les mettre sur un plat chaud et les arroser du jus de cuisson.

N.B. – Toutes les escalopes et les côtelettes de veau non panées peuvent être cuites à l'autocuiseur. Les côtes, souvent plus épaisses, cuisent plus longtemps.

## VARIANTE (non panée )

### COTES DE VEAU EN PORTEFEUILLE

QUANTITÉS : *4 personnes.*

*4 côtes de veau épaisses ; 4 tranches de bacon ou de jambon mince ; 20 g de margarine ou 2 c. à soupe d'huile ; 20 g de beurre ou de margarine pour le gratin ; 50 g de gruyère râpé ; 1 citron ; sel, poivre.*
PRÉPARATION : *10 mn.*
CUISSON : *à la poêle, 10 mn ; au four, 5 mn (th. 8 ou 260°).*

Faire ouvrir les côtes de veau en deux, jusqu'à l'os, par le boucher.
1° Glisser à l'intérieur le bacon, une pincée de gruyère (en garder pour le gratin). Poivrer. Refermer en pressant.
2° Faire dorer les côtes à la poêle avec l'huile, 5 mn de chaque côté.
3° Quand les côtes sont cuites, les ranger dans un plat à four. Saupoudrer avec le gruyère râpé restant. Mettre une noisette de beurre sur chaque côté et faire gratiner quelques instants, à four chaud.
A la sortie du four, arroser les côtes de jus de citron et servir bien chaud.

• •

## COTES DE VEAU AUX CHAMPIGNONS EN PAPILLOTE

QUANTITÉS : *4 personnes.*
*4 côtes de veau ; 4 cuillerées à soupe de farine ; 20 g de margarine ou 2 cuillerées à soupe d'huile ; sel, poivre.*
AROMATES AU CHOIX : *thym, romarin, marjolaine.*
GARNITURE : *250 g de champignons de Paris ou autres champignons ; 20 g de margarine ou 2 c. à soupe d'huile ; 20 g de beurre ; 4 c. à soupe de vin blanc sec ; 1 gousse d'ail ; sel, poivre.*
PRÉPARATION : *15 mn.*
CUISSON : *au four, 20 mn (th. 7-8 240°-260°) ; sous la braise, 30 mn environ.*

1° Saupoudrer les côtes avec les herbes de Provence au choix. Passer dans la farine.
2° Faire dorer les côtes à la poêle, avec la matière grasse, 2 mn de chaque côté. Les retourner avec une palette. Saler et poivrer les côtes, puis les retirer de la poêle.
3° Dans la même poêle, faire revenir les champignons égouttés avec l'ail et la margarine, saler, poivrer. Ajouter ensuite le vin blanc et laisser cuire 5 mn.
4° Prendre du papier d'aluminium. Découper 4 rectangles du double de la grandeur des côtes de veau. Les enfermer dedans, avec des champignons, une noisette de beurre. Bien fermer l'ouverture en roulotant le bord.
5° Faire cuire à four chaud 20 mn environ, ou 30 mn sous la braise dans un feu de cheminée ou de campagne.

N.B. – Vous pouvez faire cuire de la même façon les escalopes.

## ESCALOPES PANÉES

QUANTITÉS : *4 personnes.*
*4 escalopes minces (110 à 120 g) (noix ou sous-noix) ; sel, poivre ; paprika (facultatif) ; 40 g de margarine ou 4 cuillerées à soupe d'huile.*
PANURE : *1 œuf ; 4 c. à soupe de farine ; 100 g de mie de pain ou 4 c. à soupe de chapelure.*
GARNITURE : *40 g de beurre fondu ; 1 citron ; 2 œufs durs (facultatif) ; persil haché.*
PRÉPARATION : *15 mn.*
CUISSON : *10 mn.*

1° Faire durcir les œufs à l'eau bouillante pendant 12 mn.
2° Préparation de la panure : prendre 3 assiettes. Dans la première, mettre la farine ; dans la seconde, l'œuf battu en omelette ; dans la troisième, la chapelure ou la mie de pain.
3° Assaisonner la viande : sel, poivre, paprika (facultatif).
4° Faire chauffer la poêle avec la matière grasse (huile ou margarine).
5° Pendant ce temps, passer les escalopes successivement dans la farine, l'œuf et la chapelure.
6° Déposer les escalopes dans la poêle et les laisser cuire à feu modéré 5 mn. Quand les escalopes sont dorées, les retourner délicatement avec une spatule. Faire cuire de nouveau 5 mn. Saler et poivrer de nouveau.
7° Servir les escalopes dans un plat chaud. Les arroser avec du beurre fondu. Les garnir de rondelles de citron.
Décorer le plat de persil haché, de jaunes et de blancs d'œufs durs séparés, puis moulinés.

N.B. – La côtelette de veau peut se préparer panée comme l'escalope.

# VARIANTE (escalopes panées)

## ESCALOPES A LA MILANAISE

QUANTITÉS : *4 personnes.*
*4 escalopes ; 40 g de margarine ou 4 c. à soupe d'huile ; sel, poivre.*
PANURE : *1 œuf ; 4 c. à soupe de farine ; 100 g de mie de pain émietté ou chapelure.*
GARNITURE : *200 g de macaroni ; 100 g de jambon ; 125 g de champignons ; 50 g parmesan ou gruyère rapé ; 50 g de beurre.*
COULIS DE TOMATE : *500 g de tomates fraîches ; 1 oignon ; 1 gousse d'ail.*
AROMATES : *thym, laurier, persil, marjolaine, sel, poivre.*

1° Faire cuire les macaroni à l'eau bouillante pendant 15 mn.
2° Faire un coulis de tomates. Couper les tomates en quartiers, les mettre avec l'oignon émincé, la gousse d'ail et les aromates. Cuire le coulis soit 5 mn à l'autocuiseur, soit 20 mn dans une casserole couverte à feu très doux. Quand les tomates sont cuites, les passer à la moulinette. Faire revenir les champignons coupés en lamelles avec une gousse d'ail. Ajouter au macaroni chaud, le beurre fondu, le parmesan, le coulis de tomates, le

jambon coupé en lanières, les champignons. Tenir au chaud.
3° Cuire les escalopes selon la recette de base des escalopes panées.
Disposer la garniture au centre du plat chaud, entourer avec les escalopes.

N.B. – Vous pouvez remplacer le coulis de tomates fraîches par une sauce tomate toute prête du commerce.

● ●

## ROTI DE VEAU AU FOUR

QUANTITÉS : *6 personnes.*
*750 g de veau (125 x 6) de noix, sous-noix, quasi, épaule sans os ; huile ou margarine ; sel, poivre.*
AROMATES AU CHOIX : *herbes de Provence (thym, romarin, sarriette, estragon) ; tranches de bacon ou lard de poitrine fumée.*
PRÉCHAUFFAGE DU FOUR : *15 à 20 mn.*
CUISSON : *au four, 40 mn (th.7 ou 240°) ; à la broche, 45 à 50 mn environ ; à l'autocuiseur, 40 mn environ.*

1° Allumer le four à l'avance.
Badigeonner le rôti avec de l'huile à l'aide d'un pinceau et saupoudrer d'herbes de Provence ou autre parfum au choix.
2° Prendre la tôle creuse du four, mettre une grille dessus et poser votre rôti sur la grille pour lui éviter de baigner dans le jus de cuisson car ceci le durcit. A mi-cuisson, retourner le rôti, sans le piquer, avec une fourchette. L'arroser avec le jus de cuisson.
Le rôti de veau est cuit lorsqu'il laisse échapper un jus incolore quand on le pique avec une aiguille. Saler et poivrer seulement à la sortie du four (le sel fait dégorger la viande qui se dessèche).
3° Découper le rôti en tranches fines et le déposer dans un plat chaud.
4° Déglacer la tôle du four en mettant un peu d'eau bouillante, recueillir le jus et servir en saucière.

## ROTI DE VEAU A LA BROCHE

1° Allumer la broche 10 mn à l'avance.
Pendant ce temps, saupoudrer le rôti avec des herbes de Provence et le badigeonner d'huile. Embrocher.
2° A la sortie de la broche, saler et poivrer.
3° Découper le rôti en tranches fines et les déposer dans un plat chaud.

N.B. – Le rôti à la broche reste toujours moelleux car il garde son jus à l'intérieur. C'est la raison pour laquelle vous n'aurez pas de sauce. C'est la manière la plus facile de faire un excellent rôti très digeste et savoureux.

## ROTI DE VEAU A L'AUTOCUISEUR

1° Faire dorer la viande de toutes parts dans l'huile ou la

margarine. Saler et poivrer. On peut ajouter une échalote ou un oignon coupé en quatre, des herbes de Provence.
2° Fermer l'autocuiseur et laisser cuire 40 mn environ à partir du chuchotement de la soupape à feu doux.

N.B. – Le rôti de veau s'accommode très bien de la cuisson à l'autocuiseur. Cela peut vous permettre de faire un bon rôti de veau même si vous n'avez pas de four ou si vous voulez le libérer pour une autre cuisson.

RECOMMANDATIONS

– Le rôti de veau se sert bien cuit. Le four doit être modéré pour que la viande cuise en profondeur.
– Il ne faut pas cuire un rôti de veau en dessous de 750 g car plus le rôti est petit, plus il diminue à la cuisson.
– Si le rôti est gras (plus de 750 g) arrosez-le plusieurs fois.
– Si le rôti doit attendre les convives, vous pouvez l'envelopper dans un papier d'aluminium et le garder dans le four éteint à th. 1. Il restera chaud encore 30 mn environ.
– Le rôti de veau se sert avec de nombreux légumes. En particulier, il s'associe bien avec la jardinière de légumes, les carottes, les pommes de terre.
– Le rôti de veau peut se servir avec une sauce à la crème, champignons, tomate, soubise.

## POITRINE DE VEAU FARCIE

QUANTITÉS : *6 à 8 personnes.*
*1,5 kg de poitrine de veau désossée ; 30 g margarine ou 3 c. à soupe d'huile;(1 dl de bouillon ou d'eau ou de vin blanc sec et 1 bouquet garni: thym, laurier , persil, seulement pour la cuisson à l'autocuiseur ou en cocotte.)*
FARCE : *100 g chair à saucisse ou de bœuf haché ; 100 g champignons ; 1 gousse d'ail ; 40 g de margarine ; 100 g mie de pain ; 1/2 dl de lait environ ; 1 oignon ; 1 échalote ; 1 œuf ; persil ; noix de muscade râpée ; sel, poivre.*

PRÉPARATION : *30 mn.*
CUISSON : *au four, 1 h 15 environ ; à l'autocuiseur, 50 à 60 mn ; à la cocotte ordinaire, 1 h 30.*

1° Préparer la farce. Faire blondir dans la margarine l'oignon et l'échalote émincés, avec la chair à saucisse, puis faire sauter les champignons avec la margarine et l'ail. D'autre part, verser le lait chaud sur la mie de pain émiettée. Ajouter le persil. Passer tout à la moulinette. Mélanger le tout avec l'œuf, saler, poivrer, mettre une pincée de noix de muscade.
2° Préparation de la poitrine. Pratiquer une ouverture presque jusqu'au bout pour former une poche. Remplir la poitrine de farce. Recoudre l'ouverture avec une grande aiguille et du fil.

3° On peut faire cuire la poitrine selon son goût :
- Soit au four. Allumer le four à l'avance. Faire cuire à four modéré 1 h environ.
- Soit à l'autocuiseur : environ 50 mn à partir du chuchotement de la soupape et à feu doux.
- Soit à la cocotte ordinaire : 1 h 30 environ.
Dans ces deux cas, faire dorer la poitrine farcie de toute part avec l'huile. Ajouter le bouillon ou le vin blanc, le bouquet garni, sel, poivre et laisser cuire à feu doux.

## VARIANTES

### POITRINE DE VEAU FARCIE AU FOIE

FARCE : *150 g de foie ; 100 g de mie de pain ; 1/2 dl de lait ; 1 œuf ; 1 oignon ; 10 g de margarine ; persil ou cresson ; sel, poivre ; une pincée de marjolaine ; zeste râpé d'un demi-citron.*

1° Préparer la farce.
Faire blondir l'oignon émincé. Verser le lait chaud sur la mie de pain émiettée. Ajouter le persil, le foie coupé en morceaux. Hacher le tout finement. Saler, poivrer, mettre une pincée de marjolaine, le zeste râpé d'un demi-citron. Mélanger.
2° Suivre la recette de base de la poitrine de veau farcie pour farcir et cuire la poitrine.

### POITRINE DE VEAU FARCIE AUX ÉPINARDS

FARCE : *250 g d'épinards frais en boîte ou surgelés ; 100 g de mie de pain ; 100 g de gruyère râpé ; 3 œufs durs ; sel, poivre ; thym ; noix de muscade.*

1° Préparer la farce.
Quand les épinards sont cuits, ajouter la mie de pain émiettée. Bien mélanger. Saler, poivrer, mettre une pincée de thym, de noix de muscade. Incorporer le gruyère râpé.
2° Dans l'ouverture de la poche de la poitrine à farcir, mettre une couche d'épinards, disposer dessus les œufs durs épluchés les uns derrière les autres. Remettre une couche d'épinards.
3° Coudre l'ouverture de la poitrine farcie et la faire cuire selon les possibilités indiquées dans la recette de base de la poitrine de veau farcie.

● ●

### PAUPIETTES DE VEAU

QUANTITÉS : *4 personnes.*
*4 escalopes minces et larges ; 20 g de margarine ou 2 c. à soupe d'huile ; 1 dl de bouillon ou d'eau ; 1/2 dl de vin blanc sec.*
FARCE : *40 g de margarine ; 100 g de champignons ; 100 g de chair*

*à saucisse ou de bœuf haché ; 50 g de mie de pain ; 1/2 dl de lait ; 1 œuf ; 1/2 oignon ; 1 gousse d'ail ; sel, poivre ; persil ; noix de muscade râpée (facultatif).*

PRÉPARATION : *15 mn.*

CUISSON : *à la cocotte ordinaire, 30 à 40 mn ; à l'autocuiseur, 15 mn.*

1° Préparer la farce.
Faire revenir l'oignon émincé avec la chair à saucisse dans 20 g de margarine. Lorsque l'oignon est blond, retirer du feu et faire sauter quelques instants les champignons avec l'ail et 20 g de margarine. Verser le lait chaud sur la mie de pain émiettée. Passer à la moulinette la viande, les champigons, l'ail, l'oignon, le persil. Ajouter l'œuf entier, la mie de pain trempée. Saler, poivrer, mettre une pincée de noix de muscade.

2° Mettre sur chaque escalope une cuillère de farce. Rouler et ficeler en croix de façon à retenir la farce à l'intérieur.

3° Faire dorer les paupiettes de toutes parts avec 20 g de margarine ou 2 c. à soupe d'huile. Arroser avec le bouillon ou l'eau et le vin blanc. Saler, poivrer.

4° On peut faire cuire les paupiettes soit à l'autocuiseur, 15 mn environ à partir du chuchotement de la soupape à feu très doux ; soit à la cocotte ordinaire, 30 à 40 mn.

5° Quand les paupiettes sont cuites, les déficeler et les mettre dans un plat. Arroser avec le jus de cuisson.

N.B. – Vous pouvez ajouter dans la cocotte, des tomates, des courgettes qui cuiront en même temps. Vous pouvez lier la sauce avec un peu de crème fraîche ajoutée hors du feu. Vous pouvez servir les paupiettes accompagnées de pâtes, riz, pommes de terre sautées ou vapeur. Si vous utilisez l'autocuiseur, vous pouvez faire cuire les pommes de terre vapeur dans le panier rigide en même temps que les paupiettes.

## VARIANTES

### PAUPIETTES AUX OLIVES

QUANTITÉS : *4 personnes.*

*4 escalopes minces et larges ; 20 g de margarine ou 2 c. à soupe d'huile ; 1 dl de bouillon ou d'eau.*

FARCE : *200 g de champignons ; 1 gousse d'ail ; 20 g margarine ; 100 g mie de pain; 1/2 dl de lait environ ; 10 olives noires ou vertes ; persil ; sel, poivre.*

1° Préparation de la farce. Faire revenir dans la margarine les champignons avec la gousse d'ail.

2° Retirer du feu, ajouter les olives dénoyautées, le persil. Verser le lait chaud sur le pain émietté. Mélanger le tout. Saler et poivrer et passer à la moulinette. Puis suivre la recette de base des paupiettes de veau.

## PAUPIETTES AU BACON

QUANTITÉS : *4 personnes.*
*4 escalopes larges et fines ; 4 tranches de bacon, lard de poitrine fumé, ou jambon ; 4 c. à soupe de farine ; 20 g de margarine ou 2 c. à soupe d'huile ; 1/2 dl de vin blanc sec ; 1 dl de bouillon ou eau ; 1 oignon ; 1 gousse d'ail ; bouquet garni (thym, laurier, persil) ; sel, poivre.*

1° Déposer sur chaque escalope une tranche de bacon et une pincée de thym. Rouler et ficeler en croix les paupiettes, les passer dans la farine et les faire dorer dans la matière grasse.
2° Quand elles sont dorées, faire revenir l'oignon émincé. Verser le bouillon, le vin blanc, le bouquet garni, l'ail, le sel et le poivre. Faire cuire selon la recette de base des paupiettes de veau.

N.B. – Vous pouvez ajouter au bacon une lamelle de gruyère.

● ●

## VEAU JARDINIÈRE

QUANTITÉS : *6 personnes.*
*1 kg de veau (180 x 6) épaule de veau : 30 g de margarine ou 3 c. à soupe d'huile ; 1 oignon ; 1 dl de bouillon ou eau ; sel, poivre.*
BOUQUET GARNI : *1 branche de thym, une demi-feuille de laurier, persil.*
LÉGUMES : *300 g de carottes (3 carottes) ; 300 g de navets ; 300 g de haricots verts ; 300 g de petits pois ; 300 g de pommes de terre ; 1 cœur de laitue.*
PRÉPARATION : *20 mn*
CUISSON : *à la cocotte ordinaire, 2 h ; à l'autocuiseur, 40 mn.*

1° Vous pouvez faire cuire le veau jardinière :
- Soit à la cocotte ordinaire : cuisson longue 2 h environ ;
- Soit à l'autocuiseur : cuisson 40 mn à partir du chuchotement de la soupape. C'est la manière la plus rapide et la plus économique de faire un excellent veau jardinière.

2° Faire dorer à feu vif la viande de toute part, dans la matière grasse. Mouiller avec le bouillon. Ajouter les aromates – oignon-bouquet garni, sel et poivre. Mettre autour les carottes et les navets épluchés, le cœur de laitue. Fermer la cocotte et laisser cuire très doucement.
3° Si vous faites cuire le veau à l'autocuiseur, vous ajoutez un quart d'heure avant la fin de la cuisson les haricots verts, les pommes de terre, les petits pois en les mettant dans le panier rigide.
4° Si vous utilisez la cocotte ordinaire, vous êtes obligé de faire cuire ces légumes à l'eau bouillante salée et les ajouter cuits à la jardinière.

N.B. – Vous pouvez ne pas mettre tous les légumes proposés. Vous avez d'autre part la possibilité d'utiliser des haricots verts et des petits pois en boîte. Ils seront ajoutés 5 mn avant la fin de la cuisson pour être réchauffés.

5° Servir la jardinière avec la sauce et entourée des légumes.

**SAUTÉ DE VEAU**

QUANTITÉS : *4 personnes.*
*800 g de veau (épaule, poitrine, tendron, flanchet, jarret) ; 50 g de margarine ou d'huile ; 10 g de farine (1 c. à soupe) ; 1 oignon ou 2 échalotes ; 1 gousse d'ail ; 1 dl de bouillon ou d'eau ; 1 dl de vin blanc sec ; sel, poivre.*
BOUQUET GARNI : *1 branche de thym ; une demi-feuille de laurier ; persil.*
AROMATES AU CHOIX : *herbes de Provence (cerfeuil, estragon, romarin, marjolaine, sarriette).*
ÉPICES : *paprika ; poivre de Cayenne ; safran ; genièvre.*
*Lard de poitrine fumé ; pruneaux ; olives ; raisins secs ; concentré de tomate ; crème fraîche ; porto, cognac.*
LÉGUMES D'ACCOMPAGNEMENT : *champignons, carottes, tomates, poivrons.*
PRÉPARATION : *15 mn.*
CUISSON : *cocotte ordinaire, 1 h 30 à 2 h ; à l'autocuiseur, 30 à 40 mn.*
MATÉRIEL : *cocotte en fonte d'aluminium ou autocuiseur ; une assiette ; 2 cuillères en bois*

1° Vous pouvez faire cuire le sauté de veau :
- Soit à la cocotte ordinaire (cuisson longue, 1 h 30 à 2 h).
- Soit à l'autocuiseur (cuisson 30 mn à partir du chuchotement de la soupape). C'est la manière la plus rapide et la plus économique de faire un excellent sauté de veau.

2° Faire blondir l'oignon coupé en rondelles avec la matière grasse. Puis le retirer du feu. A la place faire revenir à feu vif les morceaux de viande de toute part. Retourner les morceaux à l'aide de 2 cuillères en bois. Les retirer du feu quand ils sont dorés.
3° Dans la matière grasse restante, faire un roux blond en jetant d'un seul coup la farine et en tournant vivement. Mouiller le roux avec le bouillon et le vin blanc. Porter doucement à ébullition en tournant sans cesse. Ajouter les aromates : ail, bouquet garni, sel, poivre.
4° Remettre l'oignon, les morceaux de viande. Fermer la cocotte et laisser cuire doucement.
5° Quand la viande est cuite, la mettre dans un plat chaud, nappée de sauce.

## VARIANTES

**VEAU MARENGO**

Suivre la recette de base du sauté de veau.
Ajouter 2 c. à soupe de concentré de tomate et 100 g de champignons de Paris, 5 mn avant la fin de la cuisson pour l'autocuiseur ou 30 mn avant la fin de la cuisson pour la cocotte ordinaire.

### SAUTÉ DE VEAU AU PAPRIKA

Suivre la recette de base du sauté de veau.
Remplacer les oignons par 2 échalotes. Ajouter aux aromates, 1 c. à soupe de concentré de tomate, 1 c. à café de paprika (variable selon les goûts). Pour tempérer la saveur assez forte de ce plat, vous pouvez le servir avec un riz cuit à l'eau.

### SAUTÉ DE VEAU AUX CAROTTES

Suivre la recette de base du sauté de veau, sans faire revenir l'oignon.
Ajouter 1 kg de carottes coupées en rondelles : soit en même temps dans l'autocuiseur, soit une heure avant la fin de la cuisson dans la cocotte ordinaire.

### SAUTÉ DE VEAU A LA PROVENÇALE

Suivre la recette de base du sauté de veau.
Ajouter 500 g de tomates et 2 poivrons coupés en morceaux. Epépiner les poivrons.

### SAUTÉ DE VEAU AUX PRUNEAUX ET AUX RAISINS SECS

Suivre la recette de base du sauté de veau en supprimant la gousse d'ail et en remplaçant le vin blanc par 1 dl de bouillon de pot au feu en cube. D'autre part, faire tremper les raisins secs dans 2 c. à soupe de cognac. Si les pruneaux sont souples, il est inutile de les faire tremper. Ajouter les pruneaux et les raisins secs 10 mn avant la fin de la cuisson (250 g de pruneaux et 50 g raisins secs).

### SAUTÉ DE VEAU EN MATELOTE

Suivre la recette de base du sauté de veau. Remplacer le bouillon et le vin blanc par 1/2 l de vin rouge.

● ●

### BLANQUETTE DE VEAU

QUANTITÉS : *4 ou 5 personnes.*
*1 kg de veau (250 x 4) comprenant : moitié tendron ou côtes découvertes ; moitié poitrine ou flanchet ; 1 dl de vin blanc (facultatif) ; 2 l d'eau environ ; 1 carotte ; 1 oignon piqué d'un clou de girofle ; 1 c. à soupe rase de gros sel par litre d'eau, poivre ; bouquet garni (une branche de thym, une feuille de laurier, persil).*
SAUCE POULETTE : *30 g de margarine ; 30 g de farine ; 1/2 l de jus de cuisson ; sel, poivre ; 2 jaunes d'œufs.*
PARFUMS AU CHOIX : *jus d'un demi-citron ou quelques feuilles d'estragon ou une pincée de curry.*
PRÉPARATION : *20 mn.*

CUISSON : *au faitout ordinaire, 1 h 30 ; à l'autocuiseur, 45 à 60 mn*

1° Vous pouvez faire cuire la blanquette de veau :
- Soit dans un faitout (cuisson longue, 1 h 30 à 2 h).
- Soit à l'autocuiseur (cuisson 45 à 60 mn à partir de la rotation de la soupape). C'est la manière la plus économique et la plus rapide d'obtenir une très bonne blanquette.

2° Mettre l'eau à chauffer avec tous les aromates, la carotte coupée en rondelles et l'oignon piqué du clou de girofle. Plonger les morceaux de viande dans l'eau bouillante. Laisser bouillir doucement.

3° Lorsque la viande est cuite, préparer le roux blanc. Faire fondre la margarine, y ajouter d'un seul coup la farine, bien remuer jusqu'à ce que le mélange soit mousseux, à ce moment la retirer du feu et ajouter petit à petit le bouillon chaud. Quand la sauce a une bonne consistance, arrêter de verser le liquide. (Si vous parfumez au curry ou à l'estragon c'est le moment de le mettre).
Remettre sur feu doux et porter 5 mn à ébullition en tournant sans cesse.

4° Hors du feu, verser petit à petit la sauce sur les jaunes d'œufs. Rectifier l'assaisonnement si nécessaire.
Si vous avez choisi de la parfumer avec le jus de citron, ajoutez-le selon votre goût.

N.B. – Vous pouvez accompagner la sauce poulette de 100 g de champignons de Paris, revenus quelques instants avec la margarine.

## TÊTE DE VEAU

QUANTITÉS : *6 personnes.*
*1 tête de veau roulée et prête à cuire ; 200 g de carottes (2 carottes) ; 1 oignon piqué d'un clou de girofle ; 1/2 dl de vinaigre ; 2 l d'eau environ ; 2 c. à soupe de gros sel (1 cuillère rase par litre d'eau), poivre.*
BOUQUET GARNI : *une branche de thym ; une feuille de laurier, persil.*
PRÉPARATION : *1/4 h.*
CUISSON : *en faitout ordinaire, 2 h ; à l'autocuiseur, 40 à 50 mn.*

1° Vous pouvez faire cuire la tête de veau :
- Soit dans un faitout ordinaire (cuisson longue, 2 heures environ).
- Soit à l'autocuiseur (cuisson 40 à 50 mn).

2° Couvrir la tête de veau d'eau froide. Porter à ébullition pendant 10 mn. Egoutter. Jeter l'eau et remettre la tête, la couvrir de nouveau d'eau froide. Ajouter le vinaigre, les aromates : oignon piqué du clou de girofle, carottes, sel, poivre. Fermer et laisser bouillir doucement.

3° La tête de veau est cuite lorsqu'une aiguille à tricoter pénètre sans peine dans la peau.

4° Servir la tête de veau chaude coupée en tranches avec une sauce poulette, vinaigrette, sauce ravigote, gribiche *(voir « Sauces »)* avec des cornichons et de la moutarde.

## VARIANTE

### PIEDS DE VEAU A LA SAUCE POULETTE

*Compter 1 pied de veau fendu en deux par personne.*
SAUCE POULETTE : *30 g de margarine ; 30 g de farine ; 1/2 l de bouillon ; 2 jaunes d'œufs ; jus d'un demi-citron ; sel, poivre.*
GARNITURE : *200 g de champignons de Paris ; 20 g de margarine.*

Cuire les pieds de veau en suivant la recette de la tête de veau mais en supprimant le vinaigre.
Quand les pieds sont cuits, faire une sauce poulette avec le bouillon. Faire fondre la margarine. Ajouter d'un seul coup la farine, tourner vivement. Hors du feu, mouiller en versant le bouillon chaud petit à petit. Quand la sauce a une bonne consistance, arrêter de verser le liquide. Remettre sur feu doux et porter 5 minutes à ébullition en tournant sans cesse. Ajouter les champignons revenus quelques instants avec la margarine. Hors du feu, verser la sauce sur les jaunes d'œufs délayés avec le jus de citron. Rectifier l'assaisonnement. Servez les pieds de veau arrosés de sauce poulette.

N.B. – Vous pouvez remplacer 1 jaune d'œuf par 2 cuillères à soupe de crème fraîche.

● ●

### LANGUE DE VEAU
**(Voir « Langue de bœuf »)**

La langue de veau se prépare et se cuit comme une langue de bœuf mais la cuisson est moins longue. Compter environ trois quarts d'heure à l'autocuiseur.

### QUEUE DE VEAU
**(Voir « Langue de bœuf »)**

La queue de veau se cuit comme la langue de bœuf.

# LE PORC

## QUELLE QUANTITÉ DE PORC ACHETER ?

Voici ce que vous pouvez demander par personne :

- grillades, côtelettes : 150 g.
- rôti sans os : 150 g-180 g.
- rôti avec os : 200 g.
- braisés et ragoûts sans os : 150 g.
- braisés et ragoûts avec os : 250 g.
- boudin : 120 g.
- saucisse : 120 g.
- jambon cuit : 80 g.

## COMBIEN DE TEMPS FAUT-IL POUR FAIRE CUIRE LE PORC ?

| | COCOTTE ORDINAIRE | AUTOCUISEUR |
|---|---|---|
| Grillades et côtelettes à la poêle | 7-8 mn sur chaque face | 10-15 mn |
| **Rôtis** — au four<br>— à la broche | 40-45 mn par 500 g<br>45-50 mn par 500 g | 20-30 mn |
| **Braisés** ou sautés **Ragoûts** | 1 h 30 | 30-40 mn |
| **Potée (bouilli)** | 2 h 30 | 50-60 mn |

# CHOIX DES MORCEAUX DE PORC

| | MORCEAUX | UTILISATIONS | CARACTÉRISTIQUES |
|---|---|---|---|
| CUISSON RAPIDE | Jambon | Vendu cuit en jambon blanc ou salé, fumé Rôtis | Maigre avec couverture de gras |
| CUISSON RAPIDE | Côtes filet<br>Côtes premières<br>Echine | Rôtis désossés ou côtelettes | - **Côtes filet** maigres tendres-peu d'os<br>- **Côtes premières** : maigres<br>- **Echine** : assez grasse, plus ferme, savoureuse |
| CUISSON RAPIDE | Epaule<br>Pointe Palette | Rôtis<br>Braisés | Maigre<br>**La palette** : gélatineux et moelleux |
| CUISSON LENTE | Poitrine<br>Jarret | Ragoût<br>Bouilli (potée) | **Poitrine** : se vend salée ou fraîche Morceaux entre-lardés<br>**Le jarret** est plus maigre |

# LE PORC

1. Jambon.
2. Filet ou côtes filet.
3. Côtes premières.
4. Échine.
5. Épaule.
6. Palette.
7. Pointe.
8. Poitrine.
9 et 10. Jarret.

## COTELETTE DE PORC

QUANTITÉS : *1 personne.*
*1 côtelette de 150g (côtes filet, côtes premières, échine); huile ; sel, poivre.*
AROMATES AU CHOIX : *oignon ; ail ; échalote ; moutarde ; herbes de Provence (thym, romarin, sarriette, sauge, marjolaine, basilic, ciboulette) ;* ÉPICES : *curry ; paprika ; poivre de cayenne ; madère.*
GARNITURES AU CHOIX : *champignons ; fenouil ; céleri ; choux ; tomate ; pommes-fruits ; orange ; ananas ; banane ; pruneaux ; bacon ; gruyère.*
SAUCES D'ACCOMPAGNEMENT : *sauce à la crème, tomate, chasseur, soubise, madère.*
PRÉPARATION : *5 mn.*
PRÉCHAUFFAGE DU GRIL : *5 à 15 mn.*
CUISSON : *à la poêle ou grillée, 7-8 mn sur chaque face ; à l'autocuiseur, 20 mn.*

## COTELETTE A LA POÊLE

1° Faire chauffer la poêle avec un peu d'huile. Lorsque la poêle est bien chaude mais non fumante, déposer la côtelette saupoudrée d'herbes de Provence au choix, ou autre parfum. Laisser cuire 7-8 mn sur chaque face à feu moyen. Retourner avec une palette, ne pas piquer avec une fourchette, car cela fait sortir le jus de la viande.
2° Quand la côtelette est cuite, saler et poivrer. Mettre la côtelette au chaud.
3° Déglacer la poêle avec un peu d'eau chaude ou de crème fraîche et arroser la côtelette avec le jus de cuisson.

## COTELETTE A L'AUTOCUISEUR

1° Faire chauffer l'autocuiseur ouvert avec la matière grasse.
2° Saupoudrer la côtelette d'herbes de Provence ou autre parfum au choix. Saler et poivrer.
3° Mettre la côtelette à dorer dans l'autocuiseur 2 à 3 mn de chaque côté. La retourner avec une palette. Fermer l'autocuiseur et laisser cuire 15 mn à partir du chuchotement de la soupape, à feu très doux.
4° Quand la côtelette est cuite, la servir, arrosée du jus de cuisson.

## COTELETTE GRILLÉE

1° Faire chauffer le gril à l'avance. Compter 5 à 15 mn suivant le gril utilisé.
2° Huiler la côtelette et la saupoudrer d'herbes de Provence ou autre parfum au choix.
3° Faire griller 7 à 8 mn de chaque côté. Retourner avec une palette. Quand la côtelette est cuite, la saler et la poivrer. Servir

aussitôt sur une assiette bien chaude, seule ou avec une garniture.

N.B. – Il faut choisir des côtelettes ou des grillades minces pour que la cuisson se fasse en profondeur.

RECOMMANDATIONS

– Le porc se sert toujours bien cuit.
– Il ne faut pas cuire la côtelette à feu trop doux, car le porc perd son jus en cuisant, ce qui dessèche la viande.

## VARIANTES

### COTELETTES DE PORC A LA MOUTARDE

QUANTITÉS : *4 personnes.*
*4 côtelettes de porc ; 20 g de margarine ou 2 c. à soupe d'huile ; 1 c. à soupe de moutarde ; sel, poivre.*
PARFUM : *une pincée de thym ou de sarriette.*

Badigeonner les côtelettes avec la moutarde forte, saupoudrez-les avec du thym et suivre la recette de base de la côtelette de porc à la poêle ou à l'autocuiseur.

### COTELETTES DE PORC AU GRUYÈRE

QUANTITÉS : *4 personnes.*
*4 côtelettes de porc ; 20 g de margarine ou 2 c. à soupe d'huile ; 40 g de gruyère ; sel, poivre.*

Faire ouvrir les côtelettes en deux jusqu'à l'os par le boucher. Glisser à l'intérieur une lamelle de gruyère. Suivre la recette de base de la côtelette de porc à la poêle ou à l'autocuiseur.

### COTELETTES DE PORC AUX BANANES

QUANTITÉS : *4 personnes.*
*4 côtelettes de porc ; 20 g de margarine ou 2 c. à soupe d'huile ; 4 bananes et 20 g de beurre ; 2 c. à soupe de rhum ; sel, poivre ou poivre de Cayenne.*

Suivre la recette de base de la côtelette de porc à la poêle ou à l'autocuiseur.
Quand les côtelettes sont cuites, les retirer du feu et les mettre au chaud. D'autre part, faire dorer les bananes épluchées avec le beurre. Chauffer le rhum sur la flamme, et quand il est bouillant, l'enflammer en le versant sur les bananes. Servir les côtelettes de porc entourées des bananes et arrosées de sauce.

### COTELETTES DE PORC A LA LYONNAISE

QUANTITÉS : *4 personnes.*

*4 côtelettes de porc ; 20 g de margarine ou 2 c. à soupe d'huile ; 1 oignon ; 1 dl de vin blanc sec ; sel, poivre.*

On peut exécuter cette recette soit à la poêle soit à l'autocuiseur.
A LA POÊLE : faire revenir à la poêle l'oignon coupé en rondelles avec la matière grasse. Quand il est doré, le retirer. Mettre à la place les côtelettes et les faire cuire selon la recette de base (7 à 8 mn de chaque côté).
Quand elles sont cuites, les garder au chaud sur le plat de service.
Déglacer la poêle en mettant le vin blanc. Faire bouillir 2 mn. Verser le jus sur les côtelettes garnies de rondelles d'oignon.
A L'AUTOCUISEUR : dans l'autocuiseur ouvert, faire dorer les côtelettes et l'oignon coupé en rondelles avec la matière grasse. Ajouter le vin blanc, le sel, le poivre. Fermer l'autocuiseur et laisser cuire à feu doux environ 15 mn à partir du chuchotement de la soupape.
Quand les côtelettes sont cuites, les servir arrosées du jus de cuisson et garnies des rondelles d'oignon.

## COTELETTES DE PORC A LA TOMATE

QUANTITÉS : *4 personnes.*
*4 côtelettes de porc ; 20 g de margarine ou 2 c. à soupe d'huile ; 1 oignon ; 1 gousse d'ail ; 1/2 dl d'eau ; 2 c. à soupe de crème fraîche ; 1 c. à soupe de concentré de tomate ; sel, poivre ; bouquet garni (thym, laurier, persil, marjolaine).*

On peut exécuter cette recette soit à la poêle soit à l'autocuiseur.
A LA POÊLE : faire cuire les côtelettes dans la matière grasse, selon la recette de base. Puis les retirer du feu et les mettre de côté au chaud. A la place, faire dorer l'oignon haché. Ajouter le concentré de tomate délayé avec l'eau, l'ail, le bouquet garni, le sel et le poivre. Laisser mijoter 10 mn. Passer la sauce. Hors du feu, lier la sauce avec la crème fraîche. Servir les côtelettes arrosées avec la sauce.
A L'AUTOCUISEUR : dans l'autocuiseur ouvert, faire dorer les côtelettes et l'oignon haché avec la matière grasse. Ajouter le concentré de tomate délayé avec l'eau, l'ail, le bouquet garni, le sel et le poivre. Fermer l'autocuiseur et laisser cuire à feu doux, environ 15 mn à partir du chuchotement de la soupape.
Quand les côtelettes sont cuites, les servir arrosées du jus de cuisson lié à la crème fraîche.

## COTELETTES DE PORC AUX POMMES (fruits)

QUANTITÉS : *4 personnes.*
*4 côtelettes de porc ; 20 g de margarine ou 2 c. à soupe d'huile ; 500 g de pommes (4 pommes), 20 g de beurre, sel, poivre.*

On peut exécuter cette recette soit à la poêle, soit à l'autocuiseur.

A LA POÊLE : faire cuire les côtelettes à la poêle dans la margarine ou l'huile selon la recette de base. Quand elles sont cuites, les retirer du feu et les mettre au chaud sur le plat de service. A la place, faire sauter au beurre les pommes épluchées et coupées en lamelles. Quand les pommes sont devenues translucides, les retirer du feu. Servir les côtelettes entourées des pommes.
A L'AUTOCUISEUR : faire dorer les côtelettes avec la margarine ou l'huile dans l'autocuiseur ouvert. Quand les côtelettes sont dorées, les retirer. Mettre à la place des pommes épluchées et coupées en lamelles avec le beurre. Déposer dessus les côtelettes, saler, poivrer. Fermer l'autocuiseur et laisser cuire à feu doux 15 mn à partir du chuchotement de la soupape.

• •

## ROTI DE PORC

QUANTITÉS : *6 personnes.*
*1 kg de porc (180 x 6) dans l'échine, pointe de filet, épaule sans os ; huile ou margarine ; sel, poivre.*
AROMATES AU CHOIX : *oignon ; ail ; échalote ; herbes de Provence (thym, romarin, sarriette, sauge, marjolaine, basilic, estragon).*
ÉPICES : *curry ; paprika ; poivre de Cayenne ; baies de genièvre.*
GARNITURES AU CHOIX : *pommes de terre ; céleri ; fenouil ; choux de Bruxelles ; flageolets ; marrons ; tomates ; pommes-fruits ; pruneaux ; oranges ; ananas ; bananes.*
SAUCES D'ACCOMPAGNEMENT : *sauces à la crème, tomate, chasseur, soubise, madère.*
PRÉCHAUFFAGE DU FOUR : *15 à 20 mn.*
CUISSON : *au four, 1 h-1 h 15 ; th. 7 ou 240° ; à la broche, 1 h-1 h 15 ; à l'autocuiseur, 50 mn environ.*

## ROTI DE PORC AU FOUR

1° Allumer le four à l'avance.
2° Badigeonner le rôti avec de l'huile, à l'aide d'un pinceau et le saupoudrer d'herbes de Provence ou autre parfum au choix.
3° Prendre la tôle creuse du four, y verser un peu d'eau, mettre une grille dessus et poser votre rôti sur la grille pour lui éviter de baigner dans le jus de cuisson car ceci le durcit. A mi-cuisson, retourner le rôti sans le piquer, avec une fourchette. L'arroser avec le jus de cuisson.
Le rôti de porc est cuit lorsqu'il laisse échapper un jus incolore si on le pique avec une aiguille. Saler et poivrer seulement à la sortie du four (le sel fait dégorger la viande qui se dessèche).
4° Découper le rôti en tranches fines et le déposer dans un plat chaud. Déglacer la tôle du four en mettant un peu d'eau bouillante, recueillir le jus et servir en saucière.


**Potée** (recette p. 203).▶

## ROTI DE PORC A LA BROCHE

1° Allumer la rôtissoire à l'avance.
2° Pendant ce temps, saupoudrer le rôti avec des herbes de Provence et le badigeonner d'huile. Embrocher. A la sortie de la broche, saler et poivrer.
3° Découper le rôti en tranches fines et les déposer dans un plat chaud.

N.B. – Le rôti à la broche reste toujours moelleux car il garde son jus à l'intérieur. C'est la raison pour laquelle vous n'aurez pas de sauce. C'est la manière la plus facile de faire un excellent rôti très digeste et savoureux.

## ROTI DE PORC A L'AUTOCUISEUR

Faire dorer la viande de toutes parts dans l'huile ou la margarine. Saler et poivrer. On peut ajouter une échalote ou un oignon coupé en quatre, des herbes de Provence au choix. Fermer l'autocuiseur et laisser cuire 50 mn environ à partir du chuchotement de la soupape, à feu doux.

N.B. – Le rôti s'accommode très bien de la cuisson à l'autocuiseur. Cela peut vous permettre de faire un bon rôti de porc même si vous n'avez pas de four ou si vous voulez le libérer pour une autre cuisson.

RECOMMANDATIONS

- Le rôti de porc se sert bien cuit. Le four doit être modéré pour que la viande cuise en profondeur.
- Il ne faut pas cuire un rôti de porc en dessous de 750 g car plus le rôti est petit, plus il diminue à la cuisson.
- Si le rôti est gros (plus de 750 g) arrosez-le plusieurs fois.
- Si le rôti doit attendre les convives, vous pouvez l'envelopper dans un papier d'aluminium et le garder dans le four éteint à th. 1. Il restera chaud encore 30 mn.

# VARIANTES

## ROTI DE PORC AU LAIT

QUANTITÉS : *6 personnes.*
*1 kg de porc ; huile ou margarine ; 1 oignon ; 1/2 l de lait ; 30 g de margarine , 30 g de farine pour la sauce ; sel, poivre ; une demi-feuille de laurier ou 4 baies de genièvre.*
CUISSON : *à la cocotte ordinaire, 1 h 15 ; à l'autocuiseur, 50 mn*

On peut faire cette recette, soit à la cocotte ordinaire soit à l'autocuiseur.
1° Faire dorer l'oignon coupé en quatre. Retirer du feu. Mettre à la place la viande, et la faire revenir de toutes parts.
2° Quand elle est dorée, éliminer la matière grasse restante, remettre l'oignon. Verser le lait bouillant, les aromates. Saler,

◂**Canard rôti** (recette p. 208).

poivrer. Fermer la cocotte ou l'autocuiseur et laisser cuire à feu doux.
3° D'autre part, faire un roux. Faire fondre la margarine. Ajouter d'un seul coup la farine. Bien diluer.
4° Quand le rôti de porc est cuit, retirer le lait, le passer et le verser petit à petit sur le roux. Porter doucement à ébullition et laisser cuire quelques minutes.
Servir le rôti de porc, nappé de sauce à l'oignon (sauce soubise).

N.B. – Vous pouvez faire le rôti de porc au lait et farci aux pruneaux *(voir « Variante rôti de porc aux pruneaux »).*

## ROTI DE PORC AUX PRUNEAUX

QUANTITÉS *: 6 personnes.*
*1 kg de porc ; huile ou margarine ; 12 pruneaux ; 1 kg de pommes ; 30 g de beurre ; sel, poivre.*

1° Farcir le rôti avec 5 ou 6 pruneaux dénoyautés. Pour cela transpercer le rôti avec un fusil à aiguiser ou un manche de cuillère en bois. Pousser les pruneaux dans le trou.
Faites cuire le rôti en suivant la recette de base de votre choix : au four, à la broche, à l'autocuiseur.
2° D'autre part, faire cuire les pommes non épluchées au four (30 mn ; th. 5).
Evider le cœur des pommes avec un vide-pommes. Mettre une noix de beurre et un pruneau dans chaque pomme. Servir le rôti accompagné des pommes.

## ROTI DE PORC A L'ORANGE

QUANTITÉS *: 6 personnes.*
*1 kg de porc ; huile ou margarine ; 6 oranges ; 2 c. à soupe de liqueur d'orange ; sel, poivre ; une pincée de thym ou de marjolaine.*

On peut faire cuire le rôti à l'orange soit au four, soit à l'autocuiseur.
Préparation des oranges : râper le zeste (peau orange) de 2 oranges. Les plonger 5 mn dans l'eau bouillante pour retirer l'amertume. Quand le rôti est cuit, recueillir le jus de cuisson. Ajouter le jus des 2 oranges, le zeste et faire bouillir 5 mn. Hors du feu, ajouter la liqueur d'orange. Peler les oranges restantes, les couper en rondelles ou en quartiers. Servir le rôti entouré des oranges et arrosé de la sauce.

## ROTI DE PORC A LA BIÈRE

QUANTITÉS *: 6 personnes.*
*1 kg de porc ; huile ou margarine ; 1 oignon ; 1 carotte ; 2 dl de bière ; sel, poivre ; bouquet garni (thym, laurier, persil).*
CUISSON *: à la cocotte ordinaire, 1 h 15 ; à l'autocuiseur, 50 mn.*

On peut faire cuire ce rôti soit à la cocotte ordinaire, soit à l'autocuiseur.
1° Hacher l'oignon et le faire dorer dans la matière grasse. Retirer du feu.
2° Mettre à la place la viande et la faire revenir de toutes parts. Quand elle est dorée, verser la bière. Remettre l'oignon. Ajouter la carotte coupée en rondelles, le bouquet garni, le sel et le poivre.
3° Fermer la cocotte et laisser cuire à feu doux. Quand le rôti est cuit, le servir arrosé du jus de cuisson.

## ROTI DE PORC FAÇON GRAND VENEUR

QUANTITÉS : *6 personnes.*
*1 kg de porc ; sel.*
MARINADE : *1 dl de vin blanc ; 1 c. à soupe d'huile ; 1 oignon ; 1 gousse d'ail ; 2 échalotes ; bouquet garni (1 branche de thym, une demi-feuille de laurier) ; 5 feuilles de menthe (facultatif) ; 5 grains de poivre et 5 baies de genièvre.*

LA VEILLE : préparer la marinade et y mettre la viande à mariner 12 h dans un endroit frais.
LE LENDEMAIN : égoutter le rôti, 1 h avant de le faire cuire à four moyen ou à la broche.
Arroser le rôti en cours de cuisson avec la marinade passée. Quand le rôti est cuit, saler et poivrer. Recueillir le jus de cuisson et servir en saucière.

● ●

## LA POTÉE

QUANTITÉS : *6 personnes.*
*500 g de petit-salé ; 200 g de lard de poitrine fumé ; 6 petites saucisses ; 1 oignon piqué d'un clou de girofle ; 1 gousse d'ail ; 300 g poireaux (3 poireaux) ; 300 g de carottes (3 carottes) ; 300 g de navets (2 navets) ; 300 g de pommes de terre ; 1 branche de céleri (facultatif) ; un cœur de chou.*
BOUQUET GARNI : *1 branche de thym, une 1/2 feuille de laurier ; persil ; 2 litres d'eau ; poivre.*
PRÉPARATION : *20 mn.*
CUISSON : *en faitout ordinaire, 2 h 30 ; à l'autocuiseur, 1 h.*

1 On peut faire cuire la potée :
- Soit dans un fait-tout ordinaire (cuisson longue, 2 h 30).
- Soit à l'autocuiseur (cuisson, 1 h). C'est la manière la plus économique d'obtenir une excellente potée.

2° Mettre l'eau à bouillir. Quand elle est bouillante, y déposer le petit salé et le lard. Attendre quelques minutes et écumer. Ajouter les aromates et les légumes, les poireaux et le bouquet garni attachés avec une ficelle.
3° Couvrir et laisser cuire doucement. Ajouter les saucisses et les pommes de terre, 20 mn avant la fin de la cuisson en

autocuiseur, ou 1 h avant la fin de la cuisson en fait-tout.
4° Servir la potée entourée de légumes avec des cornichons, de la moutarde.

N.B. – Si le porc est très salé, il est nécessaire de le faire dessaler plusieurs heures dans l'eau froide, en renouvelant au besoin l'eau.

## VARIANTES

### POTÉE ALSACIENNE

QUANTITÉS *: pour 6 personnes.*

Suivre la recette de base.
Remplacer le petit salé par un jambonneau fumé, et les saucisses par un saucisson à l'ail.

### POTÉE LORRAINE

QUANTITÉS *: 6 personnes.*

Suivre la recette de base.
Remplacer les pommes de terre par 200 g de haricots blancs secs. Les faire cuire séparément. Les couvrir d'eau froide et les faire bouillir 10 mn. Les ajouter ensuite à la potée (40 m avant la fin de la cuisson en autocuiseur ou 1 h 30 avant la fin de la cuisson en fait-tout).
Si vous utilisez des haricots en boîte, ajoutez-les 5 mn avant la fin de la cuisson.

### POTÉE AUVERGNATE

QUANTITÉS *: 6 personnes.*

Suivre la recette de base.
Remplacer les légumes par 350 g de lentilles. Les faire cuire séparément, les couvrir d'eau froide et les faire bouillir 5 mn. Les ajouter à la potée (10 mn avant la fin de la cuisson en autocuiseur ou 1 h avant la fin de la cuisson en fait-tout).

# LE CANARD

## QUELLE QUANTITÉ DE CANARD FAUT-IL PRÉVOIR PAR PERSONNE ?

300 g par personne, soit un canard de 1,2 kg pour 4 personnes.

## COMBIEN DE TEMPS FAUT-IL POUR FAIRE CUIRE UN CANARD ?

| | COCOTTE ORDINAIRE | AUTOCUISEUR |
|---|---|---|
| **CANARD rôti**<br>— au four<br>— à la broche | <br>20 mn par 500 g<br>25 mn par 500 g | 20 mn environ |
| **Braisé**<br>— en cocotte | 1 h environ | 20 mn environ |

## COMMENT CHOISIR UN BON CANARD ?

Il existe de nombreuses races de canards. Le choix varie suivant les goûts. Les races les plus courantes sont :

- le canard nantais, assez gras ;
- le canard rouennais, très charnu rappelant un peu le canard sauvage ;
- le canard de Barbarie, le plus gros de tous lorsqu'il est adulte.

Il est préférable de ne pas choisir un canard trop gros car il est souvent plus gras. Un bon canard se mange « caneton » : il a environ 4 mois et son poids ne dépasse pas 1,2 kg à 1,3 kg.

## COMMENT DÉCOUPER UN CANARD ?

Le canard se découpe d'une manière un peu différente du poulet.
1° Commencer par trancher la chair du ventre dans le sens de la longueur de façon à découper les aiguillettes, 4 de chaque côté du bréchet (os de la poitrine).
2° Coucher le canard sur le côté, le croupion dirigé vers vous. Planter la fourchette dans la cuisse. Déjointez l'articulation de la cuisse avec le couteau et détachez-la. Séparer le pilon de la cuisse en coupant à l'articulation.
3° Planter la fourchette sous l'aile. Déjointer l'articulation de l'aile avec le couteau. Arracher l'aile et le reste de blanc.

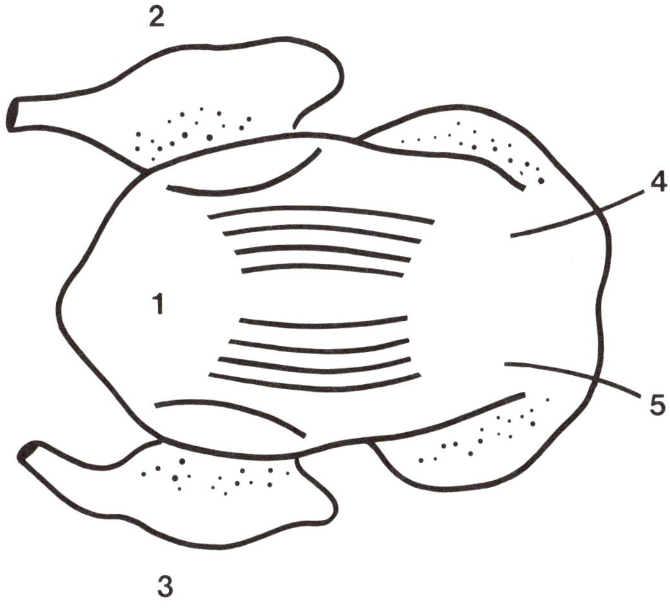

## CANARD ROTI

QUANTITÉS : *4 personnes.*
*1 canard de 1,2 kg (300 g x 4) ; huile ou margarine ; sel, poivre.*
AROMATES AU CHOIX : *oignons ; échalotes ; herbes de Provence (thym, laurier, romarin, sarriette).*
ÉPICES : *gingembre ; genièvre ; zeste d'orange ou de citron ; cognac, liqueur d'orange, Cherry-Brandy ; tranches de bacon ; lard de poitrine fumé ; olives.*
GARNITURES AU CHOIX : *navets ; petits pois ; carottes ; marrons ; céleri ; champignons ; haricots verts ; pommes de terre ; tomates ; oranges ; ananas ; cerises.*
PRÉPARATION : *5 mn.*
PRÉCHAUFFAGE DU FOUR : *15 à 20 mn.*
CUISSON : *au four, 20 mn par 500 g ; th. 6-7 ou 220-240°; à la broche, 25 mn par 500 g ; à l'autocuiseur, 20 mn environ.*

PRÉPARATION : penser à vider le canard si cela n'a pas été fait à l'achat. Passer le canard à la flamme pour brûler les petites plumes restantes.

### ROTI AU FOUR

1° Allumer le four à l'avance. Vérifier si le canard est bien ficelé. Le badigeonner avec de l'huile à l'aide d'un pinceau et le saupoudrer d'herbes de Provence.
2° Prendre la tôle creuse du four, mettre une grille dessus et déposer le canard sur la grille.
3° A mi-cuisson, retourner le canard, sans le piquer avec une fourchette. L'arroser avec le jus de cuisson. Retirer la graisse au fur et à mesure.
Le canard est cuit lorsqu'il laisse échapper un jus incolore si on le pique à la jointure de la cuisse. Saler et poivrer seulement à la sortie du four.
4° Déglacer la tôle du four en mettant un peu d'eau bouillante, recueillir le jus et servir en saucière.

N.B. – Vous pouvez flamber le canard rôti à la sortie du four en versant dessus 1 c. à soupe d'alcool de votre choix bouillant et enflammé.

### CANARD ROTI A LA BROCHE

1° Allumer la rôtissoire à l'avance. Vérifier si le canard est bien ficelé.
2° Le badigeonner avec de l'huile à l'aide d'un pinceau et le saupoudrer d'herbes de Provence.
3° Embrocher.
A la sortie de la broche, saler et poivrer.
Vous pouvez le flamber en versant dessus 1 c. à soupe d'alcool bouillant et enflammé.

N.B. – Le canard a une chair grasse, il rendra de la graisse dès le début de la cuisson. Retirez-la au fur et à mesure, vous éviterez ainsi des projections dans l'appareil de cuisson.

**CANARD ROTI A L'AUTOCUISEUR**

Vérifier si le canard est bien ficelé.
Faites-le dorer de toute part dans l'huile ou la margarine. Saler et poivrer. Vous pouvez ajouter une échalote ou un oignon coupé en quatre, des herbes de Provence. Fermer l'autocuiseur et laisser cuire 20 mn environ à partir du chuchotement de la soupape, à feu doux. Servir le canard, accompagné du jus de cuisson dégraissé et mis en saucière.

RECOMMANDATIONS

Selon les goûts, le canard peut se servir plus ou moins cuit. Il peut donc encore être légèrement rosé.
Si le canard doit attendre les convives, vous pouvez l'envelopper dans un papier d'aluminium et le garder dans le four éteint ou le thermostat 1. Il restera chaud environ 30 mn.

## VARIANTES

**CANARD ROTI FARCI AUX RAISINS**

FARCE : *50 g raisins secs, 50 g mie de pain rassis ; 1/2 dl environ de bouillon de volaille en cube ; un boudin blanc (facultatif) ; foie de canard ; zeste (peau jaune) d'un demi-citron ; 1 c. à soupe de cognac ; sel, poivre ; une pincée de gingembre.*
POUR L'EXTÉRIEUR DU CANARD : *zeste d'un demi-citron ; huile ; 2 c. à soupe de cognac ; une pincée de gingembre.*

1° Préparer la farce. Verser le bouillon de volaille chaud sur la mie de pain émiettée. Hacher finement le foie, mélanger avec le boudin blanc. Ajouter les raisins secs, le zeste de citron, le cognac. Saler, poivrer, mettre une pincée de gingembre. Bien mélanger le tout.
2° Remplir le canard de farce. Recoudre l'ouverture. Le badigeonner d'huile avec un pinceau et le saupoudrer avec le zeste de citron mélangé au gingembre.
3° Faire cuire le canard selon les recettes de base : au four, à la broche ou à l'autocuiseur.
Arroser avec le jus de citron.

**CANARD ROTI FARCI AUX CERISES**

*1 boîte de cerises au naturel ; 2 c. à soupe de Cherry-Brandy.*

1° Farcir le canard avec quelques cerises. Recoudre l'ouverture. Badigeonner le canard d'huile avec un pinceau.
2° Faire cuire le canard selon les recettes de base : au four, à la broche ou à l'autocuiseur. Pendant la cuisson arroser le canard avec le jus de cerises.
3° Quand le canard est cuit, le flamber avec 2 c. à soupe de

Cherry-Brandy bouillant et enflammé. Au dernier moment faire réchauffer les cerises dans la sauce. Servir le canard découpé, garni de cerises et nappé de sauce.

N.B. – Vous pouvez épaissir la sauce avec une c. à café de fécule.

## CANARD ROTI FARCI AUX OLIVES

FARCE : *10 olives vertes ; 50 g mie de pain rassis ; 1/2 dl de lait ; sel ; poivre ; foie de canard.*

1° Préparer la farce. Verser le lait chaud sur la mie de pain émiettée. Dénoyautez les olives et hachez-les finement avec le foie du canard. Saler et poivrer. Mélangez bien le tout.
2° Remplir le canard de farce. Recoudre l'ouverture. Badigeonner le canard d'huile avec un pinceau et le faire cuire selon les recettes de base : soit au four, à la broche, à l'autocuiseur.

## CANARD ROTI AUX PETITS OIGNONS

GARNITURE : *250 g de petits oignons ; 50 g de margarine ou de beurre ; 1 c. à soupe de cassonade ; 1 dl de vin blanc sec.*

1° Faire cuire le canard en suivant les recettes de base : soit au four, à la broche, à l'autocuiseur.
2° D'autre part, éplucher les oignons et les faire blanchir 5 mn à l'eau bouillante. Les égoutter et les faire revenir doucement dans la matière grasse. Quand ils sont dorés, ajouter la cassonade et verser le vin blanc. Laisser réduire sur feu doux, jusqu'à ce que le jus soit évaporé.
3° Servir le canard découpé et entouré de petits oignons.

## CANARD ROTI A L'ANANAS

*1 boîte d'ananas ; 20 g de beurre.*

1° Faire cuire le canard suivant les recettes de base : soit au four, à la broche, à l'autocuiseur. Pendant la cuisson arroser avec le jus d'ananas.
2° D'autre part, faire dorer dans le beurre les tranches d'ananas pendant quelques minutes.

## CANARD ROTI AUX POMMES

*20 g de beurre ; 2 c. à soupe de calvados ; 500 g de pommes de reinette.*

1° Faire cuire le canard en suivant les recettes de base : soit au four, à la broche, à l'autocuiseur.
2° Quand il est cuit, le flamber avec 2 c. à soupe de calvados bouillant et enflammé.
3° D'autre part, éplucher les pommes et les couper en tranches. Les faire revenir dans le beurre. Saler.
Servir le canard découpé et entouré des pommes.

## CANARD BRAISÉ

QUANTITÉS : *4 personnes.*
*1 canard de 1,2 kg (300 g x 4) ; 30 g de margarine ou 3 c. à soupe d'huile ; 10 g de farine (1 c. à soupe) ; 1 oignon ou 2 échalotes ; 1 dl de bouillon ou eau ; 1 dl de vin blanc sec ; sel, poivre :*
BOUQUET GARNI : *1 branche de thym ; une demi-feuille de laurier ; persil.*
AROMATES AU CHOIX : *herbes de Provence (estragon, romarin ; épices : genièvre) ; lard de poitrine fumé ; olives ; cognac ; crème fraîche.*
LÉGUMES D'ACCOMPAGNEMENT : *navets ; petits pois ; carottes ; oignons.*
PRÉPARATION : *1/4 h.*
CUISSON : *à la cocotte ordinaire, 1 h environ ; à l'autocuiseur, 20 mn.*
MATÉRIEL : *cocotte en fonte d'aluminium ou autocuiseur ; assiette ; 2 cuillères en bois.*

1° Vous pouvez faire cuire le canard braisé :
- Soit à la cocotte ordinaire (cuisson 1 h environ).
- Soit à l'autocuiseur (20 mn environ à partir du chuchotement de la soupape). C'est la manière la plus rapide et la plus économique de faire un excellent canard braisé.

2° Faire blondir l'oignon coupé en rondelles avec la matière grasse. Puis le retirer du feu. A la place faire dorer de toute part le canard. Le retourner à l'aide de 2 cuillères en bois. Quand il est doré, le retirer du feu.

3° Dans la matière grasse restante, faire un roux blond en jetant d'un seul coup la farine et en tournant vivement. Mouiller le roux avec le bouillon et le vin blanc. Porter doucement à ébullition en tournant sans cesse. Remettre le canard, l'oignon. Ajouter le bouquet garni et les aromates au choix. Saler et poivrer.

4° Quand le canard est cuit, le découper, le mettre dans un plat chaud et le servir nappé de sauce.

# VARIANTES

## CANARD BRAISÉ AUX NAVETS

Suivre la recette de base du canard braisé.
Avant de fermer la cocotte ou l'autocuiseur, ajouter 1 kg de navets épluchés et coupés en morceaux réguliers.

N.B. – Vous pouvez les faire cuire séparés 30 à 40 mn à l'eau bouillante salée (10 à 15 mn à l'autocuiseur).

## CANARD BRAISÉ AUX OLIVES VERTES

Suivre la recette de base du canard braisé.
Avant de fermer la cocotte ou l'autocuiseur, ajouter 10 olives dénoyautées.

## CANARD A L'ORANGE

QUANTITÉS : *4 personnes.*
*1 canard de 1,2 kg (300 g x 4) ; huile ou margarine ; sel, poivre.*
SAUCE : *20 g de margarine ; 20 g de farine (2 c. à soupe rases) ; 1 dl de bouillon ; zeste d'orange ; foie du canard ; 1 c. à soupe de liqueur d'orange.*
GARNITURE : *3 oranges.*
LÉGUMES D'ACCOMPAGNEMENT : *chips, riz cuit à l'eau.*
PRÉPARATION : *20 mn.*
CUISSON : *au four, 20 mn par 500 g soit 1 h à 1 h 15 ; th. 6-7 ou 220°-240° ; à la broche, 25 mn par 500 g, soit 1 h environ ; à l'autocuiseur, 20 mn env.; à la cocotte ordinaire, 20 à 25 mn par 500 g, soit 1 h environ.*

1° préparer le canard: Retirer le foie du canard ; farcir le canard avec une orange pelée et coupée en morceaux.
2° Faire cuire le canard: en suivant les recettes de base : soit au four, soit à la broche, soit à l'autocuiseur, soit à la cocotte ordinaire.
3° Préparer la sauce: hacher le zeste de l'orange utilisée pour farcir le canard. Le faire blanchir 10 mn à l'eau bouillante et l'égoutter. Quand le canard est cuit, sortir le foie, le hacher et le mélanger au zeste.
Faire un roux blanc en faisant fondre la margarine. Ajouter d'un seul coup la farine et tourner vivement. Mouiller le roux avec le bouillon. Ajouter le zeste d'orange et le foie. Porter doucement à ébullition en tournant sans cesse. Passez la sauce, versez 1 c. à soupe de liqueur d'orange et mettez-la au chaud dans une saucière.
4° Découper le canard et le servir entouré de rondelles d'oranges.

# LE MOUTON

## QUELLE QUANTITÉ DE MOUTON ACHETER ?

Voici ce que vous pouvez demander par personne :

- Côtelettes : 150 g par personne.
- Gigot, selle, épaule sans os : 125-150 g par personne.
- Epaule avec os : 180 g.
- Navarin : collet, poitrine, haut de côtelettes : 200 g.

## COMBIEN DE TEMPS FAUT-IL POUR FAIRE CUIRE LE MOUTON ?

| | COCOTTE ORDINAIRE | AUTOCUISEUR |
|---|---|---|
| Côtelette grillée ou à la poêle | 3-4 mn sur chaque face | |
| **ROTIS, au four :** | | |
| — Gigot, selle | 12-15 mn par 500 g | |
| — Côtes, épaule | 15-20 mn par 500 g | |
| **à la broche :** | | |
| — Gigot, selle | 18-20 mn par 500 g | |
| — Côtes, épaule | 20-22 mn par 500 g | |
| **BRAISÉS** | | |
| — Epaule | 1 h à 1 h 30 | 30-40 mn |
| — Collet, haut de côtelettes | 1 h à 1 h 30 | 30 mn |
| **RAGOUT** | | |
| — Navarin | 1 h 30 | 35 mn |

## CHOIX DES MORCEAUX DE MOUTON

| | MORCEAUX | UTILISATIONS | CARACTÉRISTIQUES |
|---|---|---|---|
| CUISSON RAPIDE | Gigot | Rôtis | Maigre. Tendre. Souvent vendu en gigot raccourci et selle qui à son tour est vendue entière ou en tranches dans le gigot. |
| | Côtelettes filet<br>Côtelettes premières<br>Côtelettes secondes<br>Côtes découvertes | Grillades | Côtelettes filet (sans manche) grassouillettes. Savoureuses. |
| | Selle anglaise | Rôtis | Morceau composé des deux filets. |
| | Epaule | Rôtis<br>Braisés | Vendue avec os ou sans os.<br>**Désossée et roulée,** elle se coupe difficilement en tranches une fois cuite.<br>**Rôtie avec os,** elle est plus savoureuse et se découpe comme le gigot.<br>**Coupée en morceaux pour les braisés.** |
| CUISSON LENTE | Poitrine<br>Collet<br>Haut de côtelettes | Ragoûts (navarin)<br>Braisés ou sautés | Morceaux entrelardés. Collet est un peu plus maigre. |

# LE MOUTON

1. Gigot
2. Selle
3. Côtes filet, selle anglaise
4. Côtes premières, côtes secondes
5. Côtes découvertes
6. Épaule
7. Collet
8. Poitrine

## COTELETTE D'AGNEAU

QUANTITÉS : *1 personne.*
*1 côtelette de 125 g (côtelette filet, première, seconde, découverte) : un peu d'huile : sel, poivre.*
GARNITURE : *beurre frais ; persil ; beurre maître-d'hôtel ; beurre d'escargot ; cresson.*
AROMATES AU CHOIX : *ail ; herbes de Provence (thym, romarin, sarriette).*
SAUCES D'ACCOMPAGNEMENT : *béarnaise.*
CUISSON : *4 à 8 mn.*
PRÉCHAUFFAGE : *pour le gril 5 à 15 mn.*

Deux possibilités s'offrent à vous pour la cuisson :

## COTELETTE GRILLÉE

1° Badigeonner la côtelette avec un peu d'huile sur les 2 faces. Saupoudrer d'herbes de Provence. Si vous mettez de l'ail, ajoutez-le seulement en fin de cuisson pour éviter qu'il ne prenne un goût amer.
2° Faire chauffer à l'avance le gril.
Si vous utilisez le gril de la rôtissoire ou du four : comptez 10 mn de préchauffage. Déposer ensuite la côtelette sur la grille. Mettre sous le grilloir. Glisser dessous la tôle creuse du four. Laisser griller 2 à 4 mn sur chaque face. Retourner avec une palette, ne pas piquer avec une fourchette qui fait sortir le jus de la viande. Ne pas fermer la porte du four pendant la cuisson. Saler et poivrer à la sortie.
3° Servir aussitôt sur une assiette bien chaude avec du persil, beurre frais ou autre garniture.
Si vous utilisez un gril de contact sur le gaz, comptez un préchauffage : de 5 mn pour un gril en aluminium, 10 mn pour un gril en fonte, 15 mn pour un gril anti-adhésif (téflon). Procéder comme précédemment.
Pour obtenir un quadrillage, faire pivoter la côtelette d'un quart de tour sur elle-même.
Si vous utilisez un gril électrique suivez les indications de préchauffage : environ 10 mn. Procéder comme précédemment.

## COTELETTE A LA POÊLE

**Faire chauffer la poêle avec un peu d'huile. Lorsque la poêle est bien chaude mais non fumante, déposer la côtelette saupoudrée d'herbes de Provence. Si vous mettez de l'ail, ajoutez-le seulement en fin de cuisson pour éviter qu'il ne prenne un goût amer. Faire dorer la côtelette à feu vif 2 à 4 mn. Retourner avec une palette, ne pas piquer avec une fourchette car cela fait sortir le jus de la viande. Laisser de nouveau 2 à 4 mn suivant les goûts et l'épaisseur de la côtelette. Saler et poivrer au moment de servir sur une assiette bien chaude avec la garniture au choix.**

## ROTI D'AGNEAU

QUANTITÉS : *1 gigot raccourci, 1,5 à 2 kg, 10 à 12 personnes.*
*1 selle d'agneau, 1 kg environ, 6 personnes.*
*1 épaule d'agneau, 1 kg environ, 6 personnes.*
*Huile, sel, poivre.*
AROMATES AU CHOIX : *ail (1 gousse) ; herbes de Provence (thym, romarin, sarriette) ; cognac.*
PRÉPARATION : *5 mn.*
CUISSON : *au four, gigot, 1,5 kg, 35 à 40 mn ; selle, 1 kg, 25 à 30 mn ; épaule, 1 kg, 30 à 40 mn ; à la broche (temps variable), gigot, 1,5 kg, 50 à 60 mn ; selle, 1 kg, 35 à 40 mn ; épaule, 1 kg, 40 à 45 mn.*
THERMOSTAT : *8 ou 260 °.*

## ROTI D'AGNEAU AU FOUR

1° Allumer le four à l'avance car la viande doit être saisie.
2° Piquer le gigot avec l'ail entre le manche et la souris. Ceci pour éviter de servir une tranche à l'ail aux convives qui ne l'apprécient pas. Pour les autres rôtis, piquer l'ail entre le gras et la chair. Badigeonner d'huile le rôti et le saupoudrer d'herbes de Provence.
3° Prendre la tôle creuse du four, mettre une grille dessus et poser le rôti sur la grille pour lui éviter de baigner dans le jus de cuisson car ceci le durcit.
A mi-cuisson, retourner le rôti, sans le piquer avec une fourchette. S'il est gros (gigot), l'arroser avec le jus.
Saler et poivrer seulement à la sortie du four (le sel fait dégorger la viande qui se dessèche).
4° Déglacer la tôle du four en mettant un peu d'eau bouillante, recueillir le jus et servir en saucière.
Découper le rôti en tranches sur un plat bien chaud. Les assiettes seront chaudes également car la graisse de mouton se fige très vite.

## ROTI D'AGNEAU A LA BROCHE

1° Allumer la broche au moins 10 mn à l'avance.
2° Piquer le gigot avec l'ail entre le manche et la souris. Pour les autres rôtis, piquer l'ail entre le gras et la chair. Badigeonner d'huile le rôti. Saupoudrer d'herbes de Provence.
3° Embrocher. A la sortie de la brocne, saler et poivrer.
Servir le rôti découpé en tranches sur un plat bien chaud. Les assiettes seront également chaudes car la graisse de mouton se fige très vite.

N.B. - Le rôti à la broche reste toujours moelleux car il garde son jus à l'intérieur. C'est la raison pour laquelle vous n'aurez pas de sauce. C'est la manière la plus facile de faire un excellent rôti très digeste et savoureux.

RECOMMANDATIONS

– L'agneau se sert saignant, comptez 15 mn de cuisson au four, pour les premiers 500 g et 10 mn ensuite (prolongez le temps de cuisson de 5 mn pour la broche).

– Ne mettez pas trop d'ail pour les rôtis destinés à être consommés froids, car l'arôme de l'ail se développe en séjournant dans la viande.

– Pour donner un goût plus fin au gigot, vous pouvez le piquer à différents endroits avec une seringue à injection garnie de cognac. Il est préférable ensuite de laisser reposer la viande 1 h avant de la faire cuire pour que l'alcool pénètre bien la viande.

– Pour varier la présentation de la selle ou de l'épaule d'agneau, vous pouvez, lorsqu'elle est cuite, la tartiner de moutarde et la rouler dans une persillade (mélange de 100 g de chapelure ou biscotte avec 1 gousse d'ail et du persil hachés). Remettre quelques minutes la viande au four, ou dans la broche, pour faire dorer la chapelure.

– Les légumes qui accompagnent le mieux le mouton sont : les flageolets, haricots blancs, pois chiches, haricots verts, jardinière de légumes, navets, oignons, céleri, fenouil.

– Si le rôti d'agneau doit attendre les convives, vous pouvez l'envelopper dans un papier d'aluminium et le garder dans le four éteint ou à th. 1. Il restera chaud encore 30 mn.

N.B. - Le gigot et la selle sont les meilleurs morceaux et considérés comme les plus chers... Vous n'êtes cependant pas obligés d'attendre de recevoir 10-12 personnes pour acheter un gigot. **Avec un réfrigérateur,** à partir de 4 personnes, vous pouvez utiliser un gigot sans faire de folie : le premier jour, vous le raccourcissez de quelques tranches à griller ou pour faire des brochettes ; le deuxième jour, vous le faites rôtir ; le troisième jour, vous le mangez froid avec une mayonnaise. **Avec un congélateur,** même si vous êtes 2 personnes, vous pouvez acheter un gigot. Vous le raccourcissez de quelques tranches à griller, vous retirez un rôti pour vous et vous conservez le reste pour quelques convives. L'épaule donne également de très bons rôtis mais de moins belles tranches que le gigot. Gardez l'épaule avec l'os. Elle est plus savoureuse et se découpe plus facilement.

## GIGOT FAÇON GRAND VENEUR

QUANTITÉS : *10 à 12 personnes.*
*1 gigot raccourci, 1,5 kg ; 100 g de crème fraîche ; sel.*
MARINADE (48 h à l'avance) : *3/4 l de vin rouge ; 1 dl de vinaigre de vin ; 1 oignon ; 2 carottes ; 3 échalotes ; 3 gousses d'ail ; 3 c. à soupe d'huile.*
BOUQUET GARNI : *1 branche de thym, une demi-feuille de laurier, persil ; 1 clou de girofle ; 10 grains de poivre.*
CUISSON : *au four, 35 à 40 mn (1/4 h par 500 g) : th. 8 ou 260° ; à la broche, 50 à 60 mn.*

L'AVANT-VEILLE : préparer la marinade en réunissant tous les ingrédients. La faire bouillir 5 mn puis la laisser refroidir avant d'y mettre le gigot à mariner 48 h dans un endroit frais. Retourner de temps en temps la viande.

LE JOUR :

1° égoutter le gigot une heure avant de le faire cuire à four chaud ou à la broche *(Voir « Rôti d'agneau »)*. Arroser le gigot en cours de cuisson avec la marinade passée.

2° Quand le gigot est cuit, l'arroser avec un peu de crème fraîche.

3° Déglacer la tôle creuse qui a reçu le jus de cuisson, avec le reste de crème fraîche. Recueillir le jus et le mettre dans une saucière.

4° Servir le gigot découpé en tranches sur un plat bien chaud. Le plat peut être garni de tartelettes à la gelée de groseille ou de myrtilles.

## ÉPAULE DE MOUTON BRAISÉE

QUANTITÉS : *5 personnes.*
*1 épaule d'agneau ou de mouton de 1 kg (désossée et roulée) ; 1 oignon ; 50 g de margarine ou huile ; 1 dl de bouillon frais ou de bouillon de bœuf en cube à l'autocuiseur ou 1/2 l à la cocotte ordinaire; sel ; poivre.*
BOUQUET GARNI : *une branche de thym, une demi-feuille de laurier, persil.*
AROMATES AU CHOIX : *paprika ; poivre de Cayenne ; cumin ; gingembre ; coriandre ; safran ; curry.*
PRÉPARATION : *1/4 d'heure.*
CUISSON : *à l'autocuiseur, 35 mn ; cocotte ordinaire, 1 h à 1 h 30.*

1° Vous pouvez faire cuire l'épaule :
- Soit à la cocotte ordinaire en fonte (cuisson 1 h environ).
- Soit à l'autocuiseur (35 mn à partir du chuchotement de la soupape, à feu doux). C'est la manière la plus rapide de faire une excellente épaule braisée.

2° Dans la cocotte faire dorer l'oignon coupé avec la matière grasse. Quand il est doré, le retirer.

3° A la place, faire revenir à feu vif l'épaule sur toutes les faces.

4° Remettre l'oignon, mouiller avec le bouillon. Ajouter le bouquet garni et un parfum au choix (facultatif).

5° Laisser cuire doucement.

6° Servir l'épaule coupée en tranches dans un plat chaud.

# VARIANTES

## ÉPAULE BRAISÉE AUX RAISINS

1° Tremper pendant une demi-heure 200 g de raisins secs (de

préférence de Corinthe, raisins noirs) dans de l'eau tiède.
2° Ensuite les égoutter et les arroser avec 1 c. à soupe de cognac. Suivre la recette de base de l'épaule braisée. Ajouter les raisins secs, 1 c. à soupe de concentré de tomate, une pincée de paprika.
3° Quand l'épaule est cuite, lier la sauce avec 1 c. à soupe de crème fraîche (hors du feu).
Servir l'épaule braisée accompagnée de riz cuit à l'eau.

## ÉPAULE BRAISÉE FARCIE

FARCE : *150 g de gorge de porc ; 150 g de veau ; 1 gousse d'ail ; 1 jaune d'œuf ; persil ; 1 c. à soupe de cognac ; sel, poivre.*

1° Préparer la farce. Hacher finement tous les ingrédients, bien malaxer et lier avec un jaune d'œuf.
2° Suivre la recette de base de l'épaule braisée. Vous pouvez remplacer le bouillon par du vin blanc. Laisser cuire doucement : 60 mn pour l'autocuiseur, à partir du chuchotement de la soupape ; 2 h pour la cocotte ordinaire

N.B. – Vous pouvez ajouter 1 kg de pommes de terre ou 500 g de tomates, 10 mn avant la fin de la cuisson en autocuiseur ; 30 mn avant la fin de la cuisson en cocotte ordinaire. La poitrine de mouton peut se farcir de la même façon.

● ●

## ÉPAULE DE MOUTON FAÇON GIBIER

QUANTITÉS : *5 personnes.*
*1 épaule d'agneau ou de mouton (désossée et roulée) ; 10 g de farine (1 c. à soupe rase de farine) ; 30 g de margarine ou d'huile (3 c. à soupe) ; sel, poivre ; persil haché.*
MARINADE : *1 dl de vin rouge ; 1 oignon ; 3 échalotes ; 3 gousses d'ail ; 3 c. à soupe d'huile ; 3 c. à soupe de vinaigre.*
BOUQUET GARNI : *1 branche de thym, une demi-feuille de laurier, persil, 1 clou de girofle, 6 grains de poivre.*
PRÉPARATION : *15 mn.*
MARINADE : *24 h à l'avance.*
CUISSON : *cocotte ordinaire, 1 h ; à l'autocuiseur, 35 mn.*
MATÉRIEL : *une cocotte ordinaire en fonte d'aluminium ou un autocuiseur ; une assiette ; 2 cuillères en bois.*

On peut faire cuire l'épaule façon gibier :
- Soit à la cocotte ordinaire en fonte (1 h environ).
- Soit à l'autocuiseur (35 mn à partir du chuchotement de la soupape, à feu doux).

LA VEILLE : préparer la marinade avec tous les ingrédients. Laisser mariner l'épaule 24 h dans cette préparation. La retourner de temps en temps.

LE LENDEMAIN :

1° Faire revenir l'épaule à feu vif avec la matière grasse. Quand elle est dorée, la retirer du feu.

2° Dans la même matière grasse faire un roux brun, en jetant d'un seul coup la farine et en tournant vivement. Laisser brunir légèrement. Mouiller le roux brun avec la marinade et porter doucement à ébullition en tournant sans cesse. Remettre l'épaule. Saler et poivrer.

3° Fermer la cocotte et laisser cuire doucement.

4° Quand l'épaule est cuite, la retirer de la cocotte et la mettre au chaud dans le plat de service. Passer la sauce, la verser dans une saucière et la servir saupoudrée de persil haché.

**NAVARIN**

QUANTITÉS *: 4 personnes.*
*800 g d'agneau ou de mouton (200 x 4) de collet, haut de côtelettes, poitrine ; 1 oignon ; 50 g d'huile ou de margarine ; 30 g de farine (3 c. à soupe rases) ; 1 demi-litre de bouillon frais ou de bouillon de bœuf en cube ; sel, poivre ; bouquet garni (thym, laurier, persil).*

LÉGUMES *: 1 kg de navets ; 200 g de carottes (2 carottes).*

PRÉPARATION *: 15 mn.*

CUISSON *: cocotte ordinaire, 1 h 30 ; autocuiseur, 30 mn.*

MATÉRIEL *: une cocotte ordinaire en fonte avec couvercle ou autocuiseur ; une assiette ; 2 cuillères de bois.*

Vous pouvez faire cuire le navarin :

- Soit à la cocotte ordinaire en fonte; cuisson longue, 1 h 30.
- Soit à l'autocuiseur, cuisson rapide 30 mn à partir du chuchotement de la soupape. C'est la manière la plus économique d'obtenir un savoureux navarin.

1° Dans la cocotte, faire revenir l'oignon coupé en morceaux avec la matière grasse. Lorsqu'il est doré le retirer.

2° Faire revenir à feu vif la viande coupée en morceaux. Retourner les morceaux à l'aide de 2 cuillères en bois. Quand les morceaux sont roussis, les retirer.

3° Dans la matière grasse restante faire un roux blond ou brun en jetant d'un seul coup la farine et en tournant vivement. Laisser blondir ou brunir le roux. Mouillez-le en versant d'un seul coup le bouillon froid. Porter à ébullition en tournant sans cesse.

4° Remettre les morceaux de viande, l'oignon, ajouter le bouquet garni, le sel et le poivre. Fermer la cocotte et laisser cuire très doucement.

5° Pendant ce temps, éplucher les légumes et les couper en dés. Les ajouter soit pour l'autocuiseur, 20 mn avant la fin de la cuisson ; soit pour la cocotte ordinaire, 30 mn avant la fin de la cuisson.

6° Servir la viande recouverte de sauce et entourée des légumes.

N.B. – Si vous préférez, vous pouvez ne pas faire de roux et laisser la sauce liquide, surtout pour les légumes riches en amidon (les féculents) pommes de terre, haricots blancs, pois chiches. Vous pouvez remplacer le bouillon par du vin blanc, ou mettre moitié vin blanc, moitié bouillon.

# VARIANTES

## NAVARIN AUX POMMES DE TERRE

Suivre la recette du navarin.
Remplacer les navets par 1 kg de pommes de terre. Si vous aimez le goût des navets, vous pouvez en garder 1 ou 2.

## NAVARIN AUX HARICOTS BLANCS

Suivre la recette de base du navarin.
Ajouter une gousse d'ail au bouquet garni. Remplacer les légumes de la recette par 250 g de haricots blancs. Les faire cuire séparément. Les couvrir d'eau froide et les faire bouillir 10 mn. Les ajouter au navarin 40 mn avant la fin de la cuisson à autocuiseur ou 1 h avant la fin de la cuisson dans la cocotte. Si vous utilisez des haricots en boîte, ajoutez-les 5 mn avant la fin de la cuisson. Vous pouvez parfumer le navarin aux haricots avec un peu de paprika, ou 2-3 baies de genièvre. Servir le plat saupoudré de persil haché.

## NAVARIN AUX ENDIVES

Suivre la recette de base du navarin.
Ajouter 2 gousses d'ail au bouquet garni. Remplacer les navets par 1 kg d'endives.

## NAVARIN AUX SALSIFIS

Suivre la recette de base du navarin.
Ajouter au bouquet garni 2 gousses d'ail et 4 tomates ou 1 c. à soupe de concentré de tomate. Remplacer les navets par 1 kg de salsifis cuits au préalable 30 mn à l'eau bouillante citronnée (autocuiseur ou cocotte). Si vous utilisez des salsifis en boîte, ajoutez-les 5 mn avant la fin de la cuisson. Servir le plat saupoudré de persil haché.

## NAVARIN AUX PETITS POIS

Suivre la recette de base du navarin.
Remplacer 500 g de navets par la même quantité de petits pois. Si vous utilisez des petits pois en boîte, ajoutez-les 5 mn avant la fin de la cuisson.

## NAVARIN AU FENOUIL

Suivre la recette de base du navarin.
Remplacer les légumes de la recette par 1 kg de fenouil cuit au préalable 20 mn à l'eau bouillante (autocuiseur ou cocotte).

## NAVARIN AU RIZ

Suivre la recette de base du navarin.
Remplacer les légumes par 200 à 250 g de riz lavé. Ajouter au besoin un peu d'eau dans la cocotte si le jus est insuffisant. Vous pouvez ajouter une pincée de curry.

## NAVARIN AUX POIS CHICHES

Suivre la recette de base du navarin. Remplacer les légumes de la recette par une boîte de pois chiches. Egoutter les pois chiches et les ajouter à la viande : 5 mn avant la fin de la cuisson à l'autocuiseur ; 15 mn avant la fin de la cuisson à la cocotte ordinaire.



**Poulet sauté** (recette p. 128).▶

APPELLATION CONTROLEE
BROSSARD Aîné

# ABATS

◀**Gigot d'agneau** (recette p. 218).

## FOIE

QUANTITÉS : *1 personne.*
*110 g de foie ; 10 g de margarine ou 1 c. à soupe d'huile ; 15 g de beurrre ; sel, poivre.*
GARNITURE : *citron ; persil ; feuilles de cresson.*
AROMATES AU CHOIX : *herbes de Provence (thym, romarin, sauge, ciboulette, cerfeuil, menthe).*
ÉPICES : *paprika ; noix de muscade ; baies de genièvre.*
*Oignon ; échalote ; crème fraîche ; cognac ; porto ; xérès ; madère.*
GARNITURES AU CHOIX : *champignons ; tomates ; oranges ; citrons ; raisins secs ; bacon ou tranches de lard de poitrine fumé ; gruyère.*
CUISSON : *à la poêle, 10 mn ; au gril, 10 mn ; à l'autocuiseur, 10 mn.*
PRÉCHAUFFAGE DU GRIL : *5 à 15 mn.*

### FOIE A LA POÊLE

1° Saupoudrer la tranche de foie d'herbes de Provence ou autre épice. Passer dans la farine.
2° Chauffer la poêle avec la matière grasse. Lorsque la poêle est chaude mais non brûlante, faire dorer le foie à feu modéré. Laisser cuire 5 mn. Retourner avec la palette, ne pas piquer avec une fourchette, car cela fait sortir le jus de viande. Laisser de nouveau 5 mn. Le foie est cuit lorsqu'il ne laisse plus échapper de sang. Saler et poivrer.
3° Déglacer la poêle avec un peu d'eau ou de crème fraîche. Réchauffer le jus sans bouillir avec la crème fraîche.
4° Servir le foie garni d'une coquille de beurre manié avec le persil haché. Décorer le plat avec des rondelles de citron et quelques feuilles de cresson.

### FOIE GRILLÉ

1° Faire chauffer à l'avance le gril, 5 à 15 mn suivant le gril utilisé.
2° Badigeonner la tranche de foie avec un peu d'huile sur les 2 faces. Saupoudrer d'herbes de Provence ou autre épice.
3° Faire griller 5 mn sur chaque face. Saler et poivrer à la sortie du gril.
4° Servir le foie garni d'une coquille de beurre maniée avec le persil haché.

### FOIE A L'AUTOCUISEUR

1° Faire chauffer l'autocuiseur ouvert avec la matière grasse.
2° Saupoudrer la tranche de foie d'herbes de Provence ou autre épice. Saler et poivrer. Passer dans la farine.
3° Mettre la tranche de foie à dorer dans l'autocuiseur 5 mn de chaque côté. La retourner avec une palette. Vous pouvez ajouter une gousse d'ail une échalote ou un oignon coupé en quatre. Fermer l'autocuiseur et laisser cuire 10 mn à partir du chuchotement de la soupape, à feu très doux.
Quand le foie est cuit, le servir arrosé du jus de cuisson. On peut

lier la sauce avec de la crème fraîche.

RECOMMANDATIONS

Tous les foies n'ont pas le même goût, ni la même qualité. Le foie de veau est le plus réputé à cause de sa finesse de grain, sa couleur pâle et son goût délicat. Ensuite, vient le foie d'agneau. Les foies de génisse et de porc ont un goût plus prononcé. Leur couleur est plus foncée.
– Il faut cuire le foie à feu modéré, car si la poêle est trop brûlante, la viande se racornit.
– Le foie se sert bien cuit, sauf le foie de veau qui doit rester rosé mais non saignant.
– Il n'est pas indispensable de fariner le foie mais cela est préférable car la viande ainsi séchée, enveloppée, dore mieux et reste moelleuse.

## VARIANTES

### FOIE AU BACON

QUANTITÉS *: 4 personnes.*
*4 tranches de foie de 110 g ; 200 g de bacon ; 20 g de margarine ou 2 c. à soupe d'huile ; sel, poivre.*
GARNITURE *: 50 g de beurre ; persil haché.*

Faire revenir les tranches de bacon avant de faire cuire le foie selon les recettes de base : à la poêle, au gril, à l'autocuiseur. Servir le foie garni de beurre manié avec le persil

### FOIE A LA PROVENÇALE

QUANTITÉS *: 4 personnes.*
*4 tranches de foie de 110 g ; 40 g de margarine ou 4 c. à soupe d'huile ; 1 gousse d'ail ; 4 tomates ; sel, poivre.*
AROMATES *: thym ; marjolaine.*

1° Couper les tomates en deux. Retirer les pépins. Les saupoudrer de thym, de marjolaine. Ajouter persil et ail hachés. Saler et poivrer.
2° Faire cuire les tomates, soit au four arrosées de 2 c. à soupe d'huile, soit à la poêle.
3° D'autre part, faire cuire le foie selon les recettes de base:à la poêle, grillé.
A l'autocuiseur, mettre les tomates avec le foie revenu au préalable.
Servir le foie entouré des tomates

### FOIE AUX RAISINS

QUANTITÉS *: 4 personnes.*
*4 tranches de foie de 110 g ; 30 g de de margarine ou 2 c. à soupe*

*d'huile ; 40 g de raisins secs ; 2 c. à soupe de madère ; 1 c. à soupe de crème fraîche ; sel, poivre.*

1° Faire gonfler les raisins à l'eau tiède.
2° Cuire les tranches de foie selon la recette de base à la poêle. Quand les tranches de foie sont cuites, les mettre de côté.
3° Déglacer la poêle avec le madère. Ajouter la crème fraîche, les raisins égouttés. Saler et poivrer. Réchauffer sans bouillir.
Servir le foie arrosé de sauce aux raisins.

## FOIE A L'ORANGE

QUANTITÉS *: 4 personnes.*
*4 tranches de foie de 110 g ; 2 c. à café de moutarde ; 40 g de farine (4 c. à soupe) ; 20 g de margarine ou 2 c. à soupe d'huile.*
GARNITURE *: 2 oranges ; 20 g de beurre ; 1 c. à soupe de liqueur d'orange.*

1° Enduire les tranches de foie de moutarde. Saler et poivrer. Rouler ensuite les tranches dans la farine.
2° Faire cuire selon la recette de base à la poêle. Quand elles sont cuites, les mettre de côté.
3° Couper une orange en rondelles et la faire revenir doucement dans du beurre. Déglacer la poêle avec le jus de la deuxième orange. Ajouter 1 c. à soupe de liqueur d'orange.
Servir le foie garni de rondelles d'oranges et arrosé du jus de cuisson.

## FOIES DE VOLAILLES AUX ŒUFS BROUILLÉS

QUANTITÉS *: 4 personnes.*
*200 g de foies de volailles ; 1 oignon ; 20 g de margarine ou 2 c. à soupe d'huile ; sel, poivre, paprika ; 4 c. à soupe de porto.*
ŒUFS BROUILLÉS *: 6 œufs ; 30 g de beurre ; sel ; poivre.*

1° Faire revenir l'oignon dans la matière grasse, puis le retirer du feu.
2° Dans la même matière grasse, dorer les foies de volaille, coupés en morceaux. Quand ils sont cuits, saler, poivrer, saupoudrer de paprika.
3° Déglacer la poêle avec le porto. Mettre les foies de côté au chaud.
4° D'autre part, faire cuire les œufs brouillés, avec le beurre sur feu doux (au bain-marie c'est-à-dire en interposant une casserole d'eau chaude entre la source de chaleur ou sur diffuseur). Tourner sans cesse. Arrêter la cuisson dès que les œufs sont pris.
5° Mettre les œufs brouillés dans des ramequins. Les recouvrir de foies de volailles, mélangés à l'oignon. Saupoudrer de persil haché.
Servir immédiatement.

## VARIANTE

### FOIE BRAISÉ AUX CAROTTES

QUANTITÉS : *4 personnes.*
*450 g de foie de veau ou de génisse ; 20 g de margarine ou 2 c. à soupe d'huile ; 2 oignons ; 1 dl d'eau ou de bouillon ; 1 dl de vin blanc sec ; 1 kg de carottes ; sel, poivre.*
BOUQUET GARNI : *thym ; laurier ; persil.*
PRÉPARATION : *20 mn.*
CUISSON : *à la cocotte ordinaire, 2 h : à l'autocuiseur, 50 à 60 mn.*

Préparer et faire cuire le foie braisé aux carottes comme le bœuf à la mode.

● ●

### CŒUR

QUANTITÉS : *on compte 150 g de cœur par personne (1 cœur de veau pour 3 à 4 personnes suivant la grosseur ; 1 cœur d'agneau pour 1 personne) ; 15 g de margarine ou 1 c. à soupe d'huile ; sel, poivre.*
AROMATES : *herbes de Provence (thym, romarin, sarriette) ; ail, oignon, échalote ; crème fraîche ; cognac ; porto, madère.*
CUISSON : *à la poêle, 10 mn ; au gril, 10 mn (préchauffage du gril, 5 à 15 mn) ; autocuiseur, 30 mn.*

### CŒUR A LA POÊLE

1° Couper le cœur en tranches. Saupoudrer d'herbes de Provence.
2° Chauffer la poêle avec la matière grasse. Quand la matière grasse est chaude mais non brûlante, faire dorer les tranches de cœur à feu modéré. Laisser cuire 5 mn. Retourner avec la palette, ne pas piquer avec une fourchette car cela fait sortir le jus de la viande. Laisser de nouveau 5 mn. Le cœur est cuit lorsqu'il ne laisse plus échapper de sang. Saler et poivrer.
3° Déglacer la poêle avec un peu d'eau ou de crème fraîche. Servir le cœur arrosé du jus de cuisson.

### CŒUR GRILLÉ.

1° Faire chauffer à l'avance le gril 5 à 15 mn suivant le gril utilisé. 2° Couper le cœur en tranches. Les badigeonner avec de l'huile sur les 2 faces. Saupoudrer d'herbes de Provence ou autre épice.
3° Faire griller 5 mn sur chaque face. Saler et poivrer à la sortie du gril.
Servir le cœur garni d'une noix de beurre.

## CŒUR A L'AUTOCUISEUR

1° Faire chauffer l'autocuiseur ouvert avec la matière grasse.
2° Couper le cœur en tranches et saupoudrer d'herbes de Provence ou autre épice. Saler et poivrer.
3° Mettre le cœur à dorer dans l'autocuiseur 5 mn de chaque côté. Le retourner avec la palette. On peut ajouter une gousse d'ail, une échalote, ou un oignon coupé en quatre. Fermer l'autocuiseur et laisser cuire 20 mn à partir du chuchotement de la soupape à feu très doux.
Quand le cœur est cuit, le servir arrosé du jus de cuisson. On peut lier la sauce avec de la crème fraîche.

N.B. – Seuls les cœurs de veau et d'agneau peuvent se préparer sautés ou grillés. Le cœur de bœuf plus ferme doit subir une cuisson plus longue *(voir « Cœur braisé »).*

## CŒUR BRAISÉ AUX CAROTTES

QUANTITÉS : *4 personnes.*
*1 ou 2 cœurs de veau ou 600 g de cœur de bœuf (150 x 4) ; 20 g de margarine ou 2 c. à soupe d'huile ; 2 oignons ; 1 dl d'eau ou bouillon ; 1 dl de vin blanc sec ; 1 kg de carottes ; sel, poivre ; bouquet garni : thym, laurier, persil.*
PRÉPARATION : *20 mn.*
CUISSON : *cocotte ordinaire : 2 h ; autocuiseur : 45-60 mn.*
MATÉRIEL : *cocotte en fonte d'aluminium, ou autocuiseur ; assiette ; 2 cuillères en bois.*

Préparer et faire cuire le cœur braisé aux carottes comme le bœuf à la mode.

## ROGNONS

QUANTITÉS : *on compte 150 g de rognons par personne (bœuf ou veau) ; 1 rognon de porc par personne ; 2 rognons de mouton par personne ; 15 g de beurre ou de margarine pour 150 g de rognons ou 1 c. à soupe d'huile ; 2 c. à soupe de madère, rhum, porto ou 1 c. à soupe de cognac ; 1 c. à soupe de crème fraîche (facultatif).*
PRÉPARATION : *5 mn.*
CUISSON : *10 mn.*

1° Fendre le rognon en deux. Retirer les nerfs qui forment la partie centrale et retirer la graisse (ce travail peut être fait par le boucher).
2° Couper le rognon en cubes.
3° Faire dorer les morceaux de rognons dans la matière grasse. Le rognon est cuit lorsqu'il ne laisse plus échapper de sang. Saler et poivrer en fin de cuisson.
4° Avant de retirer le rognon du feu le flamber avec l'alcool de votre choix. Pour cela faire chauffer 2 c. à soupe d'alcool, l'enflammer et le verser sur le rognon. Mettre le rognon dans un plat.
5° Déglacer la poêle avec un peu d'eau chaude ou 1 c. à soupe de crème fraîche. Arroser le rognon avec le jus de cuisson.

N.B. – Les rognons n'ont pas tous le même goût ni la même qualité. Le rognon de veau est le plus apprécié. Vient ensuite celui du mouton. Le rognon de bœuf a un goût plus prononcé. Il est recommandé de le faire blanchir 5 mn à l'eau bouillante avant de le faire cuire pour éliminer cette odeur forte.

## CERVELLE

QUANTITÉS : *on compte 100 g de cervelle par personne ; 1 cervelle de bœuf : 500 g-700 g (5-7 personnes) ; 1 cervelle de veau : 250 g-300 g (2-3 personnes) ; 1 cervelle de porc : 150 g-200 g (1-2 personnes) ; 1 cervelle de mouton : 100 g (1 personne).*
COURT-BOUILLON : *eau, 1 filet de vinaigre ; sel, poivre : bouquet garni : 1 branche de thym, une feuille de laurier, persil.*
GARNITURE : *10 g de beurre pour 100 g de cervelle ; persil.*
LÉGUMES D'ACCOMPAGNEMENT : *purée de pommes de terre, épinards, champignons, tomates.*
SAUCES D'ACCOMPAGNEMENT : *sauces aux câpres, sauce poulette, sauce tomate, sauce tartare.*
PRÉPARATION : *5 mn.*
DÉGORGEMENT : *une demi-heure à 2 h.*
CUISSON : *cervelle de bœuf : 30-35 mn ; cervelle de veau : 15-20 mn ; cervelle de porc : 15-20 mn ; cervelle de mouton : 10 mn.*

1° Faire dégorger la cervelle dans l'eau froide, au moins une demi-heure si elle est petite et 2 h si elle est grosse.
2° Retirer la peau et les vaisseaux sanguins. Laver soigneusement.
3° Mettre la cervelle dans une casserole et la couvrir d'eau froide. Porter doucement à ébullition, puis régler le feu de manière à ce que le court-bouillon reste frémissant pendant le temps de cuisson.
4° Quand la cervelle est cuite, coupez-la en morceaux si elle est volumineuse. Arrosez-la de beurre roussi mais pas brûlé et saupoudrez-la de persil haché.

N.B. – Il y a peu de différence de goût et de qualité entre les diverses cervelles. La cervelle de mouton est cependant réputée la plus fine. D'autre part sa petite taille permet une jolie présentation.

### PRÉSENTATION ET UTILISATIONS

– Les cervelles peuvent être présentées sur canapés (tranches de pain grillées à la poêle ou au four).
– Les cervelles peuvent servir de base à des beignets, rissoles, timbales, soufflés, barquettes.

## RIS DE VEAU

QUANTITÉS : *on compte 100 g de ris de veau par personne (poids net) ; 10 g de farine (1 c. à soupe) ; 10 g de beurre pour 100 g de ris de veau ; persil haché.*
PRÉPARATION : *15 mn.*

DÉGORGEMENT : *3-4 h.*
BLANCHIMENT : *5 mn.*
CUISSON : *10 mn.*

1° Faire dégorger le ris de veau dans l'eau froide pendant plusieurs heures (3-4 h). Changer l'eau de temps en temps.
2° Blanchir le ris de veau en le mettant dans une casserole, couvert d'eau froide. Faire chauffer l'eau jusqu'à ébullition. Attendez 3 mn pour retirer le ris de veau.
3° Rafraîchir le ris de veau en le passant sous l'eau froide pour le raffermir.
4° Envelopper le ris de veau dans un torchon. Posez-le sur une assiette et recouvrez-le d'une seconde assiette chargée d'un poids (2 kg env.) pour qu'il s'aplatisse. Laissez-le ainsi 1 h environ.
5° Débarrasser le ris de veau de toutes les parties graisseuses et cartilagineuses (il ne faut pas enlever la pellicule qui l'entoure et l'empêche de se désagréger).
6° Couper le ris de veau en tranches dans le sens de l'épaisseur et passez-le dans la farine.
7° Faire dorer le ris de veau, dans le beurre, 5 mn de chaque côté. Saler et poivrer. Servir le ris de veau saupoudré de persil haché.

# LES LÉGUMES FRAIS

## REMARQUES

Peut-être n'attachez-vous pas beaucoup d'importance à la cuisson des légumes frais, une fois le plat principal (viande-poisson, œufs) trouvé, les légumes suivent sans trop de conviction.
Si je viens vous dire que les légumes frais se cuisent à l'eau bouillante salée à raison de 8 à 10 g de sel par litre, vous le savez. Moi aussi, je le sais depuis longtemps, et c'est pourquoi je ne pouvais pas apprécier le goût des légumes, jusqu'au jour où je n'ai plus jamais cuit les légumes à l'eau bouillante salée mais à la vapeur ; sauf pour quelques exceptions bien sûr. Cela vous paraît un détail et pourtant c'est l'essentiel. Il faut cuire les légumes frais à la vapeur si vous voulez conserver :

- leur goût propre qui disparaît en partie dans la cuisson à l'eau ;
- leur valeur alimentaire : sels minéraux, vitamines ;
- leur belle couleur verte (pour les légumes verts).

Pour éviter au maximum l'oxydation (brunissement) des légumes, il est également important de les protéger de l'air. L'autocuiseur muni d'un couvercle hermétique et d'un panier rigide perforé, permettant de cuire les légumes séparés de l'eau, répond à ces exigences.
Si votre autocuiseur n'a qu'un panier souple, à maille métallique, c'est insuffisant, mais vous pouvez trouver dans n'importe quel grand magasin ou quincaillerie le panier rigide perforé. Ce dernier vous rendra d'ailleurs d'autres services : cuisson à 2 étages (ex. : viande mijotée en bas et légumes à la vapeur en haut), égouttoir.
En tout cas, la cuisson à la vapeur est très simple (voir cuisson à la vapeur) et si vous ne l'avez jamais expérimentée, essayez, c'est votre dernière chance d'aimer vraiment les légumes.
Vous pouvez même faire cuire à la vapeur tous les légumes congelés et non dégelés. Ils resteront beaucoup plus fermes et auront bien meilleur goût, cuits de cette manière.

### CUISSON A LA VAPEUR
**(toujours conseillée, voir « Remarques légumes frais »)**

*Légumes, 1/2 l d'eau environ (2 cm de haut), sel, poivre.*
AROMATES AU CHOIX : *herbes de Provence (thym, laurier, persil, sarriette, estragon, fenouil, romarin).*
ÉPICES : *noix de muscade ; paprika , ail ; oignon.*
CUISSON : *temps variable selon les légumes (voir tableau).*
MATÉRIEL : *autocuiseur ; panier rigide.*

1° Verser dans l'autocuiseur 2 cm d'eau chaude.
2° Mettre dans le panier rigide les légumes épluchés, nettoyés et légèrement salés et accompagnés d'aromates au choix.
3° Déposer le panier rigide dans l'autocuiseur et le mettre en

position haute de façon à le séparer de l'eau.
4° Fermer l'autocuiseur. Mettre à feu vif. Compter le temps de cuisson à partir de la rotation de la soupape. Régler le feu à moyen et laisser cuire le temps nécessaire aux légumes (voir tableau, temps de cuisson des légumes).

## CUISSON A L'EAU
## (à éviter sauf exception)

*Beaucoup d'eau, sel (8 à 10 g par litre d'eau)*
CUISSON : *temps variable suivant les légumes (voir tableau).*
MATERIEL : *autocuiseur ou fait-tout.*

1° Faire bouillir une grande quantité d'eau (les légumes doivent baigner largement dans l'eau), saler.
2° Préparer les légumes : éplucher, nettoyer et laver.
3° Mettre les légumes frais à bouillir le temps nécessaire.
4° Egoutter et assaisonner.

UTILISATIONS

- Epinards, salade cuite.
- Légumes à goût fort : chou vert, chou-fleur, choux de Bruxelles, céleri en branche, céleri-rave.

## CUISSON A LA COCOTTE

*500 g de légumes ; 50 g de beurre ou de margarine ; 1/2 dl d'eau ou de bouillon ; sel, poivre.*
AROMATES AU CHOIX : *herbes de Provence (thym, laurier, persil, romarin, sarriette, estragon, menthe, fenouil) ; oignons ; ail ; échalote ; carottes ; laitue ; noix de muscade ; crème fraîche.*
CUISSON : *temps variable suivant les légumes.*
MATÉRIEL : *cocotte ordinaire ; autocuiseur.*

1° Préparer les légumes : éplucher, nettoyer, laver et sécher.
2° Faire fondre la matière grasse, y ajouter les légumes. Ne pas les laisser colorer. Assaisonner. Parfois, il faut ajouter un peu d'eau ou de bouillon.
3° Laisser étuver les légumes (cocotte ouverte) le temps nécessaire à feu très doux.
4° Servir les légumes nature ou liés avec une sauce, crème fraîche.

UTILISATIONS

Carottes, endives, petits pois, choux, laitue, navets, aubergines, artichauts, haricots verts, oignons, fenouil.

# TEMPS DE CUISSON DES LÉGUMES

| LÉGUMES | CUISSON A LA VAPEUR A L'AUTOCUISEUR | A L'EAU ET A L'AUTO-CUISEUR | CUISSON A L'EAU EN FAIT-TOUT |
|---|---|---|---|
| ARTICHAUTS | 12-15 mn | | 30-40 mn |
| ASPERGES | 15 mn | 5-7 mn | 20 mn |
| BETTES | 15 mn | 10 mn | 40 mn |
| CARDONS | 1 h | 50 mn | 1 h 15 mn |
| CAROTTES | 30 mn | 20 mn | 40 mn |
| CÉLERI | — | 30 mn | 45 mn |
| CÉLERI-RAVE | — | 10 mn | 30 mn |
| CHOU-FLEUR | 3 mn + | 2 mn blanchiment | 15 mn |
| CHOU | 5 mn + | 5 mn blanchiment | 45 mn |
| CHOU DE BRUXELLES | 3 mn + | 2 mn blanchiment | 25 mn |
| ENDIVES | 20 mn | | 30 mn |
| EPINARDS | | 2 mn blanchiment | 5 mn blanchiment |
| FENOUIL | | 20 mn | 30 mn |
| FÈVES | | 8-10 mn | 15 mn |
| HARICOTS FRAIS EN GRAINS | | 10-15 mn | 30-40 mn |
| HARICOTS VERTS | 10 mn | | 20-30 mn |
| MARRONS | | 20 mn | 30-40 mn |
| NAVETS | | 15 mn | 20 mn |
| PETITS POIS | 5-10 mn | | 15-20 mn |
| POIREAUX | 15 mn | | 25-30 mn |
| POMMES DE TERRE | 15 mn | | 30 mn |
| SALSIFIS | 25 mn | | 30-40 mn |

## TEMPS DE CUISSON DES LÉGUMES BRAISÉS

| LÉGUMES | CUISSON A L'AUTOCUISEUR | CUISSON A LA COCOTTE ORDINAIRE |
|---|---|---|
| ARTICHAUTS (crus) | 12 mn à la vapeur + 10 mn à braiser | 30 mn en fait-tout + 30 mn à la cocotte |
| AUBERGINES | 15 mn | 1 h |
| COURGETTES | " | " |
| CAROTTES | 20 mn | 35 mn |
| CHOU CHOU FARCI | 5 mn blanchiment + 45 mn | 15 mn blanchiment + 1 h 30 |
| ENDIVES | 20 mn | 1 h |
| EPINARDS | 2 mn blanchiment + 20 mn | 5 mn blanchiment + 30 mn |
| FENOUIL | 20 mn | 1 h |
| HARICOTS VERTS | 5 mn blanchiment + 10 mn à braiser | 10 mn blanchiment fait-tout + 20 mn à la cocotte |
| OIGNONS FARCIS | 5 mn blanchiment + 20 mn | 15 mn blanchiment + 1 h |
| NAVETS | 5 mn blanchiment + 20 mn à braiser | 10 mn blanchiment + 30 mn à la cocotte |
| PETITS POIS | 10 mn | 30 mn |
| RATATOUILLE NIÇOISE | 20 mn | 1 h |
| SALADE CUITE | 20 mn | 1 h |
| TOMATES | 5 mn | 15 mn |

## COURONNE DE LÉGUMES A LA BÉCHAMEL

QUANTITÉS : *4 personnes.*
*500 g de légumes (carottes, chou-fleur ou 1 kg de légumes verts (épinards, salade) ; 2 œufs ; sel, poivre.*
BÉCHAMEL AU FROMAGE : *1/4 l lait ; 30 g de margarine ; 30 g de farine ; 30 g de gruyère.*
SAUCES D'ACCOMPAGNEMENT : *béchamel au fromage, à la crème ; sauce blanche, à la crème au jaune d'œuf ; sauce tomate, sauce aurore.*
PRÉPARATION : *20 mn.*
CUISSON : *légumes, temps variable suivant les légumes* (voir tableau) ; *béchamel, 5 mn ; couronne de légumes, 30 à 40 mn.*
THERMOSTAT : *5-6 ou 200-220°.*
MATÉRIEL : *moule en couronne ou moule à cake.*

1° Faire cuire les légumes selon les recettes de base données pour chaque légume.
2° Allumer le four et préparer le bain-marie en mettant 2 cm d'eau chaude dans la tôle creuse du four.
3° Préparer la béchamel : faire fondre la margarine, y ajouter d'un seul coup la farine. Quand le mélange est mousseux, retirer du feu et verser le lait froid d'un seul coup. Bien diluer, et remettre sur un feu doux à bouillir 5 mn en remuant sans cesse. Hors du feu, ajouter le gruyère râpé.
4° Mélanger les légumes réduits en purée avec la béchamel. Ajouter les œufs battus en omelette. Assaisonner fortement.
5° Beurrer largement un moule en couronne, y verser la préparation.
6° Faire cuire à four moyen dans le bain-marie.
7° Vérifier la cuisson avec une aiguille, si elle ressort sèche, la couronne est cuite.
8° Démouler sur un plat creux et verser au centre de la couronne une sauce de votre choix.

N.B. – Pour gagner du temps et faciliter le travail, vous pouvez faire la béchamel sur le double de proportion et en garder la moitié pour garnir la couronne. Vous avez la possibilité de la parfumer avec une cuillère à soupe de concentré de tomate pour obtenir une sauce aurore et d'y ajouter du jambon coupé en lamelles, des restes de viandes cuites, des œufs durs, des fruits de mer, des champignons. On peut rendre la couronne de légumes plus légère en battant les blancs d'œufs en neige.

## COURONNE DE LÉGUMES AUX ŒUFS AU LAIT

QUANTITÉS : *4 personnes.*
*500 g de légumes (carottes, chou-fleur) ou 1 kg de légumes verts (épinards, salade) ; 2 œufs ; 1/4 l de lait.*
SAUCES D'ACCOMPAGNEMENT : *béchamel au fromage, à la crème ; sauce blanche, à la crème, au jaune d'œuf ; sauce tomate, sauce aurore.*
PRÉPARATION : *20 mn.*

CUISSON : *légumes. temps variable suivant les légumes* (voir tableau). *; couronne de légumes, 25 à 30 mn ; sauce, 5 mn.*
THERMOSTAT : *5-6 ou 200-220°.*
MATÉRIEL : *un moule en couronne ou un moule à cake.*

1° Faire cuire les légumes selon les recettes de base données pour chaque légume.
2° Allumer le four et préparer le bain-marie en mettant 2 cm d'eau chaude dans la tôle creuse du four.
3° Faire bouillir le lait. Battre les œufs en omelette. Ajouter le lait bouillant petit à petit en fouettant sans arrêt. Assaisonner.
4° Beurrer largement le moule en couronne et saupoudrez-le de chapelure. Tasser les légumes réduits en purée grossière ou hachés. Verser dessus le mélange œufs-lait.
6° Faire cuire à four moyen dans le bain-marie.
7° Vérifier la cuisson avec une aiguille, si elle ressort sèche, la couronne est cuite.
8° Démouler sur un plat creux et verser au centre de la couronne une sauce de votre choix.

## ARTICHAUTS

QUANTITÉS : *4 personnes.*
*4 artichauts (suivant la grosseur) ; 1/4 l d'eau (cuisson à l'autocuiseur et à la vapeur) ; sel.*
SAUCES D'ACCOMPAGNEMENT : *vinaigrette, mayonnaise, rémoulade ; béchamel, au fromage, à la crème ; béarnaise.*
PRÉPARATION : *5 mn.*
CUISSON : *à l'autocuiseur, à l'eau 10 mn, à la vapeur 12 à 15 mn ; en fait-tout, à l'eau 30 à 40 mn.*

1° Équeuter et retirer les premières feuilles extérieures filandreuses.
2° Les laver à l'eau vinaigrée (au cas où ils renfermeraient des pucerons) et rincer à l'eau claire.
3° Faire cuire les artichauts de préférence à la vapeur et à l'autocuiseur. Pour cela verser l'eau et le sel dans l'autocuiseur. Mettre le panier rigide en position haute avec les artichauts. Fermer l'autocuiseur et laisser cuire 12 mn à partir de la rotation de la soupape. L'artichaut sera encore croquant ; si vous préférez le déguster plus tendre, prolongez la cuisson de quelques minutes.
4° Quand les artichauts sont cuits, ils peuvent être servis :
- Soit chauds à la béchamel, à la béarnaise ;
- Soit froids à la vinaigrette, mayonnaise, rémoulade.

## FONDS D'ARTICHAUTS

QUANTITÉS : *4 personnes.*
*4 artichauts ; 1/4 l d'eau (cuisson à l'autocuiseur et à la vapeur) ; 1 citron.*
PRÉPARATION : *30 mn.*
CUISSON : *à l'autocuiseur, à l'eau, 10 mn ; à la vapeur, 12 mn ; en fait-tout, à l'eau, 30 mn.*

1° Équeuter les artichauts et les laver à l'eau vinaigrée. Rincer à l'eau claire.
2° Casser les feuilles le plus près de la base ou coupez-les avec des ciseaux.
3° Éplucher les fonds avec le couteau économique comme pour les pommes de terre. Citronnez-les pour qu'ils ne noircissent pas.
4° Faire cuire les fonds d'artichauts de préférence à la vapeur et à l'autocuiseur. Pour cela, verser l'eau dans l'autocuiseur. Mettre le panier rigide en position haute avec les fonds d'artichauts. Fermer l'autocuiseur et laisser cuire 12 mn à partir de la rotation de la soupape.
5° Quand les fonds d'artichauts sont cuits, retirer le foin.
6° Servir les fonds d'artichauts.
- Soit chauds : accompagnés de crème fraîche, sauce béchamel, au fromage, sauce béarnaise ; revenus dans le beurre ou la margarine et farcis de petits pois, champignons, viande.

– Soit froids : farcis de macédoine à la mayonnaise, de champignons (crus assaisonnés de vinaigrette, au citron).

### FONDS D'ARTICHAUTS FARCIS AUX CHAMPIGNONS

QUANTITÉS : *4 personnes.*
*4 fonds d'artichauts en boîte ; 30 g de beurre ou de margarine ; 1 oignon ; 1 carotte ; 1 dl de vin blanc sec ; 1 dl d'eau ou de bouillon ; 4 tranches de lard de poitrine fumé ; sel, poivre.*
BOUQUET GARNI : *une branche de thym ; une demi-feuille de laurier ; persil.*
FARCE : *200 g de champignons ; 100 g de mie de pain rassis ; 1/2 dl de lait ; 2 échalotes ; 20 g de margarine ; persil haché ; sel, poivre, noix de muscade.*
PREPARATION : *15 mn.*
CUISSON : *cocotte ordinaire, 30 mn ; autocuiseur, 10 mn.*

1° Égoutter les fonds d'artichauts en boîte et les faire revenir dans la matière grasse. Saler et poivrer.
2° Faire la farce : verser le lait chaud sur la mie de pain émiettée. D'autre part, hacher les échalotes, les champignons et le persil. Les faire revenir dans la margarine. Mélanger le tout. Ajouter une pincée de noix de muscade, saler et poivrer.
3° Garnir les fonds d'artichauts de farce et les recouvrir d'une tranche de lard de poitrine fumé.
4° Déposer les fonds d'artichauts farcis dans la cocotte, entourés d'une carotte et d'un oignon coupés en rondelles. Ajouter le bouquet garni. Mouiller avec l'eau et le vin blanc. Saler et poivrer. Laisser mijoter soit 30 mn pour la cuisson à la cocotte ordinaire ; soit 10 mn pour la cuisson à l'autocuiseur à partir du chuchotement de la soupape et à feu très doux.
5° Servir les artichauts farcis aux champignons arrosés du jus de cuisson.

## VARIANTES

### FONDS D'ARTICHAUTS FARCIS A LA TOMATE

Suivre la recette des fonds d'artichauts farcis aux champignons. Pour la farce supprimer la mie de pain et le lait. Remplacer les champignons par 200 g de tomates (2 ou 3) fraîches ou en boîte au naturel.

### FONDS D'ARTICHAUTS FARCIS AUX PETITS POIS

QUANTITÉS : *4 personnes.*
*4 fonds d'artichauts en boîte plus 20 g de beurre ; 200 g de petits pois en boîte ou surgelés ; 20 g de beurre ; sel, poivre, persil ou cerfeuil haché.*

Égoutter les fonds d'artichauts et les passer au beurre. Utiliser pour la garniture des petits pois en boîte ou surgelés. S'ils sont en boîte les réchauffer dans le jus de cuisson, et s'ils sont surgelés, les faire cuire 10 mn à l'autocuiseur et à la vapeur. Quand les petits pois sont prêts, ajouter le beurre, saler et poivrer. Garnir les fonds d'artichauts de petits pois et les servir parsemés de persil ou de cerfeuil haché.

## FONDS D'ARTICHAUTS FARCIS A LA MACÉDOINE (froids)

QUANTITÉS : *4 personnes.*
*4 fonds d'artichauts en boîte ; 200 g de macédoine en boîte ; 1 dl de mayonnaise fraîche ou en tube ; fines herbes (ciboulette, sarriette, estragon, persil) ; sel, poivre ; quelques feuilles de laitue.*

Égoutter les fonds d'artichauts et la macédoine en boîte. Préparer 1 dl de mayonnaise ou utiliser de la mayonnaise en tube. La mélanger avec la macédoine. Ajouter les fines herbes hachées. Saler et poivrer. Garnir les fonds d'artichauts de macédoine et présenter en entrée sur des feuilles de laitue.

## FONDS D'ARTICHAUTS FARCIS AU JAMBON

QUANTITÉS : *4 personnes.*
*4 fonds d'artichauts en boîte.*
FARCE : *1/2 l de lait ; 100 g de semoule moyenne ; 100 g de jambon ; 30 g de beurre ; sel, poivre, noix de muscade ; 40 g de gruyère râpé plus 20 g de margarine.*
CUISSON : *semoule, 10 mn ; gratin, 10 mn au four, th. 8 ou 260° ou quelques instants sous le gril.*

Égoutter les fonds d'artichauts. Faire cuire la semoule. Pour cela faire bouillir le lait. Quand il bout, jeter la semoule en pluie. Saler et poivrer, ajouter une pincée de noix de muscade. Tourner jusqu'à épaississement et laisser cuire à feu doux 10 mn. Incorporer ensuite le jambon coupé en dés et le beurre. Garnir les fonds d'artichauts de farce et les disposer dans un plat à four beurré. Saupoudrer de gruyère râpé et mettre quelques noisettes de margarine. Faire gratiner à four chaud (thermostat 8) une dizaine de minutes ou passer quelques instants sous le gril.

N.B. – Vous pouvez remplacer la semoule par un demi-litre de béchamel.

## FONDS D'ARTICHAUTS FARCIS AU THON

QUANTITÉS : *4 personnes.*
*4 fonds d'artichauts en boîte (froids).*
FARCE : *1 boîte de thon au naturel ; 1 petit suisse ; 2 œufs durs ; 1 demi-citron ; sel, poivre ; fines herbes : ciboulette, cerfeuil, persil hachés ; 1 c. à soupe de câpres.*
GARNITURE : *olives farcies, quelques feuilles de laitue, une tomate.*
SAUCE D'ACCOMPAGNEMENT : *vinaigrette ou mayonnaise.*

1° Faire durcir les œufs 12 mn à l'eau bouillante salée. Egoutter

les fonds d'artichauts et le thon en boîte.
2° Mélanger le thon, le petit-suisse et les œufs durs écrasés. Ajouter les fines herbes hachées, les câpres, le jus de citron, le sel et le poivre.
3° Garnir les fonds d'artichauts avec la farce. Les présenter garnis d'une olive farcie et entourés de feuilles de salade et de rondelles de tomate.
Servir le plat bien frais accompagné d'une sauce au choix.

• •

## ASPERGES

QUANTITÉS : *4 personnes.*
*1,6 kg à 2 kg (on compte 400 à 500 g d'asperges par personne ou 10 asperges) ; un demi-litre d'eau (pour la cuisson à la vapeur et à l'autocuiseur) ; sel.*
SAUCES D'ACCOMPAGNEMENT : *blanche mousseline ; hollandaise mousseline ; vinaigrette ; mayonnaise ; tartare.*
PRÉPARATION : *30 à 40 mn.*
CUISSON : *en faitout, 20 mn ; à l'autocuiseur, à l'eau 5 à 7 mn, à la vapeur 10 mn.*

1° Peler délicatement les asperges avec le couteau économique. Les attacher avec une ficelle.
2° Faire cuire les asperges de préférence à la vapeur et à l'autocuiseur. Pour cela verser l'eau dans l'autocuiseur. Mettre les asperges dans le panier rigide. Saler. Disposer le panier dans l'autocuiseur, en position haute. Fermer l'autocuiseur et laisser cuire 10 mn environ à partir de la rotation de la soupape.
3° Servir les asperges : soit tièdes avec une sauce blanche mousseline, sauce hollandaise mousseline ; soit froides, avec une vinaigrette, sauce mayonnaise, sauce tartare.

N.B. – Vous pouvez incorporer un blanc battu en neige dans la mayonnaise, cela la rendra plus légère pour accompagner les asperges.

## AUBERGINES

QUANTITÉS : *4 personnes.*
*4 aubergines, 1 dl d'huile.*
PERSILLADE : *40 g de beurre ; 2 gousses d'ail ; persil haché ; sel, poivre.*
PRÉPARATION : *10 mn.*
DÉGORGEMENT : *30 mn.*

1° Couper les aubergines en rondelles et les faire dégorger 30 mn saupoudrées de gros sel.
2° Les égoutter.
3° Les faire sauter à la poêle dans l'huile chaude.
4° Les servir soit avec une persillade (beurre fondu aromatisé d'ail pilé et de persil haché) ; soit avec une purée de tomates fraîches.

N.B. – Les courgettes se préparent et se cuisent de la même manière que les aubergines. Vous pouvez également les faire cuire à l'eau bouillante salée, 20 mn, ou à la vapeur à l'autocuiseur, 7 mn, et les faire revenir ensuite dans la matière grasse.

## AUBERGINES FARCIES

QUANTITÉS : *4 personnes.*
*4 aubergines.*
FARCE : *200 g de viande cuite ; 100 g de mie de pain rassis ; 1/2 l de lait ; 1 oignon ; 10 g de margarine ; sel, poivre.*
GRATIN : *4 c. à soupe de chapelure ; 20 g de margarine ou de beurre.*
PRÉPARATION : *20 mn.*
CUISSON : *30 mn ; th. 5-6 ou 200°-220°.*
GRATIN : *four, 10 mn, th. 8 ou 260° ; au gril, quelques instants.*

1° Couper les aubergines en deux dans le sens de la longueur. Evidez-les comme des barquettes et réserver la chair pour la farce.
2° Faire la farce, verser le lait chaud sur la mie de pain émiettée. D'autre part, faire revenir l'oignon haché dans la margarine. Ajouter la chair d'aubergine. Bien mélanger le tout, saler et poivrer.
3° Remplir les barquettes avec la farce. Disposez-les dans un plat à four beurré et saupoudrer de chapelure et mettre quelques noisettes de matière grasse.
4° Faire cuire à four moyen pendant 30 mn environ et faire gratiner à four chaud 5 à 10 mn ou passer sous le gril quelques instants avant de servir.

N.B. – Vous pouvez remplacer la mie de pain rassis par un dl de béchamel ou 100 g de riz cuit à l'eau. Vous pouvez également faire cuire les aubergines farcies à l'autocuiseur (15 mn à partir du chuchotement de la soupape, à feu doux) mais il faut supprimer la chapelure car elles ne sont pas gratinées. Les courgettes se préparent de la même manière que les aubergines.

# VARIANTES

## AUBERGINES FARCIES AUX CHAMPIGNONS

Suivre la recette des aubergines farcies.
Pour la farce, remplacer la viande par 200 g de champignons et l'oignon par une gousse d'ail. Faire revenir les champignons hachés avec l'ail avant de les mélanger à la farce. Remplir les aubergines et faire cuire selon les indications.

## AUBERGINES FARCIES AUX ŒUFS

Suivre la recette des aubergines farcies.
Pour la farce, remplacer la viande par 4 œufs durs.

## AUBERGINES EN BEIGNETS

*Voir recette « Beignets d'aubergines ».*

## BETTES (ou blettes)

QUANTITÉS : *4 personnes.*
*1 kg de bettes (250 x 4) ; 1/2 l d'eau (pour la cuisson à l'autocuiseur et à la vapeur) ; sel, poivre.*
SAUCES D'ACCOMPAGNEMENT : *sauce béchamel, au fromage ; sauce blanche, poulette, à la crème ; sauce tomate.*
PRÉPARATION : *1/4 d'heure.*
CUISSON : *en faitout, 40 mn ; à l'autocuiseur, à l'eau, 10 mn ; à la vapeur, 15 mn.*

1° Retirer les feuilles des côtes. Pelez-les et coupez-les en tronçons de 5 cm de long.
2° Les faire cuire de préférence à la vapeur et à l'autocuiseur. Pour cela, verser l'eau dans l'autocuiseur. Mettre les côtes dans le panier rigide et disposez-le en position haute, dans l'autocuiseur, saler. Fermer l'autocuiseur et laisser cuire 15 mn environ à partir de la rotation de la soupape, le temps de cuisson varie suivant la fermeté des bettes.
3° Quand les bettes sont cuites, les servir : soit simplement avec du jus de viande, de la crème fraîche ; soit accompagnées de sauce béchamel, au fromage, ou de sauce blanche poulette, ou de sauce tomate.

N.B. – Vous pouvez les passer au four pour les faire gratiner en les saupoudrant de gruyère râpé.

## CARDONS

QUANTITÉS : *4 personnes.*
*2 kg de cardons (car les déchets sont importants) ; 1 citron ; 1/2 l d'eau (pour la cuisson à l'autocuiseur et à la vapeur).*
SAUCES D'ACCOMPAGNEMENT : *sauce blanche, poulette ; sauce béchamel, au fromage, sauce hollandaise.*
PRÉPARATION : *1/4 d'heure.*
CUISSON : *en faitout, 1 h 15 ; à l'autocuiseur, à l'eau, 50 mn ; à la vapeur, 1 heure.*

1° Peler les cardons et les couper en tronçons de 5 cm de long. Les frotter à mesure avec le citron pour qu'ils ne noircissent pas.
2° Faire cuire les cardons de préférence à la vapeur et à l'autocuiseur. Pour cela, verser l'eau dans l'autocuiseur. Mettre les cardons dans le panier rigide en position haute dans l'autocuiseur. Fermer l'autocuiseur et laisser cuire une heure environ à partir de la rotation de la soupape (le temps de cuisson varie suivant la fermeté des cardons).
3° Quand les cardons sont cuits, les servir : soit simplement avec du jus de viande ou de la crème fraîche ; soit avec une sauce béchamel au fromage, ou une sauce blanche poulette, ou une sauce hollandaise.

## CAROTTES

QUANTITÉS : *4 personnes.*
*1 kg de carottes ; 1/2 l d'eau (pour la cuisson à la vapeur et à l'autocuiseur) ; 50 g de beurre ; sel, poivre, thym ; persil haché.*
SAUCES D'ACCOMPAGNEMENT : *beurre maître d'hôtel : sauce béchamel à la crème, au jaune d'œuf.*
PRÉPARATION : *15 mn.*
CUISSON : *en faitout : 40 mn ; autocuiseur : à l'eau 20 mn, à la vapeur 30 mn.*

1° Gratter les carottes avec le couteau économique. Les laver et les couper en rondelles si elles sont vieilles et grosses.
2° Faire cuire les carottes de préférence à la vapeur et à l'autocuiseur. Pour cela verser l'eau dans l'autocuiseur. Mettre les carottes dans le panier rigide et le disposer en position haute dans l'autocuiseur. Saupoudrer de thym et de sel. Fermer l'autocuiseur et laisser cuire environ 30 mn à partir de la rotation de la soupape.
3° Quand les carottes sont cuites, les servir soit avec du beurre fondu et du persil haché, soit avec une sauce béchamel liée avec un jaune d'œuf, ou de la crème fraîche.

## CAROTTES BRAISÉES

QUANTITÉS : *4 personnes.*
*1 kg de carottes ; 50 g de beurre ou margarine ; 1 oignon ; 1 gousse d'ail ; sel, poivre, thym ; 1 c. à soupe de crème fraîche ; persil haché.*
PRÉPARATION : *15 mn.*
CUISSON : *à la cocotte ordinaire 35 mn ; à l'autocuiseur 20 mn.*

1° Gratter les carottes avec le couteau économique. Les laver et les couper en rondelles.
2° Les faire revenir sans colorer avec la matière grasse. Ajouter l'oignon émincé et les aromates. Fermer la cocotte et laisser cuire soit 35 mn pour la cocotte ordinaire, soit 20 mn pour l'autocuiseur à partir du chuchotement de la soupape.
3° Quand les carottes sont cuites, les mettre dans un plat. Lier le jus de cuisson avec la crème fraîche, et arroser les carottes avec ce jus. Servir le plat saupoudré de persil haché.

## CÉLERI EN BRANCHES

QUANTITÉS : *4 personnes.*
*1 kg de céleri en branches (2 pieds de céleri) ; beurre fondu ; 2 litres d'eau ; 2 c. à café de sel.*
SAUCES D'ACCOMPAGNEMENT : *sauce blanche, à la crème ; sauce tomate.*
PRÉPARATION : *15 mn.*
CUISSON : *en faitout 45 mn, à l'autocuiseur à l'eau 30 mn env.*

1° Gratter les côtes, enlever les côtes creuses et les couper en tronçons de 5 cm de long.

2° Faire cuire le céleri dans l'eau bouillante salée soit 45 mn pour la cuisson en faitout, soit 30 mn environ pour la cuisson à l'autocuiseur à partir de la rotation de la soupape.
3° Quand le céleri est cuit, l'égoutter et le servir soit avec du jus de viande, du beurre fondu soit avec une sauce blanche à la crème, une sauce tomate.
Vous pouvez aussi le faire gratiner au four saupoudré de gruyère râpé.

N.B. – Pour que le céleri garde sa belle couleur, vous pouvez ajouter par litre d'eau de cuisson : 1 c. à soupe de farine délayée avec 3 c. à soupe d'eau froide, 1 c. à soupe de vinaigre. Pour vous éviter l'épluchage fastidieux du céleri en branche utiliser le céleri en conserve. Il est excellent.

## CÉLERI-RAVE

QUANTITÉS : *4 personnes.*
*600 g de céleri-rave (150 g x 4) ; 2 l d'eau ; 2 c. à café de sel.*
SAUCES D'ACCOMPAGNEMENT : *sauce blanche, à la crème ; sauce béchamel, au fromage.*
PRÉPARATION : *10 mn.*
CUISSON : *en faitout 30 mn ; à l'autocuiseur à l'eau 10 mn.*

1° Peler le céleri avec le couteau économique et le couper en rondelles.
2° Mettre le céleri dans l'eau froide salée et porter à ébullition soit 30 mn pour la cuisson en faitout, soit 10 mn pour la cuisson à l'autocuiseur à partir de la rotation de la soupape.
3° Quand le céleri-rave est cuit, l'égoutter et le servir soit avec du jus de viande, soit accompagné d'une sauce blanche, à la crème ou d'une sauce béchamel, au fromage.

N.B. – Vous pouvez le passer au four pour le faire gratiner, saupoudré de gruyère râpé.

## CHAMPIGNONS

QUANTITÉS : *4 personnes.*
*600 à 800 g de champignons de Paris (150 g à 200 g x 4) ; 2 c. à soupe d'eau ; 1/2 citron ; 40 g de beurre ; 1 gousse d'ail ; sel, poivre ; fines herbes hachées au choix (persil, ciboulette, cerfeuil).*
SAUCES D'ACCOMPAGNEMENT : *sauce blanche, à la crème, au jaune d'œuf, sauce béchamel, au fromage.*
PRÉPARATION : *1/4 h.*
CUISSON : *10 mn environ.*

1° Couper la partie terreuse du pied
2° Laver soigneusement à l'eau vinaigrée (pour éviter qu'ils ne noircissent). Vérifier s'ils n'ont plus de sable.
3° Mettre dans une casserole les champignons entiers ou coupés en lamelles selon l'utilisation. Ajouter le jus d'un demi-citron et 2 c. à soupe d'eau.

4° Porter à feu vif. Quand les champignons ont rendu leur eau, les égoutter.
5° Les faire sauter à la poêle avec le beurre, l'ail pilé, le sel et le poivre.
6° Servir les champignons cuits :
- Soit nature, saupoudrés de fines herbes ;
- Soit liés avec une sauce au choix ;
- Soit en garniture de viandes, poisson, œufs, de tartelettes, bouchées, croque-monsieur.
- Soit comme base de farces, soufflés.

N.B. – Pour les champignons en boîtes, il suffit de les égoutter et de les passer à la poêle avec l'ail pour leur redonner un goût de fraîcheur. Il existe de nombreuses variétés de champignons mais si vous ne les connaissez pas parfaitement, réservez-les aux spécialistes. En tout cas, ne les imposez pas à vos invités et contentez-vous des plus connus : champignons de couche, girolles, cèpes, morilles, mousserons.

## CHOU-FLEUR

QUANTITÉS *: 4 personnes.*
*1 chou-fleur de 1 kg ; 2 c. à soupe de farine ; 50 g de beurre ; sel, poivre, noix de muscade ; persil, cerfeuil.*
SAUCES D'ACCOMPAGNEMENT : *sauce béchamel, au fromage ; sauce tomate ; sauce vinaigrette, gribiche, mayonnaise.*
PRÉPARATION *: 5 mn.*
CUISSON : *en faitout, 15 mn ; à l'autocuiseur, à la vapeur, 5 mn.*

1° Détailler le chou-fleur en gros bouquet.
2° Les laver à l'eau vinaigrée.
3° Cuire le chou-fleur de préférence dans deux eaux différentes pour éliminer l'odeur forte du chou et le rendre plus digestible.
Commencer par mettre à bouillir 2 litres d'eau avec 2 c. à soupe de farine, délayées au préalable (ceci pour conserver la blancheur du chou-fleur).
Quand l'eau bout, y mettre le chou-fleur et laisser blanchir 2 minutes, puis jeter l'eau.
Faire cuire ensuite, le chou-fleur à la vapeur et à l'autocuiseur. Verser dans l'autocuiseur 1/4 de litre d'eau. Mettre le chou-fleur dans le panier rigide et le disposer en position haute dans l'autocuiseur. Saler. Fermer l'autocuiseur et laisser cuire environ 3-4 minutes à partir de la mise en rotation de la soupape.
4° Servir le chou-fleur cuit :
- Soit nature avec du beurre fondu, noix de muscade, persil
- Soit avec une sauche béchamel, au fromage, à la crème, à la sauce tomate.
- Soit froid en salade avec une vinaigrette, sauce gribiche, mayonnaise.

## CHOU-FLEUR EN BEIGNETS

*Voir recette « Beignets de chou-fleur ».*

# VARIANTES

## CHOU-FLEUR A LA POLONAISE

QUANTITÉS : *4 personnes.*
*1 chou-fleur ; 50 g de gruyère râpé ; 50 g de beurre ; 3 c. à soupe de chapelure ; 1 œuf dur ; sel, persil, noix de muscade.*
GRATIN : *au four ; th. 8 ou 260° ou quelques instants sous le gril.*

1° Faire durcir un œuf 12 mn à l'eau bouillante salée.
2° D'autre part, faire cuire le chou-fleur selon la recette de base.
3° Quand le chou-fleur est cuit, prendre délicatement les bouquets et les déposer la queue en l'air dans un grand bol. Tasser pour reformer un chou-fleur. Arroser avec le beurre fondu et fortement assaisonné (sel, poivre, noix de muscade).
4° Démouler ensuite sur un plat à four. Garnir le dôme de gruyère râpé, saupoudrer de chapelure, d'œuf dur écrasé, de persil haché. Mettre à gratiner à four chaud une dizaine de minutes ou passer quelques instants sous le gril

## CHOU-FLEUR AU GRATIN

QUANTITÉS : *4 personnes.*
*1 chou-fleur.*
BÉCHAMEL AU FROMAGE : *1/2 l lait ; 40 g de margarine ; 40 g de farine ; 50 g de gruyère ; sel, poivre, noix de muscade.*
GRATIN : *20 g de gruyère, 20 g de margarine.*
CUISSON DU GRATIN : *au four, th. 8 ou 260°, ou quelques instants sous le gril.*

1° Faire cuire le chou-fleur selon la recette de base.
2° Pendant ce temps préparer la béchamel. Faire fondre la margarine, y ajouter d'un seul coup la farine. Quand le mélange est mousseux, retirer du feu et verser le lait froid, d'un seul coup. Bien diluer et remettre sur feu doux à bouillir 5 mn, en remuant sans cesse. Assaissonner hors du feu, ajouter le gruyère rapé.
3° Disposer les bouquets de chou-fleur dans un plat à four beurré. Nappez-les de sauce. Saupoudrer de gruyère râpé, mettre quelques noisettes de beurre et faire gratiner à four chaud une dizaine de minutes, ou passer quelques instants sous le gril.

N.B. – Vous pouvez varier la recette en mettant moitié chou-fleur, moitié pommes de terre. Vous pouvez ajouter également une tranche de jambon coupé en lamelles ou un reste de viande cuite.

● ●

## CHOU

QUANTITÉS : *4 personnes.*

*1 chou vert ; sel ; 1 c. à café par litre d'eau ; 40 g de beurre.*
SAUCES D'ACCOMPAGNEMENT *: sauce blanche, à la crème.*
PRÉPARATION *: 5 mn.*
CUISSON *: en faitout, 45 mn : à l'autocuiseur, 10 mn.*

1° Retirer le trognon, les feuilles flétries et couper le chou en quartiers. Lavez-le à l'eau courante.

2° Le chou doit toujours être cuit dans deux eaux différentes pour éliminer l'odeur forte et le rendre plus digestible.

3° Commencer par faire bouillir 2 litres d'eau salée. Quand l'eau bout, y mettre le chou à blanchir soit 15 mn en faitout, soit 5 mn en autocuiseur fermé.

Jeter l'eau et remettre à bouillir de nouveau 2 litres d'eau salée. Quand l'eau bout, mettre le chou rafraîchi sous l'eau froide et égoutté. Laisser cuire soit 30 mn environ pour la cuisson en faitout, soit 5 mn pour la cuisson en autocuiseur.

4° Servir le chou soit arrosé de beurre fondu ; soit accompagné d'une sauce blanche à la crème.

## VARIANTES

### CHOU BRAISÉ

QUANTITÉS *: 4 personnes.*
*1 chou vert ; 100 g de lard de poitrine fumé ; 1 oignon ; 1 carotte ; 2 dl de bouillon cube*
BOUQUET GARNI *: thym, laurier persil, poivre.*
PRÉPARATION *: 1/4 h.*
BLANCHIMENT : *en faitout, 15 mn : à l'autocuiseur, 5 mn.*
CUISSON *: à la cocotte ordinaire, 1 h 30 à 2 h : à l'autocuiseur, 45 mn.*

1° Blanchir le chou à l'eau bouillante salée, selon les indications de la recette de base. Rafraîchir sous l'eau froide, et égoutter.

2° Ensuite, mettre le chou dans une cocotte avec le lard coupé en dés, la carotte, et l'oignon coupé en rondelles. Ajouter les aromates. Mouiller avec le bouillon (ne pas saler à cause du bouillon cube, poivrer). Fermer la cocotte et laisser cuire à feu très doux soit 1 h 30 pour la cocotte ordinaire ; soit 45 mn pour la cuisson à l'autocuiseur à partir du chuchotement de la soupape.

3° Quand le chou est cuit, le servir arrosé du jus de cuisson. Vous pouvez l'accompagner de saucisses sautées à la poêle.

### CHOU FARCI

QUANTITES : *4 personnes.*
*1 chou vert ; 40 g margarine ou huile ; 1 oignon ; 1 carotte ; 1 dl de vin blanc sec ; 1 dl d'eau ou de bouillon : sel, poivre.*
BOUQUET GARNI : *thym, laurier, persil.*
FARCE : *400 g de chair à saucisse ; 1 œuf.*
PRÉPARATION : *30 mn.*
BLANCHIMENT : *en faitout 15 mn ; à l'autocuiseur 5 mn.*
CUISSON *à la cocotte ordinaire, 1 h 30 à 2 h ; à l'autocuiseur, 45 mn.*

1° Blanchir le chou à l'eau bouillante salée selon les indications

de la recette de base. Rafraîchir à l'eau froide et égoutter.
2° Préparer la farce en mélangeant la chair à saucisse avec l'œuf.
3° Retirer délicatement le cœur du chou et mettre une boule de farce à la place. Ouvrir délicatement chaque feuille du chou et remplir de farce. Refermer les feuilles ensuite à mesure. Ficeler le chou farci et le faire revenir dans une cocotte avec la matière grasse. Ajouter la carotte et l'oignon coupés en rondelles, les aromates. Mouiller avec l'eau et le vin blanc. Laisser cuire à feu très doux, soit 1 h 30 pour la cuisson à la cocotte ordinaire, soit 45 mn pour la cuisson à l'autocuiseur à partir du chuchotement de la soupape.
4° Quand le chou farci est cuit, le déposer dans un plat creux, lui retirer sa ficelle et le servir arrosé du jus de cuisson.

● ●

## CHOUX DE BRUXELLES

QUANTITÉS : *4 personnes.*
*600 g de choux de Bruxelles ; 40 g de beurre ; 1 c. à café de sel par litre d'eau, poivre.*
PRÉPARATION : *30 mn.*
BLANCHIMENT : *en faitout, 5 mn ; à l'autocuiseur, 2 mn.*
CUISSON : *en faitout, 5 à 10 mn ; à l'autocuiseur, 3 mn.*

1° Enlever les feuilles flétries des choux. Lavez les choux à l'eau courante.
2° Il est préférable de faire cuire les choux de Bruxelles dans deux eaux différentes pour éliminer l'odeur forte et les rendre plus digestibles.
3° Commencer par faire bouillir 2 litres d'eau salée. Quand l'eau bout, y mettre les choux à blanchir : soit 5 mn en faitout, soit 2 mn à l'autocuiseur.
Jeter l'eau. Rafraîchir les choux sous l'eau froide et les égoutter.
Remettre de nouveau 2 litres d'eau salée à bouillir. Lorsque l'eau bout, faire cuire les choux : soit 5 à 10 mn en faitout selon leur fermeté, soit 3 mn à l'autocuiseur à partir de la rotation de la soupape.
4° Égouttez les choux de Bruxelles et servez-les avec du beurre fondu ou passez-les à la poêle. Ainsi préparés, ils pourront accompagner des saucisses, steaks et côtelettes.

## COURGETTES

Les courgettes se préparent et se cuisent de la même manière que les aubergines *(voir « Aubergines » et « Aubergines farcies »).* D'ailleurs aubergines et courgettes sont souvent associées dans le même plat.

## COURGETTES EN BEIGNETS

*Voir recette « Beignets de courgettes ».*

## ENDIVES

QUANTITÉS : *4 personnes.*
*4 endives ; 1,4 l d'eau (pour la cuisson à l'autocuiseur et à la vapeur) ; 1/2 citron ; sel.*
SAUCES D'ACCOMPAGNEMENT : *sauce béchamel au fromage ; sauce tomate.*
PRÉPARATION : *5 mn.*
CUISSON : *en faitout à l'eau, 30 mn ; à l'autocuiseur, 20 mn.*

1° Enlever les feuilles flétries des endives.
Laver les endives rapidement sans les laisser tremper dans l'eau car cela les rend amères. Les essuyer, puis creuser à l'intérieur du pied un petit cône pour éliminer l'amertune souvent concentrée dans le pied.
2° Faire cuire les endives de préférence à la vapeur et à l'autocuiseur. Pour cela verser l'eau et le sel dans l'autocuiseur. Mettre le panier rigide en position haute avec les endives. Asperger de jus de citron les endives pour qu'elles restent blanches. Fermer l'autocuiseur et laisser cuire 20 mn environ à partir de la rotation de la soupape.
3° Quand les endives sont cuites, soit les servir avec du beurre, de la crème fraîche,une sauce béchamel au fromage, une sauce tomate, soit les faire gratiner au four *(voir recette « Endives au gratin »).*

N.B. – Vous pouvez faire cuire à moitié les endives à la vapeur et ensuite les faire braiser *(voir recette « Endives braisées »).*

## ENDIVES BRAISÉES

QUANTITÉS : *4 personnes.*
*1 kg d'endives ; 40 g de margarine ou de beurre ; 1/2 citron ; sel, poivre.*
AROMATES AU CHOIX : *1 oignon, ail ; noix de muscade ; lard de poitrine fumé ou jambon fumé ; crème fraîche.*
SAUCE D'ACCOMPAGNEMENT : *sauce béchamel au fromage ; sauce tomate.*
PRÉPARATION : *5 mn.*
CUISSON : *à la cocotte ordinaire, 1 h ; à l'autocuiseur, 20 mn.*

1° Enlever les feuilles flétries des endives.
Lavez les endives rapidement sans les laisser tremper dans l'eau car cela les rend amères. Les essuyer soigneusement, puis creuser à l'intérieur du pied un petit cône pour éliminer l'amertune souvent concentrée dans cette partie.
2° Faire fondre la matière grasse dans la cocotte et y ranger les endives. Asperger de jus de citron, pour que les endives restent

blanches. Saler et poivrer. Fermer l'autocuiseur et laisser cuire à feu doux soit 1 h pour la cuisson à la cocotte ordinaire, soit 20 mn environ pour la cuisson à l'autocuiseur à partir du chuchotement de la soupape.
3° Quand les endives sont cuites, on peut les servir accompagnées de jus de viande, de crème fraîche, de sauce béchamel au fromage, ou les faire gratiner saupoudrées de gruyère râpé *(voir recette « Endives au gratin »).*

**ENDIVES AU GRATIN**

QUANTITÉS : *4 personnes.*
*1 kg d'endives ; 1/2 citron ; sel, poivre.*
SAUCE BÉCHAMEL AU FROMAGE : *1/2 l de lait ; 40 g de margarine ; 40 g de farine ; sel, poivre ; noix de muscade ; 50 g de gruyère râpé.*
GRATIN : *20 g de margarine ou de beurre.*
PRÉPARATION : *15 mn.*
CUISSON : *endives, en faitout à l'eau, 30 mn ; à l'autocuiseur à la vapeur, 20 mn ; braisées, 20 mn. Béchamel, 5 mn. Gratin, au four, th. 8 ou 260°, 10 mn ; sous le gril, quelques instants.*

1° Enlever les feuilles flétries des endives.
Laver les endives rapidement sans les laisser tremper dans l'eau car cela les rend amères. Les essuyer, puis creuser à l'intérieur du pied un petit cône pour éliminer l'amertune souvent concentrée dans cette partie.
2° Faire cuire les endives de préférence à l'autocuiseur soit braisées *(voir recette « Endives braisées »)*, soit à la vapeur *(voir recette « Endives »).*
3° Pendant ce temps, préparer la béchamel. Faire fondre la margarine, y ajouter d'un seul coup la farine. Quand le mélange est mousseux, retirer du feu et verser d'un seul coup le lait froid. Bien diluer et remettre sur feu doux à bouillir 5 mn en tournant sans cesse. Hors du feu ajouter le gruyère râpé.
4° Quand les endives sont cuites, les ranger dans un plat à four beurré. Les napper de sauce béchamel. Mettre quelques noisettes de beurre et faire gratiner à four chaud pendant une dizaine de minutes ou passer quelques instants sous le gril.

N.B. – Si vous êtes pressée vous pouvez utiliser des endives en boîte. Il vous suffit de les égoutter avant de les ranger dans le plat à four.

## VARIANTE

**ENDIVES GRATINÉES AU JAMBON**

Suivre la recette des endives au gratin.
Avant de mettre les endives dans le plat à four, les enrouler dans une tranche de jambon.

## ÉPINARDS

QUANTITÉS : *4 personnes.*
*1,500 kg d'épinards ; 3 l d'eau ; 3 c. à café de sel (1 c. à café par litre d'eau) ; poivre, noix de muscade ; 40 g de beurre.*
PRÉPARATION : *10 mn.*
BLANCHIMENT : *en faitout, 5 mn ; à l'autocuiseur, 2 mn.*
CUISSON : *à la cocotte ordinaire, 30 mn ; à l'autocuiseur, 20 mn.*

1° Éplucher les épinards. Supprimer les queues si elles sont dures.
2° Laver les épinards plusieurs fois à grande eau.
3° Les faire blanchir à l'eau bouillante salée soit 5 mn en faitout, soit 2 mn à l'autocuiseur.
4° Quand les épinards sont blanchis, les rafraîchir en les passant sous l'eau froide et les égoutter soigneusement en les pressant pour en exprimer le maximum d'eau.
5° Les hacher grossièrement.
6° Mettre le beurre à fondre. Ajouter les épinards. Assaisonner et laisser mijoter très doucement soit 30 mn à la cocotte ordinaire, soit 20 mn à l'autocuiseur à partir du chuchotement de la soupape.
7° Quand les épinards sont cuits, vous pouvez les lier soit avec du jus de viande, soit avec 50 g de crème fraîche, soit avec 1 dl de béchamel.
Les épinards accompagnent parfaitement les œufs : durs, pochés, sur le plat, mollets, les escalopes et le jambon.
Vous présentez le plat garni de croûtons grillés au four ou revenus dans la poêle.
Pour réaliser cette recette vous avez la possibilité d'utiliser des épinards surgelés ou des épinards en boîte. Il suffit de les passer à l'eau froide, de bien les égoutter et de les faire mijoter seulement 10 mn à la cocotte ordinaire ou 5 mn à l'autocuiseur.

N.B. – Le tétragone (épinard d'été), l'oseille, les salades (chicorée, laitue, scarole, cresson) se préparent de la même manière que les épinards.

# VARIANTE

## ÉPINARDS AU GRATIN

QUANTITÉS : *4 personnes.*
*1,500 kg d'épinards ; 40 g de beurre ; 100 g de gruyère ; sel, poivre noix de muscade.*
GRATIN : *20 g de gruyère ; 20 g de margarine ou de beurre.*
BLANCHIMENT : *en faitout, 5 mn ; à l'autocuiseur, 2 mn.*
GRATIN : *au four, th. 8 ou 260°, 10 mn ; sous le gril, quelques instants.*

1° Allumer le four ou le gril.
2° Blanchir les épinards selon la recette de base. Les rafraîchir, les égoutter soigneusement et les hacher grossièrement. Ajouter ensuite le beurre fondu et le gruyère râpé. Assaisonner.
3° Verser les épinards dans un plat à four beurré. Saupoudrer avec le gruyère râpé. Mettre quelques noisettes de margarine ou beurre et faire gratiner à four chaud une dizaine de minutes ou passer quelques instants sous le gril.

N.B. – Vous pouvez remplacer le beurre fondu par 1 dl de béchamel.

● ●

**FENOUIL**

QUANTITÉS : *4 personnes.*
*4 bulbes de fenouil ; 40 g de beurre ; sel, poivre.*
SAUCES D'ACCOMPAGNEMENT : *sauce blanche, sauce tomate.*
PRÉPARATION : *5 mn.*
CUISSON : *en faitout, 30 mn ; à l'autocuiseur, à l'eau, 20 mn.*

1° Retirer les feuilles filandreuses. Lavez les bulbes à l'eau courante.
2° Les faire cuire à l'eau bouillante salée soit 30 mn en faitout, soit 20 mn à l'autocuiseur à partir de la rotation de la soupape.
3° Quand les bulbes sont cuits, les égoutter soigneusement en les pressant pour en extraire le maximum d'eau. Ils peuvent être servis comme le céleri en branches soit avec du beurre fondu, du jus de viande, de la crème fraîche, soit avec une sauce blanche, une sauce tomate, soit gratinés au four saupoudrés de gruyère râpé.

N.B. – Vous pouvez également faire cuire à moitié les bulbes et les faire braiser comme les endives. Le fenouil accompagne parfaitement le rôti de veau, de dindonneau, les escalopes, le poulet.

**FÈVES**

QUANTITÉS : *4 personnes.*
*600 g de fèves ; 2 l d'eau ; 2 c. à café de sel (1 c. à café par litre d'eau) ; poivre.*
BOUQUET GARNI : *une branche de thym, une demi-feuille de laurier, persil, sarriette.*
GARNITURE : *30 g de beurre ; persil ou cerfeuil haché.*
SAUCES D'ACCOMPAGNEMENT : *sauce blanche poulette.*
PRÉPARATION : *15 mn.*
CUISSON : *en faitout, 15 mn ; à l'autocuiseur, 8 à 10 mn.*

1° Mettre à bouillir 2 litres d'eau salée avec les aromates.
2° Ecosser les fèves.
3° Quand l'eau bout, verser les fèves (prévoir 3 cm d'eau au-dessus des légumes). Laisser cuire soit 15 mn en faitout, soit 8 à 10 mn à l'autocuiseur à partir de la rotation de la soupape.

4° Lorsque les fèves sont cuites, les servir soit avec du beurre et du persil ou du cerfeuil haché, soit avec 50 g de crème fraîche, soit avec une sauce blanche poulette.

## HARICOTS FRAIS EN GRAINS

QUANTITÉS : *4 personnes.*
*600 g de haricots frais (blancs ou flageolets) ; 1 oignon piqué d'un clou de girofle ; 1 gousse d'ail ; 2 c. à café de sel (1 c. à café par litre d'eau) ; poivre ; 2 l d'eau environ.*
BOUQUET GARNI : *une branche de thym, une demi-feuille de laurier, persil, quelques baies de genièvre.*
GARNITURE : *30 g de beurre ; persil haché.*
ACCOMPAGNEMENT AU CHOIX : *un coulis de tomates.*
PRÉPARATION : *15 mn.*
CUISSON : *en faitout, 30 à 40 mn ; à l'autocuiseur, 10 à 15 mn.*

1° Mettre à bouillir 2 litres d'eau environ avec le sel et les aromates.
2° Ecosser les haricots.
3° Quand l'eau bout, verser les haricots (prévoir 3 cm d'eau au-dessus des légumes). Laisser cuire soit 30 à 40 mn en faitout, soit 10 à 15 mn à l'autocuiseur à partir de la rotation de la soupape.
4° Lorsque les haricots sont cuits les égoutter et les servir soit avec du beurre maître d'hôtel (beurre fondu et persil haché), soit avec du jus de viande, soit avec un coulis de tomates : mélange d'oignon et de tomates fraîches *(voir recette « Sauce tomate »).*

## HARICOTS VERTS

QUANTITÉS : *4 personnes.*
*1 kg de haricots (250 g x 4) ; 640 g de beurre ; sel, poivre ; persil haché ; 1/4 l d'eau pour la cuisson à la vapeur et à l'autocuiseur.*
AROMATES AU CHOIX : *ail.*
PRÉPARATION : *15 mn.*
CUISSON : *en faitout 20 à 30 mn ; à l'autocuiseur à la vapeur, 10 à 15 mn.*

1° Éplucher les haricots en retirant éventuellement les fils. Les laver.
2° Les faire cuire de préférence à la vapeur et à l'autocuiseur. Pour cela verser l'eau dans l'autocuiseur. Mettre le panier rigide en position haute avec les haricots verts. Saler légèrement. Fermer l'autocuiseur et laisser cuire 10 mn à partir de la rotation de la soupape.
3° Quand les haricots sont cuits les servir soit chauds à la maître d'hôtel (beurre fondu et persil haché) ou avec 50 g de crème fraîche, soit froids en salade à la vinaigrette.

N.B. – Si vous utilisez des haricots verts surgelés. Faites-les cuire à la vapeur, sans les dégeler, mais comptez 2 ou 3 minutes de moins que pour la cuisson des haricots verts frais.

## MACÉDOINE DE LÉGUMES

QUANTITÉS : *4 personnes.*
*1 kg de légumes (250 x 4) ; 200 g de carottes ; 1 oignon ; 100 g de navets ; 200 g de haricots verts ; 200 g de petits pois ; 300 g de pommes de terre ; 1/2 l d'eau pour la cuisson à l'autocuiseur et à la vapeur ; sel, poivre.*
AROMATE : *une pincée de thym.*
GARNITURE : *40 g de beurre ; persil haché.*
PRÉPARATION : *30 mn.*
CUISSON : *en faitout, 40 mn ; autocuiseur, 30 mn.*

### TEMPS DE CUISSON POUR CHAQUE LÉGUME

| | AUTOCUISEUR (à la vapeur) | FAIT-TOUT |
|---|---|---|
| CAROTTES | 30 mn | 40 mn |
| OIGNONS | 20 mn | 20 mn |
| HARICOTS VERTS | 15 mn | 30 mn |
| NAVETS | 15 mn | 20 mn |
| PETITS POIS | 15 mn | 20 mn |
| POMMES DE TERRE | 15 mn | 20 mn |

1° Éplucher d'abord les carottes dont la cuisson est la plus longue. Couper tous les légumes en dés.
2° Faire cuire les légumes à l'autocuiseur et de préférence à la vapeur, sauf les navets mis directement dans l'eau de cuisson. Commencer par verser dans l'autocuiseur l'eau. Mettre dans le panier rigide les carottes avec l'oignon et le thym. Saler. Disposer le panier en position haute dans l'autocuiseur. Fermer l'autocuiseur et laisser cuire 15 mn à partir de la rotation de la soupape.
3° Quand les carottes ont cuit 15 mn, ouvrir l'autocuiseur. Verser les navets dans l'eau de cuisson salée. Mettre les autres légumes dans le panier rigide. Refermer l'autocuiseur et laisser cuire de nouveau 15 mn à partir de la rotation de la soupape.
4° Lorsque tous les légumes sont cuits, les disposer dans un plat chaud et les servir avec du beurre et du persil haché.

N.B. – Si vous utilisez des légumes congelés, faites-les cuire directement à la vapeur sans les dégeler. Comptez un temps de cuisson moins long : 2 à 5 mn en moins. Si vous utilisez des légumes en boîte, ajoutez-les seulement 5 mn avant la fin de la cuisson. La jardinière de légumes comporte les mêmes légumes que la macédoine mais ils sont cuits et présentés séparément, pour servir de garniture à un plat de viande.


**Choux farcis** (recette p. 249). ▶

## MARRONS EN PURÉE

QUANTITÉS : *4 personnes.*
*1 kg de marrons ; 50 g de beurre ; sel.*
PRÉPARATION : *30 mn.*
CUISSON : *en faitout, 30 à 40 mn ; à l'autocuiseur, 20 mn.*

1° Mettre 2 litres d'eau à bouillir. Quand l'eau bout y verser les marrons. Laisser cuire soit 30 à 40 mn en faitout ; soit 20 mn environ à l'autocuiseur à partir de la rotation de la soupape.
2° Lorsque les marrons sont cuits, il faut soit les éplucher un à un pour les passer au moulin à légumes ; soit les écraser directement avec un presse-ail.
Ajouter à la purée de marrons, le beurre et le sel. Cette purée accompagnera parfaitement la dinde ou l'oie rôtie.

N.B. – Si vous êtes pressée, vous pouvez utiliser de la purée de marrons au naturel, en boîte. Il suffit de la réchauffer en lui incorporant le beurre et la saler à votre goût.

## NAVETS

QUANTITÉS : *4 personnes.*
*1 kg de navets nouveaux ; 2 litres d'eau ; 2 c. à café de sel (1 c. à café par litre) ; poivre ; 40 g de beurre.*
PRÉPARATION : *15 mn.*
CUISSON : *en faitout, 20 mn ; à l'autocuiseur, 15 mn.*

1° Mettre 2 litres d'eau à bouillir. Peler les navets et les couper en rondelles ou en dés.
2° Quand l'eau bout, verser les navets. Laisser cuire soit 20 mn en faitout ; soit 15 mn environ à l'autocuiseur à partir de la rotation de la soupape.
Lorsque les navets sont cuits, les servir comme les carottes soit avec du beurre ; soit avec de la crème fraîche.

N.B. – Les navets cuits peuvent être réduits en purée à laquelle on incorpore le beurre. Les navets accompagnent parfaitement le canard et le gigot à l'anglaise.

## NAVETS BRAISÉS

QUANTITÉS : *4 personnes.*
*1 kg de navets nouveaux ; 2 litres d'eau ; 2 c. à café de sel ; poivre ; 1 c. à café de sucre ; 40 g de margarine ou de beurre.*
GARNITURE : *persil ou cerfeuil haché.*
PRÉPARATION : *15 mn.*
BLANCHIMENT : *en faitout, 10 mn ; à l'autocuiseur, 5 mn.*
CUISSON : *à la cocotte ordinaire, 30 mn ; à l'autocuiseur, 20 mn.*

1° Éplucher les navets et les couper en rondelles. Les faire blanchir à l'eau bouillante salée (pour éliminer le goût fort) soit 10 mn en faitout ; soit 5 mn à l'autocuiseur à partir de la rotation de la soupape.

◀**Bettes (ou blettes)** (recettes p. 244).

2° Faire fondre la matière grasse. Ajouter les navets sans les faire dorer. Saupoudrer de sucre et laisser caraméliser. Mouiller avec l'eau ou le bouillon et laisser cuire très doucement soit 30 mn à la cocotte ordinaire ; soit 20 mn à l'autocuiseur à partir du chuchotement de la soupape.
Servir les navets braisés et glacés, saupoudrés de persil ou de cerfeuil haché.

## OIGNONS GLACÉS (garniture)

QUANTITÉS : *4 personnes.*
*250 g de petits oignons : 50 g de beurre ou de margarine ; 1 c. à soupe de cassonade ou de sucre ; 1 dl de vin blanc sec.*
PRÉPARATION : *10 mn.*
BLANCHIMENT : *5 mn.*
CUISSON : *10 à 15 mn.*

1° Eplucher les petits oignons et les faire blanchir 5 mn à l'eau bouillante.
2° Les égoutter et les faire revenir doucement avec la matière grasse.
3° Quand ils sont dorés, saupoudrer de cassonade et laisser caraméliser. Mouiller avec le vin blanc et laisser réduire à feu doux jusqu'à ce que le jus soit évaporé.
Servir les petits oignons en garniture de plat de viande ou de volaille *(Exemple : canard aux petits oignons).*

## OIGNONS FARCIS

QUANTITÉS : *4 personnes.*
*4 gros oignons d'Espagne.*
FARCE : *150 g de viande cuite ou crue ; 50 g de mie de pain rassis ; 4 c. à soupe de lait ; sel, poivre, persil.*
GARNITURE : *2 c. à soupe de chapelure ; 20 g de beurre ou margarine.*
PRÉPARATION : *10 mn.*
BLANCHIMENT : *en faitout, 15 mn ; à l'autocuiseur, 5 mn.*
CUISSON : *20 à 25 mn. Th. : 5-6 ou 200°-220°.*

1° Éplucher les oignons. Les blanchir à l'eau bouillante salée soit 15 mn en faitout ; soit 5 mn à l'autocuiseur à partir de la rotation de la soupape.
2° Les égoutter et les creuser suffisamment pour mettre la farce.
3° Préparer la farce. Verser le lait chaud sur la mie de pain émiettée.
4° D'autre part, hacher la viande, la pulpe d'oignon retirée et le persil. Faire revenir le mélange si la viande est crue. Saler et poivrer. Bien mélanger le tout.
5° Remplir les oignons de farce. Saupoudrer de chapelure. Mettre une noisette de beurre ou de margarine.
6° Disposer les oignons farcis dans un plat à four beurré. Faire cuire à four moyen. Arroser de temps à autre avec le jus de cuisson.

## PETITS POIS

QUANTITÉS : *4 personnes.*
*1,5 kg de petits pois non écossés ou 400 g de petits pois écossés ; 1/4 l d'eau pour la cuisson à l'autocuiseur et à la vapeur ; cœur de laitue ; 5 petits oignons ; sel, poivre.*
GARNITURE : *30 g de beurre ; persil haché.*
PRÉPARATION : *30 mn (pour l'épluchage).*
CUISSON : *en faitout, 15 à 20 mn ; à l'autocuiseur, 5 à 10 mn.*

1° Écosser les petits pois.
2° Les faire cuire de préférence à l'autocuiseur et à la vapeur. Verser l'eau dans l'autocuiseur. Mettre les petits pois dans le panier rigide avec le cœur de laitue et les petits oignons. Saler. Disposer le panier rigide en position haute dans l'autocuiseur. Fermer l'autocuiseur et laisser cuire 5 à 10 mn à partir de la rotation de la soupape.
3° Servir les petits pois avec du beurre et du persil haché, ou selon la mode anglaise avec du fenouil ou de la menthe hachée.

## PETITS POIS BRAISÉS (A LA FRANÇAISE)

QUANTITÉS : *4 personnes.*
*1,5 kg de petits pois non écossés ; ou 400 g de petits pois écossés ; 30 g de beurre ; 5 petits oignons ou 1 oignon ; cœur de laitue ; persil, sarriette, sel, poivre ; 1 c. à café de sucre (facultatif).*

PARFUMS AU CHOIX : *1 carotte coupée en rondelles ; herbes de Provence : estragon.*
PRÉPARATION : *30 mn pour l'épluchage.*
CUISSON : *à la cocotte ordinaire, 40 mn ; à l'autocuiseur, 15 mn.*
MATÉRIEL : *autocuiseur ou cocotte ordinaire.*

1° Ecosser les petits pois.
2° Faire fondre la matière grasse, y ajouter les petits pois, les oignons, les aromates. Saler, poivrer. Couvrir.
3° Laisser cuire à feu très doux soit 40 mn environ pour la cuisson à la cocotte ordinaire ; soit 15 mn pour l'autocuiseur à partir du chuchotement de la soupape.

N.B. – Cette recette convient surtout pour les petits pois tendres. Si vous les faites cuire à la cocotte ordinaire il faut prendre la précaution de couvrir la cocotte avec une assiette creuse remplie d'eau froide pour conserver l'humidité dans la cocotte pendant la cuisson.

## PETITS POIS A LA PAYSANNE

QUANTITÉS : *4 personnes.*
*1,5 kg de petits pois non écossés ou 400 g de petits pois écossés ; 30 g de margarine ou beurre ; 20 g de farine ; 5 petits oignons ou 1 gros ; cœur de laitue ; thym (1 petite branche) persil, sarriette, sel, poivre ; 4 tranches de lard de poitrine fumé.*
PARFUMS AU CHOIX : *1 carotte coupée en rondelles ; herbes de Provence ; estragon.*
PRÉPARATION : *30 mn pour l'épluchage.*
CUISSON : *à la cocotte ordinaire, 30 mn ; à l'autocuiseur, 10 mn.*

1° Ecosser les petits pois.
2° Faire un roux blanc. Pour cela, faire fondre la matière grasse, y ajouter d'un seul coup la farine. Quand le mélange est mousseux, retirer du feu et verser d'un seul coup l'eau froide (elle doit juste couvrir les légumes). Bien diluer. Ajouter les oignons, la laitue, les aromates. Saler et poivrer. Remettre sur le feu et tourner sans cesse jusqu'à l'ébullition. Couvrir.
3° Laisser cuire à feu très doux :
- Soit 30 mn pour la cuisson à la cocotte ordinaire.
- Soit 10 mn pour la cuisson à l'autocuiseur à partir du chuchotement de la soupape.

4° Servir les petits pois accompagnés de lard de poitrine fumé revenu à la poêle.

N.B. – Cette recette convient spécialement aux petits pois gros et un peu durs. Si vous ajoutez une carotte coupée en rondelles à la recette, faites-la cuire 1/4 h avant (à l'autocuiseur ou à la cocotte).

## POIREAUX

QUANTITÉS : *4 personnes.*
*800 g de poireaux ; 1/2 l d'eau (pour la cuisson à la vapeur et à l'autocuiseur) ; sel.*
SAUCES D'ACCOMPAGNEMENT : *sauce béchamel, hollandaise, toma-*

*te, vinaigrette.*
PRÉPARATION : *15 mn.*
CUISSON : *en faitout, 25 à 30 mn ; à l'autocuiseur, 15 mn.*

1° Éliminer les feuilles trop vertes des poireaux. Couper les racines. Fendre la tige jusqu'à quelques centimètres du pied.
2° Laver à l'eau courante très soigneusement en écartant les feuilles.
3° Ficeler les poireaux en bottes.
4° Faire cuire les poireaux de préférence à la vapeur et à l'autocuiseur. Pour cela, verser l'eau dans l'autocuiseur. Mettre les poireaux dans le panier rigide et les saler. Disposer le panier en position haute dans l'autocuiseur. Fermer l'autocuiseur et laisser cuire 15 mn environ à partir du chuchotement de la soupape.
5° Quand les poireaux sont cuits, bien les égoutter et les servir :
- Soit chauds : gratinés au four et nappés d'une sauce béchamel au fromage *(voir recette « Poireaux au gratin ») ;*
- Tièdes : avec une sauce béchamel, hollandaise, tomate ;
- Soit froids : avec une vinaigrette.

## POIREAUX AU GRATIN

QUANTITÉS : *4 personnes.*
*800 g de poireaux ; 1/2 l d'eau (pour la cuisson à la vapeur et à l'autocuiseur) ; sel.*
SAUCE BÉCHAMEL AU FROMAGE : *1/2 l lait ; 40 g de margarine ; 40 g de farine ; sel, poivre ; 50 g de gruyère râpé.*
GRATIN : *20 g de gruyère râpé ; 20 g de margarine ou beurre.*
PRÉPARATION : *15 mn.*
CUISSON : *poireaux (à la vapeur) à l'autocuiseur, 15 mn ; en faitout, 30 mn. Béchamel, 5 mn. Gratin, au four, th. 8 ou 260°, 10 mn ou sous le gril quelques instants.*

1° Éliminer les feuilles trop vertes des poireaux. Couper les racines. Fendre la tige jusqu'à quelques centimètres du pied.
2° Laver à l'eau courante très soigneusement en écartant les feuilles.
3° Ficeler les poireaux en botte.
4° Faire cuire les poireaux de préférence à la vapeur et à l'autocuiseur. Pour cela, verser l'eau dans l'autocuiseur. Mettre les poireaux dans le panier rigide et les saler. Disposer le panier en position haute dans l'autocuiseur. Fermer l'autocuiseur et laisser cuire 15 mn environ à partir du chuchotement de la soupape.
5° Pendant ce temps, préparer la béchamel. Faire fondre la margarine, y ajouter d'un seul coup la farine. Quand le mélange est mousseux, retirer du feu et verser d'un seul coup le lait froid. Bien diluer et remettre sur feu doux à bouillir 5 mn en tournant sans cesse. Hors du feu, ajouter le gruyère râpé.
6° Quand les poireaux sont cuits, les ranger dans un plat à four beurré. Les napper de sauce béchamel. Saupoudrer de gruyère, mettre quelques noisettes de beurre et faire gratiner à four chaud

pendant une dizaine de minutes, ou passer quelques instants sous le gril.

## VARIANTE

### POIREAUX GRATINÉS AU JAMBON

Suivre la recette des poireaux au gratin.
Avant de mettre les poireaux dans le plat, les plier en deux ; les rouler dans une partie du gruyère râpé de la béchamel et les enfermer dans une tranche de jambon.

### POMMES DE TERRE

QUANTITÉS : *4 personnes.*
*1 kg de pommes de terre ; 1/4 l d'eau (pour la cuisson à la vapeur et à l'autocuiseur) ; sel, poivre ; 50 g de beurre ; persil haché.*
AROMATES AU CHOIX : *ail, oignon, échalote : fines herbes (cerfeuil, ciboulette, estragon, menthe) ; crème fraîche.*
SAUCE D'ACCOMPAGNEMENT : *sauce béchamel ; sauce blanche ; sauce brune ; sauce tomate ; vinaigrette.*
PRÉPARATION : *15 mn quand il y a épluchage.*
CUISSON : *en faitout, 30 mn ; à l'autocuiseur, 15 mn environ (à la vapeur).*

1° Laver les pommes de terre. Il est toujours mieux de faire cuire les pommes de terre dans leur peau pour conserver au maximum les vitamines et les minéraux.
2° Pour les mêmes raisons faire cuire les pommes de terre de préférence à la vapeur et à l'autocuiseur. Pour cela verser l'eau dans l'autocuiseur. Mettre les pommes de terre dans le panier rigide en position haute dans l'autocuiseur. Fermer l'autocuiseur et laisser cuire 15 mn environ à partir du chuchotement de la soupape.
3° Quand les pommes de terre sont cuites, elles peuvent être accommodées de multiples façons :

- CHAUDES : soit telles quelles en robe des champs, avec du beurre, du persil haché ou autres fines herbes ; soit épluchées : entières avec de la crème fraîche ; coupées en rondelles avec de la sauce au choix ou sautées avec des oignons, échalotes ; réduites en purée avec du beurre.
- FROIDES : en salade à la vinaigrette.

### POMMES DE TERRE SAUTÉES

QUANTITÉS : *4 personnes.*
*1 kg de pommes de terre ; 50 g de beurre ou de margarine ou 5 cuillères à soupe d'huile ; sel, poivre ; 1/4 l d'eau (pour la cuisson à la vapeur et à l'autocuiseur).*

PRÉPARATION : *15 mn.*
CUISSON : *en faitout, 20 mn ; à l'autocuiseur, 10 mn (à la vapeur).*
RISSOLAGE : *10 mn environ.*

1° Laver les pommes de terre.
2° Faire cuire les pommes de terre de préférence à la vapeur et à l'autocuiseur. Pour cela verser l'eau dans l'autocuiseur, mettre les pommes de terre dans le panier rigide en position haute dans l'autocuiseur. Fermer l'autocuiseur et laisser cuire 10 mn à partir du chuchotement de la soupape.
3° Quand les pommes de terre sont presque cuites, les éplucher et les couper en rondelles ou en morceaux réguliers. Les faire dorer dans la matière grasse chaude mais non fumante. Remuer souvent la poêle pour qu'elles dorent sur toutes les faces sans brûler. Saler et poivrer avant de servir.

## POMMES DE TERRE FRITES

QUANTITÉS : *4 personnes.*
*1,250 kg de pommes de terre (Hollande) ; huile d'arachide ou végétaline soit 3,5 l d'huile ou 7 pains de 400 g de végétaline pour une friteuse électrique (capacité 9 litres pour 4 personnes) ; soit 2 litres d'huile ou 3 pains de 400 g de végétaline pour la bassine à frire ordinaire ; sel.*
PRÉPARATION : *15 mn.*
CUISSON : *bassine à frire, 7 à 10 mn ; friteuse électrique, 10 à 12 mn.*

1° Brancher la friteuse électrique contenant la matière grasse nécessaire ou faire chauffer la bassine à frire.
La bassine à frire exige une grande surveillance pour éviter que la matière grasse ne fume, car à ce moment là elle devient très toxique pour l'organisme.
2° Pendant ce temps éplucher et laver les pommes de terre. Les détailler en bâtonnets très réguliers (ceci est important pour la cuisson). Essuyez-les soigneusement pour éliminer l'humidité.
3° Quand le bain de friture est à la bonne température, pour la bassine à frire ordinaire, jeter une frite témoin : elle doit remonter aussitôt en provoquant de la mousse. Plonger-y le panier à friture contenant les frites. Laisser cuire 5 mn environ. Les frites deviennent ridées et jaune pâle. A ce moment-là retirer le panier de la matière grasse. Égoutter.
4° Juste avant de servir refaire chauffer la matière grasse et replonger les frites quelques minutes. Dès que les pommes de terres sont dorées et craquantes les égoutter, et les servir sur un plat recouvert d'un papier absorbant. Saupoudrer de sel fin.

N.B. – Il ne faut jamais mélanger deux matières grasses différentes. Exemple huile et végétaline, car elles produisent immédiatement une mousse abondante qui peut déborder de la friteuse. Si vous utilisez de l'huile, faites bien attention à choisir de l'huile pour friture, généralement huile d'arachide qui supporte les températures élevées.

## POMMES DE TERRE FRITES AU FOUR

QUANTITÉS : *4 personnes.*
*1,250 kg de pommes de terre (Hollande) ; 60 à 80 g de beurre ; sel.*
PRÉPARATION : *15 mn.*
CUISSON : *45 à 50 mn.*
THERMOSTAT : *7-8, 240-260°.*

1° Allumer le four à l'avance.
2° Eplucher et laver les pommes de terre. Couper les pommes de terre en 4 ou 6 gros bâtonnets (ils doivent être plus gros que pour les frites ordinaires). Essuyez-les soigneusement pour éliminer l'humidité.
3° Ranger les frites dans la tôle creuse du four. Mettre la tôle en position du milieu et laisser cuire environ trois quarts d'heure. Si la chaleur du four n'est pas égale en haut et en bas (ex : cuisinière à gaz) il est indispensable de les retourner à mi-cuisson.
4° Quand les frites sont dorées et gonflées, les servir sans attendre avec du beurre à la volonté des convives.

N.B. – Cette recette est destinée surtout aux personnes qui ne peuvent pas supporter la friture mais elle est excellente pour tous et très économique.

## PURÉE DE POMMES DE TERRE

QUANTITÉS : *4 personnes.*
*1 kg de pommes de terre ; 1/4 l d'eau (pour la cuisson à la vapeur et à l'autocuiseur) ; sel, poivre ; 50 g de beurre ; 4 à 5 dl de lait.*
PRÉPARATION : *15 mn.*
CUISSON : *en faitout, 30 mn ; à l'autocuiseur, 15 mn environ (à la vapeur).*

1° Eplucher et laver les pommes de terre.
2° Les faire cuire de préférence à l'autocuiseur et à la vapeur.
Pour cela verser l'eau dans l'autocuiseur. Mettre les pommes de terre dans le panier rigide et les saler. Disposer le panier en position haute dans l'autocuiseur. Fermer l'autocuiseur et laisser cuire 15 mn environ à partir de la rotation de la soupape.
3° Quand les pommes de terre sont cuites, les mettre en purée : soit avec un batteur électrique (grille purée) ; soit avec un moulin à légumes et les battre ensuite au fouet à main.
4° Ajouter le beurre et le lait bouillant. Arrêter de verser le lait à la consistance désirée. Saler et poivrer.
5° Utiliser immédiatement la purée :
- Soit comme accompagnement de viande, poisson, œufs.
- Soit mélangée à des légumes : champignons, tomates, choux, épinards.
- Soit comme base pour : soufflé, gratin, croquettes, pommes Duchesse, pommes Dauphine.

N.B. – Si la purée doit attendre les convives, mettez un morceau de beurre sur le dessus pour éviter la formation d'une croûte, couvrez-la, gardez-la au chaud dans un bain marie (c'est-à-dire en interposant une casserole d'eau chaude entre le récipient et la source de chaleur). Si vous êtes pressée, vous pouvez utiliser de la purée en sachet, mais elle est beaucoup plus fade que la purée ordinaire. Sa préparation bien qu'instantanée demande donc un soin particulier pour la parfumer et la rendre appréciable. *(voir recette « Purée instantanée »).*

### PURÉE DE POMMES DE TERRE INSTANTANÉE

QUANTITÉS : *4 personnes.*
*1 sachet de purée pour 4 personnes ; 40 g de beurre ; 1/2 l d'eau ; 1 dl de lait (facultatif) ; sel, poivre.*
BOUQUET GARNI : *une branche de thym, une feuille de laurier, persil.*
AROMATES AU CHOIX : *fines herbes hachées (cerfeuil, estragon, ciboulette, persil) ; herbes de Provence (romarin, sarriette, marjolaine) ; ail ; oignons ;*
ÉPICES : *noix de muscade, paprika.*
*Crème fraîche ; jaune d'œuf ; gruyère râpé.*
GARNITURES AU CHOIX : *jambon blanc ou jambon fumé en dés ; restes de viande ; saucisse ; boudin ; restes de poisson ; fruits de mer ; quenelles ; œufs durs, mollets, pochés ; champignons ; tomates ; épinards.*
SAUCE D'ACCOMPAGNEMENT : *sauce tomate.*

1° Faire chauffer l'eau et le lait (facultatif) avec le bouquet garni. On peut ajouter une gousse d'ail.
2° Quand le liquide est bouillant, le passer à travers une passoire et le verser dans le plat de service contenant le beurre. Jeter en pluie les flocons.
3° Attendre quelques instants avant de tourner doucement, sans battre. Assaisonner fortement. Ajoutez, si vous le désirez, des fines herbes hachées, un jaune d'œuf ou 2 c. à soupe de crème fraîche et utiliser immédiatement la purée soit comme accompagnement de viande, poisson, œufs, soit mélangée à des légumes : champignons, tomates, choux, épinards ; soit comme base pour soufflé, croquette, pommes duchesse, pommes dauphine.

## VARIANTES

### PURÉE DE POMMES DE TERRE EN CROQUETTES

QUANTITÉS : *500 g de purée de pommes de terre ordinaire ou 1 sachet de purée pour 4 personnes ; 50 g de beurre ; 20 g de farine (2 c. à soupe) ; 2 œufs ; 4 c. à soupe de chapelure ; 5 c. à soupe d'huile (pour la cuisson à la poêle) ou huile pour friture ; sel, poivre.*

1° Préparer une purée ordinaire ou instantanée très sèche. Pour cela, supprimer le lait. Ajouter le beurre, 2 jaunes d'œufs, saler, poivrer.
2° Former des boulettes. Passez-les dans les blancs d'œufs, puis dans la chapelure.

3° Faire frire à la grande friture ou passer dans la poêle. Quand les croquettes sont dorées, les égoutter, et les déposer dans un plat sur du papier absorbant.

## PURÉE DE POMMES DE TERRE DAUPHINE

PURÉE : *500 g de purée de pommes de terre ordinaire ou 1 sachet de purée pour 4 personnes, 50 g de beurre, sel, poivre, noix de muscade, huile pour friture.*
PATE A CHOUX *1/4 l d'eau ; 100 g de margarine ; 150 g de farine ; 4 œufs.*

1° Préparer une purée ordinaire ou instantanée très sèche. Pour cela, supprimer le lait.
2° D'autre part, préparer la pâte à choux selon la recette de base. Mélanger la purée et la pâte à choux. Assaisonner.
3° Former des boulettes grosses comme des noix. Les plonger dans la friture et laisser dorer quelques minutes.
Égoutter. Servir sur du papier absorbant.

## PURÉE DE POMMES DE TERRE DUCHESSE

*800 g de purée de pommes de terre ordinaire ou 1 sachet de purée pour 4 personnes, 50 g de beurre, 2 œufs, 50 g de gruyère, sel, poivre, noix de muscade, 2 c. à soupe de chapelure.*
GRATIN : *four th. 8 ou 260°, 10 mn ; ou gril quelques instants.*

1° Préparer une purée ordinaire ou instantanée très sèche. Pour cela, supprimer le lait. Ajouter les jaunes d'œufs, le gruyère râpé. Assaisonner.
2° Beurrer un moule en couronne et le saupoudrer de chapelure. Verser la purée dans le moule, tasser et démouler sur un plat à feu beurré. Parsemer de noisettes de beurre et faire gratiner à four chaud une dizaine de minutes, ou passer quelques instants sous le gril.
3° Servir la couronne garnie de restes de viande, de poisson, quenelles, champignons.

## PURÉE DE POMMES DE TERRE AUX FRUITS DE MER

*800 g de purée de pommes de terre ou 1 sachet de purée pour 4 personnes, 50 g de beurre, 1 litre de moule plus 1 dl de vin blanc sec (ou eau), bouquet garni, une échalote, 125 g de champignons, 1 gousse d'ail, 20 g de margarine, 50 g de crème fraîche, sel, poivre.*

1° Gratter et laver soigneusement les moules. Les faire ouvrir à feu vif dans une cocotte avec les aromates (vin blanc, thym, laurier, persil et échalote hachée).
2° D'autre part, faire revenir les champignons coupés en lamelles avec la gousse d'ail et la margarine. Mélanger les moules, les champignons et la crème fraîche.
3° Préparer une purée ordinaire ou une purée en sachet. Verser

la purée dans le fond d'un plat et la garnir de la préparation aux moules.

N.B. – Vous pouvez utiliser des moules en boîtes. Vous pouvez faire le même genre de préparation avec des crevettes, des restes de poisson.

## PURÉE DE POMMES DE TERRE GRATINÉE AU JAMBON

*800 g de purée ordinaire ou 1 sachet de purée pour 4 personnes ; 50 g de beurre ; 2 tranches de jambon ; 20 g de gruyère ; sel, poivre ; ciboulette ou persil haché.*
GRATIN : *20 g de gruyère, 20 g de margarine ou beurre. Cuisson au four th. 8 ou 260° ou au gril quelques instants.*

1° Préparer une purée ordinaire ou instantanée. Couper le jambon en dés. Hacher le gruyère puis les fines herbes. Mélanger la purée, le jambon, le gruyère et les fines herbes. Saler et poivrer.
2° Verser cette préparation dans un plat à four beurré. Saupoudrer de gruyère, mettre quelques noisettes de beurre et faire gratiner à four chaud une dizaine de minutes ou passer quelques instants sous le gril.

N.B. – Vous pouvez réaliser le même genre de préparation avec du jambon fumé, des restes de viande ou de la volaille.

## PURÉE DE POMMES DE TERRE EN HACHIS PARMENTIER

*800 g de purée ordinaire ou 1 sachet de purée pour 4 personnes ; 50 g de beurre, 300 g de viande (reste de viande cuite), 1 gousse d'ail, 1 oignon, 10 g de margarine, sel, poivre.*
GRATIN : *20 g de gruyère, 20 g de beurre ou margarine, 2 c. à soupe de chapelure. Cuisson au four th. 8 ou 260° ou au gril quelques instants.*

1° Préparer une purée ordinaire ou instantanée.
2° D'autre part, hacher l'oignon et le faire doucement étuver (casserole couverte) avec la margarine pendant dix minutes. Hacher la viande et l'ail. Mélanger le tout. Saler et poivrer.
3° Beurrer un plat à four. Mettre la moitié de la purée, étaler dessus la farce de viande, couvrir de purée. Saupoudrer de gruyère râpé et de chapelure. Mettre quelques noisettes de beurre et faire gratiner à four chaud une dizaine de minutes ou passer quelques instants sous le gril.

## PURÉE DE POMMES DE TERRE AU HADDOCK

*800 g de purée ordinaire en 1 sachet de purée pour 4 personnes ; 50 g de beurre ; 400 g de haddock ; 1/4 l de lait ; 2 c. à soupe de crème fraîche ; sel, poivre ; laurier, thym, persil haché.*

1° Préparer une purée ordinaire ou instantanée.

2° D'autre part, mettre le haddock avec le lait froid, le thym et le laurier. Porter doucement à ébullition puis laisser frémir sans bouillir, 15 mn. Quand le haddock est cuit, l'émietter et le mélanger avec la purée. Ajouter la crème, saler et poivrer. Saupoudrer de persil haché.

N.B. – Si vous utilisez la purée en sachet, vous pouvez la mouiller avec le lait de cuisson du haddock, le goût de fumé sera plus prononcé. Vous pouvez remplacer le haddock par un autre poisson.

## PURÉE DE POMMES DE TERRE GRATINÉE AUX OIGNONS

*800 g de purée ordinaire, ou 1 sachet de purée pour 4 personnes ; 50 g de beurre ; 4 oignons ; 20 g de margarine ou 2 c. à soupe d'huile ; sel, poivre.*
GRATIN : *20 g de gruyère ; 20 g de margarine ou de beurre. Cuisson au four, th. 8 ou 260°, 10 mn ; au gril, quelques instants.*

1° Couper les oignons en rondelles. Les faire dorer doucement à la poêle avec la matière grasse.
2° D'autre part, préparer une purée ordinaire ou instantanée.
3° Beurrer un plat à four, y mettre une couche de purée, une couche d'oignons, une couche de purée. Terminer par les oignons. Saupoudrer de gruyère râpé. Parsemer de noisettes de matière grasse et faire gratiner à four chaud, une dizaine de minutes ou passer quelques instants sous le gril.

●●

## GRATIN DAUPHINOIS

QUANTITÉS : *4 personnes.*
*800 g de pommes de terre ; 1/2 l de lait ; 80 g de gruyère ; 2 œufs ; sel, poivre, noix de muscade ; 1 gousse d'ail (facultatif).*
GRATIN : *30 g de beurre ; 30 g de gruyère.*
PRÉPARATION : *15 mn.*
CUISSON : *1 h ; th. 5-6 ou 200-220°.*

1° Éplucher les pommes de terre, les laver et les couper en fines rondelles.
2° Râper le gruyère.
3° Battre les œufs en omelette, y ajouter le lait bouillant petit à petit. Saler et poivrer.
4° Beurrer un plat à four et le frotter avec une gousse d'ail. Disposer dans le fond une couche de pommes de terre et une couche de gruyère râpé en alternant. Saler et poivrer.
5° Verser dessus le mélange, œuf-lait. Saupoudrer de gruyère râpé. Parsemer de noisettes de beurre et faire cuire à four moyen eviron 1 h, au bain-marie (mettre 2 cm d'eau dans la tête creuse du four) ceci évite au mélange œuf-lait de bouillir et de tourner pendant la cuisson.

6° Le gratin est cuit lorsque tout le liquide est absorbé et que sa surface est bien dorée. Vous pouvez vérifier la cuisson des pommes de terre avec une pointe de couteau : elle doit pénétrer facilement.

**POMMES DE TERRE A LA LYONNAISE**

QUANTITÉS : *4 personnes.*
*1 kg de pommes de terre ; 50 g de margarine ou de beurre ; 2 oignons ; 1 dl de vin blanc sec ; 20 g de farine (2 c. à soupe rases) ; sel, poivre.*
BOUQUET GARNI : *thym, laurier, persil.*
**PARFUMS AU CHOIX** : *lard de poitrine fumé.*
PRÉPARATION : *15 mn.*
CUISSON : *à la cocotte ordinaire, 30 mn ; à l'autocuiseur, 15 mn.*

1° Éplucher et laver les pommes de terre. Les couper en rondelles ou en quartiers.
2° Couper les oignons en rondelles. Les faire dorer avec les pommes de terre. Les retirer du feu. Dans la matière grasse restante, jeter d'un seul coup, la farine, bien mélanger. Mouiller avec le vin blanc et tourner sans cesse jusqu'à ébullition. Remettre les oignons et les pommes de terre. Ajouter le bouquet garni. Saler et poivrer. Couvrir et laisser cuire, très doucement soit 30 mn à la cocotte ordinaire ; soit 12 à 15 mn pour la cuisson à l'autocuiseur à partir du chuchotement de la soupape.

## VARIANTE

**POMMES DE TERRE EN MATELOTE**

Suivre la recette des pommes de terre à la lyonnaise.
Remplacer le vin blanc par du vin rouge et ajouter 1 dl de bouillon cube.

● ●

**RATATOUILLE NIÇOISE**

QUANTITÉS : *4 personnes.*
*3 oignons ; 400 g de tomates (4 tomates) ; 4 courgettes ; 4 aubergines ; 1 ou 2 poivrons ; 1 gousse d'ail ; 1/2 dl d'huile (5 c. à soupe) d'olive de préférence.*
BOUQUET GARNI : *une branche de thym, une demi-feuille de laurier ; sel, poivre.*
PRÉPARATION : *15 mn.*
CUISSON : *à la cocotte ordinaire, 1 h ; à l'autocuiseur, 20 mn.*

1° Couper les oignons, les courgettes, les aubergines en rondelles et les tomates en quartiers. Epépiner le poivron et le détailler en lanières.
2° Faire chauffer l'huile, y jeter d'abord les oignons, puis ajouter tous les autres légumes et aromates : ail, bouquet garni. Saler et poivrer. Couvrir et laisser cuire très doucement :

– Soit 1 h à la cocotte ordinaire ;
– Soit 20 mn à l'autocuiseur à partir du chuchotement de la soupape.

3° Servir la ratatouille niçoise :
– Soit chaude en légumes ;
– Soit froide en entrée.

N.B. – Si vous voulez rendre la ratatouille plus digestible, faites cuire les légumes avec 1/2 dl d'eau et ajouter 3 c. à soupe d'huile au moment de servir.

## SALSIFIS

QUANTITÉS : *4 personnes.*
*1 kg de salsifis ; 40 g de beurre ; sel, poivre, persil haché ; 1/4 l d'eau pour la cuisson à la vapeur et à l'autocuiseur ;*
**PARFUMS AU CHOIX** : *crème fraîche.*
SAUCES D'ACCOMPAGNEMENT AU CHOIX : *sauce blanche poulette ; sauce béchamel.*
PRÉPARATION : *30 mn.*
CUISSON : *en faitout, 30 à 40 mn ; à l'autocuiseur, 25 mn.*

1° Éplucher les salsifis avec le couteau économique. Les plonger à mesure dans une bassine contenant de l'eau vinaigrée pour les empêcher de noircir.
2° Faire cuire les salsifis de préférence à la vapeur et à l'autocuiseur. Pour cela verser l'eau dans l'autocuiseur. Mettre les salsifis dans le panier rigide. Saler. Fermer l'autocuiseur et laisser cuire : 25 mn à partir du chuchotement de la soupape.
3° Quand les salsifis sont cuits :
– Soit les servir avec du beurre et du persil, du jus de viande ou de la crème fraîche ;
– Soit les faire sauter au beurre ;
– Soit les enrober de pâte à frire pour les faire en beignets *(voir recette « Beignets de salsifis »).*

N.B. – Bien sûr, si vous êtes pressée, vous pouvez utiliser les salsifis en boîte et les accommoder à votre goût.

## SALSIFIS EN BEIGNETS

*Voir recette « Beignets de salsifis ».*

## TOMATES A LA PROVENÇALE

QUANTITÉS : *4 personnes.*
*600 g de tomates (6 tomates) ; 50 g de margarine ou 5 c. à soupe d'huile ; 2 ou 3 gousses d'ail.*
BOUQUET GARNI : *une branche de thym, une demi-feuille de laurier, persil, marjolaine ; 2 c. à soupe de chapelure ; sel, poivre.*
PRÉPARATION : *5 mn.*
CUISSON : *à la poêle, 15 mn ; à l'autocuiseur, 5 mn.*

1° Couper les tomates en deux. Les retourner pour qu'elles s'égouttent.

2° Hacher l'ail.
3° Faire chauffer la matière grasse. Quand elle est chaude, mais non fumante, y déposer les tomates. Laisser frire 1 mn, puis retourner sur l'autre face et laisser de nouveau frire 1 mn. Ajouter les aromates : ail, bouquet garni, la chapelure. Saler et poivrer. Couvrir et laisser cuire très doucement soit 15 mn à la poêle ; soit 5 mn à l'autocuiseur à partir du chuchotement de la soupape.
4° Les tomates à la provençale accompagneront parfaitement :
- De la viande blanche : escalopes de veau, de dindonneau ; du poulet ;
- Des œufs sur le plat en omelette ;
- Du poisson ;
- Des pâtes, du riz et de la semoule.

### TOMATES FARCIES

QUANTITÉS : *4 personnes.*
*4 grosses tomates ; 150 g de viande (reste de viande cuite ou chair à saucisse crue) ; 50 g de mie de pain rassis ; 1/2 dl de lait ; 1 oignon ; 1 gousse d'ail ; 20 g de margarine ; sel, poivre, persil haché.*
GRATIN : *2 c. à soupe de chapelure ; 20 g de beurre ou margarine.*
PRÉPARATION : *20 mn.*
CUISSON : *30 mn ; th. 5-6 ou 200-220°.*

1° Allumer le four.
2° Découper un couvercle dans chaque tomate. Les vider soigneusement avec une cuillère à café. Saupoudrer l'intérieur de sel et les retourner sur une grille pour qu'elles s'égouttent.
3° Préparer la farce. Verser le lait chaud sur la mie de pain émiettée. D'autre part, faire revenir l'oignon haché avec la viande si elle est crue. Hacher le persil et l'ail. Mélanger le tout. Ajouter l'œuf. Saler et poivrer.
4° Garnir les tomates de farce. Les saupoudrer de chapelure. Mettre à chacune une noisette de matière grasse.
5° Disposer les tomates dans un plat à gratin beurré et faire cuire à four moyen.

## VARIANTES

### TOMATES FARCIES AUX CHAMPIGNONS

*4 tomates.*
FARCE : *200 g de champignons ; 50 g de mie de pain rassis ; 1/2 dl de lait ; 1 œuf dur ; 1 oignon ; persil haché, sel, poivre.*
CUISSON : *30 mn.*
THERMOSTAT : *5-6 ou 200-220°.*

1° Préparer les tomates suivant la recette de base des tomates farcies. Faire durcir l'œuf 12 mn à l'eau bouillante salée.
2° D'autre part, verser le lait chaud sur la mie de pain émiettée. Faire revenir les champignons et les oignons dans la matière grasse. Ajouter l'œuf dur écrasé et le persil haché. Saler et

poivrer. Bien mélanger.
3° Garnir les tomates de farce, les mettre dans un plat à four beurré et les faire cuire 30 mn à four moyen.

## TOMATES FARCIES AUX ŒUFS

*4 tomates.*
FARCE : *3 œufs durs ; 2 échalotes ; 20 g de margarine ; 1 gousse d'ail ; persil haché, sel, poivre.*
GRATIN : *20 g de margarine ou beurre ; 2 c. à soupe de chapelure.*
CUISSON : *30 mn.*
THERMOSTAT : *5-6 ou 200-220°.*

1° Faire cuire les œufs à l'eau bouillante salée pendant 12 mn.
2° Préparer les tomates suivant la recette de base des tomates farcies. Hacher les échalotes et les faire revenir avec la matière grasse. Hacher l'ail et le persil. Saler et poivrer. Bien mélanger.
3° Garnir les tomates de farce. Saupoudrer de chapelure. Parsemer de noisettes de matière grasse. Disposer les tomates dans un plat à gratin beurré et faire cuire 30 mn à four moyen.

## TOMATES FARCIES AU RIZ

*4 tomates.*
FARCE : *200 g de riz cuit ; 3 c. à soupe de sauce tomate du commerce ; 50 g de gruyère râpé ; 20 g de margarine.*
CUISSON : *30 mn.*
THERMOSTAT : *5-6 ou 200-220°.*

1° Préparer les tomates suivant la recette de base des tomates farcies. Utiliser pour la farce du riz cuit à l'eau ou à la matière grasse. Ajouter 3 c. à soupe de sauce tomate du commerce. Saler et poivrer.
2° Garnir les tomates de cette préparation. Saupoudrer de gruyère rapé et parsemer des noisettes de matière grasse. Disposer les tomates dans un plat à gratin beurré et faire cuire 30 mn à four moyen.

## TOMATES FARCIES AU SOUFFLÉ

*(Voir recette « Tomates au soufflé »).*

# LÉGUMES SECS

## HARICOTS SECS EN GRAINS

QUANTITÉS : *4 personnes.*
*250 g de haricots secs : haricots blancs, flageolets ; 1 carotte ; 1 oignon piqué d'un clou de girofle ; 1 gousse d'ail.*
BOUQUET GARNI : *une branche de thym, une demi-feuille de laurier, persil.*
GARNITURE : *40 g de beurre ; persil haché.*
AROMATES AU CHOIX : *fenouil en branches ou en graines ; baies de genièvre.*
CUISSON : *en faitout, 2 h à 2 h 30 ; à l'autocuiseur, 45 mn.*

1° Laver et égoutter les haricots.
2° Les faire cuire de préférence à l'autocuiseur à cause de la rapidité de cuisson. Les couvrir d'eau froide. Ne pas saler. Fermer l'autocuiseur et laisser cuire 5 mn, à partir de la rotation de la soupape. Egoutter et jeter cette eau. Cette première cuisson a pour but de rendre plus digestibles les haricots. Remettre les haricots dans l'autocuiseur. Les couvrir d'eau bouillante. Ajouter la carotte coupée en rondelles, l'oignon piqué d'un clou de girofle, la gousse d'ail, le sel et le bouquet garni. Fermer l'autocuiseur et laisser cuire 40 mn à partir de la rotation de la soupape.
3° Quand les haricots sont cuits, les servir soit chauds avec du beurre et du persil haché, du jus de viande ; soit froids en salade, à la vinaigrette.

N.B. – Si vous utilisez des haricots secs en boîte, faites-les réchauffer avec quelques baies de genièvre ou du fenouil. C'est délicieux.

## LENTILLES

QUANTITÉS : *4 personnes.*
*250 g de lentilles du Puy ; 1 oignon ; 5 baies de genièvre.*
BOUQUET GARNI : *une branche de thym, une demi-feuille de laurier, persil.*
GARNITURE : *4 tranches de lard de poitrine fumé ou jambon fumé ; vinaigrette : 2 c. à soupe d'huile ; vinaigre ; 1 c. à café de moutarde forte ; 1 gousse d'ail ; persil haché ; sel, poivre.*
CUISSON : *en faitout, 45 mn environ ; à l'autocuiseur 15 mn.*

1° On peut faire cuire les lentilles soit 45 mn environ dans une casserole couverte ; soit 15 mn à l'autocuiseur à partir de la rotation de la soupape.
2° Couvrir les lentilles d'eau froide. Ajouter les aromates : oignon, baies de genièvre, bouquet garni. Fermer le récipient. Laisser cuire doucement.

3° Pendant ce temps, faire revenir quelques instants les tranches de lard de poitrine fumé et préparer la vinaigrette à la moutarde, ajouter l'ail pilé et le persil haché.
4° Quand les lentilles sont cuites, les arroser de vinaigrette et les servir chaudes ou froides avec la poitrine fumée. Les lentilles ainsi préparées accompagnent parfaitement : des saucisses, des côtes de porc, des tranches de museau, du jambon, de la langue de bœuf.

N.B. – Choisissez de préférence les petites lentilles vertes du Puy, ce sont les meilleures. Si vous utilisez l'autocuiseur pour les faire cuire ne prolongez surtout pas la cuisson car les lentilles sont vite éclatées. Il est préférable d'ouvrir l'autocuiseur au bout de 12 mn (à partir de la rotation de la soupape) et de finir la cuisson à vue.

## POIS CASSÉS (Purée saint-germain)

QUANTITÉS : *4 personnes.*
*250 g de pois cassés ; 50 g de lard maigre ; 1 carotte ; 1 oignon*
BOUQUET GARNI : *une branche de thym, une demi-feuille de laurier, persil ; sel poivre, beurre 40 g.*
CUISSON : *en faitout, 1 h 30 à 2 h : à l'autocuiseur. 25 mn.*

1° Laver et égoutter les pois cassés.
2° Les faire cuire de préférence à l'autocuiseur à cause de la rapidité de cuisson. Pour cela les mettre dans l'autocuiseur. Les couvrir d'eau froide. Ne pas saler. Fermer l'autocuiseur et laisser cuire 5 mn, à partir de la rotation de la soupape. Egoutter les pois cassés et jeter cette eau. Cette première cuisson a pour but de les rendre plus digestibles.
3° Remettre les pois cassés dans l'autocuiseur. Les couvrir d'eau bouillante. Ajouter les aromates : la carotte coupée en rondelles, le lard en dés, l'oignon et le bouquet garni. Fermer l'autocuiseur et laisser cuire doucement 25 mn à partir de la rotation de la soupape.
4° Quand les pois cassés sont cuits, les passer au moulin à légumes pour les réduire en purée. Ajouter le beurre. Saler et poivrer.
5° Servir la purée de pois cassés, avec de la viande de porc, saucisses, andouillettes, jambon.

# RIZ (utilisations salées)

**RIZ A LA CRÉOLE**

QUANTITÉS : *pour 6 personnes.*
*200 g de riz ; 2 litres eau (10 fois le volume du riz) ; 2 c. à café de sel.*
AROMATES : *1 oignon ou une gousse d'ail ; 1 branche de thym ; 1/2 feuille de laurier ; 1 petite branche de romarin.*
NATURE DU RIZ : *riz rond ordinaire.*
QUANTITES DE RIZ PAR PERSONNE : *60 g pour un légume ; 30 g pour une entrée.*
PRÉPARATION : *5 mn.*
CUISSON : *casserole, 15 à 20 mn ; à l'autocuiseur, 6 mn (dans le panier rigide).*

## Technique

1° Laver le riz à l'eau courante froide, dans une passoire jusqu'à ce que l'eau soit claire.
2° Verser le riz dans l'eau bouillante salée.
3° Laisser bouillir à gros bouillon, sans couvrir.
4° Au bout de 1/4 h, vérifier la cuisson. Le riz est cuit quand il ne croque plus sous la dent.
5° Lorsqu'il est cuit, le verser dans une passoire et le passer à l'eau courante froide pour être utilisé froid (en salade) ; ou à l'eau chaude, pour être utilisé chaud (en légumes).
6° Le riz est prêt à être utilisé. Il peut être servi chaud avec du beurre cru ou être accompagné d'une sauce.

## Ce qu'il ne faut pas faire

- Trop cuire le riz ; donc, le goûter plusieurs fois.
- Commencer la cuisson à l'eau froide. L'eau doit bouillir à gros bouillon lorsque vous versez le riz.
- Laisser séjourner le riz dans l'eau de cuisson
- Remuer le riz pendant la cuisson
- Couvrir

## Remarque

Quand vous cuisez le riz à la créole, cuisez une grande quantité. Vous pourrez l'utiliser :

- En légumes accompagnant le poulet au blanc, la blanquette de veau, les rognons, le foie, la langue.

– Pour farcir des tomates, les courgettes.
– En salade, etc.

## UTILISATIONS FROIDES

### SALADE DE RIZ AUX FRUITS DE MER

QUANTITÉS : *pour 6 personnes.*
RIZ CRÉOLE : *200 g de riz ; 2 litres d'eau ; 2 c. à café de sel.*
AROMATES : *1 oignon ou une gousse d'ail ; 1 branche de thym ; une demi-feuille de laurier ; 1 petite branche de romarin.*
*1 litre de moules, 100 g de crevettes.*
SAUCES D'ACCOMPAGNEMENT : *une tasse à thé de mayonnaise ou une demi-tasse à thé de vinaigrette (5 c. à soupe huile, 1 c. et demie à soupe de vinaigre, 1 c. à café de moutarde forte, fines herbes ciboulette, persil, basilic, sel, poivre).*
DÉCORATION : *3 tomates ; 2 œufs durs, 2 cornichons* **(facultatif)**; *5 ou 6 radis (facultatif) ; 10 olives noires ; quelques feuilles de salade.*
PRÉPARATION : *1/2 heure.*
CUISSON DU RIZ : *casserole, 20 mn ; à l'autocuiseur, 6 mn.*

**1° Préparer le riz à la créole (voir recette de base avec les aromates au choix).**
**2° Mettre à durcir les œufs 12 mn à l'eau bouillante salée.**
**3° Faire la vinaigrette ou la mayonnaise.**
**4° Couper en quartiers une tomate.**
**5° Mélanger avec le riz : la tomate en quartiers, les cornichons, les fruits de mer au choix, la vinaigrette.**
**6° Verser ce mélange dans un saladier ou un bol, bien tasser.**
**7° Démouler sur un plat rond et décorer avec les œufs durs, la salade, tomates en tranches, olives, radis en fleurs.**

N.B. – Vous pouvez remplacer les moules par des coques, les crevettes par du crabe, des langoustines : ajouter un demi-concombre, un demi-poivron, 1 branche de céleri, 200 g de carottes râpées, chou-fleur, haricots verts, cœurs de palmier, artichaut.

## VARIANTES

### SALADE DE RIZ AU THON

Suivre la recette de base de la salade de riz aux fruits de mer. Remplacer les moules et les crevettes par 200 g de thon blanc au naturel.

N.B. – Vous pouvez réaliser le même genre de recette avec du saumon, ou tout autre poisson cuit au court-bouillon, une petite boîte d'anchois.

### SALADE DE RIZ AU POULET

Suivre la recette de base de la salade de riz aux fruits de mer. Remplacer les moules et les crevettes par 200 g de poulet cuit.

N.B. – Vous pouvez utiliser également des restes de bœuf, porc, veau, dindonneau, canard, langue.

## SALADE DE RIZ ROSE

QUANTITÉS : *pour 6 personnes.*
RIZ CRÉOLE : *200 g de riz, 2 litres d'eau, 2 c. à café de sel.*
AROMATES : *romarin, thym.*
*200 g de carottes râpées, 100 g de crevettes décortiquées (1 boîte).*
SAUCE D'ACCOMPAGNEMENT : *1 tasse à thé de mayonnaise ou une demi-tasse de vinaigrette (5 c. à soupe d'huile, le jus de 1/2 citron, fines herbes:persil, ciboulette).*
DÉCORATION : *6 olives noires ; 100 g de crevettes entières ; quelques feuilles de salade.*
PREPARATION : *1/2 heure.*
CUISSON DU RIZ : *casserole, 20 mn ; autocuiseur, 6 mn.*

1° Préparer le riz à la créole *(voir recette de base).*
2° Râper les carottes.
3° Faire la vinaigrette ou la mayonnaise.
4° Mélanger le riz, carottes, crevettes décortiquées, vinaigrette.
5° Prendre comme moule : une tasse, un verre ou le moule en plastique à couvercle amovible (Tupperware). Tasser dedans la préparation.
6° Démouler les petits dômes sur un plat rond ou long.
7° Décorer les dômes avec les crevettes entières, entourer de feuilles de salade.

## SALADE DE RIZ EXOTIQUE

QUANTITÉS : *6 personnes.*
RIZ CRÉOLE : *200 g de riz ; 2 litres d'eau ; 2 c. à café de sel.*
AROMATES : *1 branche de thym, 1 petite branche de romarin.*
*2 oranges, 200 g reste poulet cuit.*
SAUCES D'ACCOMPAGNEMENT : *1 tasse à thé de mayonnaise ou 1/2 tasse à thé de vinaigrette (5 c. à soupe huile, 1/2 jus de citron, 2 c. à café moutarde, persil, ciboulette, sel, poivre.*
DÉCORATION : *6 radis roses, 10 olives noires, quelques feuilles de mâche.*
PRÉPARATION : *1/2 h.*
CUISSON DU RIZ : *casserole, 20 mn : à l'autocuiseur, 6 mn.*

1° Préparer le riz à la créole *(voir recette de base).*
2° Éplucher les oranges au couteau économique. Couper en quartiers. On peut garder quelques tranches pour décorer.
3° Couper le poulet en cubes.
4° Faire la vinaigrette ou la mayonnaise.
5° Mélanger riz, orange, poulet, vinaigrette.
6° Verser le mélange dans un saladier.
7° Démouler sur un plat rond.
8° Décorer avec les feuilles de mâche, radis en fleurs, olives, tranches d'oranges restantes.

## VARIANTES (salade exotique)

Vous pouvez remplacer le poulet par 200 g : de canard, de langue de bœuf, de veau, de porc.

Vous pouvez ajouter : 1 pomme, 50 g de raisins secs, 10 noix décortiquées, maïs cuit (une petite boîte).
Vous pouvez aussi farcir de cette façon des oranges, des pamplemousses : vous retirez la chair des oranges ou des pamplemousses. Vous la coupez en cubes et la mélangez avec le riz et la viande ou la volaille.

### SALADE DE RIZ A LA CHINOISE

QUANTITÉS : *6 personnes.*
RIZ CRÉOLE : *200 g de riz ; 2 litres eau ; 2 c. à café de sel.*
*50 g de champignons secs ; 150 g de chair de poule cuite ; 1 poivron vert ; 1 poivron rouge ; pousses de bambou (1 petite boîte) ; pousses de soja (1 petite boîte) ; 1 boîte de crabe ; poivre de Cayenne, sel, poivre.*
SAUCE : *2 c. à soupe sauce soja, 1/2 jus de citron, 5 c. à soupe huile.*
PRÉPARATION : *1/2 heure.*
CUISSON DU RIZ : *casserole, 20 mn ; à l'autocuiseur, 6 mn.*
TREMPAGE DES CHAMPIGNONS : *1/2 heure.*

1° Préparer le riz à la créole selon la recette de base.
2° Faire tremper les champignons secs pendant une 1/2 h dans de l'eau tiède. Changer l'eau au moins 2 fois pendant ce temps.
3° Couper la chair de poule en lamelles.
4° Couper le poivron en tronçons.
5° Ajouter les pousses de bambou salées, coupées par moitiés, ainsi que les pousses de soja, le riz, les champignons égouttés, équeutés, la viande de poule émincée.

## UTILISATIONS CHAUDES

### RIZ AUX MOULES

QUANTITÉS : *pour 6 personnes.*
RIZ CRÉOLE : *200 g de riz ; 2 litres d'eau ; 2 c. à café de sel.*
AROMATES : *thym, romarin, ail.*
*2 litres de moules (1 boîte de 200 g au naturel) ; 200 g crevettes décortiquées, (1 boîte) ; 1 dl de vin blanc ; échalote ; sel, poivre.*
ROUX BLANC : *20 g de farine ; 20 g de margarine ; 2 dl de jus de cuisson des moules ; 2 c. à soupe de crème fraîche ; une pincée de curry.*
PRÉPARATION : *1/2 heure.*
CUISSON DU RIZ : *casserole, 20 mn ; à l'autocuiseur, 6 mn ; moules, 5 mn ; roux, 5 mn.*

1° Préparer le riz à la créole *(voir recette de base).*
Quand il est cuit, le verser dans un moule à savarin beurré. Conserver au four tiède.
2° Ouvrir les moules sur feu vif avec le vin blanc, échalote hachée, sel, poivre.
3° Passer le jus de cuisson des moules dans une passoire recouverte de papier absorbant ou dans le filtre à café en papier.

4° Faire le roux blanc : mouiller avec le jus de cuisson des moules. Ajouter le curry (1 pincée). Remettre à cuire les moules quelques instants, avec les crevettes décortiquées.
5° Ajouter la crème fraîche au dernier moment.
6° Démouler le riz. Verser la préparation au centre.
7° Décorer avec les crevettes roses.
8° Servir chaud en entrée.

## POULET A L'ESPAGNOLE

QUANTITÉS : *pour 6 personnes.*
RIZ A LA CRÉOLE : *200 g de riz ; 2 litres d'eau ; 2 c. à café de sel ; une pincée de safran.*
*1 poulet ; 4 c. à soupe huile d'olive ; 3 poivrons ; 1 orange ; 4 tomates ; 100 g d'olives vertes ou noires ; sel, poivre ; piment en poudre ou piment fort.*
PRÉPARATION : *Une demi-heure.*
CUISSON DU RIZ : *casserole, 20 mn ; à l'autocuiseur, 6 mn ; légumes, 30 mn ; four, 10 mn.*

1° Préparer le riz à la créole selon la recette de base. Garder au chaud dans un plat au four.
2° Faire revenir dans la cocotte le poulet en morceaux avec l'huile. Saler, poivrer.
3° Ajouter : 3 poivrons, en lamelles ; tomates pelées en quartiers ; une pincée de piment ; olives vertes. Laisser mijoter 30 mn.
4° Mettre le poulet sur le riz. Entourer avec les légumes. Ajouter une orange coupée en quartiers.
5° Arroser de jus de cuisson de la volaille. Verser 2 c. à soupe d'huile.
6° Enfourner à petit feu et servir chaud.

## RIZ PILAF

QUANTITÉS : *pour 6 personnes.*
*200 g de riz ; eau : 1 fois et demie le volume du riz ; 2 c. à soupe d'huile arachide.*
AROMATES : *1 oignon ou gousse d'ail ; thym, curry ou safran ou paprika ou poivre de cayenne ; poitrine fumée.*
NATURE DU RIZ : *riz long de luxe.*
QUANTITÉ DE RIZ PAR PERSONNE : *60 g.*
CUISSON : *cocotte ou casserole à fond épais, 20 mn ; à l'autocuiseur, 6 mn.*

1° Dans une casserole épaisse ou cocotte, faire blondir l'oignon émincé, avec la matière grasse. Y jeter le riz et remuer pour bien l'imprégner.
2° Verser l'eau bouillante (on peut utiliser le bouillon de volaille, de poisson, de crustacés) le goût est meilleur.
3° Couvrir et laisser cuire à feu doux (sur diffuseur pour le gaz), sans remuer jusqu'à absorption du liquide.

REMARQUES

– Il faut regarder constamment le riz, car l'eau s'évapore.
– Il ne faut pas cuire le riz à feu vif pour la même raison.

N.B. – Si vous ne supportez pas le riz cuit dans la matière grasse, vous pouvez très bien faire dorer à sec le riz dans la casserole. Le mouiller avec le liquide et quand il est cuit, ajouter 2 c. à soupe d'huile ; un filet de vinaigre augmente l'arôme.

## VARIANTES

### RIZ PILAF A L'ORIENTALE

Suivre la recette de base du riz pilaf.
Assaisonner avec une pincée de safran ou de poivre de Cayenne.
En fin de cuisson, ajouter 200 g de bœuf bouilli coupé en cubes.

N.B. – Vous pouvez réaliser le même genre de recette avec des restes de poulet, canard, porc, veau, dindonneau, langue, rognons, foie.

### RIZ PILAF AUX FRUITS DE MER

Suivre la recette de base du riz pilaf.
En fin de cuisson, ajouter un litre de moules ou de coques ; 6 coquilles saint-jacques cuites ou une boîte de 200 g de crevettes, crabe, langoustines.

### RIZ PILAF AU POISSON

Suivre la recette de base du riz pilaf.
Ajouter en fin de cuisson 200 g de poisson cuit au court-bouillon (frais, en boîte ou surgelé).

### RIZ PILAF AUX LÉGUMES DE PROVENCE

Suivre la recette de base du riz pilaf.
Ajouter au début de la cuisson du riz les légumes suivants au choix : 2 courgettes, un poivron, 2 aubergines, 3 tomates.

### RIZ PILAF AUX RAISINS

QUANTITÉS : *6 personnes.*
*200 g de riz ; eau : 1 fois et demie le voulume de riz ; 2 c. à soupe d'huile ; sel.*
*50 g de raisins secs ; 200 g de jambon fumé ; une pincée de curry.*
PRÉPARATION : *10 mn.*
CUISSON DU RIZ : *à la casserole ou à la cocotte, 20 mn ; à l'autocuiseur, 6 mn.*

Faire cuire le riz pilaf selon la recette de base avec les raisins secs et le curry.
En fin de cuisson, ajouter le jambon fumé coupé en dés.

# RIZ (utilisations sucrées)

**RIZ AU LAIT**

QUANTITÉS : *6 personnes.*
*1 litre de lait (5 fois le volume du riz) ; 200 g de riz (compter 30 g de riz environ par personne) ; 150 g de sucre ; 1 gousse de vanille.*
PARFUMS : *zeste de citron ou d'orange (facultatif).*
NATURE DU RIZ : *riz long de luxe.*
PRÉPARATION : *5 mn.*
CUISSON DU RIZ : *casserole téfal, 1/2 heure ; à l'autocuiseur, 10 mn.*

1° Faire chauffer le lait avec la gousse de vanille.
2° Laver le riz à l'eau courante froide dans une passoire.
3° Quand le lait bout, verser le riz en pluie.
4° Laisser cuire à feu doux, couvert (sur diffuseur si on utilise le gaz).
5° Cinq minutes avant la fin de la cuisson, verser le sucre en poudre en remuant légèrement avec une fourchette en bois pour l'incorporer.
6° Le riz est cuit quand le lait est absorbé.

## Ce qu'il ne faut pas faire

- Sucrer au départ de la cuisson car le riz ne gonfle pas.
- Cuire à découvert car le lait s'évapore.

N.B. – Le riz est souvent cuit 2 mn à l'eau bouillante avant d'être mis dans le lait. Le goût est moins savoureux. A vous de voir.

Le riz au lait peut se servir tel quel ou accompagné de fruits au sirop, pruneaux, pêches, poires, abricots ; de confitures ; de bananes flambées ; de la crème anglaise.

## VARIANTE

On peut parfumer le riz au lait avec du chocolat en ajoutant au lait 4 à 5 c. à soupe de chocolat en poudre.

## Utilisations du riz au lait

**GATEAU DE RIZ AU CARAMEL**

QUANTITÉS : *pour 6 personnes.*
RIZ AU LAIT : *1 litre de lait ; 200 g de riz ; 150 g de sucre ; 2 œufs ; 1 gousse de vanille.*
CARAMEL : *50 g de sucre ; 3 c. à soupe d'eau ; 2 gouttes de vinaigre ou de jus de citron.*
PRÉPARATION : *15 mn.*
CUISSON DU RIZ : *riz au lait, une demi-heure ; à l'autocuiseur, 10 mn ; caramel, 5 mn ; gâteau au four, 3 quarts d'heure. Th. 6 ou 240°.*

1° Cuire le riz au lait selon la recette de base.
2° Lorsque le riz est cuit, ajouter hors du feu les œufs battus en omelette.

3° Verser dans un moule caramélisé genre plat à soufflé ou à charlotte, en aluminium ou téfal et mettre au four.
4° Laisser cuire jusqu'à ce que le gâteau soit doré.
5° Laisser refroidir avant de démouler.

## GATEAU DE RIZ AUX POMMES MERINGUÉES

QUANTITÉS : *pour 6 personnes.*
RIZ AU LAIT : *1 litre de lait ; 200 g de riz ; 150 g de sucre ; 1 gousse de vanille ; 2 jaunes d'œufs.*
COMPOTE DE POMMES : *4 belles pommes ou 1/2 boîte de compote ; 50 g de sucre ; 20 g de beurre ou de margarine ; 2 c. à soupe de cognac ;*
MERINGUE : *2 blancs d'œufs ; 20 g de sucre (2 c. à soupe) ; pincée de sel.*
PREPARATION : *1/2 heure.*
CUISSON : *riz au lait, 1/2 heure ; à l'autocuiseur, 10 mn ; compote, 15 mn ; gâteau, 5 mn. Th. 6 ou 7.*

1° Préparer le riz au lait selon la recette de base.
2° Quand le riz est cuit, ajouter, hors du feu, les jaunes d'œufs battus. Verser la préparation dans un plat à gratin ou à quatre-quarts et mettre au four.
3° Faire sauter dans la matière grasse, les pommes épluchées et coupées en tranches fines. Saupoudrer de sucre. Quand elles sont cuites, les verser sur le riz. Arroser de cognac.
4° Battre les blancs en neige ferme. Incorporer 2 c. à soupe de sucre. Etaler sur les pommes à l'aide d'une cuillère sans égaliser.
5° Remettre au four 5 mn. Servir tiède.

## GATEAU DE RIZ D'AMÉLIE

QUANTITÉS : *pour 6 personnes.*
RIZ AU LAIT : *1 litre de lait ; 200 g de riz ; 150 g de sucre ; 2 œufs ; 1 gousse de vanille ; zeste de 1/2 citron.*
COMPOTE DE POMMES : *4 belles pommes ou 1/2 boîte de compote, 20 g de beurre ; 50 g sucre en poudre ; 50 g de raisins secs ; 1 pincée de cannelle en poudre ; 2 c. à soupe de rhum.*
PRÉPARATION : *une demi-heure.*
CUISSON : *riz au lait, une demi-heure ; à l'autocuiseur, 10 mn ; compote, 15 mn ; caramel, 5 mn ; gâteau au four, de 3 quarts d'heure à 1 h. Th. 6 ou 240°.*

1° Préparer le riz au lait selon la recette de base avec le zeste de citron.
2° Lorsque le riz est cuit, ajouter hors du feu, les œufs battus en omelette.
3° D'autre part caraméliser un moule assez plat (moule à gratin).
4° Faire sauter les pommes épluchées et coupées en tranches fines dans la matière grasse. Y ajouter les raisins secs, le sucre, une pincée de cannelle.
5° Mettre dans le plat caramélisé en alternant une couche de riz au lait, une couche de compote de pommes, une couche de riz

au lait.
Arroser avec les 2 c. à soupe de rhum.
6° Faire cuire à four moyen jusqu'à ce qu'il soit doré.
7° Servir tel quel, tiède ou froid, mais non réfrigéré.

N.B. – Ce gâteau est très savoureux et léger. Comme il demande une assez longue préparation, vous pouvez le faire en 2 fois : cuire le riz au lait un jour et faire le reste le lendemain. Si vous êtes pressée, vous pouvez remplacer les pommes sautées par une demi-boîte de compote de pommes. C'est moins fin.

## RIZ A L'IMPÉRATRICE

QUANTITÉS : *pour 6 personnes.*
RIZ AU LAIT : *un demi-litre de lait ; 100 g de riz ; 75 g de sucre ; 1 gousse de vanille.* CRÈME ANGLAISE : *1 demi-litre de lait ; 4 jaunes d'œufs ; 75 g de sucre ; 8 g de gélatine du commerce (ou 4 feuilles).*
CRÈME CHANTILLY : *250 g de crème fraîche ; 50 g de sucre ; 200 g de fruits frais ou congelés (fraises, framboises, groseilles ou 50 g de fruits confits).*
PRÉPARATION : *1 demi-heure.*
CUISSON : *riz au lait, 1 demi-heure ; à l'autocuiseur, 10 mn ; crème anglaise, 5 mn.*
RÉFRIGÉRATEUR : *2 à 3 heures.*

1° Faire cuire le riz au lait selon la recette de base.
2° Préparer la crème anglaise
Faire chauffer le lait avec la gousse de vanille. D'autre part, travailler les jaunes d'œufs avec le sucre jusqu'à ce que le mélange devienne mousseux. Verser le lait bouillant tout doucement. Remettre le tout dans la casserole. Faire épaissir sans bouillir, en tournant sans cesse. La crème est cuite lorsqu'elle nappe la cuillère.
Ajouter la gélatine dissoute dans 2 c. à soupe d'eau tiède.
Mélanger le riz, la crème et les fruits.
3° Préparer la crème chantilly.
Fouetter la crème fraîche avec un glaçon. Quand le fouet laisse une marque, arrêter aussitôt de fouetter. Verser en pluie le sucre.
Ajouter la crème fouettée au mélange.
Verser la préparation dans un moule à charlotte huilé ou « Ami-Gourmet » (Tupperware).
Mettre à prendre au réfrigérateur. Quand le gâteau est pris, démouler et décorer de fruits confits.

N.B. - Ce gâteau peut être fait la veille.

# LES PATES

## PATES AU BEURRE

QUANTITÉS : *4 personnes.*
*250 g de pâtes coquillettes ; 2 l d'eau (8 fois le volume des pâtes) ; 2 c. à café de sel ; beurre, 30 g ; 50 g de gruyère ou de parmesan râpé (facultatif).*
AROMATES : *thym, laurier (demi-feuille), romarin (quelques feuilles) ; 1 gousse d'ail ou 1 oignon.*
CUISSON : *10, 15, 20 mn suivant les pâtes.*

N.B. – On compte 50 à 60 g de pâtes par personne, en accompagnement et 30 g en entrée.

1° Mettre l'eau à bouillir avec le sel et les aromates au choix.
2° Quand l'eau est bouillante, verser les pâtes. Ne pas couvrir.
3° Vérifier la cuisson des pâtes en les goûtant après 10 mn d'ébullition. Les pâtes sont cuites lorsqu'elles sont devenues translucides mais restent un peu fermes sous la dent.
4° Dès qu'elles sont cuites, les égoutter et les verser dans un plat chaud avec le beurre. Couvrir.
5° Servir chaud tel quel ou accompagné de gruyère râpé ou mieux de parmesan comme en Italie ; de sauce tomate.

N.B. – Les pâtes cuites au beurre s'accommodent parfaitement avec toutes les viandes et poissons, spécialement les viandes en sauce.

RECOMMANDATIONS

Pour réussir la cuisson des pâtes, il faut une grande quantité d'eau bouillante (8 à 10 fois le volume des pâtes) bouillant à gros bouillons. Il faut jeter les pâtes en pluie et non en tas. Sinon elles risquent de coller. Le temps de cuisson est très variable selon la forme et l'épaisseur des pâtes. Les plus longues à cuire sont les macaroni. Il faut donc goûter souvent. Les pâtes sont cuites quand le point blanc a disparu au cœur. Elles doivent cependant rester fermes. Il ne faut jamais les passer sous l'eau froide pour les raffermir ni les laisser tremper dans l'eau de cuisson.

## PATES AU GRATIN

QUANTITÉS : *pour 4 personnes.*
*250 g de coquillettes, macaroni ; 2 l eau (8 fois le volume des pâtes) ; 2 c. à café de sel.*
Aromates : *thym, demi-feuille de laurier, 1 gousse d'ail ou 1 oignon ; 40 g de beurre ; 50 g de gruyère râpé ; 50 g chapelure ; 1 c. à café de madère (facultatif).*
CUISSON : *pâtes, 1/4 h environ ; gratin : 1/4 h ; th. 8 ou 270°.*
MATÉRIEL : *plat à gratin.*

1° Faire cuire les pâtes dans l'eau bouillante avec le sel et les aromates sans couvercle.
2° Quand les pâtes sont cuites, les égoutter.

3° Beurrer un plat à gratin.
4° Verser une couche de pâtes, une couche de gruyère râpé et quelques morceaux de beurre en alternant. Finir par une couche de pâtes. Saupoudrez avec le gruyère restant et la chapelure. Mettre quelques noisettes de beurre. Arroser avec le madère.
5° Faire gratiner à four chaud.

## VARIANTES

### GRATIN DE PATES A LA BÉCHAMEL

Ajouter au gratin une béchamel, faite avec 20 g de margarine ; 20 g de farine et 1/4 l de lait.
Préparation de la béchamel : faire fondre la margarine, y ajouter d'un seul coup la farine. Quand le mélange est mousseux, retirer du feu et verser le lait froid d'un seul coup. Bien diluer et remettre sur feu doux à bouillir, 5 mn, en remuant sans cesse.

### GRATIN DE PATES AU JAMBON ET AUX CHAMPIGNONS

Ajouter au gratin à la béchamel, 200 g de jambon coupé en dés et 200 g de champignons revenus avec 20 g de margarine et une gousse d'ail.

### GRATIN DE PATES A LA VIANDE

Ajouter au gratin 200 g de viande hachée cuite (bœuf, veau, poulet, dindonneau, canard, rognons) et un oignon revenu avec 20 g de margarine.

### GRATIN DE PATES AU THON

Ajouter au gratin, une boîte de 200 g de thon au naturel et une petite boîte de sauce tomate aromatisée avec un peu de basilic.

### GRATIN DE PATES AUX FRUITS DE MER

Ajouter au gratin 1 litre de moules ou coques cuites. Aromatiser le gratin aux fruits de mer avec quelques feuilles de romarin.

### GRATIN DE PATES AUX ŒUFS DURS

Ajouter au gratin 4 œufs durs coupés en deux et une petite boîte de sauce tomate aromatisée avec quelques feuilles d'estragon.

••

### TIMBALE DE PATES

QUANTITÉS : *pour 4 personnes.*
*250 g pâtes, macaroni, coquillettes ; 2 litres d'eau (8 fois le volume des pâtes) ; 2 c. à café de sel.*
AROMATES : *thym, laurier (demi-feuille), romarin quelques feuilles, 1 gousse d'ail ou 1 oignon.*
*200 g champignons (1 boîte), 1 gousse d'ail ; 30 g margarine ; 200 g*

*jambon ou reste de viande ; 50 g gruyère râpé ; sel, poivre, noix de muscade ; 5 olives vertes (facultatif).*
BÉCHAMEL : *40 g margarine ; 40 g de farine ; 1/2 l de lait.*
PRÉPARATION : *béchamel, 5 mn ; champignons, 10 mn.*
CUISSON : *pâtes, 15 mn environ ; timbale, 15 mn ; th. 8 ou 270°.*
MATÉRIEL : *plat à soufflé.*

1° Cuire les pâtes à l'eau bouillante avec le sel et les aromates.
2° Couper le jambon en dés. Faire revenir quelques instants les champignons avec l'ail.
3° Préparation de la béchamel : faire fondre la margarine, y ajouter d'un seul coup la farine. Quand le mélange est mousseux, retirer du feu et verser le lait froid d'un seul coup. Bien diluer le mélange et remettre sur feu doux à bouillir 5 mn en remuant sans cesse. Hors du feu ajouter la moitié du gruyère râpé.
4° Mélanger les pâtes, les champignons, le jambon, les olives dénoyautées avec la béchamel. Vérifier l'assaisonnement.
5° Beurrer un moule à soufflé. Verser la préparation. Saupoudrer avec le gruyère restant. Parsemer de quelques noisettes de margarine.
6° Faire gratiner à four chaud. Servir chaud.

## VARIANTES

### TIMBALE DE PATES AU THON

Remplacer le jambon par 200 g de thon au naturel (ou autre poisson cuit) et la béchamel par une boîte de sauce tomate à laquelle vous ajouterez une pincée de marjolaine, une branche de thym, une gousse d'ail, un brin de persil.

### TIMBALE DE PATES AUX NOIX

Ajouter à la garniture de la timbale aux pâtes, 100 g de noix décortiquées et passées à la moulinette.

### PATES EN SALADE

QUANTITÉS : *pour 4 personnes.*
*250 g de coquillettes ; 2 l. d'eau ; 2 c. à café de sel ; 100 g de jambon ; 1 saucisse de Strasbourg ; 2 cornichons ; 1 tomate ; 1 œuf dur ; quelques feuilles de laitue.*
AROMATES : *thym, laurier (demi-feuille) ; romarin (quelques feuilles) ; 1 gousse d'ail.*
VINAIGRETTE : *3 c. à soupe d'huile ; 1 c. à soupe de vinaigre ; sel, poivre ; persil ; ciboulette ; feuilles d'estragon frais.*
PRÉPARATION : *10 mn.*
CUISSON : *œuf dur, 10 mn ; pâtes, 1/4 h.*

1° Faire cuire les coquillettes à l'eau bouillante, avec le sel et les

aromates (On peut faire durcir l'œuf avec les coquillettes).
2° Quand les coquillettes sont cuites, les égoutter.
3° Couper le jambon, la saucisse, les cornichons en lamelles. Ajouter aux coquillettes.
4° Faire la vinaigrette. L'ajouter au mélange.
5° Présenter sur un plat et décorer avec des feuilles de laitue, l'œuf dur et la tomate coupés en rondelles.
Servir frais.

N.B. – Vous pouvez remplacer la vinaigrette par une mayonnaise.

## VARIANTES

### SALADE DE COQUILLETTES AU POULET

Suivre la recette de base des pâtes en salade.
Remplacer le jambon et la saucisse par 200 g de poulet cuit.

N.B. – Vous pouvez réaliser le même genre de recette avec des restes de bœuf bouilli, de porc, veau, dindonneau, canard ou langue.

### SALADE DE COQUILLETTES AUX FRUITS DE MER

Suivre la recette de base des pâtes en salade.
Remplacer le jambon et la saucisse par 1 litre de moules et 50 g de crevettes.

N.B. – Vous pouvez utiliser également du crabe, des langoustines.

### SALADE DE COQUILLETTES AU THON

Suivre la recette de base des pâtes en salade.
Remplacer le jambon et la saucisse, par 200 g de thon blanc au naturel.

N.B. – Vous pouvez utiliser également du saumon ou tout autre poisson cuit au court-bouillon, une petite boîte d'anchois.

### SALADE DE COQUILLETTES AUX CHAMPIGNONS

Suivre la recette de base des pâtes en salade.
Remplacer la saucisse par 100 g de champignons de Paris crus, préparés selon la manière suivante :
Nettoyer les champignons. Les couper en fines lamelles et faire macérer, 1 heure au minimum, dans une vinaigrette au citron (jus d'un demi-citron, 1 c. à café de moutarde douce, 3 c. à soupe d'huile, sel, poivre).

# SEMOULE

(recettes salées)

## COUSCOUS ULTRA-RAPIDE

QUANTITÉS : *pour 4 personnes.*
*250 g de semoule moyenne à couscous ; 1/4 l. d'eau bouillante ; 1 petite boîte de pois chiches ; 1 piment doux ; 1 gousse d'ail ; cumin ou kamoun arabe ; poivre de cayenne ; thym ; sauce tomate, (1 petite boîte) ; 1 pincée d'arissa ; 2 c. à soupe d'huile ; 1 c. à café de vinaigre.*
CUISSON : *3 mn.*

1° Faire très légèrement dorer à sec le couscous dans la casserole.
2° Ajouter le même volume d'eau bouillante, les aromates : thym, cumin, poivre de cayenne, un piment doux, une gousse d'ail . Saler, couvrir et laisser bouillir 1 mn. Retirer du feu. Attendre encore 1 ou 2 mn, la casserole fermée pour permettre au couscous de gonfler. A ce moment-là, terminer l'assaisonnement en y ajoutant un peu d'huile et un filet de vinaigre.
3° Servir aussitôt, avec une sauce tomate aromatisée d'une pincée d'arissa.

N.B. – Ce couscous pourra accompagner des brochettes, des côtes d'agneau, du mouton, du poulet bouilli (utiliser alors le jus de cuisson pour cuire le couscous) ou des steaks hachés.

## GNOCCHIS A LA ROMAINE

QUANTITÉS : *4 ou 5 personnes.*
*1/2 l de lait ; 100 g semoule de blé moyenne ; 1 œuf ; 40 g de margarine ; 30 g de gruyère râpé ; sel, poivre, noix de muscade râpée ;* ***30 g gruyère râpé*** *et 20 g margarine pour gratiner.*
PRÉPARATION : *1/2 h.*
REFROIDISSEMENT DE LA SEMOULE : *1/2 h.*
CUISSON : *semoule, 10 mn ; gnocchis au four, 1/4 h ; th. 8 ou 260°.*
MATÉRIEL : *plat à gratin.*

1° Faire bouillir le lait avec la margarine, le sel, le poivre, la noix de muscade.
2° Dans le lait bouillant, jeter la semoule en pluie. Cuire à feu doux pendant 10 mn environ et tourner sans cesse. Quand la semoule est épaisse, retirer du feu.
3° Ajouter l'œuf battu, le gruyère râpé. Bien mélanger.
4° Etendre la semoule sur une tôle beurrée ou la lèche-frite de la cuisinière. Former une couche épaisse de 1 cm ; égaliser la surface avec un couteau mouillé. Laisser refroidir.
5° Découper avec un verre des rondelles, les disposer sur un plat à gratin beurré en les faisant chevaucher. Saupoudrer de gruyère râpé. Mettre des noisettes de margarine.
6° Faire gratiner au four.

N.B. – On peut servir les gnocchis à la romaine avec une sauce tomate.



**Gratin dauphinois** (recette p. 268).▶

## SEMOULE AUX POIRES

QUANTITÉS : *4 ou 5 personnes.*
*1/2 de lait ; 80 g de semoule de blé moyenne ; 75 g de sucre ; 1 œuf ; 1 gousse de vanille ; 50 g de raisins secs (facultatif) ; zeste d'un demi-citron ; 4 poires cuites au sirop ou une boîte.*
SIROP : *1/4 l eau, 125 g de sucre.*
PRÉPARATION : *5 mn.*
CUISSON : *semoule, 10 à 15 mn ; poires au sirop dans une casserole, 20 à 30 mn ; à l'autocuiseur, 10 à 15 mn.*

1° Faire bouillir le lait avec la gousse de vanille et le zeste râpé (peau jaune du citron) d'un demi-citron.
2° Dans le lait bouillant jeter en pluie la semoule. Cuire à feu doux pendant 10 mn environ et tourner sans cesse. Quand la semoule est épaisse, retirer du feu.
3° Ajouter le sucre, l'œuf battu en omelette, les raisins secs. Bien mélanger. Verser la semoule dans un plat creux.
4° Cuisson des poires au sirop. Eplucher les poires entières et les mettre à cuire avec le sirop (eau et sucre), soit dans l'autocuiseur et laisser cuire doucement 10-15 mn à partir de la rotation de la soupape ; soit dans une casserole en comptant 20-30 mn à feu très doux. Le temps de cuisson varie suivant la nature et la maturité des poires. Piquer avec une aiguille à tricoter pour vérifier la cuisson.
5° Décorer avec les poires cuites au sirop.
6° Faire réduire le sirop jusqu'à ce que la goutte ne tombe plus de la cuillère. Napper les poires avec ce sirop.

N.B. – Si l'on veut rendre ce dessert plus léger on peut séparer le blanc du jaune d'œuf et l'incorporer battu en neige ferme à la semoule cuite. Si l'on préfère un grain plus fin on peut utiliser de la semoule fine.

# VARIANTES

## SEMOULE AUX ABRICOTS

Remplacer les poires par 8 abricots cuits au sirop ou (1 boîte).

## SEMOULE A L'ANANAS

Remplacer les poires par 4 tranches d'ananas.

## SEMOULE AUX CERISES

Remplacer les poires par 250 g de cerises cuites au sirop ou (1 boîte).

◀**Tomates provençales** (recette p. 270).

**SEMOULE AUX PECHES**

Remplacer les poires par 4 pêches cuites au sirop ou (1 boîte).

**SEMOULE AUX PRUNES**

Remplacer les poires par 250 g de prunes cuites au sirop ou 1 boîte.

**SEMOULE AUX PRUNEAUX**

Remplacer les poires par 250 g de pruneaux cuits au sirop.

**SEMOULE AU CHOCOLAT**

Ajouter au lait froid, 2 c. à soupe de chocolat en poudre.

# LES SAUCES

## BEURRE MAITRE D'HOTEL

QUANTITÉS : *4 personnes.*
*60 g de beurre, 1 c. à café de persil ; 1 c. à café de jus de citron ou de vinaigre ; sel, poivre ; 1 c. à café de moutarde (facultatif).*
PRÉPARATION : *5 mn.*

1° Prendre du beurre ayant une consistance normale, c'est-à-dire qu'il soit malléable, sinon il faut le malaxer à la fourchette pour le ramollir et ceci altère un peu la saveur.
2° Incorporer au beurre, le persil haché, sel, poivre et jus de citron.
3° Former des noix de beurre et garnir les aliments du plat de service.

### UTILISATIONS

Poissons au court-bouillon et grillés ; les viandes grillées : tournedos, le foie ; les légumes cuits à l'eau : pâtes, pommes de terre, haricots verts.

## BEURRE BLANC

QUANTITÉS : *4 personnes.*
*100 à 125 g de beurre (ou beurre = margarine) ; 20 g d'échalotes (2 échalotes) ; 1 dl de vin blanc sec (muscadet) ou 1/2 dl de vinaigre plus 1/2 dl de court-bouillon ou eau ; sel, poivre.*
PRÉPARATION : *1/4 h.*
CUISSON DE LA RÉDUCTION : *1/4 h.*
MATÉRIEL : *casserole ; cassolette en porcelaine à feu ; une cuillère en bois ou un fouet à main ; un couteau.*

1° Faire réduire sur feu doux, dans une casserole : les échalotes hachées et le muscadet, jusqu'à ce qu'il ne reste plus que 2 c. à soupe de liquide.
2° Passer la réduction, la mettre dans une cassolette. Porter sur feu doux, utiliser un diffuseur ou mettre au bain-marie (c'est-à-dire en interposant entre la cassolette et la source de chaleur une casserole d'eau chaude maximum 60°).
3° Incorporer le beurre par petits morceaux (noisettes). Tourner vivement avec une cuillère en bois ou battre au fouet de manière que le beurre ne se transforme pas en liquide mais prenne la consistance d'une pommade onctueuse. En cours d'opération, il faut parfois retirer la cassolette du bain-marie.
4° Quand le beurre est complètement absorbé, retirer du bain-marie, couvrir et servir tiède.

N.B. – Vous pouvez remplacer une partie du beurre par de la margarine. Ne dépassez pas moitié beurre, moitié margarine. L'emploi de la margarine est à recommander pour les débutantes car elle fond moins vite et c'est plus facile de l'incorporer. Vous commencez par la margarine et vous finissez par le beurre.

UTILISATIONS

Le beurre blanc accompagne tous les poissons cuits au court-bouillon et spécialement le brochet.

## SAUCE HOLLANDAISE

QUANTITÉS : *3 personnes.*
*60 g de beurre ou (beurre = margarine) ; 1 jaune d'œuf ; 1 c. à soupe de jus de citron ; sel, poivre blanc de préférence.*
PRÉPARATION : *1/4 h.*
MATÉRIEL : *une cassolette en porcelaine à feu ou à défaut une casserole à fond épais, une cuillère en bois ou fouet à main.*

1° Mettre dans la cassolette le jaune d'œuf avec le jus de citron. Porter sur feu doux en utilisant un diffuseur ou mettre au bain-marie (c'est-à-dire en interposant entre la cassolette et la source de chaleur une casserole d'eau chaude maximum 60°). Tourner sans cesse avec la cuillère en bois jusqu'à épaississement du jaune d'œuf (attention ! Il ne doit pas coaguler).
2° Ajouter le beurre par petits morceaux (noisettes). Tourner vivement de manière que le beurre ne se transforme pas en liquide mais prenne la consistance d'une pommade onctueuse. En cours d'opération, il faut parfois retirer la cassolette du bain-marie ou du diffuseur.
3° Quand le beurre est complètement absorbé, retirer du feu la cassolette, saler, poivrer, la couvrir et servir la sauce hollandaise tiède.

UTILISATIONS

Tous les poissons cuits au court-bouillon ou grillés ; les asperges, les fonds d'artichauts.

RECOMMANDATIONS

Pour réussir une sauce hollandaise, il faut :

- Qu'elle soit faite au dernier moment, car elle ne peut ni attendre ni être réchauffée ;
- Éviter les écarts de température qui peuvent la faire tourner, le beurre et le jaune se désagrégeant. C'est pourquoi il est bon d'utiliser une cassolette qui évite le transvasement dans une saucière. Il est important de la couvrir.
- Mettre le beurre par petits morceaux et attendre que chaque morceau soit bien absorbé avant d'en mettre un nouveau ;
- Que le bain-marie ne soit jamais trop chaud, maximum 60°.

N.B. – Vous pouvez remplacer une partie du beurre par de la margarine, mais ne dépassez pas moitié beurre, moitié margarine. L'emploi de la margarine est à recommander pour les débutantes, car elle fond moins vite et s'incorpore plus facilement. Vous commencez par la margarine et vous finissez par le beurre.

## VARIANTES

### SAUCE MOUSSELINE

Faire une sauce hollandaise. Ajouter hors du feu 2 c. à soupe de crème fraîche fouettée ou incorporer délicatement un 1/2 blanc d'œuf battu en neige ferme.

UTILISATION

Cette sauce très onctueuse et légère convient surtout pour accompagner des asperges.

### SAUCE BÉARNAISE

Faire réduire 1/2 verre de vinaigre avec 2 échalotes hachées et quelques feuilles d'estragon frais ou sec, jusqu'à ce qu'il ne reste plus qu'une cuillère à soupe de liquide. Passer la réduction. Faire une sauce hollandaise en remplaçant le jus de citron par la réduction.

UTILISATIONS

La sauce béarnaise accompagne les viandes grillées : tournedos, côtelettes d'agneau, brochettes, fondue bourguignonne, œufs durs ou pochés.

### SAUCE BEARNAISE A LA TOMATE (sauce choron)

Faire une sauce béarnaise et ajouter 1 c. à soupe de concentré de tomate. Vous pouvez mettre une pincée de poivre de Cayenne ou de paprika.

● ●

### SAUCE MAYONNAISE

QUANTITÉS : *6 personnes.*
*1 jaune d'œuf ; 1/4 l d'huile (maximum) ; 1 c. à café de moutarde ; 1 c. à café de vinaigre ; sel, poivre.*
AROMATES *(facultatif) : curry, paprika, poivre de cayenne.*
PRÉPARATION : *10 mn.*
MATÉRIEL : *1 bol ; 1 cuillère en bois ou 1 fouet électrique.*

1° Mettre dans un bol, le jaune, la moutarde, le sel et le poivre. Mélanger avec une cuillère en bois ou utiliser le fouet électrique.
2° Quand le jaune d'œuf épaissit, verser l'huile goutte à goutte au départ, en tournant ou en fouettant sans arrêt. Il faut laisser le

temps à l'huile de s'intégrer au jaune d'œuf avant d'en rajouter. Lorsque la quantité d'huile est absorbée, verser le vinaigre qui liquéfie et blanchit légèrement la sauce.
3° Si pour une raison quelconque, la sauce avait tendance à tourner, c'est-à-dire, si l'huile se séparait du jaune, on peut souvent la rattraper en ajoutant 1 c. à café d'eau ou de vinaigre bouillant. Si, malgré cela, la sauce ne revenait pas à la consistance et à l'aspect normal, il faut recommencer une mayonnaise en prenant un jaune d'œuf et tourner en ajoutant petit à petit la mayonnaise ratée.

RECOMMANDATIONS

Pour réussir la mayonnaise :
– Il est important que tous les ingrédients soient à la même température. (Si l'œuf est au réfrigérateur, le sortir 2 h à l'avance).
– Il faut verser l'huile en très petite quantité au début pour ne pas noyer le jaune.
– Il faut respecter la quantité d'huile pour un œuf mais on peut augmenter sans inconvénients, la quantité d'œuf.
– Si vous avez habituellement quelques difficultés à faire la mayonnaise, essayer de mettre au départ une pincée de fécule ou une miette de mie de pain. La présence d'amidon aide à faire prendre la mayonnaise.

N.B. – Certaines personnes font la mayonnaise au mixer. La méthode est différente, car on utilise l'œuf entier et tout est mis à la fois dans le bol du mixer, y compris l'huile. La mayonnaise est réalisée en quelques secondes.

## VARIANTES

### MAYONNAISE MOUSSELINE

Faire une mayonnaise. Incorporer délicatement un blanc d'œuf battu en neige ferme. La mayonnaise obtenue est onctueuse et légère.

### MAYONNAISE VERTE

Faire une mayonnaise. D'autre part mettre à bouillir 50 g de feuilles d'épinards et de cresson. Les égoutter et les passer à la moulinette. Recueillir le liquide vert et colorer la mayonnaise. On peut ajouter des fines herbes hachées (persil, cerfeuil, ciboulette, estragon).
Servir avec du poisson froid ; des œufs durs.

## MAYONNAISE TARTARE

Faire une mayonnaise bien moutardée. Ajouter un hachis d'oignons et de fines herbes (persil, ciboulette, cerfeuil, estragon), 4 cornichons coupés en rondelles, 1 à 2 c. à café de câpres.
Servir avec de la viande ou du poisson froids.

## MAYONNAISE A L'AIL (ailloli de Provence)

Eplucher 6 gousses d'ail. Les piler très finement avec un pilon. Faire la mayonnaise sur les gousses d'ail pilées. Utiliser de préférence de l'huile d'olive.
Servir avec de la viande froide (bœuf bouilli) ; poisson froid, spécialement la morue ; les œufs durs et les légumes bouillis (chou-fleur, pommes de terre, carottes, haricots verts) ; fondue bourguignonne.

## MAYONNAISE AUX ANCHOIS

Faire une mayonnaise. Incorporer 6 anchois en dés et une échalote finement hachée.

• •

## SAUCE VINAIGRETTE

QUANTITÉS : *6 personnes.*
*3 c. à soupe d'huile ou de crème fraîche ; 1 c. à soupe de vinaigre (de vin, de cidre ou 1 jus de citron) ; sel, poivre.*
CONDIMENTS AU CHOIX : *échalote, oignon blanc ou ail haché ; fines herbes hachées (persil, estragon, cerfeuil, sarriette, basilic, ciboulette) ; câpres ; cornichons ; moutarde forte ou douce et aromatisée ; jaune d'œuf dur écrasé.*

On peut faire une simple vinaigrette en mélangeant soigneusement l'huile, le vinaigre, le sel et le poivre. C'est la plus utilisée pour les salades vertes, les crudités et les légumes cuits.
On peut ajouter ensuite les condiments au choix selon la nature de l'aliment à assaisonner.
Si on met de l'échalote ou de l'oignon, les hacher finement. Quant à l'ail, il est préférable d'écraser la gousse dans le fond du bol, la retirer et de faire ensuite la vinaigrette qui sera parfumée sans risque de rencontre désagréable.
Pour les fines herbes, les couper avec des ciseaux dans un verre. C'est très pratique.

N.B. – Si vous utilisez du vinaigre de cidre, augmentez la quantité car il est moins fort que le vinaigre de vin. Si vous le parfumez à l'estragon et au romarin, il sera très apprécié.

## VARIANTES

### VINAIGRETTE A LA CRÈME FRAICHE

Faire une vinaigrette en remplaçant l'huile par de la crème fraîche.
Cette vinaigrette est recommandée pour les concombres, le céleri-rave.

### VINAIGRETTE AU JUS DE CITRON

Faire une vinaigrette en remplaçant le vinaigre par un jus de citron.
Elle est recommandée pour les carottes râpées. Elle leur donne un goût délicieux et leur évite de brunir à l'air. Vous pouvez ainsi conserver 2 jours, au réfrigérateur, vos carottes râpées dans une boîte en plastique et seulement arrosées de jus de citron. Elles conserveront leur fraîcheur et leur belle couleur.

### SAUCE REMOULADE

Faire une vinaigrette et ajouter 1 c. à café de moutarde.
Elle accompagne le céleri-rave râpé, le chou rouge.

### SAUCE RAVIGOTE

Faire une vinaigrette et ajouter une échalote ou un oignon haché et une cuillère à soupe de fines herbes coupées finement (persil, cerfeuil, estragon, ciboulette).
Servir avec de la viande froide (bœuf bouilli, museau de bœuf, tête de veau, pied de veau ou de mouton, langue) ou du poisson froid.

### SAUCE GRIBICHE

Faire une sauce ravigote et ajouter un jaune d'œuf dur écrasé avec une cuillère à café de moutarde, 2 ou 3 cornichons coupés en rondelles si la sauce accompagne une viande, et 1 c. à café de câpres si la sauce accompagne un poisson.
Mêmes utilisations que pour la sauce ravigote.

• •

### ROUX BLANC

QUANTITÉS : *6 personnes.*
*1/2 l de liquide (lait, bouillon de viande, de volaille, de poisson, de légumes et même de l'eau) ; 40 g de margarine ou de beurre ; 40 g de farine ; sel, poivre.*
PRÉPARATION : *5 mn.*
CUISSON : *ébullition, 5 mn.*

MATÉRIEL : *casserole à fond épais (en téflon, anti-adhésive) ; 1 cuillère en bois ; 1 verre mesureur.*

1° Il faut préparer autour de soi tous les ingrédients : farine et liquide mesurés, les épices.
2° Pour faire un roux blanc, vous avez le choix entre deux méthodes :

**Première méthode : utilisation d'un liquide froid.**
Dans une casserole, faire fondre la margarine ; quand elle est fondue, la retirer du feu et ajouter d'un seul coup la farine. Bien mélanger. Remettre sur le feu en tournant sans cesse jusqu'à ce que le mélange soit mousseux. Retirer à nouveau du feu. Verser d'un seul coup tout le liquide froid. Tourner vivement. Bien diluer, remettre sur feu doux et porter à ébullition environ 5 mn sans cesser de tourner. Le roux ne doit plus sentir la farine crue. Il est alors prêt à être assaisonné : sel, poivre et autre épices. On peut ajouter les ingrédients particuliers à chaque sauce : jaune d'œuf, crème fraîche, gruyère.

**Deuxième méthode : utilisation d'un liquide chaud.**
Faire fondre la margarine. Quand elle est fondue, la retirer du feu, et ajouter d'un seul coup la farine. Bien mélanger. Remettre sur le feu en tournant sans cesse jusqu'à ce que le mélange soit mousseux. Retirer de nouveau du feu et verser petit à petit le liquide bouillant. Quand la sauce a une bonne consistance, arrêter de verser le liquide. Remettre sur feu doux et porter à ébullition 5 mn environ sans cesser de tourner. La sauce est prête à être assaisonnée, et à recevoir selon son usage : jaune d'œuf, crème fraîche, gruyère.

## RECOMMANDATIONS

La première méthode utilisant un liquide froid est la plus facile à réussir. Elle est donc à recommander pour les débutantes, mais il est indispensable de connaître les deux, car il arrive souvent qu'on soit obligé d'utiliser un liquide bouillant (Ex. : le jus de cuisson de la poule bouillie, de la blanquette de veau, de la langue).
Réussir un roux, c'est ne pas faire de grumeaux. C'est le vœu des débutantes et parfois des moins débutantes. Si vous suivez consciencieusement la première méthode, en retirant chaque fois que cela est indiqué, la casserole du feu, vous la réussirez à coup sûr. Le roux étant dilué dans toute la quantité d'eau froide, il n'y a aucun risque de formation de grumeaux.
Quant à la deuxième méthode, elle demande un peu plus de vivacité dans les gestes. Il faut que le liquide soit versé goutte à goutte au début pour ne pas « noyer » le roux et former des grumeaux. Pour arriver à tourner vivement en même temps, si vous êtes débutante, faites-vous aider.

N.B. – Si vous faites attendre une sauce, il se forme une pellicule à la surface. Il ne faut pas la mélanger, mais la retirer soigneusement au moment de servir.

L'assaisonnement d'une sauce est très important. La qualité du plat, même très ordinaire, en dépend. L'usage discret mais varié des épices vous apportera de nombreuses possibilités. Ne vous limitez pas au sel et au poivre, faites des essais à petites doses avec les herbes de Provence, excellentes pour la santé : estragon, romarin, sarriette, marjolaine, basilic, fenouil. Quant aux épices exotiques, il faut les utiliser avec précaution car ils sont très forts et irritants pour le tube digestif. Il faut donc les utiliser occasionnellement et éviter d'en donner aux enfants.
Dans un roux, la quantité de farine doit être égale à la quantité de matière grasse.
Selon que l'on veut obtenir une sauce plus ou moins légère, on augmente ou on diminue la quantité de farine et de matière grasse.
Pour 1/2 l de liquide :

- 30 g de farine et de matière grasse donnent une sauce légère pour la poule bouillie, la blanquette de veau.
- 40 g de farine et de matière grasse donnent une sauce normale pour napper les légumes et les viandes.
- 50 g de farine et de matière grasse donnent une sauce épaisse pour fourrer les bouchées à la reine, les choux, les crêpes.

## SAUCES DÉRIVÉES DU ROUX BLANC

### SAUCE BLANCHE (SANS LAIT)

QUANTITÉS : *6 personnes.*
ROUX BLANC LÉGER : *1/2 l de liquide (bouillon de viande, de volaille, de poisson, de légumes et même de l'eau) ; 30 g de margarine ou de beurre ; 30 g de farine ; sel, poivre.*
AROMATES AU CHOIX : *ail ; oignon ; estragon : cerfeuil ; ciboulette ; jus de citron ; filet de vinaigre ; câpres ; moutarde ; curry ; noix de muscade ou raifort râpé.*
CUISSON : *5 à 10 mn.*

Prendre comme liquide le jus de cuisson de la viande. A défaut, on peut utiliser un bouillon de pot-au-feu ou de volaille en cube, du court-bouillon instantané. On délaye le cube ou le court-bouillon dans de l'eau froide.
Si le liquide utilisé est froid, suivre la première méthode du roux blanc.
Si le liquide utilisé est bouillant, suivre la deuxième méthode.
La sauce blanche accompagne les viandes blanches (blanquette de veau, poule bouillie) ; les poissons au court-bouillon ; œufs durs ou pochés ; riz ; chou-fleur ; pommes de terre ; céleri.

## SAUCE BLANCHE A LA CRÈME FRAICHE

AROMATES : *fines herbes hachées ; persil, cerfeuil ou ciboulette.*

Suivre la recette de la sauce blanche en faisant un roux épais. Quand la sauce blanche est cuite, ajouter, hors du feu, 1 dl de crème fraîche. Aromatiser au choix et garder au chaud sans bouillir.

## SAUCE BLANCHE AU JAUNE D'ŒUF (SAUCE POULETTE)

AROMATES : *jus d'un demi-citron ou filet de vinaigre ou une pincée de curry. Parfois on utilise quelques feuilles d'estragon, elles sont alors ajoutées dès que le roux est mouillé, pour cuire avec la sauce.*

Suivre la recette de la sauce blanche. Cette sauce s'accompagne souvent de 100 g de champignons de Paris, coupés en lamelles et revenus avec du beurre ou de la margarine.
Quant la sauce blanche est prête, ajouter les champignons et faire mijoter 10 mn. Ce n'est qu'au moment de servir, et hors du feu, que l'on verse la sauce petit à petit sur 2 jaunes d'œufs. Aromatiser au choix.

## SAUCE BLANCHE A LA CRÈME FRAICHE ET AU JAUNE D'ŒUF (SAUCE BATARDE)

Suivre la recette de la sauce blanche en faisant un roux normal (40 g de farine, matière grasse).
Quand la sauce blanche est cuite, ajouter hors du feu 2 c. à soupe de crème fraîche et verser petit à petit sur un jaune d'œuf. On peut ajouter 1 c. à soupe de jus de citron. Cette sauce remplace la sauce hollandaise, avec un goût moins fin. Elle est utilisée surtout pour accompagner les poissons au court-bouillon.

## SAUCE BLANCHE MOUSSELINE

Faire une sauce blanche épaisse. Hors du feu, verser la sauce petit à petit sur 2 jaunes d'œufs. Incorporer 50 à 100 g de beurre par petits morceaux. Assaisonner avec sel, poivre et une c. à soupe de jus de citron. D'autre part, battre un blanc d'œuf en neige ferme et l'incorporer délicatement à la sauce. Servir la sauce mousseline tiède.
Cette sauce remplace la sauce hollandaise mousseline. Elle est surtout utilisée pour accompagner les asperges.

## SAUCE BÉCHAMEL

QUANTITÉS : *6 personnes.*
ROUX BLANC NORMAL : *1/2 l lait ; 40 g de margarine ou de beurre ; 40 g de farine ; sel, poivre.*
AROMATES : *noix de muscade ; jus de citron ; ail ; oignon.*
CUISSON : *5 mn.*

Suivre la première méthode du roux blanc et mouiller avec le lait froid.
La sauce béchamel accompagne les viandes blanches (porc, veau, poulet, lapin, dindonneau) ; les poissons au court-bouillon ; les œufs pochés ou durs ; la plupart des légumes cuits à l'eau.

**BÉCHAMEL AU FROMAGE**
**(SAUCE MORNAY)**

Faire une béchamel.
Quand la béchamel est cuite, ajouter hors du feu, 50 g de gruyère râpé.

**BÉCHAMEL A LA CRÈME**
**(SAUCE NORMANDE)**

Faire une béchamel.
Quand la béchamel est cuite, ajouter hors du feu 2 c. à soupe de crème fraîche. Vous pouvez maintenir la sauce au chaud, mais elle ne doit pas bouillir.

**BÉCHAMEL A LA TOMATE**
**(SAUCE AURORE)**

Faire une béchamel.
Ajouter 1 à 2 c. à café de concentré de tomate selon la couleur désirée.

**BÉCHAMEL AUX OIGNONS**
**(SAUCE SOUBISE)**

Couper en rondelles, 250 g d'oignons. Les faire cuire soit à l'autocuiseur avec 1 dl d'eau et 20 g de margarine pendant 10 mn à partir du chuchotement de la soupape ; soit les faire bouillir dans une casserole pendant 10 mn puis les égoutter. Les faire mijoter 10 mn avec 20 g de margarine dans une casserole couverte.
Préparer une béchamel. Y ajouter les oignons, le sel, le poivre et laisser encore mijoter 10 mn.

N.B. – Vous pouvez ajouter à la sauce soubise de la crème fraîche, du concentré de tomate.

La sauce soubise accompagne les œufs durs (œufs à la tripe) ou pochés ; les escalopes de veau, de dindonneau ; la volaille ; les pommes de terre ; les fonds d'artichaut.

• •

**ROUX BLOND**

Le roux blond est l'intermédiaire entre le roux blanc et le roux

brun. Pour le réaliser, il suffit de suivre les méthodes indiquées pour le roux blanc en ayant soin de faire roussir le mélange matière grasse-farine avant d'ajouter le liquide.
Parfois, on remplace un demi-décilitre ou un décilitre du liquide total par 1 dl ou 1/2 dl de vin blanc. La sauce exige alors de mijoter au moins 20 à 30 mn pour éliminer l'acidité du vin blanc.

## SAUCES DÉRIVÉES DU ROUX BLOND

### SAUCE TOMATE

Faire un roux blond en utilisant la méthode du roux blanc et mouiller avec un coulis de tomates fraîches ou de concentré de tomate.

### FORMULE A PARTIR DE TOMATES FRAICHES

QUANTITÉS : *6 personnes.*
ROUX BLOND : *1/2 l de coulis de tomates ; 30 g de margarine ; 30 g de farine.*
COULIS DE TOMATES FRAICHES : *800 g de tomates ; 1 oignon ; 1 gousse d'ail ; 1 branche de thym ; 1/2 feuille de laurier ; persil ; une pincée de marjolaine ; sel, poivre ; 1 dl d'eau (seulement pour la cuisson à la casserole).*
CUISSON : *à la casserole, 20 à 30 mn ; à l'autocuiseur, 5 mn.*

Préparer un coulis de tomates. Laver les tomates, les couper en quartiers avec l'oignon émincé, la gousse l'ail, le thym, laurier, persil, marjolaine, sel, poivre.
Faire cuire le coulis soit à l'autocuiseur (c'est la méthode la plus rapide et la plus simple ; compter 5 mn à partir de la rotation de la soupape) ; soit à la casserole (ajouter aux ingrédients, l'eau. Couvrir et laisser cuire très doucement environ 20 à 30 mn).
Quand les tomates sont cuites, les passer au moulin à légumes, grille fine. Mouiller le roux blond avec le coulis de tomates fraîches, rectifier l'assaisonnement et faire mijoter 5 mn.

### FORMULE A PARTIR DE SAUCE TOMATE (OU DE CONCENTRÉ)

QUANTITÉS : *6 personnes.*
ROUX BLOND : *1/2 l de liquide (sauce tomate et eau ou eau et 2 c. à soupe de concentré) ; 30 g de margarine ; 30 g de farine ; 1 branche de thym ; 1/2 feuille de laurier ; persil ; une pincée de marjolaine ; sel, poivre.*

Mouiller le roux blond avec la sauce tomate. La diluer au besoin dans un peu d'eau. Faire mijoter 5 à 10 mn avec une pincée de marjolaine, une gousse d'ail, un peu de thym, persil, selon les goûts et l'assaisonnement initial de la sauce. C'est le moyen le plus rapide d'obtenir une excellente sauce tomate.

A défaut de sauce tomate, vous pouvez utiliser le concentré de tomate, à petite dose, car il donne vite une saveur acide. Délayer 1 à 2 cuillères à soupe de concentré de tomate dans l'eau froide. Mouiller le roux blond. Faire mijoter 5 à 10 mn avec des aromates (ail, thym, laurier, marjolaine, persil) sel, poivre.
Cette sauce accompagne les viandes rôties, les œufs durs, les omelettes, les pâtes, le riz, les haricots verts.

## SAUCE CHASSEUR

QUANTITÉS : *6 personnes.*
ROUX BLOND : *1/2 l de liquide (4 dl de bouillon et 1 dl de vin blanc) ; 50 g de margarine ; 50 g de farine ; 2 c. à soupe de concentré de tomate ; sel, poivre ; 1 branche de thym ; 1 demi-feuille de laurier.*
GARNITURE : *persil ou cerfeuil ou estragon haché.*
CUISSON : *20 à 30 mn.*

1° Faire un roux blond épais en suivant la méthode du roux blanc.
2° Prendre comme liquide du bouillon de légumes ou de viande ou du pot-au-feu en cube. Ajouter le vin blanc, le concentré de tomate. Mouiller le roux blond avec le mélange vin, eau ou bouillon, concentré de tomate. Ajouter les aromates (thym, laurier, persil, sel, poivre). Porter doucement à ébullition en remuant sans cesse, laisser mijoter 20 à 30 mn pour éliminer l'acidité du vin blanc.
Servir la sauce avec du persil ou du cerfeuil ou de l'estragon haché.
Cette sauce accompagne toutes les viandes sautées à la poêle, en cocotte (côte de porc, bœuf, veau, poulet, lapin, veau en cocotte).

## SAUCE MARINIÈRE

QUANTITÉS : *6 personnes.*
ROUX BLOND : *1/2 l liquide (4 dl de court-bouillon et 1 dl de vin blanc) ; 50 g de margarine ; 50 g de farine ; sel, poivre.*
CUISSON : *20 à 30 mn.*

1° Faire un roux blond épais en suivant la méthode du roux blanc.
2° Prendre comme liquide le court-bouillon de poisson ou de crustacés ou du court-bouillon instantané. Ajouter le vin blanc. Mouiller le roux blond avec le mélange court-bouillon, vin blanc. Saler, poivrer. Porter doucement à ébullition en remuant sans cesse et laisser mijoter 20 à 30 mn.
Accompagne les poissons au court-bouillon ; les crustacés ; les moules. .

## SAUCE MARINIÈRE A LA CRÈME

Faire une sauce marinière avec ou sans vin blanc (si la sauce ne comporte pas de vin blanc, elle peut être cuite en 5 mn). Quand la sauce est cuite, juste avant de servir, ajouter 2 c. à soupe de crème fraîche.

## SAUCE MARINIÈRE AU JAUNE D'ŒUF

Faire une sauce marinière avec ou sans vin blanc (si la sauce ne comporte pas de vin blanc, elle peut être cuite en 5 mn). Quand la sauce est cuite, verser la sauce petit à petit sur 2 jaunes d'œufs et servir aussitôt.

## SAUCE FINANCIÈRE

QUANTITÉS : *6 personnes.*
ROUX BLOND : *1/2 l de liquide (jus de cuisson des ris de veau + jus de cuisson des champignons) ; 40 g de margarine ; 40 g de farine ; 2 c. à soupe de madère ; sel, poivre.*
GARNITURE : *200 g de ris de veau ; 100 g de quenelles (1 boîte) ; 100 g de champignons de Paris ; 1 gousse d'ail (facultatif) ; 20 g de margarine.*
COURT-BOUILLON : *1 carotte ; 1 oignon ; 1/2 dl de vin blanc sec ; 1 branche de thym ; 1/2 feuille de laurier.*
CUISSON : *sauce, 5 à 10 mn ; garniture, 10 mn.*

1° CUISSON DES RIS DE VEAU : placer les ris de veau dégorgés dans un court-bouillon froid composé de carottes, oignon, vin blanc, thym, laurier, sel, poivre. Porter à ébullition progressivement et laisser cuire 10 mn. Quand les ris de veau sont cuits, les débarrasser de la petite peau qui les recouvre.
2° CUISSON DES CHAMPIGNONS : faire mijoter les champignons 10 mn, coupés en lamelles avec une gousse d'ail, 20 g de margarine, dans une casserole couverte.
3° CUISSON DE LA SAUCE : faire un roux blond en suivant la méthode du roux blanc. Mouiller avec le jus de cuisson des ris de veau et des champignons. Porter doucement à ébullition en remuant sans cesse. Saler, poivrer. Laisser mijoter 5 mn. Hors du feu, verser le madère. Juste avant de servir, ajouter les ris de veau coupés en dés, les champignons, les quenelles.
La sauce financière garnit les bouchées à la reine ou le vol-au-vent.

● ●

## ROUX BRUN

QUANTITÉS : *6 personnes.*
*1/2 l de liquide (bouillon de viande ou de légumes, bouillon de pot-au-feu en cube) ; vin blanc ; vin rouge ; 50 g de margarine ou d'huile, saindoux, végétaline ; 50 g de farine ; sel, poivre.*
AROMATES : *1 branche de thym ; 1/2 feuille de laurier ; persil.*
PRÉPARATION : *1/4 h.*
CUISSON : *5 mn ou 20 à 30 mn avec vin blanc, vinaigre.*
MATÉRIEL : *casserole à fond épais (anti-adhésive) ; une cuillère en bois ; un verre mesureur.*

1° Il faut préparer autour de soi, tous les ingrédients : farine et liquide mesurés, les épices réunis.

2° Pour faire un roux brun, vous avez le choix entre deux méthodes.

**Première méthode : utilisation d'un liquide froid.**

Dans une casserole, faire fondre la margarine. Quand elle est fondue, la retirer du feu et ajouter d'un seul coup la farine. Bien mélanger. Remettre sur le feu en tournant sans cesse jusqu'à ce que le mélange soit brun clair. Retirer de nouveau du feu et verser d'un seul coup le liquide froid. Tourner vivement. Lorsquele mélange est bien dilué remettre sur feu doux et porter à ébullition 5 mn, sans cesser de tourner. Laisser mijoter le roux 20 à 30 mn, si la sauce comporte du vin blanc, du vinaigre, des oignons, des épices.

**Deuxième méthode : utilisation d'un liquide chaud.**

Faire fondre la margarine. Quand elle est fondue, la retirer du feu et ajouter la farine d'un seul coup. Bien mélanger. Remettre sur le feu en tournant sans cesse jusqu'à ce que le mélange soit brun clair. Retirer à nouveau du feu et verser petit à petit le liquide bouillant en mélangeant. Lorsque la sauce a une bonne consistance, remettre sur le feu doux et porter à ébullition pendant 5 mn sans cesser de tourner. Laisser mijoter le roux 20 à 30 mn, si la sauce comporte du vin blanc, du vinaigre, des oignons, des épices.

## RECOMMANDATIONS

Pour faire un roux brun, la première méthode utilisant un liquide froid est la plus facile à réussir, elle est donc à recommander pour les débutantes. Il faut néanmoins connaître les deux méthodes car il arrive que l'on soit obligé d'utiliser un liquide bouillant.
Pour réussir un roux brun, il faut bien surveiller la coloration de la farine qui se fait très vite. Il ne faut pas qu'elle brunisse trop, car cela donnerait un goût amer à la sauce.
Il est préférable d'utiliser un corps gras qui supporte une température élevée, c'est pourquoi il est recommandé d'utiliser l'huile d'arachide, la végétaline, le saindoux, mais d'éviter le beurre qui brûle facilement.
La cuisson prolongée du roux brun, avec le vin blanc, les aromates, permet d'éliminer l'acidité du vin, mais a tendance à liquéfier la sauce. Il faut donc la faire plus épaisse au départ qu'une sauce blanche normale. Il vaut mieux rectifier la consistance en fin de cuisson.

# SAUCES DÉRIVÉES DU ROUX BRUN

## SAUCE MADÈRE

QUANTITÉS : *6 personnes.*
ROUX BRUN : *1/2 l de liquide (1/2 dl vin blanc sec + le jus des champignons + bouillon de viande oucube) ; 50 g de margarine ou d'huile ; 50 g de farine ; sel, poivre.*
AROMATES : *1 oignon ; 1 branche de thym ; 1/2 feuille de laurier ; persil.*
GARNITURE : *125 g de champignons, (1 boîte), 1 dl de Madère.*
CUISSON : *20 à 30 mn.*

1° Faire blondir l'oignon dans la margarine. Quand l'oignon est blond, le retirer du feu. Dans la matière grasse restante verser d'un seul coup la farine et faire un roux brun. Mouiller le roux avec le bouillon mélangé au vin blanc et au jus des champignons.
2° Remettre la sauce sur feu doux et porter à ébullition en tournant sans cesse. Laisser mijoter 20 à 30 mn, avec le sel, le poivre, le bouquet garni, (thym, laurier, persil).
3° Ajouter 5 mn avant de servir, les champignons coupés en lamelles et le madère.
La sauce madère accompagne le rôti de bœuf ; le jambon ; les croque-monsieur ; les rognons ; les ris de veau ; les tournedos.

## SAUCE PIQUANTE

QUANTITÉS : *6 personnes.*
ROUX BRUN : *1/2 l de liquide (4 dl de bouillon de viande, 1 dl de vin blanc sec) ; 50 g de margarine ou d'huile ; 50 g de farine ; sel, poivre.*
AROMATES : *1 oignon ; 1 échalote ; 1 branche de thym ; 1/2 feuille de laurier ; persil ; 1 c. à soupe de vinaigre.*
GARNITURE : *3 à 4 cornichons coupés en rondelles ; persil ou cerfeuil haché (facultatif).*
CUISSON : *20 à 30 mn*

1° Faire blondir l'oignon et l'échalote dans la margarine. Quand ils sont blonds, les retirer du feu. Dans la matière grasse restante, verser d'un seul coup la farine et faire un roux brun. Mouiller le roux avec le bouillon mélangé au vin blanc et au vinaigre.
2° Remettre la sauce sur feu doux, porter à ébullition sans cesser de tourner. Laisser mijoter 20 à 30 mn avec l'oignon, l'échalote, le bouquet garni (thym, laurier, persil) et le poivre.
3° Au moment de servir ajouter les cornichons coupés en rondelles, le persil ou le cerfeuil haché.

N.B. – Vous pouvez faire une sauce piquante en supprimant l'oignon, l'échalote, le vin blanc et mouiller le roux brun seulement avec le bouillon de viande et garder les autres aromates.

La sauce piquante accompagne le porc ; le bœuf bouilli ; la langue ; la tête de veau ; les œufs durs ou pochés ; les pommes de terre et le riz.

## SAUCE TOMATE BARBECUE

QUANTITÉS : *6 personnes.*
*4 tomates ou 2 c. à soupe de concentré de tomate ; 2 oignons ; 2 poivrons ; 1 gousse d'ail ; 1 c. à soupe d'huile.*
BOUQUET GARNI : *thym, laurier, persil.*
CONDIMENTS : *1 dl de ketchup ; 1 dl de vin blanc sec ; jus d'un demi-citron ou 2 c. à soupe de vinaigre de cidre ; 1 c. à soupe de moutarde forte ; un peu de piment rouge (facultatif) ; 1 pincée de poivre de Cayenne.*
CUISSON : *à la casserole, 20 à 30 mn ; à l'autocuiseur, 5 mn.*

1° Faire un coulis de tomate en faisant mijoter ensemble les légumes coupés en quartiers : tomates, oignons, poivrons, gousse d'ail. Ajouter l'huile, le thym, le laurier. On peut faire cuire le coulis soit à l'autocuiseur, 5 mn à partirdu chuchotementde la soupape ; soit dans une casserole couverte avec un peu d'eau.
2° Quand le coulis est réduit en purée, le passer à la moulinette.
3° Ajouter tous les condiments : ketchup, vin blanc, jus de citron, moutarde, piment et poivre de Cayenne. Faire chauffer sans bouillir.

N.B. .– Si vous aimez la saveur sucrée, vous pouvez ajouter 1 c. à soupe de miel ou de cassonade. La sauce tomate barbecue accompagne les grillades ; les poissons ; les volailles ; le fondue bourguignonne.

## SAUCE A LA DIABLE BARBECUE

QUANTITÉS : *6 personnes.*
*2 dl de vin blanc sec ; 1 dl de bouillon de viande ou de bouillon en cubes ; 2 échalotes ; 2 c. à soupe de ketchup ou de worcester sauce ; 1 c. à soupe de moutarde douce ; 1 pincée de poivre de Cayenne.*
PRÉPARATION : *5 mn.*
CUISSON : *1/4 h.*

1° Faire bouillir le vin blanc, le bouillon avec les échalotes hachées, jusqu'à ce que le liquide ait diminué de moitié.
2° Hors du feu, ajouter le ketchup et la moutarde.
La sauce à la diable accompagne les grillades ; les brochettes ; la volaille ; la fondue bourguignonne ; le poisson grillé.

## SAUCE DOUCE AMÈRE BARBECUE

QUANTITÉS : *6 personnes.*
*1 poivron ; 1 gousse d'ail ; 2 c. à soupe d'huile ; 2 c. à soupe de miel ou de cassonade ; 1 dl de jus d'ananas ; 1/2 dl de vinaigre de vin ou de cidre ; sel ; 1 pincée de poivre de Cayenne.*
PRÉPARATION : *5 mn.*
CUISSON : *10 mn.*

1° Hacher finement le poivron vert et écraser la gousse d'ail.

Ajouter tous les condiments.
2° Faire mijoter 10 mn dans une casserole couverte.
La sauce douce amère barbecue accompagne les grillades ; les brochettes ; la fondue bourguigonne.

## SAUCE AUX RAISINS BARBECUE

QUANTITÉS : *6 personnes*
*100 g de raisins secs ; 1 dl de vin rouge ; 1 dl de ketchup ; 1/2 dl de vinaigre de vin ; 1 oignon ; 1 gousse d'ail ; 20 g de sucre (2 c. à soupe rases) ; sel ; 1 pincée de poivre de Cayenne.*
PRÉPARATION : *5 mn.*
CUISSON : *15 mn.*

1° Hacher les raisins secs. Ajouter tous les condiments.
2° Faire mijoter 15 mn dans une casserole couverte.
La sauce aux raisins accompagne les grillades ; les brochettes ; les volailles ; la fondue bourguignonne.

## SAUCE BARBECUE DES BALKANS

QUANTITÉS : *6 personnes.*
*2 yaourts ; 1 oignon ; 2 cornichons, à la russe de préférence (conservés dans une saumure) ; 1 c. à soupe de vinaigre de vin ou de cidre ; 2 c. à soupe d'huile d'arachide ou d'olives ; sel ; 1 pincée de poivre de Cayenne ; 1 pincée de paprika.*
AROMATES : *ciboulette ; persil ou estragon.*
PRÉPARATION : *5 mn.*

1° Hacher l'oignon et couper les cornichons en rondelles.
2° Mélanger tous les ingrédients indiqués.
La sauce barbecue des Balkans accompagne les grillades ; les brochettes ; les volailles ; la fondue bourguignonne.

## SAUCE MONTAGNARDE BARBECUE

QUANTITÉS : *6 personnes.*
*1 fromage de chèvre frais ; 1 dl de sauce tomate fraîche ou en boîte ; 1 c. à soupe de ketchup ou de worcester ; 2 c. à soupe de crème fraîche ; 50 g de beurre ; sel, poivre.*
PRÉPARATION : *5 mn.*

Ecraser le fromage de chèvre et incorporer tous les condiments.
Servir frais.
La sauce montagnarde barbecue accompagne les grillades ; les brochettes ; les volailles ; la fondue bourguignonne.

# PATISSERIE

# PATE LEVÉE
# AUX BLANCS D'ŒUFS

## SAVOIE

QUANTITÉS : *4 personnes.*
*2 œufs ; 50 g de sucre semoule ; 25 g de farine ; 25 g de fécule de pommes de terre ; 1 pincée de sel.*
PARFUMS *(facultatif) : zeste de citron ou d'orange râpé (peau jaune ou orange) ; 1 c. à café de sucre vanillé.*
PRÉPARATION : *15 mn.*
CUISSON : *30 à 35 mn. Th. 4-5 ou 180-200°.*
MATÉRIEL : *1 moule à savoie de 18 cm de diamètre ; 1 spatule en caoutchouc ; 1 cuillère en bois ; 2 terrines ; 1 verre mesureur ; 1 grille ; 1 fouet électrique*

1° Allumer le four et beurrer largement le moule à savoie. Fariner.
2° Dans une terrine, travailler les jaunes d'œufs, le sucre et le parfum au choix jusqu'à ce que le mélange blanchisse et devienne mousseux.
3° Ajouter la farine et la fécule en pluie. Mélanger.
4° Battre les blancs en neige ferme avec le sel. Les incorporer délicatement avec la spatule en caoutchouc en soulevant et en coupant la pâte (ne pas tourner).
5° Verser la pâte dans le moule et enfourner aussitôt.
6° Laisser cuire 30 mn. Lorsque le gâteau est doré, vérifier s'il est cuit avec une aiguille à tricoter. Si elle ressort nette, démouler immédiatement sur une grille.

### RECOMMANDATIONS POUR RÉUSSIR LA PATE AUX BLANCS D'OEUFS

**Les blancs d'œufs sont responsables du gonflement de la pâte à la cuisson ; aussi faut-il les manier avec beaucoup de précautions :**
**Avant de les battre, ils ne doivent pas contenir de traces de jaunes.**
**Ils doivent être incorporés à la pâte avec délicatesse, en l'enrobant. Il ne faut surtout pas tourner car les blancs perdraient l'air qui se dilate à la chaleur et soulève la pâte.**
**Si l'on veut obtenir un gâteau plus léger, on peut ajouter à la pâte un blanc d'œuf battu en neige.**
**Ils doivent être utilisés immédiatement pour ne pas retomber, donc le four doit être à la température désirée.**
**Il ne faut pas ouvrir le four pendant la cuisson, car un coup d'air froid fait retomber la pâte définitivement.**
**Pour les débutantes, éviter de faire un gros gâteau. Il est plus facile de faire deux gâteaux de Savoie selon les proportions de la recette.**

**Si vous n'avez pas de fécule, vous pouvez très bien la remplacer par de la farine.**

## VARIANTES

Le gâteau de Savoie peut être servi nature pour accompagner des fruits au sirop, une crème.
Il peut être fourré de confiture, de crème au beurre (chocolat ou café), de crème pâtissière, de crème au citron, de crème de marrons.
Il peut être glacé.

### GLAÇAGE AU SUCRE GLACE

*200 g de sucre glace ; 1 c. à café de kirsch ou autre liqueur ; 1 c. à soupe d'eau environ.*

Lorsque le sucre est mouillé au kirsch, ajouter prudemment l'eau de façon à obtenir une pâte molle, mais pas trop coulante. Etendre cette pâte blanche sur le gâteau à l'aide d'une spatule (pelle à tarte) mouillée.

### GLAÇAGE AU CHOCOLAT

*100 g chocolat à croquer ; 20 g beurre ou de margarine.*

Faire fondre doucement le chocolat avec le beurre au bain-marie (c'est-à-dire en interposant une casserole d'eau chaude) ou sur un diffuseur. Il faut éviter que le chocolat cuise trop fort car il se transforme en pâte granuleuse.
On peut décorer avec des fruits confits ; des écorces d'oranges ou de citrons confites ; des fruits frais (fraises, framboises).

N.B. – Pour le fourrer, on peut utiliser des crèmes du commerce.

●●

## BISCUIT ROULÉ A LA CONFITURE

QUANTITÉS : *4 ou 5 personnes.*
PATE A SAVOIE : *2 œufs ; 50 g de sucre semoule ; 25 g de farine + 25 g de fécule ou 50 g farine ; 25 g de beurre ou de margarine ; 1 pincée de sel.*
GARNITURE : *1 demi-pot de gelée de groseille ou de framboise ; 20 g de sucre en poudre.*
PRÉPARATION : *15 mn.*
CUISSON : *15 mn. Th. 4-5 ou 180-200°.*
MATÉRIEL : *moule rectangulaire de 20 x 25 cm environ ou un couvercle métallique de boîte à gâteaux ; papier d'aluminium ; 1 torchon propre.*

1° Allumer le four.
2° Garnir le moule rectangulaire de papier d'aluminium. Beurrer largement et fariner.
3° Faire la pâte à savoie. Dans une terrine, travailler les jaunes d'œufs, le sucre et le parfum au choix (sucre vanillé, zeste de

citron) jusqu'à ce que le mélange blanchisse et devienne mousseux. Ajouter la farine et la fécule en pluie. Battre les blancs d'œufs en neige ferme avec une pincée de sel. Les incorporer délicatement avec la spatule en caoutchouc en soulevant et en coupant la pâte (ne pas tourner).

4° Verser la pâte dans le moule rectangulaire et enfourner aussitôt.

5° Quand le biscuit est légèrement doré, le démouler immédiatement sur un torchon mouillé et saupoudré de sucre en poudre. Retirer délicatement le papier d'aluminium. Rouler le gâteau dans le torchon et laisser refroidir.

6° Quand le gâteau est refroidi, le dérouler et le fourrer de gelée de confiture. Rouler de nouveau le biscuit. Biseauter les bouts.

## VARIANTES

### BISCUIT ROULÉ A LA CRÈME PATISSIÈRE

QUANTITÉS : *4 ou 5 personnes.*
CRÈME PATISSIÈRE : *2 jaunes d'œufs ; 40 g de sucre ; 25 g de farine ; 1/4 l de lait.*
PARFUMS : *1 gousse de vanille ; café soluble ou chocolat en poudre.*

Suivre la recette de base du biscuit roulé à la confiture. Remplacer la confiture par une crème pâtissière.

Faire chauffer le lait avec la gousse de vanille. Travailler les jaunes d'œufs avec le sucre jusqu'à ce que le mélange devienne mousseux. Ajouter la farine en pluie. Quand la préparation est lisse, verser le lait bouillant tout doucement. Remettre le tout dans la casserole. Porter doucement à ébullition et laisser cuire 5 mn en tournant sans cesse.

### BISCUIT ROULÉ A LA CRÈME AU BEURRE

CRÈME AU BEURRE : *200 g de beurre ; 200 g de sucre glace ; 2 jaunes d'œufs.*
PARFUMS : *quelques gouttes de vanille liquide ; chocolat en poudre ou café soluble ; 80 g de noix décortiquées et moulinées ou 80 g de poudre d'amandes.*

Suivre la recette de base du biscuit roulé à la confiture. Remplacer la confiture par une crème au beurre parfumée au chocolat ou au café.

Il est indispensable que le biscuit roulé soit bien froid pour le fourrer avec la crème au beurre.

Travailler les jaunes d'œufs avec le sucre glace. D'autre part, malaxer le beurre en pommade. Mélanger le tout et parfumer selon le goût désiré.

## BISCUIT ROULÉ A LA CRÈME DE MARRONS

Suivre la recette de base du biscuit roulé à la confiture. Remplacer la confiture par 500 g de crème de marrons vanillée du commerce.

## BISCUIT ROULÉ AUX BANANES

GARNITURE *: 4 bananes ; 60 g de sucre en poudre ; 10 g de beurre ; 4 c. à soupe de rhum.*
DÉCORATION *: 2 c. à soupe de confiture d'abricot ; 1 cerise confite ; 1 branche d'angélique.*

Suivre la recette de base du biscuit roulé à la confiture.
Ajouter à la pâte à savoie 2 c. à soupe de rhum, avant les blancs battus en neige. D'autre part, faire cuire les bananes coupées en rondelles dans le beurre et le sucre jusqu'à ce qu'elles soient en purée. Flamber avec 2 c. à soupe de rhum. Quand le biscuit est refroidi, le fourrer avec la purée de bananes. Napper l'extérieur avec de la confiture d'abricot et décorer avec les fruits confits.

## BISCUIT ROULÉ AUX NOIX

Suivre la recette de base du biscuit roulé à la confiture.
Passer à la moulinette 80 g de noix décortiquées. Les ajouter à la pâte à savoie avant les blancs battus en neige. Décorer le gâteau roulé avec quelques noix décortiquées.

## BISCUIT ROULÉ A LA NOIX DE COCO

GARNITURE *: 100 g de noix de coco ; 100 g de sucre glace ; 2 blancs d'œufs.*
PARFUMS *: 1 c. à café de jus de citron ou de rhum.*

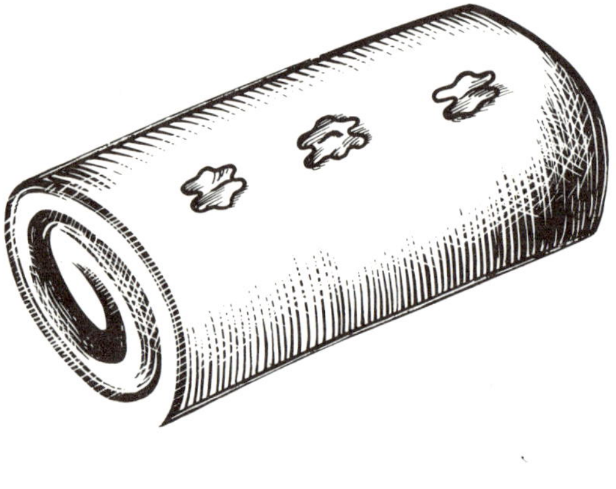



**Savoie** (recette p. 309).▶

Suivre la recette de base du biscuit roulé à la confiture. Remplacer la confiture par la garniture à la noix de coco.
Pour cela battre au fouet les blancs d'œufs avec le sucre glace, le jus de citron ou le rhum jusqu'à ce que le mélange soit crémeux. Ajouter ensuite 80 g de noix de coco râpée. Fourrer le gâteau avec la garniture. Réserver un peu de crème pour badigeonner l'extérieur. Saupoudrer avec le reste de noix de coco.

● ●

## GATEAU AU CHOCOLAT

QUANTITÉS : *4 ou 5 personnes.*
*50 g de chocolat à croquer ; 50 g de beurre ou de margarine ; 50 g de farine ; 2 œufs ; 1 pincée de sel;* ***50 g de sucre.***
PRÉPARATION : *15 mn.*
CUISSON : *30 mn. Th. 4 ou 180°.*
MATÉRIEL : *1 verre mesureur ; 1 cuillère en bois ; 1 spatule en caoutchouc ; 1 terrine ; 1 casserole ; 1 fouet électrique ; 1 moule à manqué de 18 cm de diamètre ; 1 grille.*

1° Allumer le four et beurrer un moule à manqué.
2° Faire fondre doucement le chocolat dans une casserole au bain-marie (c'est-à-dire en interposant une casserole d'eau chaude) ou sur un diffuseur.
3° Hors du feu, ajouter le beurre, le sucre, les jaunes d'œufs, la farine.
4° Battre les blancs en neige ferme avec la pincée de sel. Les incorporer délicatement avec la spatule en caoutchouc en soulevant et en coupant la pâte (ne pas tourner).
5° Verser la pâte aussitôt dans le moule beurré et faire cuire à four doux. Il ne faut pas ouvrir le four avant 30 mn. Vérifier la cuisson avec une aiguille à tricoter. Si elle ressort nette, retirer le gâteau du four et démouler chaud sur une grille.

### RECOMMANDATIONS

Il faut éviter que le chocolat cuise trop fort, car il se transforme en pâte granuleuse.
Il faut manier les blancs d'œufs avec précaution en les incorporant avec délicatesse à la pâte. Il ne faut surtout pas tourner, car ils retomberaient. Ils doivent être utilisés immédiatement. Le four et le moule doivent donc être prêts à l'avance.

## GÉNOISE

QUANTITÉS : *4 personnes.*
*2 œufs, 50 g sucre (semoule), 50 g farine, 30 g de beurre, une pincée de sel.*
PARFUM : *sucre vanillé, zeste de citron (peau jaune) facultatifs.*

◀ **Quatre-quarts fourré aux cerises** (recette p. 315).

PREPARATION : *30 mn.*
CUISSON : *30-40 mn.*
THERMOSTAT : *4-5 ou 180-200°.*
MATÉRIEL : *une terrine, un verre mesureur, fouet à main, spatule en caoutchouc, casserole, moule à manqué de 18 cm de diamètre, une grille.*

1° Allumer le four et beurrer le moule à manqué.
2° Battre au fouet les œufs entiers avec le sucre, le parfum, le sel au bain-marie (c'est-à-dire en interposant entre la source de chaleur une casserole d'eau chaude à 40° maximum).
3° Quand le mélange est devenu mousseux et qu'il a doublé de volume, le retirer du bain-marie et continuer à fouetter jusqu'à refroidissement.
4° Ajouter la farine en pluie, le beurre fondu tiède et mélanger avec douceur pour que la pâte reste mousseuse.
5° Verser la pâte dans un moule à manqué beurré.
6° Au bout de 30 mn, vérifier la cuisson avec une aiguille à tricoter. Si elle revient nette, démouler immédiatement sur une grille.

### UTILISATIONS

La génoise peut être servie nature pour accompagner des fruits au sirop ou une crème. Elle peut être fourrée et glacée comme le gâteau de Savoie.

### RECOMMANDATIONS POUR REUSSIR LA GENOISE

La pâte à génoise est plus délicate à réussir que la pâte à Savoie. Il faut donc bien suivre les conseils suivants :
1° Le bain-marie ne doit pas bouillir (40° maximum).
2° Il faut continuer à fouetter le mélange après l'avoir retiré du bain-marie jusqu'à refroidissement complet (10 mn environ).
3° Quand le beurre tiède a été ajouté à la pâte, il ne faut pas continuer à mélanger car la pâte verdit et devient lourde.

## LE QUATRE-QUARTS

QUANTITÉS : *4 ou 5 personnes.*
*100 g de beurre ou margarine, 100 g de sucre, 100 g de farine, 2 œufs, une pincée de sel.*
PARFUMS : *zeste de citron ou d'orange (peau jaune ou orange) ; un demi-paquet de sucre vanillé.*
PRÉPARATION : *un quart d'heure.*
CUISSON : *30 à 40 mn. Th. 4-5 ou 180-200°.*
MATÉRIEL : *un verre mesureur, deux terrines, une spatule en caoutchouc, une cuillère en bois, un fouet électrique, un moule à manqué 18 cm de diamètre, une grille.*

Le quatre-quarts, comme son nom l'indique, est composé de

quatre éléments en poids égaux : œuf▪farine▪sucre▪beurre.
1° Allumer le four, beurrer et fariner le moule à manqué.
2° Travailler le beurre et le sucre jusqu'à ce que le mélange soit crémeux. Ajouter le zeste de citron râpé (peau jaune).
3° Séparer les blancs des jaunes d'œufs et ajouter les jaunes au mélange.
4° Verser la farine en pluie. Bien mélanger.
5° Battre les blancs en neige ferme avec le sel. Les incorporer délicatement avec la spatule en caoutchouc en soulevant et en coupant la pâte (ne pas tourner).
6° Verser la pâte dans le moule et enfourner aussitôt ; ne pas ouvrir le four avant 30 mn. Vérifier la cuisson avec une aiguille à tricoter : si elle revient nette, démouler le gâteau chaud sur une grille.

## UTILISATIONS

Le quatre-quarts peut être servi tel quel pour accompagner des fruits au sirop ou une crème. Il peut être fourré et glacé comme le gâteau de Savoie.

# LA PATE A LA LEVURE DU BOULANGER

## SAVARIN

QUANTITÉS : *4 ou 5 personnes.*
*125 g de farine ; 2 œufs ; 2 c. à soupe de lait ; 10 g de levure de boulanger ; 60 g de beurre ou margarine ou 5 c. à soupe d'huile ; 10 g de sucre (1 cuillère à soupe) ; une pincée de sel.*
SIROP : *1/4 l d'eau ; 125 g de sucre ; 4 à 5 c. à soupe de rhum.*
GLAÇAGE : *2 c. à soupe de confiture d'abricot.*
GARNITURE : *quelques fruits confits (cerises, angélique).*
PRÉPARATION : *une demi-heure.*
REPOS DE LA PATE : *2 h environ.*
**CUISSON :** ***20 mn environ.***
**THERMOSTAT :** ***7 ou 240° pendant 10 mn, ensuite 5 ou 200°.***
**MATERIEL :** ***un verre mesureur, une terrine, un bol, une cuillère en bois, une spatule en caoutchouc, un fouet électrique, un moule à savarin (en couronne).***

1° Délayer la levure dans le lait tiède (40° maximum).
2° Dans une terrine, mettre la farine, y faire une fontaine (un trou), ajouter la levure dissoute dans le lait, les œufs entiers, le sucre, le sel, le beurre ramolli. Fouetter le tout avec la cuillère en bois. Continuer à travailler la pâte en la battant énergiquement jusqu'à ce qu'elle devienne élastique (vous pouvez utiliser le batteur électrique avec les palettes à pâte à gâteau). Ce travail doit durer 15-20 mn au minimum.
3° Verser la pâte dans le moule à savarin largement beurré et fariné. Laisser lever la pâte dans le moule à une température tiède 30-40° jusqu'à ce qu'elle remplisse le moule. La pâte double son volume en deux heures environ.
4° Quand la pâte a rempli le moule, faire cuire le savarin à four chaud pendant 10 mn, puis à four moyen les 10 mn restantes. Vérifier la cuisson avec une aiguille à tricoter : si elle ressort nette, démouler aussitôt le gâteau sur un plat légèrement creux.
5° Sirop : faire bouillir quelques minutes l'eau et le sucre. Hors du feu, ajouter le rhum. Arroser le savarin encore chaud avec le sirop jusqu'à ce qu'il soit bien imbibé.
6° Glaçage : napper le gâteau juste avant de servir avec la confiture d'abricot et garnir de fruits confits.
Le savarin peut se servir garni : soit d'une crème Saint-Honoré, soit d'une crème Chantilly, soit d'une macédoine de fruits au sirop.

N.B. – La pâte à la levure du boulanger exige un long et rude travail si l'on veut obtenir une pâte légère. D'autre part, la levée de la pâte à la température tiède est une opération minutieuse. Si vous êtes pressée ou débutante, il est préférable de choisir la recette du savarin rapide à la levure chimique qui est très facile. Si au contraire vous êtes déjà cordon bleu vous pouvez réaliser le savarin selon la méthode ancienne qui comporte deux levées de pâte, espacées chacune d'une heure environ. Vous obtiendrez une pâte plus légère, mais le travail est encore plus important et plus long.

## BRIOCHE

QUANTITÉS : *6 personnes.*
*250 g de farine ; 2 œufs ; 3 c. à soupe de lait tiède ; 20 g de levure de boulanger ; 20 g de sucre (2 c. à soupe) ; 125 g de beurre ; une pincée de sel.*
PRÉPARATION : *30 mn.*
REPOS DE LA PATE : *2 h environ.*
CUISSON : *30 mn environ. Th. 7 ou 240° pendant 10 mn, ensuite 5 ou 200°.*
MATÉRIEL : *un verre mesureur ; une terrine ; un bol ; une cuillère en bois ; un fouet électrique ; un moule à brioche ; une grille.*

1° Délayer la levure dans le lait tiède (40° maximum).
2° Dans une terrine, mettre la farine, y faire une fontaine (un trou), ajouter la levure dissoute dans le lait, les œufs entiers, le sucre, le sel, le beurre ramolli. Fouetter le tout avec la cuillère en bois. Continuer à travailler la pâte en la battant énergiquement jusqu'à ce qu'elle devienne élastique (vous pouvez utiliser le batteur électrique muni du pétrin). Ce travail doit durer 15-20 mn au minimum.
3° Verser la pâte dans le moule à brioche largement beurré et fariné. Laisser la pâte à une température tiède (30-40°) jusqu'à ce qu'elle remplisse le moule. La pâte double son volume en 2 h environ.
4° Quand la pâte a rempli le moule, faire cuire la brioche à four chaud pendant 10 mn, puis à four moyen les 20 mn restantes. Vérifier la cuisson avec une aiguille à tricoter, si elle ressort nette, démouler aussitôt la brioche sur une grille.

# VARIANTES

## BRIOCHE AUX POIRES

Faire la pâte à brioche selon la recette de base.
1° Beurrer et fariner un moule à manqué. Diviser la pâte en deux parties égales. Mettre une couche de pâte dans le fond du moule. Disposer dessus 4 poires épluchées, coupées en deux. Saupoudrer avec un sachet de sucre vanillé. Recouvrir les poires avec le reste de la pâte.
2° Laisser lever la pâte à une température tiède (30-40°) jusqu'à ce qu'elle remplisse le moule.
3° Quand la pâte a rempli le moule, faire cuire la brioche à four chaud pendant 10 mn, puis à four moyen les 20 mn restantes.

## BRIOCHES AUX CERISES

*Pour 6 brioches.*
CRÈME PATISSIÈRE : *1/2 l de lait ; 3 jaunes d'œufs ; 75 g de sucre en poudre ; 50 g de farine et une gousse de vanille.*
CERISES AU SIROP : *une boîte.*

Faire la pâte à brioche selon la recette de base.
1° Remplir à moitié les moules beurrés et farinés avec la pâte.
2° Laisser lever la pâte à une température tiède (30-40°) jusqu'à ce qu'elle remplisse les moules.
3° Faire cuire les brioches à four chaud (th. 7 ou 240°).
4° Préparer la crème pâtissière : faire chauffer le lait avec une gousse de vanille. D'autre part travailler les jaunes d'œufs et le sucre jusqu'à ce que le mélange devienne mousseux. Ajouter la farine en pluie. Bien mélanger. Verser le lait bouillant petit à petit. Remettre le tout sur feu doux et porter doucement à ébullition 5 mn en tournant sans cesse.
4° Quand les brioches sont cuites et refroidies, les creuser délicatement avec une cuillère. Les remplir de la crème pâtissière et garnir le dessus de cerises au sirop.

● ●

## TARTE AUX FRUITS

QUANTITÉS : *5 ou 6 personnes.*
*200 g de farine ; 1 œuf ; 1/2 dl de lait tiède ; 20 g de levure de boulanger ; 50 g de beurre fondu ; une pincée de sel.*
GARNITURE : *500 g de fruits (prunes, abricots, rhubarbe, groseilles, poires, pommes) ; 50 g de sucre.*
PRÉPARATION : *30 mn.*
REPOS DE LA PATE : *2 h.*
CUISSON : *20 mn. Th. 7 ou 240°.*
MATÉRIEL : *verre mesureur ; une terrine ; bol ; batteur électrique avec pétrin (facultatif) ; un moule à tarte.*

1° Délayer la levure dans le lait tiède (40° environ).
2° Dans une terrine, mettre la farine, y faire une fontaine (un trou). Ajouter la levure dissoute dans le lait, l'œuf entier, le sel, le beurre fondu.
3° Travailler la pâte à la main ou au batteur électrique muni du pétrin jusqu'à ce qu'elle devienne élastique (15-20 mn à la main).
4° Etaler la pâte à la main dans un moule à tarte beurré. Laisser lever la pâte à une température tiède (30-40°) jusqu'à ce qu'elle ait doublé de volume (2 h environ).
5° Quand la pâte est gonflée, mettre les fruits crus et saupoudrer de sucre (pour la rhubarbe augmenter la quantité de sucre).
6° Enfourner à four chaud et laisser cuire environ 20 mn.

N.B. – Pour gagner du temps vous pouvez acheter une pâte à pizza, ou pâte à pain, chez le boulanger.

## SAUCISSON EN BRIOCHE

QUANTITÉS : *6 à 8 personnes.*
*250 g de farine ; 2 œufs ; 3 c. à soupe eau tiède ; 20 g de levure de boulanger ; 20 g de beurre ; une pincée de sel.*

GARNITURE : *1 saucisson à cuire de 500 g ; 1 jaune d'œuf pour dorer.*
PRÉPARATION : *30 mn.*
REPOS DE LA PATE : *30 mn environ*
CUISSON : *saucisson, 20 mn ; pâte, 30 à 40 mn. Th. 7 ou 240°.*
MATÉRIEL : *un verre mesureur ; une terrine ; un bol ; un batteur électrique ; un moule à cake.*

1° Faire cuire le saucisson à l'eau bouillante pendant 20 mn. Quand il est cuit, crever la peau à la fourchette pour le peler entièrement.
2° Faire la pâte à brioche sans sucre selon la recette de base de la brioche.
3° Etaler la pâte au rouleau. Envelopper le saucisson refroidi. Replier les 2 extrémités de pâte. Dorer au jaune d'œuf dilué dans un peu d'eau.
4° Disposer la brioche dans le moule à cake beurré et fariné.
5° Laisser lever la pâte à une température tiède (30-40°) jusqu'à ce qu'elle remplisse le moule.
6° Faire cuire à four chaud. Servir le saucisson en brioche coupé en tranches.

N.B. – Pour gagner du temps, vous pouvez remplacer la pâte à brioche par de la pâte à pain achetée chez le boulanger mais ce plat sera un peu moins fin.

## VARIANTES

### BRIOCHES AUX OEUFS

*Pour 6 brioches.*
QUANTITÉS : *6 œufs ; 50 g de crème fraîche ; une pincée de paprika ; sel ; poivre.*

1° Faire la pâte à brioche sans sucre selon la recette de base.
2° Remplir à moitié les moules beurrés et farinés avec la pâte. Laisser lever la pâte à une température tiède (30-40°) jusqu'à ce qu'elle remplisse les moules.
3° Faire cuire les brioches à four chaud (th. 7 ou 240°). Quand les brioches sont cuites et refroidies, les creuser délicatement avec une cuillère. Mettre au fond 1 c. à café de crème fraîche, une pincée de paprika. Casser un œuf dans chaque brioche. Saler, poivrer et passer à four chaud (th. 7) environ 10 mn. Les œufs ne doivent pas durcir.
Servir les brioches chaudes en entrée.

### BRIOCHES AU JAMBON

*Pour 6 brioches.*
BÉCHAMEL : *1/2 l de lait ; 50 g de margarine ; 50 g de farine ; 50 g de gruyère râpé ; 2 tranches de jambon ou 200 g de reste de viande cuite ; 1 pincée de noix de muscade ; sel, poivre.*

1° Faire la pâte à brioche sans sucre selon la recette de base.
2° Remplir à moitié les moules beurrés et farinés avec la pâte. Laisser lever la pâte à une température tiède (30-40°) jusqu'à ce qu'elle remplisse les moules.
3° Faire cuire les brioches à four chaud (th. 7 ou 240°).
4° Préparer la béchamel : faire fondre la margarine, y ajouter d'un seul coup la farine. Quand le mélange est mousseux, verser hors du feu, le lait froid d'un seul coup. Bien diluer le mélange et remettre sur feu doux à bouillir 5 mn en remuant sans cesse. Incorporer hors du feu le gruyère râpé.
5° Quand les brioches sont cuites et refroidies, les creuser délicatement avec une cuillère. Les fourrer avec la béchamel au gruyère, le jambon coupé en dés. Assaisonner avec du sel, poivre, noix de muscade râpée.

N.B. – On peut ajouter à la recette 100 g de champignons de Paris revenus avec une gousse d'ail.

## BRIOCHES AUX FRUITS DE MER

Suivre la recette des brioches au jambon et remplacer le jambon par 1 litre de moules ou coques cuites ou 100 g de crevettes cuites, ou 100 g de poisson cuit. Les fruits de mer et le poisson peuvent être frais, en boîte ou surgelés.

N.B. – Si vous n'avez pas le temps de réaliser la pâte à brioche, vous pouvez utiliser les brioches du commerce en les choisissant le moins sucrées possible, ou en les commandant sans sucre.

● ●

## PIZZA

QUANTITÉS : *5 ou 6 personnes ;*
*200 g de farine ; 1 œuf ; 2 c. à soupe d'eau tiède ; 20 g de levure de boulanger ; 40 g de beurre ; une pincée de sel.*
GARNITURE : *150 g tomates crues (coupées en tranches) ; 10 olives noires ; une boîte d'anchois*
COULIS DE TOMATE : *250 g de tomates fraîches ou 50 g de concentré de tomate ; 200 g d'oignons ; 1 gousse d'ail (facultatif) ; 100 g gruyère (facultatif) ; une pincée de marjolaine ; sel, poivre.*
PRÉPARATION : *1/2 h*
REPOS DE LA PATE : *30 mn environ*
CUISSON : *pizza, 20 mn environ ; coulis de tomate, 10 mn à l'étuvée ; 5 mn à l'autocuiseur. Th. 7 ou 240°.*
MATÉRIEL : *un verre mesureur ; une terrine ; un bol ; un batteur électrique avec pétrin (fac.) ; un moule à tarte.*

1° Délayer la levure dans de l'eau tiède (40° maximum).
2° Dans une terrine, mettre la farine, y faire une fontaine (un trou) ajouter la levure dissoute dans l'eau, l'œuf entier, le sel et le beurre ramolli. Travailler la pâte à la main, jusqu'à ce qu'elle devienne élastique (15-20 mn). Pour faciliter la tâche vous pouvez

utiliser le batteur électrique muni du pétrin.
3° Etaler la pâte à la main dans un moule à tarte beurré. Laisser lever la pâte à une température tiède (30-40°) jusqu'à ce qu'elle remplisse le moule.
4° Pendant que la pâte lève, préparer la garniture : faire cuire les tomates fraîches, les oignons coupés en morceaux, la gousse d'ail écrasée et la pincée de marjolaine soit 10 mn à l'étuvée (casserole couverte et feu doux) ; soit 5 mn à l'autocuiseur à partir du chuchotement de la soupape.
Quand le mélange est cuit, le passer à la moulinette.
4° Lorsque la pâte a rempli le moule, étaler la purée de tomate dessus ; disposer les tranches de tomates crues. Décorer avec les anchois en étoile et les olives.
5° Enfourner à four chaud et laisser cuire 20 mn environ. Servir chaud en entrée.

N.B. – Pour gagner du temps, vous pouvez acheter la pâte à pizza ou pâte à pain chez le boulanger.

# PATE A GAUFRES

## PATE A GAUFRES CLASSIQUE

QUANTITÉS : *12 gaufres ; 250 g de farine ; 1/2 paquet de levure (facultatif) ; 100 g de sucre ; 3 œufs ; 100 g de beurre ou de margarine ; 1/2 l lait ; une pincée de sel.*
PARFUMS : *1 sachet de sucre vanillé ; 1 c. à soupe de rhum ou 1 c. à soupe de cognac.*
PRÉPARATION : *5 mn.*
CHAUFFAGE DU GAUFRIER : *1/4 h.*
CUISSON : *5 mn par gaufre.*
MATERIEL : *verre mesureur ; terrine ; cuillère en bois ; une louche ; un gaufrier (électrique de préférence).*

1° Brancher le gaufrier électrique, huilé légèrement la première fois, même si le gaufrier a des plaques en téflon.
2° Dans une terrine, mettre la farine, la levure, le sucre vanillé, le sel. Faire une fontaine (un trou) ajouter les œufs entiers, l'alcool choisi. Bien mélanger. D'autre part, faire fondre le beurre et l'incorporer à la pâte.
3° Verser le lait petit à petit jusqu'à ce que la pâte soit lisse.
4° Etaler la pâte en couche mince, fermer le gaufrier. Vérifier la cuisson au bout de 5 mn. Si vous n'utilisez pas un gaufrier électrique, il est nécessaire de retourner le gaufrier au bout de 2 mn environ.
5° Servir les gaufres chaudes, saupoudrées de sucre glace. Elles peuvent être garnies de confiture, de crème chantilly.

N.B. – Si on veut obtenir des gaufres plus légères, on peut battre les blancs en neige ferme et les incorporer délicatement à la pâte à gaufres.

## PATE A GAUFRES ÉCONOMIQUE

QUANTITÉS : *12 gaufres ; 250 g de farine ; 50 g de sucre ; 2 œufs ; 50 g de beurre ou de margarine ; 1/4 l de lait ; 1/4 l d'eau ; une pincée de sel.*
PARFUMS : *1 sachet de sucre vanillé ; 1 c. à soupe de rhum ou 1 c. à soupe de cognac.*
PRÉPARATION : *5 mn.*
CHAUFFAGE DU GAUFRIER : *1/4 h environ.*
CUISSON : *5 mn par gaufre.*

1° Brancher le gaufrier électrique, huiler légèrement la première fois.
2° Dans une terrine mettre la farine, le sucre vanillé, le sel, faire une fontaine (un trou). Ajouter les œufs entiers, l'alcool choisi. Bien mélanger. D'autre part, faire fondre le beurre et l'incorporer à la pâte.
3° Verser le lait et l'eau petit à petit, jusqu'à ce que la pâte soit lisse.
4° Etaler la pâte en couche mince. Fermer le gaufrier. Vérifier la cuisson au bout de 5 mn. Si vous n'utilisez pas un gaufrier électrique, il est nécessaire de retourner le gaufrier au bout de 2 mn environ.
5° Servir les gaufres chaudes saupoudrées de sucre glace. Elles peuvent être garnies de confiture, de crème chantilly.

N.B. – Si on veut obtenir des gaufres plus légères on peut battre les blancs en neige ferme et les incorporer délicatement à la pâte à gaufres.

# LA PATE
# A LA LEVURE CHIMIQUE

### CAKE

QUANTITÉS : *5 ou 6 personnes.*
*100 g de beurre ou de margarine ; 100 g de sucre ; 2 œufs ; 200 g de farine ; 1/2 paquet de levure ; 50 g de raisins secs ; 50 fruits confits ; une pincée de sel.*
PARFUMS : *2 c. à soupe de rhum ; 1 paquet de sucre vanillé ; zeste de citron râpé (peau jaune) (facultatif).*
PRÉPARATION : *1/4 h.*
CUISSON : *40 mn. Th. 7 ou 240° pendant 5 mn, puis 4-5 ou 180-200° le reste du temps.*
MATÉRIEL : *un verre mesureur ; un bol ; une terrine ; une spatule en caoutchouc ; une cuillère en bois ; un moule à cake ; une grille.*

1° Travailler le beurre, le sucre et le sucre vanillé jusqu'à ce que le mélange devienne mousseux.
2° Ajouter les oeufs entiers un à un, le rhum, le sel, la farine et la levure. Bien mélanger.
3° D'autre part, rouler les fruits confits hachés et les raisins secs dans la farine pour les empêcher de tomber dans le fond du gâteau. Les ajouter à la pâte.
4° Verser la pâte dans le moule à cake beurré et fariné.
5° Enfourner à four chaud 5 mn puis laisser cuire à feu doux.
6° Ne pas ouvrir le four avant 35 à 40 mn. Vérifier la cuisson avec une aiguille à tricoter ; si elle revient nette, démouler le cake chaud sur une grille.

RECOMMANDATIONS

La pâte à cake ne présente aucune difficulté, il faut néanmoins :
- Bien travailler le beurre et le sucre pour que la pâte soit légère.
- Ne pas ouvrir le four en cours de cuisson car un coup d'air rabattrait définitivement le gâteau.
- Ne pas remplir le moule à cake plus des trois quarts. La pâte doublant presque de volume à la cuisson.
- Si vous faites des cakes individuels en caissettes de papier ou d'aluminium prévoir seulement 1/4 h à 20 mn de cuisson.

## VARIANTES

### CAKE A LA CRÈME

Remplacer le beurre par 100 g de crème fraîche ou crème de lait bouilli. Suivre ensuite la recette de base du cake en fouettant légèrement la crème.

**CAKE AU CHOCOLAT**

Suivre la recette de base du cake. Ajouter au mélange beurre-sucre, 100 g de chocolat à croquer. Au préalable le faire fondre doucement dans une casserole au bain-marie (c'est-à-dire en interposant une casserole d'eau chaude) ou sur un diffuseur.

**GATEAU A L'ANANAS**

QUANTITÉS : *5 ou 6 personnes.*
*100 g de beurre ou de margarine ; 100 g de sucre ; 2 œufs ; 100 g de farine ; 1 c. à café de levure ; 1 pincée de sel ; 5 tranches d'ananas (1/2 petite boîte).*
PARFUMS : *1/2 paquet de sucre vanillé ; 1 c. à soupe de rhum ; zeste de citron (peau jaune), facultatif.*
CARAMEL : *50 g de sucre ; 2 gouttes de vinaigre ; 3 c. à soupe d'eau.*
PRÉPARATION : *20 mn.*
CUISSON : *30 mn. Th. 5-6 ou 200-220°.*
MATÉRIEL : *un verre mesureur ; une terrine ; une spatule en caoutchouc ; une cuillère en bois ; une fourchette ; un moule à manqué.*

1° Faire le caramel en faisant fondre dans une casserole le sucre avec l'eau, le vinaigre (qui évite la cristallisation) et faire cuire à feu vif sans tourner. Quand le caramel est blond le verser dans le moule et napper.
2° Déposer dessus les rondelles d'ananas.
3° D'autre part travailler le beurre avec le sucre, le sucre vanillé jusqu'à ce que le mélange soit crémeux.
4° Incorporer les œufs entiers, le sel, la farine et la levure. Bien mélanger.
5° Verser cette pâte sur les tranches d'ananas.
6° Faire cuire à four modéré pendant 30 mn. Vérifier la cuisson avec une aiguille à tricoter, si elle revient nette, démouler aussitôt le gâteau en le retournant sur un plat. Les tranches d'ananas apparaissent sous le caramel.

N.B. – Pour varier la saveur du gâteau vous pouvez ajouter une noix de beurre dans le caramel. Si vous êtes pressée, vous pouvez seulement beurrer largement le moule à manqué.

## VARIANTES

**GATEAU AUX POIRES**

Suivre la recette de base du gâteau à l'ananas et remplacer l'ananas par 2 poires.

**GATEAU AUX POMMES**

Suivre la recette de base du gâteau à l'ananas et remplacer l'ananas par 2 pommes.

**GATEAU AUX PRUNEAUX**

Suivre la recette de base du gâteau à l'ananas et remplacer l'ananas par 200 g de pruneaux.

## TARTE SUISSE

QUANTITÉS : *5 ou 6 personnes.*
*50 g de beurre ; 100 g de sucre ; 2 œufs ; 100 g de farine ; 1 c. à café de levure ; une pincée de sel ; 2 pommes.*
PARFUMS : *1/2 paquet de sucre vanillé ; zeste de citron (peau jaune).*
GARNITURE : *2 c. à soupe de sucre glace (facultatif).*
PRÉPARATION : *1/4 h.*
CUISSON : *25-30 mn. Th. 5-6 ou 200-220°.*
MATÉRIEL : *un verre mesureur ; une terrine ; une spatule en caoutchouc ; une cuillère en bois ; une fourchette ; un moule à tarte ou le couvercle d'un plat en pyrex.*

1° Travailler le beurre et le sucre jusqu'à ce que le mélange soit crémeux.
2° Ajouter les œufs entiers, le sel, le zeste de citron râpé, la farine et la levure. Bien mélanger.
3° Beurrer le moule à tarte. Etaler la pâte dans le fond. Disposer dessus les pommes coupées en tranches fines comme pour une tarte mais sans les serrer. Saupoudrer de sucre vanillé.
4° Faire cuire à four modéré 25 mn environ. Démouler le gâteau chaud à l'aide de 2 plats pour le remettre sur l'endroit. Saupoudrer de sucre glace.

# VARIANTES

### TARTE SUISSE AUX POIRES

Suivre la recette de base de la tarte suisse et remplacer les pommes par 2 poires.

### TARTE SUISSE AUX PRUNEAUX

Suivre la recette de base de la tarte suisse et remplacer les pommes par 200 g de pruneaux dénoyautés.

### TARTE SUISSE A LA RHUBARBE

Suivre la recette de base de la tarte suisse et remplacer les pommes par 200 g de rhubarbe.

### TARTE SUISSE AUX CERISES

Suivre la recette de base de la tarte suisse et remplacer les pommes par 200 g de cerises dénoyautées.

● ●

## GATEAU A L'ORANGE

QUANTITÉS : *5 ou 6 personnes.*
*100 g de beurre ou de margarine ; 100 g de sucre ; 2 œufs ; 100 g*

*de farine ; 2 c. à café de levure ; 1 pincée de sel ; 1 orange.*
GLAÇAGE : *200 g de sucre glace ; 1 c. à café de liqueur à l'orange.*
GARNITURE : *quelques fruits confits ou des quartiers d'oranges glacées.*
PRÉPARATION : *15 mn.*
CUISSON : *30 mn. Th. 5-6 ou 200-220°.*
MATÉRIEL : *un verre mesureur ; une terrine ; une spatule en caoutchoc ; une fourchette ; une cuillère en bois ; un presse-citron ; un moule à manqué ; une grille.*

1° Travailler le beurre et le sucre jusqu'à ce que le mélange soit crémeux.
2° Ajouter les œufs entiers, le sel, puis la farine et la levure ; bien mélanger.
3° Râper le zeste de l'orange (peau jaune), l'ajouter à la pâte ainsi que le jus de la moitié de l'orange.
4° Verser la pâte dans un moule à manqué beurré.
5° Cuire à four modéré environ 30 mn. Vérifier la cuisson avec une aiguille à tricoter : si elle ressort nette, démouler le gâteau chaud sur une grille.
6° GLAÇAGE : dans un bol, mettre le sucre glace, la liqueur à l'orange et mouiller prudemment avec le jus d'orange (1 à 2 c. à soupe) de façon à obtenir une pâte molle mais pas trop coulante. Napper le dessus du gâteau avec l'aide d'une pelle à tarte. Le glaçage durcit en séchant.

## GATEAU AU CHOCOLAT DU MOULIN

QUANTITÉS : *5 ou 6 personnes.*
*125 g de beurre, 250 g de sucre, 3 œufs ; 250 g de farine ; 1/2 paquet de levure ; 50 g de chocolat à croquer ; une pincée de sel; 1/2 dl de lait.*
PARFUM : *1/2 paquet de sucre vanillé ou zeste de citron râpé (peau jaune).*
PRÉPARATION : *15 mn.*
CUISSON : *40-50 mn. Th. 4-5 ou 180-200°.*
MATÉRIEL : *un verre mesureur ; 2 terrines ; une spatule en caoutchouc ; une cuillère en bois ; une grille ; un moule à manqué 20 cm de diamètre ; une grille.*

1° Allumer le four, beurrer et fariner le moule à manqué.
2° Travailler le beurre et le sucre jusqu'à ce que le mélange soit mousseux.
3° Ajouter les jaunes d'œufs, le lait, le parfum. Verser la farine et la levure en pluie. Bien mélanger.
4° D'autre part, faire fondre le chocolat doucement dans une casserole au bain-marie (c'est-à-dire en interposant une casserole d'eau chaude) ou sur un diffuseur.
5° Ajouter le chocolat fondu à la pâte.
6° Battre les blancs d'œufs en neige ferme avec la pincée de sel. Les incorporer délicatement avec la spatule en caoutchouc en soulevant et en coupant la pâte (ne pas tourner).
7° Verser la pâte aussitôt dans un moule beurré et faire cuire à

four doux. Il ne faut pas ouvrir le four avant 30 mn. Vérifier la cuisson avec une aiguille à tricoter. Si elle ressort nette, retirer le gâteau du four et démouler chaud sur une grille.

## GATEAU MARBRE

QUANTITÉS : *5 ou 6 personnes.*
*100 g de beurre ou de margarine, 100 g de sucre ; 200 g de farine ; 1/2 paquet de levure ; 2 œufs ; 4 c. à soupe de lait ; une pincée de sel.*
PARFUMS : *1/2 paquet de sucre vanillé ; 1 c. à soupe de chocolat en poudre.*
PRÉPARATION : *15 mn.*
CUISSON : *40 mn. Th. 4-5 ou 180-200°.*
MATÉRIEL : *un verre mesureur ; 3 terrines ; une spatule en caoutchouc ; une cuillère en bois ; une grille ; un moule à manqué ou à cake.*

1° Allumer le four, beurrer et fariner le moule à manqué ou à cake.
2° Travailler le beurre et le sucre jusqu'à ce que le mélange soit mousseux.
3° Séparer les blancs des jaunes d'œufs. Ajouter au mélange les jaunes et le lait. Verser la farine et la levure en pluie. Bien mélanger.
4° Diviser la pâte en 2 parties : parfumer l'une avec le sucre vanillé, l'autre avec le chocolat en poudre.
5° Battre les blancs d'œufs en neige ferme avec le sel. Les séparer en 2 parties égales : une partie pour la pâte à la vanille, une partie pour la pâte au chocolat. Les incorporer délicatement avec la spatule en caoutchouc en soulevant et en coupant la pâte. Ne pas tourner.
6° Verser dans le moule en alternant une couche de pâte à la vanille et une couche de pâte au chocolat. Enfourner aussitôt. Ne pas ouvrir le four avant 30 mn. Vérifier la cuisson avec une aiguille à tricoter : si elle revient nette, démouler le gâteau sur une grille.

## SAVARIN RAPIDE

QUANTITÉS: *6 à 8 personnes.*
*3 œufs ; 60 g de sucre ; 120 g de farine ; 1 paquet de levure ; 3 c. à soupe de lait ; 1 pincée de sel.*
SIROP : *1/4 l d'eau ; 125 g de sucre ; 3-4 c. à soupe de rhum ou 1 c. à soupe de kirsch.*
GARNITURE : *une boîte de macédoine de fruits au sirop ; quelques fruits confits (cerises, angélique).*
PRÉPARATION : *15 mn.*
CUISSON : *20-25 mn. Th. 5-6 ou 200-220°.*
MATÉRIEL: *un verre mesureur ; 2 terrines ; 1 cuillère en bois ; une spatule en caoutchouc ; un fouet électrique ; un moule à savarin (en couronne).*

1° Allumer le four et beurrer largement le moule à savarin.

2° Travailler les jaunes d'œufs avec le sucre jusqu'à ce que le mélange devienne mousseux.
3° Ajouter le lait, la farine et la levure.
4° Battre les blancs d'œufs en neige ferme avec le sel. Incorporer délicatement les blancs avec la spatule en caoutchouc en soulevant et en coupant la pâte.Ne pas tourner.
5° Verser la pâte dans le moule à savarin et enfourner aussitôt.
6° Faire cuire à four modéré 20 mn environ. Ne pas ouvrir le four au cours de la cuisson car le gâteau retomberait définitivement. Vérifier si le savarin est cuit avec une aiguille à tricoter : si elle ressort nette, démouler immédiatement sur un plat.
7° SIROP : faire bouillir quelques minutes l'eau et le sucre. Hors du feu ajouter le rhum. Arroser le savarin encore chaud avec le sirop jusqu'à ce qu'il soit bien imbibé.

## VARIANTES

### SAVARIN A LA CRÈME SAINT-HONORÉ

Suivre la recette de base et remplacer la macédoine de fruits au sirop par la crème saint-honoré *(voir recette de base).*

N.B. – Si vous n'avez pas le temps de réaliser la crème saint-honoré, vous pouvez la remplacer par une crème de commerce à la vanille ou pralinée. Avant de l'utiliser, vous lui incorporez délicatement un blanc d'œuf battu en neige ferme pour lui donner la légèreté de la crème saint-honoré.

### SAVARIN A LA CRÈME CHANTILLY

Suivre la recette de base et remplacer la macédoine de fruits au sirop par la crème chantilly *(voir recette de base).*

RECOMMANDATIONS

Si vous faites de petits savarins individuels, comptez alors seulement 10 mn de cuisson, thermostat 6 ou 220°.
Avec la pâte à savarin, vous pouvez également réaliser un baba en utilisant un moule plein et en supprimant la garniture.

• •

### TOT-FAIT

QUANTITÉS *: 5 ou 6 personnes.*
*2 œufs ; 150 g de sucre ; 50 g de beurre ou de margarine ou 2 c. à soupe d'huile ; 150 g de farine ; 1/2 paquet de levure ; une pincée de sel.*
PARFUMS *: 1 c. à soupe de rhum ; zeste de citron (facultatif).*
PRÉPARATION *: 10 mn.*
CUISSON *: 20-30 mn. Th. 5-6 ou 200-220°. Th.5-6 ou 200-220°.*

MATÉRIEL : *un verre mesureur ; une terrrine ; une spatule en caoutchouc ; une cuillère en bois ; une fourchette ; un moule à manqué ; une grille.*

1° Battre les œufs en omelette avec le sucre.
2° Ajouter le beurre fondu ou l'huile, le rhum, le zeste de citron râpé (peau jaune), la farine et la levure et le sel. Bien mélanger.
3° Verser la pâte dans un moule à manqué beurré.
4° Cuire à four modéré 20 mn environ. Vérifier la cuisson avec une aiguille à tricoter ; si elle ressort nette, démouler le gâteau chaud sur une grille.

## BRIOCHE INSTANTANÉE

QUANTITÉS : *5 ou 6 personnes.*
*2 œufs ; 150 g de sucre ; 4 c. à soupe de lait ; 250 g de farine ; 1/2 paquet de levure ; 100 g de beurre ; une pincée de sel.*
PARFUM : *1 c. à soupe de rhum.*
PRÉPARATION : *15 mn.*
CUISSON : *40 mn. Th. 5-6 ou 200-220°.*
MATÉRIEL : *un verre mesureur ; une terrine ; une cuillère en bois ; une spatule en caoutchouc ; moule à brioche ; une grille.*

1° Battre les œufs avec le sucre. Ajouter le lait, la farine et la levure, le sel, puis le rhum.
2° D'autre part, faire ramollir le beurre et l'incorporer au mélange.
3° Verser la pâte à brioche dans un moule à brioche (moule profond) largement beurré et fariné.
4° Faire cuire à four chaud environ 40 mn. Ne pas ouvrir le four avant 30 mn. Vérifier la cuisson avec une aiguille à tricoter. Si elle revient nette, la brioche est cuite. Démouler aussitôt sur une grille.

# PATE A CHOUX

## PATE A CHOUX

QUANTITÉS *: pour 8 choux moyens.*
PATE A CHOUX *: 1/8 de l d'eau ; 50 g de margarine ou de beurre ; une pincée de sel ; 75 g de farine à pâtisserie ; 2 œufs.*
PRÉPARATION *: 15 mn.*
CUISSON *: 20-30 mn. Th. 5-6 ou 240°.*
MATÉRIEL *: une petite casserole à fond épais, 20 cm de diamètre : verre mesureur ; spatule en bois ; couteau ; un bol ; 2 cuillères à café ; une tôle beurrée farinée ; une grille.*

1° Mettre dans la petite casserole l'eau froide et la margarine.
2° Faire chauffer. Au premier bouillon, retirer du feu.
3° Jeter d'un seul coup la farine. Tourner vivement à la spatule. Vous obtenez une boule molle. Continuer à dessécher la pâte en la coupant jusqu'à ce qu'elle se décolle de la spatule et de la casserole.
4° Quand la pâte est tiède (ne dégage plus de vapeur) ajouter les œufs entiers un à un en contrôlant l'épaisseur de la pâte. Elle ne doit pas trop s'amollir. Pour cela réserver une partie du deuxième œuf. Vérifier la consistance en essayant de former sur une assiette un petit chou avec une cuillère. Il ne doit pas s'affaisser.
5° Aérer la pâte en la soulevant avec la spatule. Vous devez entendre « plouf plouf ». Ceci lui permettra de mieux gonfler à la cuisson.
6° La pâte est prête pour être cuite.

RECOMMANDATIONS

Pour réussir la pâte à choux, il faut :
- Utiliser une casserole à fond épais.
- Respecter les quantités avec précision.
- Utiliser de la farine à pâtisserie.
- Contrôler l'épaisseur de la pâte.
- Ne préparer la pâte qu'au moment de l'utiliser.
- Ne jamais remettre la pâte sur le feu après avoir remis la farine, vous risquez de la voir suinter de matière grasse et qu'elle devienne inutilisable.
- Ne pas ouvrir le four en cours de cuisson : attendre au moins 15 mn avant de regarder.

# PATE A CHOUX (recettes sucrées)

## CHOUX A LA CRÈME

QUANTITÉS *: pour 8 choux.*
PATE A CHOUX *: 1/8 de l d'eau ; 50 g de margarine ou de beurre ; 1 pincée de sel ; 75 g de farine à pâtisserie ; 2 œufs.*
CRÈME PATISSIÈRE *: 3 jaunes d'œufs ; 75 g de sucre en poudre ; 50 g de farine ; 1/2 l de lait ; 1 gousse de vanille.*
GLAÇAGE AU SUCRE GLACE *: 200 g de sucre glace ; 1 c. à café de kirsch (facultatif) ; 1 c. à soupe d'eau (environ).*
PRÉPARATION *: pâte à choux, 30 mn ; crème, 15 mn.*

CUISSON : *pâte à choux, 20 à 30 mn ; crème, 1 mn. Th. 5-6 ou 220-240°.*

1° Préparer la pâte à choux selon la recette de base.
2° DRESSAGE DES CHOUX : prendre une tôle froide. La beurrer et la fariner. Faire une marque sur la tôle pour indiquer la place des choux. Ces derniers doivent être assez espacés (10 cm environ) car ils tripleront de volume à la cuisson. S'ils sont trop rapprochés, ils risquent de se souder.
3° Prendre 2 cuillères à café : avec une cuillère, prendre une boule de pâte comme une noix ; avec l'autre, faire glisser cette boule sur la tôle. On peut également utiliser la poche à douille de 1 cm de diamètre, très commode mais pas indispensable pour les choux.
3° CUISSON : il ne faut surtout pas ouvrir le four pendant la cuisson. Attendre au moins 15 mn avant d'ouvrir car un coup d'air lors du gonflage les rabattra définitivement.
Les choux sont cuits quand ils sont dorés et légers.
4° Préparer la crème pâtissière : faire chauffer le lait avec la gousse de vanille. Travailler les jaunes d'œufs avec le sucre jusqu'à ce que le mélange devienne mousseux. Ajouter la farine en pluie.
Quand le mélange est homogène, verser le lait bouillant tout doucement.
Remettre le tout dans la casserole. Faire cuire à feu doux en remuant toujours et laisser bouillir 5 mn. Pour la rendre meilleure vous pouvez ajouter 1 c. à café de kirsch ou cognac. Il faut seulement attendre que la crème soit refroidie.
La crème pâtissière peut être remplacée par d'autres crèmes : crème saint-honoré *(voir recette de base) ;* crème chantilly *(voir recette de base).* La crème chantilly pourra être accompagnée de fraises ou de framboises.
5° GARNITURE : quand les choux sont refroidis, les fendre sur le côté (horizontalement) avec une paire de ciseaux pour les fourrer avec de la crème pâtissière ou autre au choix.
Si on utilise la poche à douille on peut les remplir de crème sans les fendre.
6° GLAÇAGE : les choux peuvent être présentés tels quels ou saupoudrés de sucre glace ou subir un glaçage : lorsque le sucre est mouillé au kirsch, ajouter prudemment l'eau de façon à obtenir une pâte molle mais pas trop coulante. Etendre cette pâte blanche sur les choux. En séchant, elle durcit.

N.B. – Vous pouvez trouver dans le commerce des choux sucrés, non garnis. Ils sont vendus par sachets de 8 choux. Leur prix est beaucoup plus avantageux que celui des choux prêts. Si vous n'avez pas le temps de réaliser la pâte à choux, ils peuvent vous rendre service. Vous n'avez que la crème pâtissière à faire (surtout n'utilisez pas celle du commerce, car elle ne ressemble en rien à la crème maison).

La seule remarque : vous devez les garnir au moins 2 h avant de les servir si vous ne voulez pas qu'ils soient secs.

## ÉCLAIRS AU CHOCOLAT

QUANTITÉS : *10 éclairs.*
PATE A CHOUX : *1/8 l d'eau ; 50 g de margarine ou de beurre ; une pincée de sel ; 75 g de farine à pâtisserie ; 2 œufs.*
CRÈME PATISSIÈRE AU CHOCOLAT : *3 jaunes d'œufs ; 75 g sucre ; 50 g farine ; 1/2 l lait ; 100 g chocolat à croquer.*
GLAÇAGE AU CHOCOLAT : *100 g de chocolat à croquer ; 20 g de beurre ou de margarine.*
PRÉPARATION : *pâte à choux, 1/2 h ; crème pâtissière, 1/4 h.*
CUISSON : *pâte à choux, 20 mn ; crème pâtissière, 1 mn. Th. 5-6 ou 220-240°.*

1° Faire une pâte à choux selon la recette de base.
2° DRESSAGE DES ÉCLAIRS : prendre une tôle froide ; la beurrer et la fariner. Faire une marque sur la tôle pour indiquer la place des éclairs. Bien les espacer car ils gonflent à la cuisson. Il est plus facile d'utiliser la poche à douille pour former des bâtonnets de la grosseur et de la longueur d'un doigt.
3° CUISSON : il ne faut surtout pas ouvrir le four pendant la cuisson. Attendre au moins 1/4 h avant d'ouvrir car un coup d'air lors du gonflage les rabattra définitivement. Les éclairs sont cuits quand ils sont dorés et légers.
4° Préparer la crème pâtissière au chocolat : chauffer le lait avec le chocolat coupé en morceaux. Travailler les jaunes d'œufs avec le sucre, jusqu'à ce que le mélange devienne mousseux. Ajouter la farine en pluie. Quand le mélange est homogène, verser le lait bouillant tout doucement. Remettre le tout dans la casserole. Faire cuire à feu doux en remuant toujours et laisser bouillir 5 minutes. Vous pouvez remplacer le chocolat par du café soluble ou extrait de café liquide du commerce ajouté en fin de cuisson.
5° GARNITURE : quand les éclairs sont cuits et froids, les fendre sur le côté dans le sens de la longueur. Les garnir avec la crème pâtissière au chocolat.
6° GLAÇAGE AU CHOCOLAT : faire fondre doucement le chocolat avec le beurre au bain-marie (c'est-à-dire en interposant une casserole d'eau chaude entre la source de chaleur) ou sur un diffuseur. Il faut éviter que le chocolat ne cuise trop fort car il se transforme en pâte granuleuse.
GLAÇAGE AU CAFÉ (si les éclairs sont garnis de crème au café). Pour le réaliser, il faut 200 g sucre glace, 1 c. à soupe d'eau environ, extrait de café liquide ou une c. à café de café soluble dilué dans de l'eau. Mouiller le sucre glace prudemment avec l'eau de façon à obtenir une pâte molle mais pas trop coulante, parfumer au café. Etendre cette pâte sur les éclairs. En séchant, elle durcit.

## PARIS-BREST

QUANTITÉS : *pour une couronne.*
PATE A CHOUX : *1/8 l d'eau ; 50 g de margarine ou de beurre ; une*

*pincée de sel ; 75 g de farine à pâtisserie ; 2 œufs.*
CRÈME PRALINÉE : *3 œufs ; 125 g de sucre ; 250 g de beurre.*
PRALIN : *100 g de sucre ; 1 c. à soupe d'eau ; quelques gouttes de vinaigre ; 100 g d'amandes hachées.*
PRÉPARATION : *pâte à choux, 1/2 h ; crème pralinée, 1/2 h.*
CUISSON : *pâte à choux, 30 à 35 mn ; crème pralinée, 30 mn. Th. 5-6 ou 240°.*

Le Paris-Brest est une couronne de pâte à choux garnie de crème au beurre pralinée.
1° Faire une pâte à choux selon la recette de base.
2° Prendre la tôle froide, la beurrer et la fariner. Tracer dessus un cercle de 20 cm de diamètre. A l'aide d'une poche à douille circulaire (1,5 cm de diamètre), disposer la pâte autour de ce cercle qui doit avoir 2 cm de hauteur et autant de largeur. Ces mesures sont données à titre indicatif.
3° CUISSON : il ne faut surtout pas ouvrir le four pendant la cuisson. Attendre au moins 20 mn avant d'ouvrir car un coup d'air lors du gonflage rabattrait définitivement la couronne. La couronne est cuite lorsqu'elle est dorée et légère. Laisser refroidir.
4° Crème au beurre pralinée : commencer par réaliser le pralin. Huiler une assiette plate ou la tôle de votre cuisinière. Mettre dans une casserole le sucre et un peu d'eau pour le faire fondre. Ajouter quelques gouttes de vinaigre ou de jus de citron. Lorsque le sucre est blond, verser les amandes hachées. Mélanger avec une cuillère en bois et laisser cuire jusqu'à ce que le caramel prenne de la couleur. Verser sur l'assiette huilée, une fois le caramel refroidi, le casser et passer à la moulinette ou au hachoir électrique pour le réduire en poudre.
Préparer la crème au beurre : malaxer le beurre à la fourchette jusqu'à ce qu'il prenne la consistance de pommade. Fouetter les œufs entiers avec le sucre au bain-marie (c'est-à-dire en interposant une casserole d'eau chaude à 60° maxi). Quand la crème est tiède, ajouter le beurre petit à petit et bien mélanger. Enfin, incorporer le pralin.

N.B. – Le pralin peut s'acheter tout prêt dans le commerce ainsi que la crème pralinée. Elle sera meilleure si vous rajoutez un peu de pralin et un blanc d'œuf battu en neige.

5° GARNITURE DE LA COURONNE : couper en deux la couronne froide. Avec une poche à douille cannelée, remplir le fond de la couronne de crème ; remettre le couvercle de la couronne ; saupoudrer de sucre glace.
Servir frais après quelques heures.

**PETS DE NONNE**

QUANTITÉS : *10 pets de nonne.*
PATE A CHOUX : *1/8 l d'eau ; 50 g de margarine ou de beurre ; une pincée de sel ; 75 g de farine à pâtisserie ; 2 œufs.*
PRÉPARATION : *1/4 h.*

CUISSON : *5 mn par bain de friture.*

Les pets de nonne sont des beignets soufflés cuits à la friture.
1° Préparer la pâte à choux selon la recette de base.
2° A l'aide de 2 cuillères à café, faire tomber dans la friture moyennement chaude (160°) des noix de pâte. Dès que les beignets sont gonflés augmenter la chaleur (180°). Ils sont cuits quand ils sont dorés.
3° Egoutter sur papier absorbant et servir tièdes saupoudrés de sucre.

## PATE A CHOUX (recettes salées)

### CHOUX AU FROMAGE

QUANTITÉS : *8 choux.*
PATE A CHOUX : *1/8 l d'eau ; 50 g de margarine ou de beurre ; 1 pincée de sel ; 75 g de farine à pâtisserie ; 2 œufs.*
BÉCHAMEL AU FROMAGE : *1/2 l de lait ; 50 g de margarine ; 50 g de farine ; 50 g de gruyère râpé.*
PRÉPARATION : *1/2 h.*
CUISSON : *choux, 20 mn ; béchamel, 1 mn. Th. 5-6 ou 220-240°.*

1° Préparer la pâte à choux selon la recette de base.
2° Prendre une tôle froide. La beurrer. Fariner. Faire une marque sur la tôle pour indiquer la place des choux. Ces derniers doivent être assez espacés (10 cm environ) car ils triplent de volume à la cuisson.
Prendre 2 cuillères à café. Avec l'une, prendre une noix de pâte ; avec l'autre, glisser cette boule sur la tôle.
3° Durant la cuisson, il ne faut surtout pas ouvrir le four. Attendre au moins 1/4 h avant d'ouvrir car un coup d'air lors du gonflage, les rabattrait définitivement.
4° Préparer la béchamel au fromage.
Faire fondre la margarine. Ajouter d'un seul coup la farine, hors du feu. Bien mélanger. Remettre sur le feu, tourner jusqu'à ce que le mélange soit mousseux. Hors du feu, verser le lait froid d'un seul coup. Tourner vivement. Bien diluer, remettre sur feu doux et porter à ébullition 5 mn en tournant sans cesse. Hors du feu, ajouter le gruyère râpé.
5° Garnir les choux de béchamel et les servir chauds en entrée.

N.B. - Les choux peuvent être cuits à l'avance, garnis et réchauffés au dernier moment.

## VARIANTES

### CAROLINES AU JAMBON

Ajouter à la béchamel 2 tranches de jambon coupées en dés.

### CAROLINES AU JAMBON FUMÉ

Ajouter à la béchamel 100 g de jambon fumé coupé en dés.

## CHOUX AUX CHAMPIGNONS

Ajouter à la béchamel 100 g de champignons de Paris revenus avec une gousse d'ail.

## CHOUX AUX OLIVES VERTES

Ajouter à la béchamel une tranche de jambon, 100 g de champignons de Paris revenus avec une gousse d'ail, 8 olives vertes dénoyautées et coupées en morceaux.

## CHOUX AUX FRUITS DE MER

Ajouter à la béchamel 200 g de crevettes ou des moules ou du poisson cuit.

● ●

## CHOUX SECS AU FROMAGE

QUANTITÉS : *pour 8 choux.*
PATE A CHOUX : *1/8 l d'eau ; 50 g de margarine ou de beurre ; 1 pincée de sel ; 75 g de farine à pâtisserie ; 2 œufs ; 150 g de gruyère râpé.*
PRÉPARATION : *1/2 h.*
CUISSON : *20 mn. Th. 5-6 ou 220-240°.*

1° Faire la pâte à choux selon la recette de base.
2° Mélanger 100 g de gruyère râpé à la pâte à choux.
3° Dresser les choux sur la tôle beurrée et farinée. Les saupoudrer avec le gruyère restant.
4° Servir les choux chauds en entrée ou froids en apéritif.

## GOUGÈRE BOURGUIGNONNE

QUANTITÉS : *pour une couronne.*
PATE A CHOUX : *1/8 l d'eau ; 50 g de margarine ou de beurre ; 1 pincée de sel ; 75 g de farine à pâtisserie ; 2 œufs ; 150 g de gruyère.*
PRÉPARATION : *1/2 h.*
CUISSON : *30 mn. Th. 5-6 ou 240°.*

1° La gougère bourguignonne est une couronne de pâte à choux au gruyère.
Préparer la pâte à choux selon la recette de base.
2° Incorporer le gruyère en lamelles à la pâte à choux.
3° Sur une tôle beurrée et farinée, tracer une couronne de 20 cm de diamètre. Y placer la pâte par grosses cuillerées, côte-à-côte, de façon à former une couronne. Il faut tremper la cuillère dans l'eau chaude à chaque fois afin que la pâte se détache facilement.
4° Faire cuire la couronne 30 mn environ. Vérifier la cuisson.
5° Servir la gougère chaude, tiède ou froide avec du vin de Bourgogne.

N.B. - On peut la garnir ou l'accompagner de sauce béchamel au gruyère ou de sauce tomate et de jambon coupé en dés.

# PATE A CRÊPES

## PATE A CRÊPES

QUANTITÉS : *10 à 12 crêpes.*
*200 g de farine ; 2 œufs ; 2 c. à soupe d'huile ; 1/4 l de lait ; 1 pincée de sel.*
PARFUMS : *1 c. à soupe de rhum ou cognac (facultatif).*
PRÉPARATION : *5 mn.*
REPOS DE LA PATE : *1 à 2 h.*
CUISSON : *2 mn environ par crêpe.*
MATÉRIEL : *1 verre mesureur ; terrine ; 1 cuillère en bois ; 1 poêle.*

1° Dans une terrine, mettre la farine. Faire une fontaine (un trou). Y verser les œufs entiers, l'huile, le sel. Bien mélanger.
2° Ajouter le lait petit à petit. Quand la pâte est lisse, laisser reposer le plus longtemps possible.
3° Chauffer une poêle légèrement enduite d'huile (si elle est en téflon, cela n'est pas nécessaire).
4° Verser une petite louche de pâte et recouvrir le fond de la poêle.
5° Dès que la crêpe est dorée la retourner.
6° Servir les crêpes chaudes saupoudrées de sucre ou accompagnées de confiture.

RECOMMANDATIONS

La pâte à crêpes est très facile à réussir même pour de jeunes enfants. Il faut cependant respecter quelques consignes pour que les crêpes soient savoureuses:
Mélanger doucement les ingrédients pour éviter les grumeaux.
Si par mégarde, il s'en forme, passer la pâte dans une passoire.
Laisser toujours reposer la pâte pendant 1 h au minimum.
Quand la pâte est reposée, vérifier la consistance. Si elle est devenue un peu épaisse, l'éclaircir avec du lait pour qu'elle devienne fluide. Selon les goûts on peut utiliser moitié lait, moitié eau, ou remplacer 1 dl de lait par 1 dl de bière. On obtient ainsi des crêpes plus légères.

N.B. – Pour garder les crêpes chaudes, il suffit de les poser sur une assiette au-dessus d'une casserole d'eau bouillante. Il existe dans le commerce de la pâte à crêpes instantanée en sachet qui n'a pas besoin de repos. Elle peut vous rendre service, si vous avez oublié de préparer la pâte à l'avance.

# VARIANTES SUCRÉES

## CRÊPES AUX BANANES

*6 bananes ; 25 g de beurre ; 50 g de sucre ; 2 c. à soupe de rhum.*

1° Préparer la pâte à crêpe selon la recette de base.
2° D'autre part, éplucher les bananes. Les couper dans le sens de la longueur. Les saupoudrer de sucre et les faire dorer à la poêle, à feu très modéré (le beurre ne doit pas brunir). Lorsque les

bananes commencent à ramollir, les flamber au rhum préalablement chauffé.
3° Fourrer chaque crêpe avec une demi-banane

## CRÊPES A LA CRÈME ANGLAISE

CRÈME ANGLAISE : *1/2 l de lait ; 4 jaunes d'œufs ; 75 g de sucre ; 1 gousse de vanille.*

1° Préparer la pâte à crêpes selon la recette de base.
2° Préparer la crème anglaise.
Faire chauffer le lait avec la gousse de vanille. D'autre part, travailler les jaunes avec le sucre jusqu'à ce que le mélange blanchisse. Ajouter le lait bouillant, petit à petit. Remettre sur feu doux pour épaissir la crème. Ne pas laisser bouillir. La crème est cuite lorsqu'elle nappe la cuillère.
3° Quand les crêpes sont cuites, les rouler et les ranger dans un plat creux. Verser dessus la crème anglaise.
Servir froid.

## CRÊPES A LA CRÈME PATISSIÈRE

CRÈME PATISSIÈRE : *1/2 l de lait ; 3 jaunes d'œufs ; 75 g de sucre ; 50 g de farine.*
PARFUMS : *1 gousse de vanille ; 1 c. à café de kirsch ou de cognac.*

1° Préparer la pâte à crêpes selon la recette de base.
2° Préparer la crème pâtissière.
Travailler les jaunes d'œufs avec le sucre jusqu'à ce que le mélange blanchisse. Ajouter la farine. Bien mélanger. Puis verser petit à petit le lait bouillant contenant la gousse de vanille. Faire épaissir sur feu doux et porter à ébullition pendant 5 mn en tournant sans cesse.
Quand les crêpes sont cuites, les fourrer avec la crème pâtissière.
Servir froid.

## CRÊPES SUZETTE

CRÈME A L'ORANGE : *100 g de sucre semoule ou de sucre glace ; 100 g de beurre ; 1 orange ; 2 c. à soupe de liqueur d'orange.*

1° Préparer la pâte à crêpes selon la recette de base.
2° Préparer la crème à l'orange.
Travailler ensemble le beurre et le sucre. Ajouter le zeste d'orange râpé, la liqueur d'orange et le jus d'orange. Bien mélanger.
Quand les crêpes sont cuites les fourrer avec la crème à l'orange.
Servir chaud.

## CRÊPES A LA CRÈME AU CITRON

CRÈME AU CITRON : *100 g de sucre ; 1 sachet de sucre vanillé ; 1 dl d'eau ; 20 g de maïzéna ; 1 jaune d'œuf ; 1 citron.*

◀**Tarte aux pommes** (recette p. 347) . 

1° Préparer la pâte à crêpes selon la recette de base.
2° Préparer la crème au citron.
Dans une casserole mélanger le sucre, le sucre vanillé, la maïzéna et le jaune d'œuf. Ajouter le jus et le zeste de citron râpé (peau jaune) puis l'eau. Faire chauffer à feu doux en tournant sans cesse jusqu'à épaississement.
3° Quand les crêpes sont cuites les fourrer avec la crème au citron.
Servir chaud.

### CRÊPES AUX NOIX

FARCE AUX NOIX : *125 g de noix moulinées ; 1 pot de 50 g de crème fraîche ; 50 g de sucre en poudre ; 50 g de raisins secs ; 10 noix décortiquées ; 2 c. à soupe de gelée de groseille.*

1° Préparer la pâte à crêpes selon la recette de base.
2° Préparer la farce aux noix.
Mouliner les noix. Ajouter la crème fraîche, le sucre en poudre, les raisins secs. Bien mélanger.
3° Quand les crêpes sont cuites, les fourrer avec la farce aux noix et les recouvrir de gelée de groseille et de noix décortiquées.

## PATE A CRÊPES (recettes salées)

### CRÊPES AU JAMBON

BÉCHAMEL : *1/2 l de lait ; 50 g de margarine ; 50 g de farine ; 50 g de gruyère râpé ; sel, poivre.*
GARNITURE : *100 g de jambon ou un reste de viande ; 100 g de champignons de Paris ; 20 g de beurre ; 1 gousse d'ail.*

1° Préparer la pâte à crêpes selon la recette de base.
2° Préparer la sauce béchamel au fromage : faire fondre la margarine. Ajouter la farine d'un seul coup. Quand le mélange est mousseux, verser d'un seul coup le lait froid, hors du feu. Bien diluer. Remettte sur feu doux et porter à ébullition 5 mn en remuant sans cesse. Hors du feu, ajouter 50 g de gruyère râpé. Saler, poivrer. Mettre une pincée de noix de muscade.
3° Quand les crêpes sont cuites, les fourrer avec la béchamel au fromage additionnée de jambon coupé en dés, de champignons coupés en lamelles revenus dans le beurre et l'ail.
4° Déposer les crêpes fourrées dans un plat à gratin, saupoudrer de gruyère râpé et faire gratiner à four chaud 5 mn (th. 8).

### CRÊPES AUX FRUITS DE MER

1° Suivre la recette des crêpes au jambon.
2° Remplacer le jambon par un litre de moules cuites ou 100 g de crevettes décortiquées.

## CRÊPES AUX ANCHOIS

BEURRE D'ANCHOIS : *100 g de beurre ; 100 g d'anchois nettoyés ou un tube de pâte d'anchois.*

1° Préparer la pâte à crêpes selon la recette de base.
2° Quand les crêpes sont cuites, les tartiner avec le beurre d'anchois.
Servir chaud.

## CRÊPES AUX SAUCISSES DE FRANCFORT

1° Préparer la pâte à crêpes selon la recette de base.
2° Quand les crêpes sont cuites, les fourrer avec des saucisses de Francfort préalablement passées 5 mn à l'eau bouillante et badigeonnées de moutarde.
Servir chaud.

## CRÊPES A LA SAUCE TOMATE

SAUCE TOMATE : *1/2 l de bouillon (ou de bouillon de volaille en cube) ; 50 g de margarine ; 50 g de farine ; 2 c. à soupe de concentré de tomate ; thym, marjolaine ; poivre, sel.*
GARNITURE : *1 oignon ; 20 g de beurre ; 50 g de gruyère râpé ; 200 g de viande cuite hachée.*

1° Préparer la pâte à crêpes selon la recette de base.
2° Préparer la sauce tomate.
Faire fondre la margarine. Y ajouter la farine d'un seul coup. Quand le mélange est mousseux, verser en une seule fois le bouillon froid contenant le concentré de tomate. Bien diluer. Mettre le thym en poudre, la marjolaine. Remettre sur feu doux et porter à ébullition pendant 5 mn en remuant sans cesse. Saler, poivrer.
3° Quand les crêpes sont cuites, les fourrer avec un hachis d'oignons passés au beurre et de viande, le tout bien relevé.
4° Napper les crêpes de sauce tomate. Saupoudrer de gruyère râpé et passer à four chaud pendant 5 mn (th. 8).

● ●

## CRÊPES A L'ŒUF

1° Préparer la pâte à crêpes selon la recette de base.
2° Quand la crêpe a été retournée, casser et étaler un œuf dessus. Saler, poivrer. Ajouter une noisette de beurre. Plier la crêpe en quatre.

## CRÊPE ALSACIENNE

QUANTITÉS : *2 personnes.*
*50 g de farine ; 1 œuf ; 1/2 dl de lait ; 1/2 c. à soupe d'huile ; 1*

*pincée de sel.*
PARFUM : *2 c. à café de kirsch.*
GARNITURE : *200 g de cerises au sirop.*
PRÉPARATION : *5 mn.*
CUISSON : *15 à 20 mn.*
MATÉRIEL : *1 verre mesureur ; terrine ; 1 cuillère en bois ; 1 poêle.*

1° Dans une terrine mettre la farine. Faire une fontaine (un trou). Y verser l'œuf, le lait, l'huile, le sel et le kirsch. Bien mélanger.
2° Verser la préparation dans une poêle chaude et huilée. Répartir les cerises dans la pâte. Laisser cuire à feu doux 8 à 10 mn, la poêle couverte.
3° Lorsque la crêpe est dorée d'un côté, la retourner en s'aidant de deux assiettes ou d'une deuxième poêle. Laisser cuire couvert de nouveau à feu doux de 8 à 10 mn.
4° Saupoudrer de sucre avant de servir la crêpe chaude

N.B. – On peut battre le blanc en neige et l'incorporer délicatement à la pâte, la crêpe ressemblera davantage à un gâteau.

## VARIANTE

### CRÊPE NORMANDE

Suivre la recette de la crêpe alsacienne.
Remplacer les cerises par une pomme coupée en tranches fines et le kirsch par 2 c. à café de calvados.

# PATE A FRIRE

## BEIGNETS AUX POMMES

QUANTITÉS : *4 ou 5 personnes.*
*250 g de farine ; 2 œufs ; 2 c. à soupe d'huile ; 2 dl environ de bière ou d'eau ; 1 à 2 c. à café de sel.*
PARFUMS : *2 c. à soupe de rhum de cognac ou de calvados : zeste de citron râpé (facultatif).*
GARNITURE : *4 à 5 pommes de reinette de préférence : 1 c. à soupe de sucre.*
PRÉPARATION : *15 mn.*
REPOS DE LA PATE : *1 à 2 h.*
CUISSON : *5 mn environ par fournée.*
MATÉRIEL : *1 verre mesureur ; 1 terrine ; 1 cuillère en bois ; 1 écumoire ; bassine à frire ou friteuse électrique.*

1° Dans une terrine, mettre la farine et faire une fontaine (un trou). Y verser les œufs entiers, l'huile et le sel, le zeste de citron râpé. Bien mélanger.

2° Ajouter l'eau petit à petit. Quand la pâte est lisse, laisser reposer le plus longtemps possible (la pâte doit être beaucoup plus consistante que la pâte à crêpes).

3° Eplucher les pommes. Retirer le cœur et les pépins à l'aide d'un vide-pommes. Couper les pommes en rondelles de 1/2 cm d'épaisseur. Les faire macérer 1 h dans le rhum ou le cognac avec le sucre en poudre.

4° Lorsque la pâte est reposée, brancher la friteuse électrique contenant l'huile ou la végétaline nécessaire, ou faire chauffer la bassine à frire avec le panier. Dès que la matière grasse est chaude, tremper 5 ou 6 tranches de pommes dans la pâte à frire et laisser tomber délicatement dans la friture. Quand les beignets sont dorés, les retourner avec l'écumoire et laisser cuire quelques minutes.

5° Egoutter quelques secondes les beignets puis les déposer sur un papier absorbant. Les servir aussitôt, saupoudrés de sucre.

N.B. – On peut rendre la pâte à frire plus légère en battant les blancs en neige ferme et en les ajoutant au moment de l'utilisation de la pâte.

### RECOMMANDATIONS

**La pâte à frire est très facile à réussir. Il faut cependant mélanger doucement les ingrédients pour éviter des grumeaux. Si par mégarde, il s'en forme, passer la pâte dans une passoire fine.**
**Laisser toujours reposer la pâte pendant 1 h au minimum. Vous obtiendrez de très bons résultats en la préparant la veille.**
**La pâte doit être assez épaisse pour ne pas se disperser dans la friture.**

# VARIANTES SUCRÉES

## BEIGNETS A L'ANANAS

Suivre la recette des beignets aux pommes.

Remplacer les pommes par une boîte d'ananas. Couper les tranches d'ananas en deux et les faire macérer dans le rhum.

### BEIGNETS A L'ORANGE

Suivre la recette des beignets aux pommes.
Remplacer les pommes par 4 ou 5 oranges. Peler les oranges, séparer les quartiers et les mettre à macérer avec 2 c. à soupe de liqueur d'orange.

### BEIGNETS AUX BANANES

Suivre la recette des beignets aux pommes.
Remplacer les pommes par 5 bananes coupées en rondelles et macérées dans 2 c. à soupe de kirsch.

### BEIGNETS AUX FRAISES

Suivre la recette des beignets aux pommes.
Remplacer les pommes par 300 g de fraises épluchées et macérées dans 2 c. à soupe de cognac.

### BEIGNETS AUX FRUITS A NOYAUX

Suivre la recette des beignets aux pommes.
Remplacer les pommes par les fruits à noyaux (cerises, pêches, abricots, prunes) en ayant soin de les dénoyauter.

## VARIANTES SALÉES

### BEIGNETS D'AUBERGINES OU DE COURGETTES

Suivre la recette des beignets aux pommes en supprimant l'alcool et le sucre.
Remplacer les pommes par 2 ou 3 aubergines préparées de la façon suivante : peler les aubergines ou les courgettes. Les couper en rondelles de 1/2 cm d'épaisseur. Les saupoudrer de sel et laisser dégorger pendant 1 h.
Eponger avec du papier absorbant avant de les plonger dans la pâte à frire.

### BEIGNETS DE CHOUX-FLEURS

Suivre la recette des beignets aux pommes en supprimant l'alcool et le sucre.
Remplacer les pommes par 1 chou-fleur préparé de la façon suivante : blanchir le chou-fleur 5 mn à l'eau bouillante, puis l'égoutter. Le faire cuire ensuite à l'eau bouillante salée 10 mn dans une casserole ou 5 mn à l'autocuiseur.

### BEIGNETS DE SALSIFIS

Suivre la recette des beignets aux pommes en supprimant l'alcool et le sucre.
Remplacer les pommes par 500 g de salsifis préparés de la façon

suivante : gratter avec soin les salsifis. Les faire cuire à l'eau bouillante salée légèrement vinaigrée 3/4 d'heure dans une casserole ou 20 mn à l'autocuiseur.
Servir sur un plat garni de quartiers de citron et de bouquets de persil.

## BEIGNETS DE CERVELLE

MARINADE : *4 c. à soupe d'huile ; 1 c. à soupe de vinaigre ou 1 jus de citron ; 1 oignon coupé en rondelles ; 1 pincée de sel ; poivre ; 1 branche de thym , 1 feuille de laurier.*

Suivre la recette des beignets aux pommes en supprimant l'alcool et le sucre.
Remplacer les pommes par une cervelle de veau préparée selon la façon suivante : faire blanchir la cervelle 5 mn à l'eau bouillante. L'égoutter et la faire macérer dans une marinade pendant 2 h, coupée en morceaux.
Egoutter les morceaux avant de les plonger dans la pâte à frire.
Servir les beignets de cervelle garnis de quartier de citrons et de persil.

## BEIGNETS DE VOLAILLE

Suivre la recette des beignets de cervelle.
Remplacer la cervelle par 300 g de restes de volaille coupés en morceaux aussi égaux que possible.

## BEIGNETS DE POISSONS

Suivre la recette de beignets aux pommes en supprimant l'alcool et le sucre.
Remplacer les pommes par 300 g de restes de poisson cuit, coupés en morceaux aussi égaux que possible.

# PATE BRISÉE

## PATE BRISÉE

QUANTITÉS : *6 personnes.*
*200 g de farine ; 100 g de margarine ou de beurre ; 3/4 dl d'eau (3/4 de verre à moutarde) ; 1/2 c. à café de sel.*
PRÉPARATION : *20 mn.*
REPOS : *une demi-heure à 1 heure.*
CUISSON : *20 à 25 mn. Th. 7-8 ou 250-260°.*
MATÉRIEL : *1 fourchette ; 1 couteau ; 1 terrine ; 1 verre mesureur ; 1 rouleau à pâtisserie.*

1° Mettre dans une terrine la farine.
2° Ajouter la matière grasse en petits morceaux ou en lamelles. Elle ne doit pas être trop dure ni trop molle. Pour cela la sortir du réfrigérateur une heure avant de l'utiliser. L'écraser du bout des doigts ou à l'aide d'une fourchette, de façon à obtenir des grains fins.
3° Faire une fontaine (un trou) dans la farine. Y mettre peu à peu l'eau salée. Mélanger à la fourchette et former rapidement une boule.
4° Laisser reposer la pâte au moins une demi-heure pour éviter qu'elle ne soit élastique et ne se rétracte à la cuisson.
5° Dressage de la pâte.
Fariner la table de travail et le rouleau à pâtisserie. Aplatir la pâte au rouleau en partant du milieu de la boule et en allant vers l'extérieur. Surveiller si la pâte ne colle pas à la table ou au rouleau. Pour cela la soulever délicatement. Fariner légèrement quand l'humidité se fait sentir. Compter environ 3 mm à 4 mm d'épaisseur (une pièce de monnaie) pour les tartes et tartelettes. Ne pas graisser le moule mais le fariner. Plier la pâte en quatre pour ne pas risquer qu'elle se déchire et la déposer délicatement dans le moule (pour les grandes tartes).
6° Cuisson à four chaud : soit garnie de préparations diverses (crèmes, sauces, fruits ou légumes), soit sans garniture (c'est-à-dire à blanc)ce qui nécessite de piquer la pâte à la fourchette.
Ensuite, recouvrir d'un papier d'aluminium de la taille du moule et chargé dessus de noyaux ou de cailloux. Cela évitera à la pâte de se boursoufler.
On cuit à blanc lorsqu'on veut présenter la tarte avec une garniture qui ne supporte ou ne demande pas de cuisson. La pâte est cuite lorsqu'elle est dorée mais non brunie. Pour la rendre plus appétissante, on peut la dorer avant la cuisson avec un jaune d'œuf dilué dans un peu d'eau.

### RECOMMANDATIONS

Pour réussir la pâte brisée, suivre bien ces conseils :

– La matière grasse doit être sortie du réfrigérateur une heure à l'avance pour qu'elle soit bien maniable. Sinon elle reste en gros grains durs dans la farine et ces grains sont difficiles à réduire.
– Il faut travailler très rapidement la pâte et le moins possible. Plus on travaille la pâte, plus elle absorbe de farine, ce qui la rend plus dure et moins savoureuse.
– Laisser reposer la pâte au moins une demi-heure, davantage si possible. L'été il faut la mettre à reposer au réfrigérateur, recouverte d'un couvercle.

UTILISATIONS

Les utilisations de la pâte brisée sont variées. Elle peut servir à faire des tartes sucrées ou salées, enrober des pommes ou des poires, des pâtés en croûte, des rissoles, des beignets secs (cuits à la friture).

## VARIANTES

Selon les goûts, on peut varier la composition de la pâte brisée.

### PATE BRISÉE AVEC DU JAUNE D'ŒUF

*200 g de farine ; 100 g de margarine ; 1 jaune d'œuf ; 1/2 verre d'eau ; 1/2 c. à café de sel.*

### PATE BRISÉE AVEC DE LA CRÈME FRAICHE

*200 g de farine ; 200 g de crème fraîche (une tasse) ou de crème de lait bouilli ; 1/2 c. à café de sel.*

### PATE BRISÉE AVEC DE L'HUILE

*200 g de farine ; 6 c. à soupe d'huile et un peu d'eau ; 1/2 c. à café de sel.*

N.B. – Si on préfère une pâte légèrement levée, on peut ajouter 1 c. à café de levure.

On peut mélanger les matières grasses et utiliser à poids égal : margarine et beurre, margarine et huile, margarine et crème fraîche.

On trouve, dans le commerce, de la pâte brisée congelée à étaler ou des fonds de tarte tout prêts congelés, des fonds de tarte ou de tartelettes salés, sucrés et cuits. Ils sont prêts à garnir.

### PATE BRISÉE A LA MAIZÉNA

*100 g de maïzéna ; 100 g de farine plus 1/2 c. à café de levure chimique ; 100 g de margarine ; 1/2 dl de lait ; 1/2 c. à café de sel.*

## PATE BRISÉE (recettes sucrées)

### POMMES EN DOUILLONS

QUANTITÉS : *pour 6 personnes.*
PATE BRISÉE : *300 g de farine ; 150 g de margarine ou de beurre ; 1 dl d'eau (1 verre à moutarde) ; 1/2 c. à café de sel ; 6 pommes ;*

*60 g de sucre ; 60 g de gelée de groseille, framboise ou abricot ; 1 jaune d'œuf pour dorer.*
PRÉPARATION : *pâte brisée, 30 mn ; pommes, 5 mn.*
REPOS DE LA PATE : *une demi-heure à 1 heure.*
CUISSON : *pommes en douillons, 25 à 30 mn.*

1° Faire la pâte brisée et la laisser reposer.
2° Eplucher les pommes. Evider le cœur à l'aide d'un vide-pommes.
3° Etaler la pâte brisée. Découper des rondelles ou des carrés suffisamment grands pour envelopper complètement les pommes. Poser les pommes sur les rondelles. Verser une cuillère à café de gelée de fruits dans le cœur. Saupoudrer de sucre. Enfermer les pommes avec la pâte. Dorer au jaune d'œuf dilué dans un peu d'eau.
4° Faire cuire à four chaud. Les douillons sont cuits quand ils sont dorés.

N.B. – On peut ajouter avant la cuisson, en même temps que la confiture, quelques gouttes de cognac.

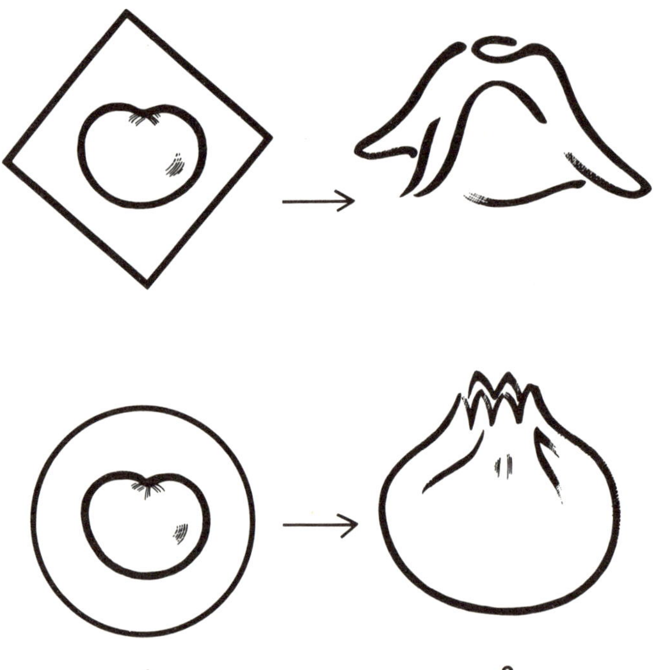

1 2

## TARTE AUX POMMES CLASSIQUE

QUANTITÉS *pour 6 personnes.*
PATE BRISÉE : *200 g de farine ; 100 g de margarine ou de beurre ; 3/4 dl d'eau (3/4 de verre à moutarde) ; 1/2 c. à café de sel.*
GARNITURE : *1 kg pommes de reinette (5 ou 6) ; 100 g de sucre ; 2 c. à soupe de gelée de pomme, d'abricot ou de groseille.*
PRÉPARATION : *pâte brisée, 1/2 h ; garniture, 1/4 h.*
REPOS *pâte brisée : 1/2 h-1 h.*
CUISSON *tarte garnie, 25 à 30 mn. Th. 7-8 ou 250-260°.*
MATÉRIEL : *moule à tarte, 25 cm de diamètre.*

1° Faire la pâte brisée selon la recette de base et la laisser reposer.
2° Eplucher les pommes. Les couper en tranches fines et régulières.
3° Etaler la pâte brisée ; en garnir un moule. Ranger les tranches de pommes en les faisant chevaucher les unes sur les autres. Saupoudrer de sucre.
4° Faire cuire la tarte garnie au four chaud. La tarte est cuite lorsqu'elle est dorée.
5° A la sortie du four, napper la tarte de gelée de fruits.

# VARIANTES

## TARTE A LA MARMELADE DE POMMES

On peut remplacer la moitié des pommes par 500 g de marmelade de pommes fraîches ou en boîte du commerce (1/2 boîte).

## TARTE AUX PRUNES

Remplacer les pommes par 500 g de prunes. Disposer les prunes dénoyautées et coupées en deux sur le fond de la tarte. S'il s'agit de reines-claudes, ces prunes sont très juteuses. Pour absorber le jus des fruits à la cuisson, on peut délayer 1 c. à café de fécule de pommes de terre avec 2 c. à soupe d'eau et napper le fond de tarte avec ce mélange.

## TARTE AUX ABRICOTS

Remplacer les pommes par 500 g d'abricots frais ou une boîte d'abricots au sirop.
Procéder comme pour la tarte aux prunes.

## TARTE A LA RHUBARBE

Remplacer les pommes par 1 kg de rhubarbe (une botte environ). Couper la rhubarbe en bâtonnets et la faire cuire avec 300 g de sucre. Quand la rhubarbe est cuite, mais pas en purée, l'égoutter et la disposer sur le fond de tarte cru. Faire cuire la tarte avec les fruits.
A part, faire réduire le sirop de sucre. Quand la goutte ne tombe plus de la cuillère, verser le sirop sur la tarte cuite.

## TARTE AUX POMMES A L'ANCIENNE

QUANTITÉS *pour 6 personnes.*
PATE BRISÉE : *300 g de farine ; 150 g de margarine ou de beurre ; 1 dl d'eau (1 verre à moutarde) ; 1/2 c. à café de sel.*
GARNITURE : *1 kg de pommes de reinette (de préférence) ; 50 g de beurre ; 100 g de sucre ; 1/2 sachet de sucre vanillé ; une pincée de cannelle en poudre.*
PRÉPARATION : *pâte brisée, 1/2 h ; garniture, 1/4 h.*
REPOS : *pâte brisée, 1/2 h-1 h.*
CUISSON : *pommes, 1/4 h ; tarte garnie, 25 à 30 mn. Th. 7-8 ou 250-260°.*
MATÉRIEL : *une poêle ; un moule de 25 cm de diamètre.*

1° Faire la pâte brisée selon la recette de base et la laisser reposer
2° Couper les pommes en tranches fines et les faire sauter à la poêle avec le beurre, une pincée de cannelle. Ajouter le sucre. Quand les pommes sont transparentes, elles sont cuites.
3° Réserver 1/3 de pâte brisée pour faire des croisillons. Etaler la pâte restante, en garnir un moule.
4° Mettre les pommes sur la tarte.
5° Etaler la pâte, en réserver pour les croisillons et découper des lanières de 2 cm de large et du diamètre du moule. Entrelacer les lanières pour former des croisillons. Saupoudrer la tarte de sucre vanillé.
6° Cuire à four chaud : la tarte est cuite lorsqu'elle est dorée. Servir froid.

N.B. – On peut remplacer la moitié des pommes par de la compote du commerce. On met cette compote dans le fond de tarte et on la recouvre des pommes sautées. On peut également supprimer les croisillons. La présentation est moins jolie. Il faut alors faire la pâte brisée sur une proportion de 200 g de farine.

## TARTE DES DEMOISELLES TATIN
## (ou tarte à l'envers)

QUANTITÉS *pour 6 personnes.*
PATE BRISÉE : *200 g de farine ; 100 g margarine ou beurre ; 3/4 dl d'eau (3/4 verre à moutarde) ; 1/2 c. à café de sel.*
GARNITURE : *1 kg de pommes de reinette ; 50 g de sucre ; 1 c. à café de cognac (facultatif).*
CARAMEL : *50 g de sucre ; 3 c. à soupe d'eau ; quelques gouttes de vinaigre ; 40 g de beurre.*
PRÉPARATION : *pâte brisée, 1/2 h ; pommes, 1/4 h.*
REPOS : *pâte brisée, 1/2 h-1 h.*
CUISSON : *tarte garnie, 25 à 30 mn. Th. 7-8 ou 250-260°.*
MATÉRIEL : *moule à manqué ou à gratin ; ou le couvercle d'un plat en pyrex.*

1° Faire la pâte brisée selon la recette de base et la laisser reposer.

2° Faire le caramel. Pour cela fondre le sucre avec l'eau dans une casserole. Ajouter quelques gouttes de vinaigre et le beurre. Quand le caramel est doré, le verser dans le moule.
3° Eplucher les pommes en tranches fines. Les ranger régulièrement le côté bombé contre le moule, car cette tarte est faite à l'envers. Saupoudrer de sucre et arroser de cognac.
4° Etaler la pâte brisée : recouvrir les pommes avec cette pâte et border en faisant pénétrer la pâte jusqu'au fond du moule.
5° Cuire à four chaud. La tarte est cuite lorsqu'elle est dorée.
6° A la sortie du four, attendez quelques instants avant de retourner la tarte sur le plat de service.
Servir encore tiède.

## TARTE AU CITRON

QUANTITÉS *pour 6 personnes.*
PATE BRISÉE : *200 g de farine ; 100 g de margarine ou de beurre ; 3/4 dl d'eau (3/4 verre à moutarde) ; 1/2 c. à café de sel.*
CRÈME : *200 g de sucre en poudre ; 2 œufs ; 3 citrons ; 50 g de beurre.*
MERINGUE : *2 blancs d'œufs ; 100 g de sucre ; une pincée de sel.*
PRÉPARATION : *pâte brisée, 1/2 h ; crème, 5 mn ; meringue, 1/4 h.*
REPOS : *pâte brisée, 1/2 h.*
CUISSON : *tarte garnie, 25 à 30 mn ; meringue, 3 à 5 mn env.*
MATÉRIEL : *un moule de 25 cm de diamètre.*

1° Faire la pâte brisée selon la recette de base et la laisser reposer.
2° Réalisation de la crème : battre les œufs en omelette avec le sucre. Ajouter le jus de 3 citrons et le zeste (peau jaune) râpé d'un citron. Faire juste fondre le beurre et l'ajouter au mélange.
3° Etaler la pâte brisée, en garnir un moule. Verser la crème dessus.
4° Cuisson à four chaud : quand la tarte est dorée, elle est cuite.
5° Réalisation de la meringue : mettre dans une terrine les blancs d'œufs, le sucre, une pincée de sel. Battre au fouet au bain-marie (c'est-à-dire en interposant une casserole d'eau chaude entre la source de chaleur, 60° maximum). Quand les blancs d'œufs sont fermes (une cuillère à café peut tenir droite dans la meringue), étaler la meringue sur la tarte sans égaliser et faire des dessins avec une fourchette. On peut également prendre une poche à douille et réaliser des croisillons. Remettre rapidement la tarte au four quelques minutes pour faire dorer la meringue. Démouler sur une grille et servir froid.

## TARTE A L'ORANGE

QUANTITÉS : *pour 6 personnes.*
PATE BRISÉE : *200 g de farine ; 100 g de margarine ou de beurre ; 3/4 dl d'eau (3/4 verre à moutarde) ; 1 demi-c. à café de sel.*

CRÈME : *200 g de sucre en poudre ; 2 œufs ; 2 oranges.*
GARNITURE : *250 g de sucre en poudre ; 2 oranges ; 2 dl d'eau.*
PRÉPARATION : *pâte brisée , 30 mn ; crème, 5 mn ; garniture, 5 mn ; repos pâte brisée, 30 mn.*
CUISSON : *pâte brisée, 25 à 30 mn ; oranges, 30 à 45 mn. Th. 7-8 ou 250-260°.*
MATÉRIEL : *un moule de 25 cm diamètre.*

1° Faire la pâte brisée selonla recette de base. La laisser reposer.
2° Réalisation de la garniture : Couper 2 oranges en tranches fines avec la peau. Les faire cuire dans un sirop (250 g de sucre et 2 dl d'eau). Les oranges sont cuites quand elles sont translucides (30 à 45 mn).
3° Réalisation de la crème : Battre les œufs en omelette avec le sucre. Ajouter le jus des 2 oranges restantes et le zeste râpé (peau orange) d'une orange.
4° Etaler la pâte brisée, en garnir un moule. Verser la crème dessus. Y ajouter quelques petits dés de beurre.
5° Cuire à four chaud.
6° A la sortie du four, disposer les tranches d'oranges.
7° Faire réduire le sirop jusqu'à ce que la goutte de sirop ne tombe plus de la cuillère. Versez-le alors sur la tarte. Servir froid.

N.B. – On peut ajouter 50 g de beurre fondu à la garniture.

## TARTE AUX PRUNEAUX

QUANTITÉS : *pour 6 personnes.*
PATE BRISÉE : *200 g de farine ; 100 g de margarine ou de beurre ; 3/4 dl d'eau (3/4 verre à moutarde) ; 1 demi-c. à café de sel.*
GARNITURE : *400 g de pruneaux d'Agen ; 4 c. à soupe de confiture d'abricot ; 2 c. à soupe de cointreau.*
PRÉPARATION : *pâte brisée, 30 mn.*
REPOS : *pâte brisée : 30 mn-1 h.*
CUISSON : *pâte brisée garnie, 25 à 30 mn. Th. 7-8 ou 250-260°.*
MATÉRIEL : *moule à tarte 25 cm de diamètre.*

1° Faire la pâte brisée selon la recette de base. La laisser reposer.
2° Dénoyauter les pruneaux. S'ils sont souples, inutile de les faire tremper.
3° Etaler la pâte brisée, en garnir un moule. Y ranger les pruneaux bien serrés.
4° Cuire la tarte à four chaud. La pâte est cuite quand elle est dorée.
5° A la sortie du four, recouvrir la tarte de la confiture d'abricot délayée avec le cointreau.

## TARTE AUX POIRES BOURDALOUE

QUANTITÉS : *pour 6 personnes.*

PATE BRISÉE : *200 g de farine ; 100 g de margarine ou de beurre ; 3/4dl d'eau (3/4 verre à moutarde) ; 1 demi-c. à café de sel.*
CRÈME PATISSIÈRE : *1/2 l de lait ; 75 g de sucre ; 3 jaunes d'œufs ; 30 g de farine ; 1 gousse de vanille.*
GARNITURE : *3 poires ou 1 boîte de poires au sirop.*
SIROP : *1/4 l d'eau ; 125 g de sucre.*
PRÉPARATION : *pâte brisée, 30 mn ; crème pâtissière, 15 mn.*
REPOS : *pâte brisée, 30 mn-1 h.*
CUISSON : *pâte brisée, 25 à 30 mn ; poires au sirop dans une casserole, 20 à 30 mn ou à l'autocuiseur 10 à 15 mn.*

1° Faire la pâte brisée selon la recette de base. La laisser reposer.
2° Cuisson des poires au sirop. Eplucher les poires entières et les mettre à cuire avec le sirop (eau et sucre), soit dans l'autocuiseur et laisser cuire doucement 10-15 mn à partir de la rotation de la soupape ; soit dans une casserole en comptant 20-30 mn à feu très doux. Le temps de cuisson varie suivant la nature et la maturité des poires.
Les poires sont cuites lorsqu'elles sont tendres et transparentes. Piquer avec une aiguille à tricoter pour vérifier la cuisson.
3° Préparer la crème pâtissière : faire chauffer le lait et la gousse de vanille. Travailler les jaunes d'œufs avec le sucre jusqu'à ce que le mélange devienne mousseux. Ajouter la farine en pluie. Quand le mélange est homogène, verser le lait bouillant tout doucement. Remettre le tout dans la casserole. Faire cuire à feu doux en remuant sans cesse et laisser bouillir 1 mn.
4° Etaler la pâte brisée, en garnir un moule. Faire cuire la pâte sans garniture (à blanc). Disposer dessus un papier d'aluminium chargé de noyaux ou de cailloux pour lui éviter de se boursoufler.
5° Cuire à four chaud. La tarte est cuite lorsqu'elle est dorée.
6° A la sortie du four, napper le fond de la tarte de crème pâtissière. Disposer les poires coupées par la moitié ou en quartiers.
7° Faire réduire le sirop jusqu'à ce que la goutte de sirop ne tombe plus de la cuillère. Versez-le alors sur la tarte. Servir la tarte aux poires froide.

## VARIANTES

### TARTE BOURDALOUE A L'ANANAS

Remplacer les poires par 6 tranches d'ananas.

### TARTE BOURDALOUE AUX ABRICOTS

Remplacer les poires par 500 g d'abricots ou une boîte d'abricots au sirop.

### TARTE BOURDALOUE AUX CERISES

Remplacer les poires par 500 g de cerises.

### TARTE BOURDALOUE AUX PECHES

Remplacer les poires par 500 g de pêches ou une boîte de pêches au sirop.

• •

### TARTE AU FLAN

QUANTITÉS : *6 personnes.*
PATE BRISÉE : *200 g de farine ; 100 g de margarine ou de beurre ; 3/4dl d'eau (3/4 de verre à moutarde) ; 1 demi-c. à café de sel.*
CRÈME A FLAN : *1/2 l de lait ; 3 œufs ; 100 g de sucre ; 80 g de farine ; 30 g de beurre (facultatif).*
PARFUMS : *1 sachet de sucre vanillé ; zeste de citron râpé (peau jaune) (facultatif) ; 30 g de sucre pour caraméliser.*
PRÉPARATION : *pâte brisée, 30 mn ; repos de la pâte, 30 mn-1 h.*
CUISSON : *tarte garnie, 20 à 25 mn. Th. 7-8 ou 250-260°.*
MATÉRIEL : *moule à tarte 25 cm de diamètre.*

1° Faire la pâte brisée (voir recette) et laissez-la reposer.
2° Préparation du flan : battre les œufs entiers avec le sucre, le sucre vanillé. Ajouter la farine et le beurre fondu (facultatif). Bien mélanger.
3° Verser peu à peu le lait froid. Bien diluer.
4° Etaler la pâte brisée, en garnir un moule. Ajouter la préparation à flan.
5° Faire cuire à four chaud. Quand la surface du flan commence à prendre consistance (15 mn environ), saupoudrez-la de sucre en poudre qui caramélisera à la cuisson.

## VARIANTES

### TARTE AU FLAN ET AUX CERISES

Ajouter au fond de tarte cru 500 g de cerises et verser la préparation à flan dessus. Cuire selon la recette.

### TARTE AU FLAN ET AUX POIRES

Ajouter au fond de tarte cru 3 poires ou une boîte de poires au sirop. Disposer les poires épluchées et coupées en tranches fines. Verser la préparation à flan dessus et cuire selon la recette.

### TARTE AU FLAN ET AUX PRUNEAUX

Ajouter au fond de tarte cru 250 g de pruneaux dénoyautés. Il est inutile de les faire tremper s'ils sont souples. Verser la préparation dessus et cuire selon la recette.

### TARTE AU FLAN ET A LA RHUBARBE

Il faut compter 1 kg de rhubarbe environ (1 botte). Couper la rhubarbe en bâtonnets et la faire cuire avec 300 g de sucre. Quand la rhubarbe est cuite mais pas en purée l'égoutter et la disposer sur le fond de tarte cru. Verser la préparation à flan dessus et cuire selon la recette.

### TARTE AU FLAN ET AUX PÊCHES

Ajouter au fond de tarte cru 500 g de pêches ou une boîte de pêches au sirop. Disposer les pêches coupées en quartiers. Verser la préparation à flan dessus et cuire selon la recette.

### TARTE AU FLAN ET AUX ABRICOTS

Ajouter au fond de tarte cru 500 g d'abricots ou une boîte d'abricots au sirop. Disposer les abricots coupés par moitié. Verser la préparation à flan dessus et cuire selon la recette.

## PATE BRISÉE (recettes salées)

### TIMBALE EN CROUTE AU JAMBON

QUANTITÉS : *pour 6 personnes.*
PATE BRISÉE : *300 g de farine ; 150 g de margarine ou de beurre ; 1 dl d'eau (1 verre à moutarde) ; 1/2 c. à café de sel.*
GARNITURE : *300 g de pâtes plates ou macaroni, coquillettes ; 200 g de jambon ou restes de viande ; 10 olives vertes ; 1 petite boîte de champignons de Paris ; 1 gousse d'ail.*
BÉCHAMEL : *1/2 l de lait ; 40 g de margarine ou de beurre ; 40 g de farine ; 50 g de gruyère râpé ; sel, poivre, noix de muscade ; 1 jaune d'œuf pour dorer (facultatif).*
PRÉPARATION : *pâte brisée, 1/2 h ; garniture, 10 mn.*
REPOS : *pâte brisée, 1/2 h-1 h.*
CUISSON : *pâtes, 10 à 15 mn ; timbale garnie, 25 à 30 mn. Th. 7-8 ou 250-260°.*
MATÉRIEL : *plat à gratin ou plat creux rond en pyrex.*

1° Faire la pâte brisée selon la recette de base et la laisser reposer.
2° Préparer la garniture : faire cuire les pâtes dans beaucoup d'eau bouillante salée et aromatisée avec un peu de thym (2,5 l eau et 2,5 c. à café de sel). Quand elles sont cuites, les égoutter. Dénoyauter les olives. Couper le jambon en dés. Faire revenir quelques instants les champignons avec la gousse d'ail.
3° Préparer la béchamel : faire fondre la margarine, y ajouter d'un seul coup la farine. Quand le mélange est mousseux, retirer du feu et verser le lait froid d'un seul coup. Bien diluer et remettre sur feu doux à bouillir 5 mn en remuant sans cesse. Hors du feu ajouter le gruyère râpé.
4° Mélanger les pâtes, les champignons, les olives avec la

béchamel au fromage. Assaisonner avec le sel, le poivre, la noix de muscade râpée.
5° Etaler la pâte brisée ; en réserver 1/3 pour le couvercle de la timbale. Verser la garniture. Poser le couvercle et coller les bords avec de l'eau. Dorer au jaune d'oeuf dilué dans un peu d'eau.
6° Faire cuire à four chaud. La timbale est cuite lorsqu'elle est dorée.
Servir chaud.

## VARIANTES

### TIMBALE EN CROUTE AU POULET

Remplacer le jambon par 200 g de poulet cuit.

### TIMBALE EN CROUTE AU THON

Remplacer le jambon par 200 g de thon au naturel ou autre poisson cuit ou en boîte.

### TIMBALE EN CROUTE AUX FRUITS DE MER

Remplacer le jambon par 200 g de crevettes, ou moules, ou coques.

• •

### QUICHE LORRAINE

QUANTITÉS : *pour 6 personnes.*
PATE BRISÉE : *200 g de farine ; 100 g de margarine ou de beurre ; 3/4 dl d'eau (3/4 verre à moutarde) ; 1/2 c. à café de sel.*
GARNITURE : *3 dl de lait ou crème fraîche ; 3 œufs ; 200 g de jambon fumé ; 50 g de gruyère ; sel, poivre.*
PRÉPARATION : *pâte brisée, 1/2 h ; garniture, 5 mn .*
REPOS : *pâte brisée : 1/2 h.*
CUISSON : *tarte garnie, 25 à 30 mn ; Th. 7-8 ou 250-260°.*
MATÉRIEL : *moule à tarte, 25 cm de diamètre.*

1° Faire la pâte brisée selon la recette de base et la laisser reposer.
2° Préparer la garniture : couper le jambon fumé en dés et le faire revenir quelques instants. Couper le gruyère également en dés. Battre les oeufs en omelette, y ajouter le lait. Saler légèrement et poivrer.
3° Etaler la pâte brisée, en garnir un moule à tarte. Disposer dessus les morceaux de jambon et de gruyère. Y verser le mélange œuf-lait.
4° Cuire à four chaud. La quiche est cuite lorsque la surface est prise et dorée.
Servir chaud.

## TARTE AUX OIGNONS

QUANTITÉS : *pour 6 personnes.*
PATE BRISÉE : *200 g de farine ; 100 g de margarine ou de beurre ; 3/4 dl d'eau (3/4 verre à moutarde).*
GARNITURE : *3 dl de lait ; 3 œufs ; 500 g d'oignons ; 50 g de margarine ou de beurre ; sel, poivre.*
PRÉPARATION : *pâte brisée, 1/2 h ; garniture, 5 mn.*
REPOS : *pâte brisée, 1/2 h à 1 h.*
CUISSON : *oignons, 1/4 h ; tarte garnie, 25 à 30 mn. Th. 7-8 ou 250-260°.*
MATÉRIEL : *un moule à tarte de 25 cm de diamètre.*

1° Faire la pâte brisée selon la recette de base et la laisser reposer.
2° Préparer la garniture : éplucher et émincer les oignons. Les faire revenir doucement avec la margarine. Laisser étuver (cuire avec un couvercle) avec 1 dl d'eau. Ils sont cuits lorsqu'ils sont devenus tendres (environ 1/4 h). Battre les œufs en omelette, y ajouter le lait, le sel, le poivre.
3° Etaler la pâte brisée ; en garnir un moule à tarte. Disposer dessus les oignons. Y verser le mélange œuf-lait.
4° Cuire à four chaud. La tarte est cuite lorsque la surface est prise et dorée.
Servir chaud.

## FLAMICHE PICARDE (ou tourte aux poireaux)

QUANTITES : *pour 6 personnes.*
PATE BRISEE : *300 g farine ; 150 g margarine ou beurre ; 1 dl eau (1 verre à moutarde) ; 1/2 c. à café de sel .*
GARNITURE : *3 dl lait ou crème fraiche ; 3 oeufs ; 1 kg poireaux (10 environ) ; 50 g margarine ou beurre ; sel, poivre ; 1 jaune d'oeuf pour dorer.*
PRÉPARATION : *pâte brisée, 1/2 h ; poireaux, 1/4 h.*
REPOS : *pâte brisée : 1/2 h.*
CUISSON : *poireaux, 20 mn ; tourte garnie, 25 à 30 mn. Th. 7-8 ou 250-260°.*
MATÉRIEL : *tourtière ou couvercle de plat en pyrex.*

1° Faire la pâte brisée selon la recette de base et la laisser reposer.
2° Préparer la garniture.
Laver soigneusement les poireaux. Garder les blancs de poireaux et éliminer les feuilles vertes. Couper les blancs de poireaux en rondelles minces et faire étuver (cuire avec couvercle) très doucement avec le beurre. Saler, poivrer. Remuer souvent jusqu'à ce que les poireaux soient cuits (20 mn environ). D'autre part battre les oeufs en omelette, y ajouter le lait. Hors du feu lier les poireaux avec ce mélange.
3° Etaler la pâte brisée. En réserver 1/3 pour faire le couvercle de la tourte. Verser la garniture sur le fond de tourte. Lui poser son

couvercle et le coller en soudant les bords entre eux avec un peu d'eau.
4° Cuire à four chaud. La tourte est cuite lorsqu'elle est dorée. Servir chaud.

## TARTE ROULÉE AU POISSON

QUANTITÉS : *pour 6 personnes.*
PATE BRISÉE : *200 g de farine ; 100 g de margarine ou de beurre ; 3/4 dl d'eau (3/4 de verre à moutarde) ; 1/2 c. à café de sel.*
FARCE : *200 g de poisson cuit au court-bouillon ou une boîte de colin au naturel ; 1 oignon ; 20 g de margarine ; 1 citron ; 1 petite boîte de champignons ; 1 gousse d'ail ; sel, poivre ; 1 pincée de romarin ; 1 jaune d'œuf pour dorer (facultatif).*
PRÉPARATION : *pâte brisée, 1/2 heure ; farce, 1/4 heure.*
REPOS DE LA PATE : *1/2 heure à 1 heure.*
CUISSON : *oignons, 10 mn ; tarte roulée, 25 à 30 mn. Th. 7-8 ou 250-260°.*
MATÉRIEL : *Plat à gratin rectangulaire ou ovale.*

1° Faire la pâte brisée selon la recette de base et laisser reposer.
2° Préparer la farce.
Hacher l'oignon et le faire revenir avec la margarine. Retirer l'oignon du feu quand il est blond. Faire revenir à la place les champignons avec une gousse d'ail.
Ajouter le poisson émietté, le jus de citron. Saler, poivrer. Mettre une pincée de romarin.
3° Etaler la pâte brisée en formant un rectangle de 25 × 30 cm. Tartiner avec la farce en laissant autour 2 cm libre.
4° Rouler la pâte sur elle-même. Badigeonner d'un jaune d'œuf délayé dans de l'eau le dessus de la tarte roulée.
5° Cuire à four chaud. La tarte roulée est cuite quand elle est dorée.
Servir chaud.

N.B. – On peut l'accompagner d'une sauce tomate.

## RISSOLES AU POULET

QUANTITÉS : *pour 6 personnes.*
PATE BRISÉE : *200 g de farine ; 100 g de margarine ou de beurre ; 3/4 dl d'eau (3/4 verre à moutarde).*
FARCE : *200 g de poulet cuit ; 50 g de mie de pain ; 1/2 dl de lait ; 1 œuf ; 1 oignon ; 20 g de margarine ; 1 gousse d'ail ; 100 g de champignons de Paris (facultatif) ; sel, poivre ; persil ; noix de muscade (facultatif) ; un jaune d'œuf pour dorer.*
PRÉPARATION : *pâte brisée, 1/2 h ; garniture, 1/4 h.*
REPOS DE LA PATE : *1/2 h à 1 heure.*
CUISSON : *oignon, 10 m ; rissoles, 25 à 30 mn. Th. 7-8 ou 250-260°.*

1° Faire la pâte brisée selon la recette de base et laisser reposer.

2° Préparer la farce.
Faire revenir l'oignon émincé avec 20 g de margarine. Lorsque l'oignon est blond, retirer du feu et faire sauter quelques instants les champignons avec l'ail.
Verser le lait chaud sur la mie de pain émiettée. Hacher finement le poulet, l'ail, l'oignon, les champignons, le persil. Ajouter l'œuf entier, la mie de pain trempée. Saler, poivrer, mettre une pincée de noix de muscade. Bien mélanger le tout.
3° Etaler la pâte brisée. Découper soit des carrés (10 cm) ; soit des rondelles (10 cm de diamètre). Déposer sur chaque rondelle un petit tas de farce. Replier la pâte en soudant les bords avec de l'eau. Dorer au jaune d'œuf dilué dans un peu d'eau. Déposer les rissoles sur une tôle farinée.
4° Faire cuire à four chaud.
Les rissoles sont cuites lorsqu'elles sont dorées.
Servir chaud.

N.B. – On peut faire cuire les rissoles à la friture.

## VARIANTES DE RISSOLES

### RISSOLES A L'ORIENTALE

Remplacer le poulet par 200 g de bœuf bouilli. Ajouter à la farce une pincée de paprika ou de safran.

### RISSOLES AU VEAU

Remplacer le poulet par 200 g de veau cuit. Ajouter à la farce quelques feuilles d'estragon.

### RISSOLES AU PORC

Remplacer le poulet par 200 g de porc cuit. Ajouter à la farce une pincée de sarriette.

### RISSOLES AU DINDONNEAU

Remplacer le poulet par 200 g de dindonneau cuit.

### RISSOLES AU POISSON

Remplacer le poulet par 200 g de poisson cuit ou en boîte. Ajouter à la farce une pincée de romarin.
On peut également remplacer la farce par un dl de sauce blanche faite avec le jus de poisson, ou des champignons qui restent dans l'accompagnement.

●●

### ROTI DE BŒUF EN CROUTE

QUANTITÉS : *6 ou 7 personnes.*

PATE BRISÉE : *300 g de farine ; 150 g de margarine ou de beurre ; 1 dl d'eau (1 verre à moutarde) ; 1/2 c. à café de sel ; 1 kg de filet de bœuf (de préférence) ; 1 c. à soupe d'huile ; 1 jaune d'œuf pour dorer ; sel, poivre.*
PREPARATION : *pâte brisée, 1/2 h.*
REPOS DE LA PATE : *1/2 h à 1 heure.*
CUISSON : *rôti, 10 mn ; rôti en croûte, 25 à 30 mn.*
THERMOSTAT : *rôti, 8-9 ou 260-270° ; rôti en croûte, 7-8 ou 250-260°.*

1° Préparer la pâte brisée selon la recette de base et laisser reposer.
2° Faire dorer le rôti huilé à four très vif, 5 mn de chaque côté. Laisser refroidir.
3° Etaler la pâte. Lui donner la forme d'un rectangle pouvant recouvrir le rôti (25 × 35 cm). Déposer dessus la viande refroidie. Replier la pâte sur le rôti et coller les bords avec un peu d'eau. Faire un trou au sommet du rôti. Y installer une cheminée en papier d'aluminium. Dorer au jaune d'œuf dilué dans un peu d'eau. Dessiner les croisillons au couteau.
4° Faire cuire à four chaud.
Le rôti en croûte est cuit quand la pâte est dorée.
Servir chaud.

N.B. – On peut accompagner le rôti de bœuf en croûte d'une sauce madère.

# PATE AUX BLANCS D'ŒUFS

## MERINGUES

QUANTITÉS : *20 petites.*
*2 blancs d'œufs ; 160 g de sucre semoule (on compte 60-80 g de sucre par blanc d'œuf) ; une pincée de sel.* PRÉPARATION : *15 mn.*
CUISSON : *3/4 h à 1 h. Th. 1-2 ou 140-150°.*
MATÉRIEL : *terrine ; fouet électrique ou à main ; tôle beurrée ; 2 cuillères à café.*

1° Allumer le four et beurrer la tôle.
2° Battre au fouet les blancs d'œufs avec le sucre sur un bain-marie à 60° environ (c'est-à-dire en interposant entre la source de chaleur une casserole d'eau chaude mais non bouillante).
3° La meringue est prête quand elle est bien ferme, c'est-à-dire qu'elle forme des pointes lorsqu'on retire le fouet.
4° Former rapidement des petites boules avec 2 cuillères à café et les déposer assez espacées sur la tôle. La meringue gonfle à la cuisson.
5° Enfourner aussitôt à four doux. Attendre 5 mn puis éteindre le four et laisser sécher 1 h.

RECOMMANDATIONS POUR REUSSIR LA MERINGUE

– Battre les blancs d'œufs avec le sucre sans interruption et enfourner immédiatement, sinon la meringue retombe.
– Les meringues doivent gonfler et sécher au four sans prendre de couleur. Ne pas ouvrir le four avant 30 mn. Un coup d'air les ferait retomber définitivement.
– Si vous êtes experte en cuisine et courageuse, vous pouvez battre les blancs d'œufs et le sucre avec un fouet à main, ou comme à l'ancienne, avec une cuillère en argent. Vous obtiendrez au bout de 20-30 mn une meringue suffisamment ferme pour que la cuillère se tienne seule. Ces meringues sont beaucoup plus légères et savoureuses.

## VARIANTE

### MERINGUES AU CHOCOLAT

Ajouter à la meringue prête 1 à 2 c. à café de chocolat en poudre selon le goût désiré. Pour éviter à la meringue de retomber, incorporer délicatement le chocolat avec la spatule en caoutchouc en coupant la pâte sans la tourner. Le chocolat alourdit la meringue, cette dernière gonfle moins que nature à la cuisson.

## PETITS FOURS AU CHOCOLAT

QUANTITÉS : *15 gâteaux.*
*50 g de sucre semoule ; 50 g d'amandes hachées ; 50 g de chocolat râpé ; 1 blanc d'œuf ; une pincée de sel.*
PRÉPARATION : *15 mn.*
CUISSON : *15 mn. Th. 3-4 ou 160-180°.*

MATÉRIEL : *verre mesureur ; terrine ; spatule en caoutchouc ; tôle ; grille ; 2 cuillères à café.*

1° Allumer le four et beurrer la tôle.
2° Battre le blanc en neige ferme, avec le sel.
3° Ajouter en pluie le sucre, le chocolat râpé, les amandes hachées.
4° Mélanger délicatement avec la spatule de caoutchouc en coupant et en soulevant la pâte (ne pas tourner).
5° Avec l'aide de 2 cuillères à café, déposer des petits tas de pâte sur la tôle beurrée.
6° Enfourner immédiatement. Quand les petits fours se détachent de la tôle, ils sont cuits.

## ROCHERS A LA NOIX DE COCO

QUANTITÉS : *10 rochers.*
*1 blanc d'œuf ; 100 g de noix de coco râpée ; 100 g de sucre semoule.*
PRÉPARATION : *10 mn.*
CUISSON : *15 mn. Th. 5 ou 200°.*

1° Allumer le four et beurrer la tôle.
2° Mélanger le sucre et la noix de coco râpée.
3° Battre le blanc d'œuf en neige ferme.
4° Incorporer délicatement le blanc battu au mélange avec la spatule en caoutchouc.
5° Dresser les rochers par petits tas sur la tôle beurrée.
6° Quand les rochers sont légèrement dorés, les retirer du four.

## TUILES

QUANTITÉS : *30 tuiles.*
*1 blanc d'œuf ; 30 g de sucre ; 30 g de farine ; 30 g de beurre ; 30 amandes hachées (facultatif) ; une pincée de sel.*
PARFUM : *zeste de citron râpé (peau jaune).*
PRÉPARATION : *5 mn.*
SURVEILLANCE : *30 mn.*
CUISSON : *4-5 par fournée. Th. 7 ou 240°.*
MATÉRIEL : *terrine ; verre mesureur ; 2 cuillères en bois ; une pelle à gâteau ; tôle beurrée.*

1° Mélanger avec une cuillère en bois le blanc d'œuf et le sucre. Ajouter la farine, le beurre fondu, le sel et le zeste de citron râpé.
2° Beurrer la tôle, y déposer la pâte par petites cuillères à café en l'étendant en couche mince.
3° Saupoudrer avec les amandes hachées.
4° Cuire à four chaud quelques minutes.
5° Détacher avec la pelle à gâteau les rondelles dorées. Les rouler aussitôt sur un manche de cuillère à bois si l'on veut obtenir des cigarettes, ou les déposer simplement dans un moule à baba pour les tuiles.

RECOMMANDATIONS

– Une surveillance très précise est nécessaire. Prenez un compte-minutes pour être prête à chaque fournée (3-5 mn environ) et n'entreprenez aucun travail absorbant entre les fournées de cuisson.
– Ne pas mettre plus de 5-6 tuiles à cuire ensemble, car si l'on veut rouler les tuiles en cigarettes cela doit se faire très vite. Les tuiles durcissant aussitôt à l'air.
– Il faut refroidir la tôle sur l'envers en la passant à l'eau froide à chaque fournée et la beurrer de nouveau pour éviter que les tuiles ne collent.

# VARIANTES

## TUILES A LA CRÈME

QUANTITÉS : *1 blanc ; 50 g de sucre ; 50 g de farine ; 50 g de crème fraîche ; 1 pincée de sel.*

Mélanger les blancs, le sucre, la farine, le sel et ajouter la crème.

## LANGUES DE CHAT

*Les quantités sont les mêmes que pour les tuiles, mais la technique est différente.*

1° Travailler le beurre et le sucre jusqu'à ce que le mélange soit crémeux.
2° Ajouter la farine en pluie, le sel, le zeste de citron.
3° Battre le blanc en neige ferme et l'incorporer délicatement avec la spatule en caoutchouc. Verser la pâte dans un moule à langues de chats beurré.

# PATE FEUILLETÉE RAPIDE

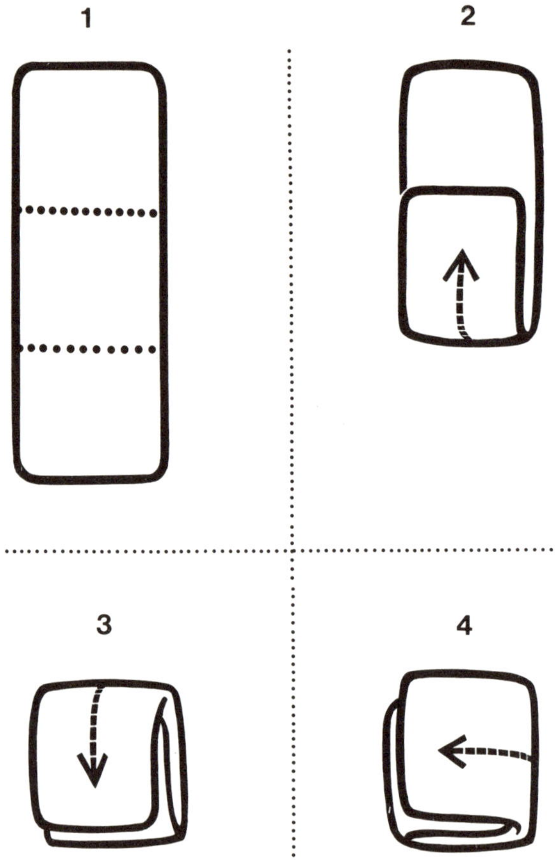


**PATE FEUILLETÉE**

QUANTITÉS : *6 personnes.*
*300 g de farine ; 150 g de margarine à feuilletage ; 2 c. à soupe d'huile ; 1/2 dl d'eau (1/2 verre à moutarde) ; 1/2 c. à café de sel.*
PRÉPARATION : *30 mn.*
REPOS DE LA PATE : *30 mn.*
CUISSON : *15 à 20 mn. Th. 8 ou 260°.*
MATÉRIEL : *verre mesureur ; terrine ; verre ; cuillère ; fourchette ; couteau*

1° Mélanger la farine et l'huile. Faire la fontaine (un trou) y ajouter l'eau salée petit à petit. Former rapidement une boule à la fourchette.
2° Etaler la pâte en formant un carré épais de 3 cm. Y déposer la margarine en pommade. Elle doit avoir la même consistance que la pâte. Plier les 4 côtés du rectangle comme un mouchoir pour enfermer la matière grasse.
3° Les « 6 tours du feuilletage » : (schéma comment faire un tour de feuilletage). Etaler la pâte en une bande 3 fois plus longue que large (en ayant soin à ce que la matière grasse ne s'échappe pas). Plier en 3 dans le sens de la longueur. Faire tourner la pâte sur elle-même d'un quart de tour. C'est ce qu'on appelle donner un tour à la pâte. Recommencer 5 fois la même opération (étaler plier et faire pivoter la pâte).
4° Laisser reposer la pâte 30 mn. Elle est prête à être utilisée.
5° Etaler la pâte au rouleau. L'épaisseur varie selon l'utilisation.
6° Cuire la pâte feuilletée à four très chaud.

## RECOMMANDATIONS

La réussite de la pâte feuilletée demande beaucoup de soin ainsi qu'une certaine habitude du maniement du rouleau à pâtisserie. Il est très important d'étaler doucement la pâte pour que la matière grasse ne la transperce pas. Si toutefois cela arrivait, reboucher le trou avec un peu de farine. Pour cette même raison, la matière grasse doit avoir la même consistance que la pâte.
– Il ne faut jamais repétrir la pâte après l'avoir étalée pour l'utiliser car on supprime les feuillets responsables de sa levée et de sa légèreté.
– Les coupures de pâte doivent être très nettes, faites avec un couteau ou un emporte-pièce tranchant pour éviter de souder les feuillets, car ceci empêcherait la montée de la pâte à la cuisson.
– Il faut éviter de dorer les bords avec un jaune d'œuf pour la même raison.
– La pâte feuilletée doit être cuite à four très chaud, pour qu'elle gonfle et durcisse avant que fonde la matière grasse.
– Si l'on n'a pas de margarine à feuilletage, on peut utiliser de la margarine ordinaire, mais il faut procéder selon la méthode classique de la pâte feuilletée qui consiste à attendre 20 mn de repos tous les doubles tours.

## UTILISATIONS

Elles sont très nombreuses : tartes ou tartelettes salées ou sucrées.

- Salées : vol-au-vent, bouchées à la reine ; pâté en croûte ; friands ; allumettes au fromage ; rissoles.
- Sucrées : galette des rois ; phitiviers ; conversations ; mille-feuilles ; cornets à la crème ; croissants ; palmiers.

N.B. – La pâte feuilletée surgelée est vendue toute préparée dans le commerce soit en paquet de 250 g prête à être étalée, soit en rouleau de pâte déjà étalée. Il faut attendre cependant 1 h 30 à 2 h de décongélation à la température ambiante avant de l'utiliser. Pour les tartes, on trouve des fonds de tarte qui peuvent être utilisés immédiatement.

# RECETTES SALÉES

## BOUCHÉES A LA REINE

QUANTITÉS : *6 personnes.*
PATE FEUILLETÉE : *300 g de farine ; 150 g de margarine pour feuilletage ; 2 c. à soupe d'huile ; 1/2 dl d'eau (1/2 verre) ; 1/2 c. à café de sel.*
SAUCE FINANCIÈRE : *1/2 liquide (jus de cuisson des ris de veau, plus jus de cuisson des champignons) ; 40 g margarine ; 40 g farine ; 2 c. à soupe de madère ; sel, poivre.*
GARNITURE : *200 g de ris de veau ; 100 g de quenelles (1 boîte) ; 100 g de champignons de Paris plus 1 gousse d'ail ; 20 g de margarine.*
COURT-BOUILLON : *1 carotte, 1 oignon ; 1/2 verre de vin blanc sec ; thym, 1 feuille de laurier.*
PRÉPARATION : *pâte feuilletée, 30 mn ; sauce et garniture, 15 mn.*
REPOS DE LA PATE : *30 mn.*
CUISSON : *pâte feuilletée, 20 mn ; ris de veau, 10 mn ; champignons, 10 mn ; sauce, 5 mn.*
THERMOSTAT : *8 ou 260°*
MATÉRIEL : *emporte-pièce 6 cm de diamètre ; emporte-pièce 3 cm de diamètre.*

1° Faire la pâte feuilletée selon la recette de base et laissez-la reposer 30 mn.
2° Pendant ce temps, préparer la garniture.
– Cuisson des ris de veau : placer les ris de veau dégorgés dans un court-bouillon froid, composé de carotte, oignon, vin blanc sec, thym, laurier, sel, poivre. Porter à ébullition progressivement et laisser cuire 10 mn. Quand les ris de veau sont cuits, les débarrasser de la petite peau qui les recouvre.
– Cuisson des champignons : faire mijoter les champignons 10 mn, coupés en lamelles avec une gousse d'ail, 20 g de margarine, dans une casserole couverte.
– Cuisson de la sauce : faire fondre la margarine, y ajouter d'un seul coup la farine. Quand le mélange est mousseux, verser petit à petit le 1/2 l de liquide chaud (jus de cuisson des ris de veau plus jus de cuisson des champignons). Remettre sur feu doux à bouillir 5 mn en remuant sans cesse, saler, poivrer. Verser le madère hors du feu.
3° Mettre ensemble la sauce, les ris de veau, coupés en dés, les champignons, les quenelles. Tenir au chaud au bain-marie (en interposant une casserole d'eau chaude).
4° Etaler la pâte feuilletée reposée à 1 cm 1/2 d'épaisseur. Couper les bouchées avec le grand emporte-pièce (6 cm). Marquer

avec le petit emporte-pièce (3 cm) le couvercle sans traverser la pâte.

5° Déposer les bouchées sur une tôle froide et mouillée. Les faire cuire 15 mn à 20 mn à four chaud.

6° Quand les bouchées sont cuites, retirer les couvercles à l'aide d'un couteau. Fourrer les bouchées de la sauce et de la garniture. Remettre les couvercles dessus et servir les bouchées en entrée.

N.B. – Si vous n'avez pas le temps de réaliser la pâte feuilletée, vous pouvez utiliser de la pâte feuilletée surgelée en prévoyant 2 h de décongélation. Vous trouverez également dans le commerce des fonds de bouchées cuits et qui demandent seulement à être réchauffés avant d'être garnis.

## VARIANTE

### BOUCHÉES AUX FRUITS DE MER

Faire les bouchées selon la recette. Remplacer la garniture par :

- 1 litre de moules, plus 1 gousse d'ail, 1 dl de vin blanc sec.
- 100 g de champignons, 1 gousse d'ail, 20 g margarine.
- 100 g de crevettes (1 boîte).

Faire ouvrir les moules avec une gousse d'ail et le vin blanc. Faire revenir à part les champignons avec l'ail et la margarine. Mouiller la sauce financière avec le jus de cuisson des moules. Mélanger la sauce, les moules, les champignons et les crevettes décortiquées. Fourrer les bouchées cuites avec la garniture aux fruits de mer.

● ●

### FRIANDS AU FROMAGE

QUANTITÉS : *6 personnes.*
PATE FEUILLETÉE : *300 g de farine ; 150 g de margarine à feuilletage ; 2 c. à soupe d'huile ; 1/2 dl d'eau (1/2 verre) ; 1/ 2 c. à café de sel.*
GARNITURE : *3 jaunes d'œufs ; 100 g de gruyère râpé ;*
BÉCHAMEL : *1/2 l de lait ; 50 g de margarine ; 50 g de farine ; noix de muscade ; sel, poivre.*
PRÉPARATION : *30 mn.*
REPOS DE LA PATE : *30 mn.*
CUISSON : *15 à 20 mn. Th. 8 ou 260°.*

1° Faire la pâte feuilletée selon la recette de base. La laisser reposer 30 mn.

2° Pendant ce temps, faire la béchamel, au fromage. Faire fondre la margarine, y ajouter d'un seul coup la farine. Quand le mélange est mousseux, verser hors du feu le lait froid d'un seul coup. Bien diluer et remettre sur feu doux, à bouillir 5 mn, en remuant sans cesse. Hors du feu, incorporer le gruyère râpé, et les jaunes d'œufs (garder un peu de jaune d'œuf, pour dorer). Assaisonner avec une pincée de noix de muscade râpée, sel, poivre.

3° Etaler la pâte à un demi-centimètre d'épaisseur. La découper en 6 rectangles égaux. Placer la sauce dessus et rouler. Badigeonner les friands avec le jaune d'œuf dilué dans un peu d'eau.
4° Faire cuire les friands à four chaud en les déposant sur une tôle froide mouillée.

## VARIANTE

### FRIANDS AUX SAUCISSES DE FRANCFORT

Suivre la recette des friands.

Remplacer la garniture par 6 saucisses de Francfort.

• •

### CROISSANTS AU JAMBON

QUANTITÉS *: 4 personnes.*
*4 croissants ; 2 tranches de jambon ; 50 g de gruyère ; 20 g de margarine ou de beurre (facultatif).*
PRÉPARATION *: 10 mn.*
GRATIN *: au four, th. 9 ou 260°, 10 mn ; au gril, quelques instants.*

1° Ouvrir les croissants en deux.
2° Tartiner chaque face avec une légère couche de margarine ou beurre (facultatif).
3° Déposer 1/4 de tranche de jambon. Saupoudrer de gruyère râpé.
4° Faire gratiner les croissants, une dizaine de minutes, au four chaud, ou quelques instants sous le gril. Servir immédiatement.

## PATE FEUILLETÉE (recettes sucrées)

### GALETTE DES ROIS

QUANTITÉS *: 5 ou 6 personnes.*
PATE FEUILLETÉE : *300 g de farine ; 150 g de margarine à feuilletage ; 2 c. à soupe d'huile ; 1/2 dl d'eau (1/2 verre) ; 1/2 c. à café de sel ; 1 jaune d'œuf pour dorer.*
PRÉPARATION *: 30 mn.*
REPOS DE LA PATE *: 30 mn.*
CUISSON *: 20 mn. Th. 8 ou 260°.*
MATÉRIEL *: verre mesureur ; terrine ; verre ; cuillère ; fourchette ; couteau ; assiette ; un pinceau ; une fève.*

1° Faire la pâte feuilletée selon la recette de base et laissez-la reposer 30 mn.
2° Etaler la pâte en lui donnant la forme d'un rectangle d'environ 40 x 20 cm. Partager ce rectangle en deux parties égales. Placer sur chacune d'elles une assiette et à l'aide d'un couteau découper 2 disques égaux.
3° Déposer le premier disque sur une tôle mouillée. Humecter le pourtour du disque avec un peu d'eau. Poser dessus le second disque. Appuyer légèrement pour coller les bords. Dorer la surface au jaune d'œuf dilué dans un peu d'eau. A l'aide d'un

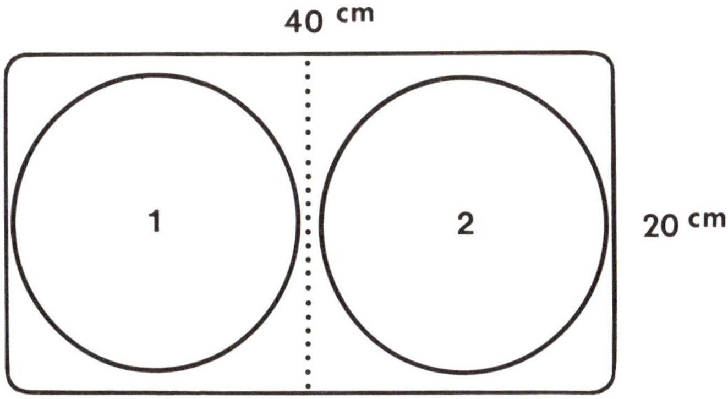


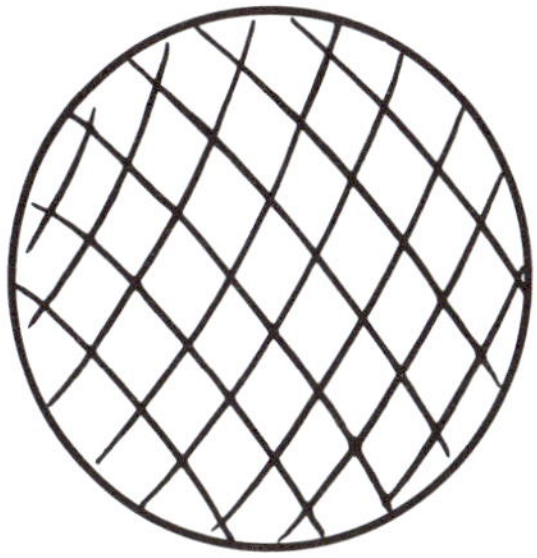

couteau tracer des croisillons. Glisser la fève entre les deux disques de pâte.
4° Cuire la galette à four chaud environ 20 mn.

## VARIANTES

**GALETTE DES ROIS A LA CONFITURE**

Suivre la recette de la galette des rois.
Quand la galette est cuite, la couper en deux, dans le sens de l'épaisseur et la fourrer de confiture de groseille, d'abricot, etc...

## GALETTE DES ROIS A LA FRANGIPANE

CRÈME FRANGIPANE : *3 œufs ; 100 g de sucre ; 100 g de farine ; 30 g de beurre ; 1/2 l de lait ; 50 g de poudre d'amandes.*

Suivre la recette de la galette des rois.
Avant de déposer le second disque sur le premier, fourrer la galette avec la crème frangipane refroidie
Préparer la crème frangipane : mélanger les 2 oeufs entiers et un jaune avec le sucre, la farine et le beurre ramolli. Ajouter le lait bouillant petit à petit. Faire épaissir et laisser bouillir 5mn en remuant sans cesse. Incorporer la poudre d'amandes et laisser refroidir.

## GALETTE DES ROIS AU CHOCOLAT

MOUSSE AU CHOCOLAT : *2 œufs ; 50 g de sucre ; 50 g de chocolat à croquer ; 1 c. à soupe de liqueur d'orange.*

Suivre la recette de la galette des rois.
Quand la galette est cuite et tiède, la fourrer avec la mousse au chocolat : travailler les jaunes d'œufs avec le sucre. Ajouter le chocolat fondu au bain-marie (en interposant entre la source de chaleur une casserole d'eau chaude) ; verser la liqueur. Incorporer délicatement les blancs d'œufs battus en neige ferme.

## GALETTE DES ROIS AU CAFÉ

CRÈME AU CAFÉ : *3 jaunes d'œufs ; 100 g de sucre ; 1 c. à café de maïzéna, ou une c. à soupe de farine ; 100 g de poudre d'amandes ; 1 dl de café fort.*

Suivre la recette de la galette des rois.
Quand la galette est cuite et tiède, la fourrer avec la crème au café : mélanger le sucre, les jaunes d'œufs. Ajouter la maïzéna. Verser petit à petit le café. Faire épaissir sur feu doux jusqu'à ébullition en tournant sans cesse. Retirer du feu et incorporer la poudre d'amandes et laisser tiédir.

## GALETTE DES ROIS AUX MARRONS

CRÈME DE MARRONS : *1 petite boîte.*
CRÈME CHANTILLY : *125 g de crème fraîche ; 25 g de sucre en poudre ; 1 glaçon.*

Suivre la recette de la galette des rois.
Quand la galette est cuite et froide, la fourrer avec la crème de marrons mélangée à la crème chantilly : battre la crème avec le glaçon jusqu'à ce qu'elle ait doublé de volume (le fouet laisse une marque dans la crème). Verser le sucre en pluie. Incorporer délicatement la crème chantilly à la crème aux marrons.

 **Tarte aux oignons** (recette p. 355).▶

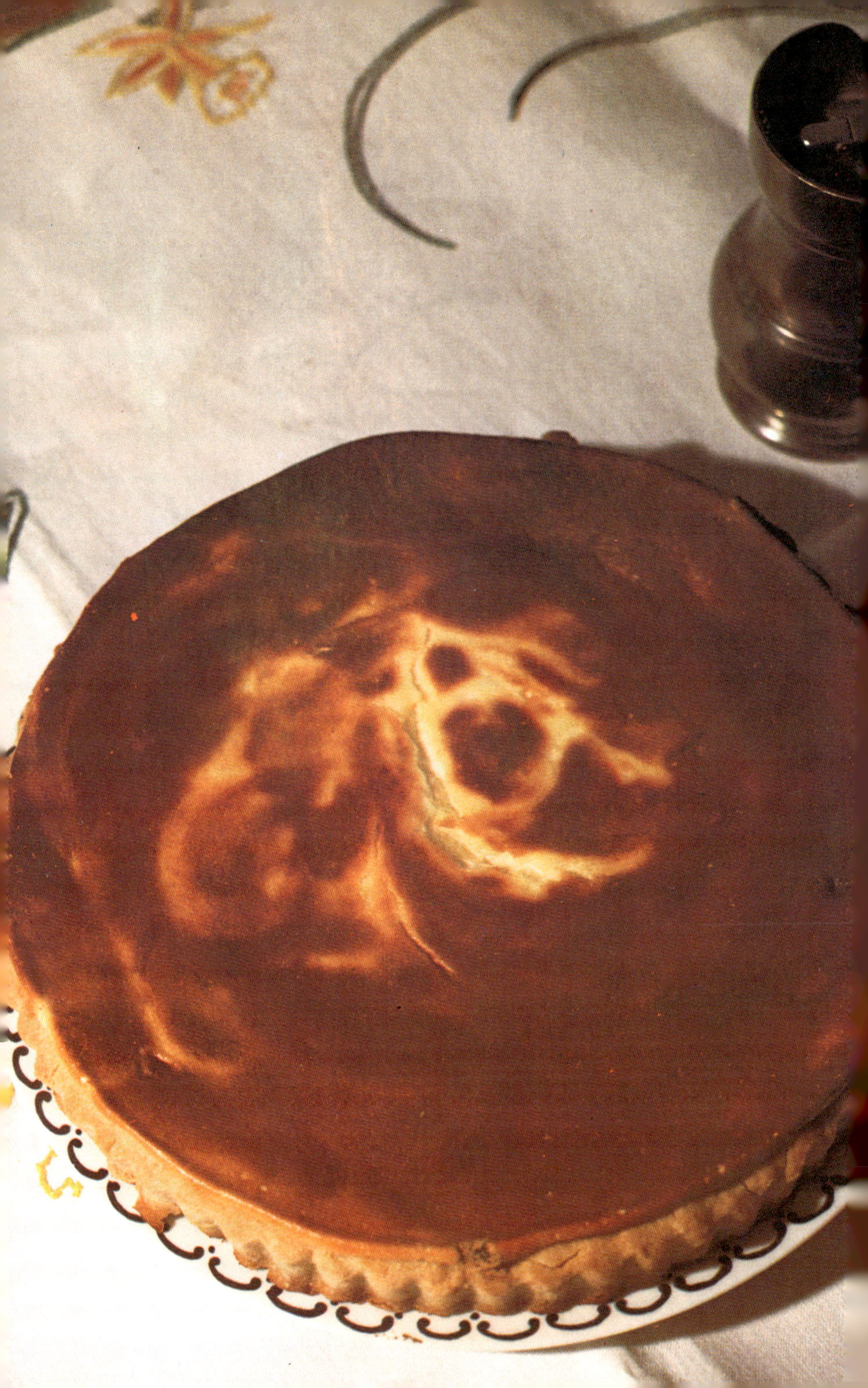

# PATE SABLÉE

## PATE SABLÉE

QUANTITÉS *: 15 sablés.*
*120 g de farine ; 60 g de sucre ; 60 g de beurre ou de margarine ; 1 jaune d'œuf ; une pincée de sel.*
PARFUMS *(facultatif) : sucre vanillé ou vanille en poudre ; zeste de citron râpé (peau jaune).*
PRÉPARATION *: 15 mn.*
REPOS DE LA PATE *: 30 mn.*
CUISSON *: 15-20 mn. Th. 5 ou 200°.*
MATÉRIEL *: 1 verre mesureur ; une terrine ; un bol ; une fourchette ; un couteau ; un emporte-pièce ; un rouleau à pâtisserie ; une tôle ; une palette ; une grille.*

1° Mélanger la farine, le sucre et le sel.
2° Ajouter la matière grasse en petits morceaux et l'écraser dans la farine avec une fourchette.
3° Sabler le mélange, c'est-à-dire le faire passer entre les deux paumes des mains pour le réduire à l'aspect de sable fin.
4° Quand le mélange est sableux, faire une fontaine (un trou) et y mettre le jaune d'œuf. L'incorporer progressivement en formant une boule. Travailler rapidement la pâte en la pétrissant à la main pour la rendre homogène.
5° Laisser reposer la boule de pâte 30 mn au réfrigérateur.
6° Beurrer et fariner une tôle.
7° Reprendre la pâte reposée par petites portions nécessaires pour faire 4 ou 5 sablés (cela pour éviter qu'elle ne ramollisse).
8° Etaler la pâte au rouleau en ayant soin de fariner la table de travail et le rouleau. Lui donner 3-4 mm d'épaisseur. Mettre de côté les rognures qui seront regroupées à la fin en boule et de nouveau aplaties en une seule fois. Couper la pâte avec un emporte-pièce ou un verre suivant la forme désirée. A l'aide d'une palette, déposer les sablés sur la tôle.
9° Les sablés sont cuits lorsqu'ils sont légèrement dorés, ne pas attendre qu'ils brunissent. Les sablés chauds sont mous, ils durcissent rapidement en refroidissant. Il faut les sortir avec précaution sur une palette et les mettre sur une grille pour éviter les déformations.

### RECOMMANDATIONS POUR REUSSIR LA PATE SABLÉE

– La consistance de la matière grasse a une grande importance. Elle doit être assez ferme. Si on travaille la matière grasse à la main, il faut le faire du bout des doigts et rapidement pour qu'elle ne fonde pas. Le beurre donne des sablés plus savoureux, mais il est plus difficile à utiliser surtout par temps chaud. Se méfier si l'on a naturellement les mains chaudes, il faut alors utiliser la fourchette.

◄**Tarte au flan** (recette p. 352).

– Ne pas pousser trop loin le sablage car la pâte devient vite collante au contact des mains et si l'on rajoute trop de farine pour empêcher la pâte de coller, elle devient moins savoureuse.
– Il faut étaler la pâte avec précaution pour ne pas recommencer plusieurs fois l'opération, car la pâte devient dure et cassante à la cuisson.
– La pâte sablée cuite se brise très facilement. Il faut faire attention à la sortie du four. Pour les tartes et tartelettes, il faut les laisser dans leur moule.

## VARIANTE

On peut utiliser un œuf entier à la place du jaune d'œuf. Mais les sablés sont plus cassants et moins friables.

### UTILISATIONS

Les puits d'amour : sablés à la confiture ; tartelettes ; tartes (à cause de la grandeur, l'aplatissage et le démoulage de la pâte sont plus difficiles) ; galettes des rois ; gâteau suave (rondelles de pâte sablée fourrées de crème pâtissière aux amandes) ; saint-honoré (rondelle de pâte sablée garnie d'une couronne de pâte à choux et fourrée de crème saint-honoré).

## PATE SABLÉE (recette sucrée)

### PUITS D'AMOUR

QUANTITÉS *: 8 puits d'amour.*
PATE SABLÉE *: 120 g de farine ; 60 g de sucre ; 60 g de beurre ou de margarine ; 1 jaune d'œuf ; une pincée de sel.*

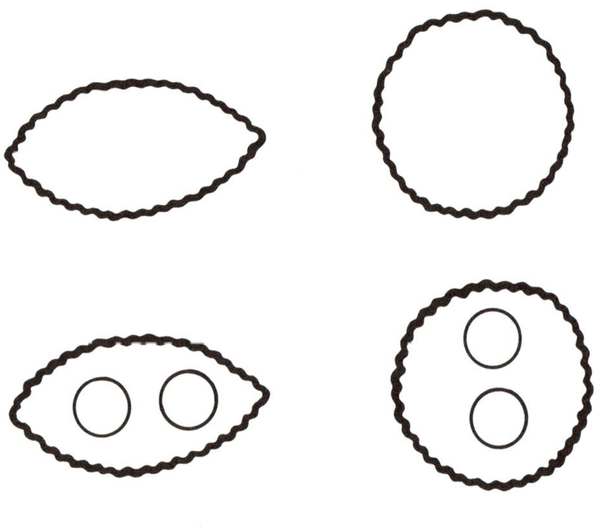

GARNITURE : *1/2 pot de gelée de groseille ou de framboise ou de fraise ; 20 g de sucre glace (pour saupoudrer).*
PRÉPARATION : *30 mn.*
REPOS DE LA PATE : *30 mn.*
CUISSON : *15 mn. Th. 5 ou 200°.*

1° Faites la pâte sablée selon la recette de base. La laisser reposer.
2° Etaler la pâte par petites quantités et découper avec un emporte-pièce 8 sablés pleins, 8 sablés avec un trou ou deux que l'on peut faire avec un verre à liqueur ou une douille à pâtisserie *(voir schéma).*
3° Déposer les sablés sur une tôle beurrée et farinée et les faire cuire.
4° Quand les sablés sont légèrement dorés les sortir délicatement du four avec une palette, les déposer sur une grille et les laisser refroidir.
5° Garnir les sablés pleins de gelée de confiture.
6° Saupoudrer les sablés à trous de sucre glace à l'aide d'une passoire fine.
7° Déposer les sablés à trous sur les sablés garnis de gelée. Presser légèrement pour faire ressortir le trop-plein de gelée.

# PATE SABLÉE (recette salée)

## SABLÉS AU FROMAGE

QUANTITÉS : *8 personnes.*
PATE SABLÉE : *120 g de farine ; 60 g de beurre ou de margarine ; 1 jaune d'œuf ; 80 g de gruyère râpé ; une pincée de sel.*
BÉCHAMEL AU FROMAGE : *30 g de margarine ; 30 g de farine ; 1/4 l de lait ; 30 g de gruyère ; sel, poivre.*
PRÉPARATION : *30 mn.*
REPOS DE LA PATE : *30 mn.*
CUISSON : *pâte, 15 mn ; béchamel, 1 mn. Th. 5 ou 200°.*

1° Faire une pâte sablée sans sucre selon la recette de base. Mélanger la matière grasse découpée en morceaux avec la farine. Sabler avec les paumes des mains. Y ajouter le jaune d'œuf. Pétrir en profondeur en y incorporant le gruyère râpé. La laisser reposer.
2° Etaler la pâte par petites quantités et découper avec un emporte-pièce 16 sablés.
3° Déposer les sablés sur une tôle beurrée et farinée et les faire cuire.
4° Pendant la cuisson des sablés faire une béchamel épaisse. Faire un roux blanc en faisant fondre dans une petite casserole la margarine. Lorsqu'elle est fondue, retirer du feu. Ajouter d'un seul coup la farine. Bien mélanger. Remettre sur le feu. Tourner jusqu'à ce que le mélange soit mousseux. A ce moment-là retirer la casserole du feu et verser tout le lait froid. Tourner vivement.

Quand le roux est dilué, remettre sur le feu doux et porter à ébullition en tournant sans cesse. Laisser cuire 5 mn ; hors du feu ajouter le gruyère râpé.

5° Quand les sablés sont légèrement dorés les sortir délicatement du four avec une palette. Garnir les sablés de béchamel en les collant deux par deux.

6° Ranger les sablés garnis dans un plat et les maintenir au chaud à four doux. Servir en entrée.

# DESSERTS

# LES CHARLOTTES

## CHARLOTTE A L'ORANGE

QUANTITÉS : *8 personnes.*
CRÈME ANGLAISE : *1/4 l de lait ; 2 jaunes d'œufs ; 40 g de sucre.*
PARFUMS : *une gousse de vanille ; 2 c. à café de liqueur d'orange.*
GARNITURE : *30 biscuits à la cuillère ; 4 oranges ; 50 g de crème fraîche ; 10 g de sucre (1 c. à soupe).*
PRÉPARATION : *30 mn.*
RÉFRIGÉRATEUR : *12 h, la veille ; 2 h au minimum.*
MATÉRIEL : *charlotte à fond amovible (« l'Ami Gourmet Tupperware ») ou une terrine en plastique avec couvercle.*

1° Faire la crème anglaise : travailler les jaunes d'œufs avec le sucre jusqu'à ce que le mélange blanchisse. Ajouter, petit à petit, le lait bouillant contenant la gousse de vanille. Ne pas faire bouillir. La crème est cuite lorsqu'elle nappe la cuillère. Laisser tiédir la crème avant d'ajouter la liqueur d'orange.
2° Couper les quartiers d'oranges en petits morceaux. Réserver une orange pour la garniture.
3° Tremper les biscuits un à un dans la crème anglaise et tapisser avec le moule à charlotte. Mettre en alternant une couche d'oranges puis une couche de biscuits. Finir par les biscuits.
4° Fermer la charlotte en chassant l'air. Si vous désirez déguster la charlotte au bout de 2 h, faites 10 fois le vide d'air pour imbiber plus rapidement les biscuits. Sinon laissez-la toute la nuit au réfrigérateur.
5° Quand la charlotte est prise, la démouler et la garnir avec des tranches d'oranges. Décorer avec une crème chantilly.
6° Crème chantilly : battre la crème fraîche avec un glaçon. Quand la crème a doublé de volume (le fouet doit laisser une marque dans la crème) verser le sucre en pluie et l'incorporer délicatement à la crème.

### RECOMMANDATIONS

La réussite de la charlotte sans cuisson est très facile.
– Il faut cependant faire attention à ne pas laisser tremper longtemps les biscuits à la cuillère. Car s'ils sont trop ramollis, ils n'arrivent plus à se tenir debout pour tapisser le moule à charlotte.
– Il arrive parfois que les biscuits sont trop grands pour le moule. Il suffit de les raccourcir et d'utiliser les débris de biscuits dans la charlotte.
– Si vous n'avez pas de biscuits à la cuillère vous pouvez utiliser des boudoirs. Le résultat est moins raffiné.

### VARIANTES

1° Vous pouvez remplacer la crème anglaise par une crème à la maïzéna plus facile à faire et moins riche en œuf.

CRÈME A LA MAIZÉNA

*1/4 l de lait ; 10 g de maïzéna (1 c. à soupe rase) ; 40 g de sucre ; 1 jaune d'œuf.*

Délayer la maïzéna dans un peu de lait froid. Faire bouillir le reste de lait avec une gousse de vanille et verser la maïzéna dans le liquide bouillant. Ajouter le sucre en pluie et porter à ébullition quelques secondes en tournant sans cesse. Retirer du feu et ajouter le jaune d'oeuf en tournant vivement.
2° On peut également remplacer la crème anglaise par une boîte de crème du commerce délayée avec 1 dl d'eau environ pour lui donner la consistance fluide de la crème anglaise.
3° On peut aussi mouiller les biscuits à la cuillère avec 1/4 l de sirop de fruits en boîte ou 1/4 l d'eau additionnée de 100 g de sucre portée 1 mn à ébullition et aromatisée de 3 c. à soupe de cognac, de kirsch ou de rhum.

## VARIANTE

### CHARLOTTE A LA CONFITURE

Suivre la recette de la charlotte à l'orange.
Remplacer les oranges par un 1/2 pot de confiture d'abricot, de fraise ou de groseille.

● ●

### CHARLOTTE AUX FRAISES

QUANTITÉS : *8 personnes.*
CRÈME PATISSIÈRE : *1/4 l de lait ; 2 jaunes d'œufs ; 40 g de sucre ; 20 g de farine (2 c. à soupe).*
PARFUMS : *1 gousse de vanille.*
SIROP : *1/4 l d'eau ; 100 g de sucre ; 3 c. à soupe de kirsch, de cognac ou de rhum.*
GARNITURE : *300 g de fraises ; 30 biscuits à la cuillère.*
DÉCORATION : *50 g de crème fraîche ; 10 g de sucre (1 c. à soupe) ; quelques fraises.*
PRÉPARATION : *1/2 h.*
RÉFRIGÉRATEUR : *12 h (la veille), 2 h (au minimum).*
MATÉRIEL : *charlotte à fond amovible (« l'Ami Gourmet Tupperware») ou une terrine en plastique avec couvercle.*

1° Faire la crème pâtissière :travailler les jaunes d'œufs avec le sucre jusqu'à ce que le mélange blanchisse. Ajouter la farine. Bien mélanger. Puis verser petit à petit le lait bouillant contenant la gousse de vanille. Porter à ébullition 5 mn en tournant sans cesse.
2° Faire le sirop en portant à ébullition 1 mn l'eau et le sucre. Hors du feu aromatiser avec le kirsch.
3° Tapisser le moule à charlotte de biscuits trempés un à un dans le sirop.
4° Couper les fraises en deux.

5° Remplir la charlotte en alternant une couche de crème pâtissière, une couche de fraises (saupoudrer de sucre) une couche de biscuits. Terminer par les biscuits.
6° Fermer la charlotte en chassant l'air. Si vous désirez déguster la charlotte au bout de 2 h, faites 10 fois le vide d'air pour imbiber plus rapidement les biscuits. Sinon laissez-la toute la nuit au réfrigérateur.
7° Quand la charlotte est prise, la démouler et la garnir avec des fraises. Décorer avec une crème chantilly.
8° Crème chantilly : battre la crème fraîche avec un glaçon. Quand la crème a doublé de volume (le fouet doit laisser une marque dans la crème) verser le sucre en pluie et l'incorporer délicatement.

– On peut remplacer la crème pâtissière par une crème pâtissière à la maïzéna

CRÈME A LA MAIZÉNA : *1/4 l de lait ; 20 g de maïzéna (2 c. à soupe rases) ; 40 g de sucre ; 1 jaune d'œuf.*

Travailler le jaune et le sucre. Ajouter la maïzéna. Bien mélanger. Délayer peu à peu avec le lait froid. Faire épaissir la crème à feu doux et porter à ébullition quelques secondes en tournant sans cesse.
– On peut également remplacer la crème pâtissière par une boîte de crème du commerce.
– On peut aussi remplacer la crème pâtissière par une crème chantilly.

CRÈME CHANTILLY : *200 g de crème fraîche ; 50 g de sucre en poudre ; 1 sachet de sucre vanillé.*

Battre la crème fraîche avec un glaçon. Quand la crème a doublé de volume (le fouet doit laisser une marque dans la crème), verser le sucre, et le sucre vanillé en pluie. Incorporer délicatement avec la spatule en caoutchouc sans tourner.
– On peut encore remplacer la crème pâtissière par 200 g de fromage blanc.

## VARIANTES

### CHARLOTTE AUX FRAMBOISES

Suivre la recette de la charlotte aux fraises.
Remplacer les fraises par 300 g de framboises.

### CHARLOTTE AUX BANANES

Suivre la recette de la charlotte aux fraises.
Remplacer les fraises par 3 ou 4 bananes réduites en purée. Aromatiser la charlotte aux bananes avec 3 c. à soupe de rhum.

## CHARLOTTE AUX PRUNEAUX

Suivre la recette de la charlotte aux fraises.
Remplacer les fraises par 300 g de pruneaux (s'ils sont souples inutile de les faire tremper) ; les dénoyauter et les couper en petits morceaux. A la place du sirop, on peut faire un thé fort sucré et aromatisé comme le sirop.

## CHARLOTTE AUX FRUITS AU SIROP
## (ananas, abricots, pêches, poires, prunes)

Suivre la recette de la charlotte aux fraises.
Remplacer les fraises par une boîte de fruits au sirop. Utiliser le sirop des fruits pour tremper les biscuits.

## CHARLOTTE AUX MARRONS

Suivre la recette de la charlotte aux fraises.
Remplacer les fraises par 500 g de crème de marrons.

● ●

## CHARLOTTE AU CAFÉ

QUANTITÉS: *6 à 8 personnes.*
CRÈME AU BEURRE : *150 g de beurre ; 150 g de sucre glace ; 2 jaunes d'œufs.*
PARFUMS : *extrait de vanille liquide ou sachet de sucre vanillé.*
GARNITURE : *2 dl de café fort ; 30 biscuits à la cuillère ; 3 c. à soupe de kirsch.*
DÉCORATION : *50 g de chocolat râpé ou d'amandes hachées et grillées ; 50 g de crème fraîche ; 1 c. à soupe de sucre.*
PRÉPARATION : *30 mn.*
RÉFRIGÉRATEUR : *12 h (la veille) ; 2 h au minimum.*
MATÉRIEL : *charlotte à fond amovible (« l'Ami Gourmet Tupperware ») ou terrine en plastique avec couvercle.*

1° Faire la crème au beurre : travailler les jaunes d'œufs et le sucre jusqu'à ce que le mélange blanchisse. Incorporer peu à peu le beurre ramolli. Parfumer avec l'extrait de vanille.
2° Tapisser le moule à charlotte de biscuits trempés un à un dans le café fort aromatisé au kirsch. Réserver un tiers de la crème au beurre pour la garniture.
3° Remplir la charlotte en alternant une couche de crème au beurre une couche de biscuits trempés. Terminer par les biscuits.
4° Fermer la charlotte en chassant l'air. Si vous désirez déguster la charlotte au bout de 2 h, faites 10 fois le vide d'air pour imbiber plus rapidement les biscuits. Sinon laissez-la toute la nuit au réfrigérateur.
5° Quand la charlotte est prise, la démouler. La napper de crème au beurre restante. Décorer avec de la crème chantilly et du chocolat râpé.
6° Crème chantilly : battre la crème fraîche avec un glaçon.

Quand la crème a doublé de volume (le fouet doit laisser une marque dans la crème), verser le sucre en pluie et l'incorporer délicatement.

## VARIANTES

### CHARLOTTE AUX NOIX ET AU CHOCOLAT

GLAÇAGE AU CHOCOLAT : *100 g de chocolat à croquer ; 20 g de beurre.*

Suivre la recette de la charlotte au café.
Ajouter à la crème au beurre 150 g de noix hachées finement. Remplacer le café par un sirop. Tremper les biscuits à la cuillère dans le sirop fait avec 2 dl d'eau et 50 g de sucre. Porter 1 mn à ébullition et additionner de 3 c. à soupe de kirsch ou de cognac. Ne pas réserver de crème au beurre pour glacer. Le lendemain, napper la charlotte avec une crème au chocolat instantanée du commerce ou faire un glaçage au chocolat : faire fondre doucement le chocolat avec le beurre au bain-marie (c'est-à-dire en interposant entre la source de chaleur une casserole d'eau chaude) ou sur un diffuseur. Il faut éviter que le chocolat ne cuise trop fort car il se transforme en pâte granuleuse. Etaler sur la charlotte avec une pelle à gâteau mouillée.

● ●

### CHARLOTTE AU CHOCOLAT

QUANTITÉS: *6 à 8 personnes.*
MOUSSE AU CHOCOLAT : *3 œufs ; 100 g de chocolat ; 100 g de sucre ; 100 g de beurre.*
SIROP : *1/4 l d'eau ; 100 g de sucre ; 3 c. à soupe de cognac ou de liqueur à l'orange.*
GARNITURE : *50 g de crème fraîche; 1 c. à soupe de sucre; 50 g de chocolat râpé ou d'amandes hachées et grillées; 30 biscuits à la cuiller.*
PRÉPARATION : *30 mn.*
RÉFRIGÉRATEUR : *12 h (la veille) ; 2 h au minimum.*
MATÉRIEL : *charlotte à fond amovible (« l'Ami Gourmet Tupperware ») ou terrine en plastique avec un couvercle.*

1° Faire bouillir l'eau et le sucre quelques instants. Aromatiser avec l'alcool.
2° Tapisser le moule à charlotte de biscuits trempés un à un dans le sirop.
3° Faire la mousse au chocolat. Travailler les jaunes d'œufs avec le sucre jusqu'à ce que le mélange blanchisse. Ajouter le beurre fondu doucement au bain-marie (c'est-à-dire en interposant une casserole d'eau chaude) ou sur un diffuseur. Battre les blancs en neige ferme avec une pincée de sel. Les incorporer délicatement à la mousse avec une spatule en caoutchouc en soulevant la mousse. Ne pas tourner.
4° Verser la mousse au chocolat dans le moule. Finir par une

couche de biscuits.
5° Fermer la charlotte en chassant l'air. Si vous désirez déguster la charlotte au bout de 2 h, faites 10 fois le vide d'air pour imbiber plus rapidement les biscuits. Sinon laissez-la toute la nuit au réfrigérateur.
6° Quand la charlotte est prise, la démouler et décorer avec de la crème Chantilly et du chocolat râpé.

**CHARLOTTE AUX POMMES**

QUANTITÉS : *8 personnes.*
*30 biscuits à la cuillère ; 1 kg de pommes ; 50 g de beurre ; 200 g de sucre ; 1 sachet de sucre vanillé ; 50 g de raisins secs ; 1/4 l de lait ; 50 g de sucre (caramel).*
DÉCORATION : *1 pomme ; 50 g de sucre (caramel).*
PRÉPARATION : *1 h.*
CUISSON : *pommes, 15 mn.*
RÉFRIGÉRATEUR : *12 h (la veille) ; 2 h au minimum.*
MATÉRIEL : *charlotte à fond amovible (« l'Ami Gourmet Tupperware ») ou une terrine en plastique avec un couvercle.*

1° Faire sauter au beurre les pommes épluchées et coupées en lamelles fines.
2° Ajouter le sucre, les raisins secs. Laisser cuire doucement jusqu'à ce que les pommes soient tendres et transparentes.
3° Faire un caramel : faire dissoudre dans une casserole 50 g de sucre avec 2 c. à soupe d'eau. Laisser bouillir à feu vif jusqu'à ce qu'il devienne blond. L'éteindre alors avec un demi-verre d'eau chaude. Laisser tiédir. Ajouter le lait froid.
4° Tapisser le moule à charlotte de biscuits trempés un à un dans le lait caramélisé.
5° Mettre en alternant une couche de pommes, une couche de biscuits. Finir par les biscuits.
6° Fermer la charlotte en chassant l'air. Si vous désirez déguster la charlotte au bout de 2 h, faites 10 fois le vide d'air pour imbiber plus rapidement les biscuits. Sinon laissez-la toute la nuit au réfrigérateur.
7° Quand la charlotte est prise, la démouler et la garnir de tranches d'une pomme crue. Arroser les tranches d'un caramel bouillant.

N.B. – Vous pouvez remplacer les pommes par une boîte de marmelade de pommes. Le goût est moins fin.

**CHARLOTTE CUITE AUX POMMES**

QUANTITÉS : *4 ou 5 personnes.*
*250 g de pain de mie ou de pain rassis ; 100 g de beurre ; 100 g de sucre ; 1/2 dl d'eau (1/2 verre) ; 2 c. à soupe de rhum ; 500 g de pommes.*
PARFUMS *(facultatif) : 1 sachet de sucre vanillé ; une pincée de cannelle en poudre.*
PRÉPARATION : *15 mn.*
CUISSON : *à l'autocuiseur, 25 mn ; au four, 30 à 40 mn. Th. 7-8 ou 240-260°.*
MATÉRIEL : *moule à charlotte.*

1° Beurrer un moule à charlotte.
2° Enlever la croûte du pain de mie. Tapisser le moule avec les tranches de pain.
3° Peler les pommes et les couper en tranches ou en rondelles fines.
4° Remplir le moule en alternant une couche de pommes saupoudrées de sucre, de parfums au choix, une couche de pain recouverte de morceaux de beurre. Terminer par le pain. Bien tasser. Arroser avec l'eau additionnée de rhum.
5° On peut la faire cuire soit à four chaud trois quarts d'heure environ, ou à l'autocuiseur, en y mettant 2 cm d'eau. Il faut alors couvrir le moule à charlotte d'une assiette et déposer le moule dans le panier souple. Fermer ensuite l'autocuiseur et laisser 25 mn à partir de la mise en rotation de la soupape.
6° Démouler l'entremets tiède et servir aussitôt.

N.B. – La charlotte peut être servie telle quelle ou être accompagnée d'une crème anglaise. On peut utiliser de la marmelade de pommes fraîche ou en boîte. Il est préférable alors de tremper le pain dans le beurre fondu. On peut ajouter aussi 50 g de raisins secs.

## VARIANTE

### CHARLOTTE CUITE AUX FRUITS AU SIROP (abricots, poires, prunes, pêches)

Suivre la recette de la charlotte cuite aux pommes en trempant le pain de mie dans le beurre fondu et en remplaçant les pommes par une boîte de fruits au sirop. Arroser avec le sirop des fruits additionné de 2 c. à soupe de kirsch ou de cognac.

● ●

### CHARLOTTE GLACÉE

QUANTITÉS : *6 à 8 personnes.*
CRÈME ANGLAISE : *1/2 l de lait ; 4 jaunes d'œufs ; 80 g de sucre ; 1 gousse de vanille.*
SIROP : *2 dl d'eau ; 100 g de sucre ou sirop de fruits ; 3 c. à soupe de kirsch ou de cognac.*
GARNITURE : *30 biscuits à la cuillère ; 200 g de fruits (fraises, framboises, ananas, abricots, poires, prunes, pêches).*
PRÉPARATION : *30 mn.*
RÉFRIGÉRATEUR : *glace avec sorbetière, 1 h 30 ; sans sorbetière, 2 à 3 h ; charlotte, 12 h.*

1° Mettre le réfrigérateur à la position la plus froide 2 h à l'avance.
2° Faire la crème anglaise : travailler les jaunes d'œufs avec le sucre jusqu'à ce que le mélange blanchisse. Ajouter, petit à petit, le lait bouillant contenant la gousse de vanille. Ne pas faire bouillir. La crème est cuite lorsqu'elle nappe la cuillère. Laisser refroidir la crème. Puis la faire prendre en glace dans la sorbetière 1 h 30 environ au freezer du réfrigérateur ou directement dans un bac à glace au freezer, pendant 2-3 h.
3° Faire le sirop en portant à ébullition 1 mn l'eau et le sucre. Hors du feu aromatiser avec le kirsch.
4° Tapisser le moule à charlotte de biscuits trempés un à un dans le sirop.
5° Quand la glace est prise, la mettre rapidement dans la charlotte.
6° Remettre la charlotte toute la nuit au réfrigérateur.
7° Démouler au dernier moment la charlotte glacée. Plongez-la au préalable 1 mn dans l'eau bouillante. Garnir de fruits.

N.B. – On peut utiliser une glace du commerce.

# LES CRÈMES

## CRÈME ANGLAISE

QUANTITÉS *: 6 personnes.*
*1/2 l de lait ; 75 g de sucre ; 4 jaunes d'œufs.*
PARFUMS *(facultatif) : 1 gousse de vanille ; zeste de citron râpé (peau jaune) ; 1 c. à soupe de kirsch, cognac, liqueur de fruits ; 1 c. à soupe de café soluble ; 100 g de chocolat à croquer* (voir « Crème anglaise au chocolat ») ; *1 dose de caramel* (voir « Crème anglaise au caramel).
PRÉPARATION *: 5 mn.*
CUISSON *: chauffer à 90° environ sans bouillir.*
MATÉRIEL *: un verre mesureur ; une spatule en bois ; une terrine ; une casserole.*

1° Faire chauffer le lait avec la gousse de vanille.
2° D'autre part, travailler les jaunes d'œufs avec le sucre jusqu'à ce que le mélange blanchisse et devienne mousseux.
3° Verser le lait bouillant petit à petit sur le mélange.
4° Remettre le tout dans la casserole. Faire épaissir la crème sur feu très doux en tournant sans cesse. Ne pas laisser bouillir car elle tournerait. La crème est cuite quand elle nappe la cuillère. Il faut attendre que la crème soit refroidie pour la parfumer à l'alcool de votre choix.

N.B. – La crème anglaise est une crème qui reste très fluide.

RECOMMANDATIONS

La crème anglaise est très facile à réussir mais elle doit épaissir très doucement. Si votre gaz est trop fort prenez la précaution d'utiliser un bain-marie (c'est-à-dire en interposant entre la source de chaleur une casserole d'eau frémissante)ou un diffuseur.
Si, malgré ces conseils, la crème a « tourné », elle présente des grumeaux, vous pouvez la rattraper en la fouettant immédiatement avec un fouet ou le mixer.
Si vous êtes peu sûre de vous, vous pouvez utiliser pour les premières fois 1 c. à café de fécule ou de maïzéna que vous ajoutez aux jaunes d'œufs. La crème peut alors bouillir sans danger mais le résultat est moins fin.

UTILISATIONS

La crème anglaise peut accompagner un gâteau, des biscuits. Elle peut napper un entremets. Elle sert de base dans les œufs à la neige, l'île flottante, la glace à la vanille, les charlottes, la bavaroise.

## LES VARIANTES

### ŒUFS A LA NEIGE

Suivre la recette de la crème anglaise. Utiliser les blancs d'œufs pour faire la neige.
Battre les blancs en neige ferme avec une pincée de sel. Verser

en pluie, une cuillère à soupe de sucre par blanc d'œuf et un demi-sachet de sucre vanillé. Incorporer délicatement le sucre avec la spatule en caoutchouc en soulevant les blancs. Ne pas tourner.

### CUISSON DES BLANCS D'ŒUFS

On peut cuire les blancs dans l'eau ou le lait bouillant suivant les goûts (on peut utiliser le lait de la crème anglaise en le complétant ensuite). Si on utilise de l'eau, prendre deux grandes casseroles ou l'autocuiseur. Faire bouillir l'eau. Quand elle bout, la retirer du feu. Verser les blancs moulés en forme d'œuf avec deux cuillères. Couvrir aussitôt la casserole. Laisser cuire 4 à 5 mn hors du feu. Les égoutter sur un papier absorbant avant de les déposer sur la crème anglaise.
Pour varier la présentation et le goût on peut arroser la neige cuite de caramel blond.

## ILE FLOTTANTE

1° Suivre la recette de la crème anglaise. Utiliser les blancs d'œufs pour faire l'île. La cuisson de l'île est plus délicate que la cuisson des œufs à la neige.
2° Allumer le four (th. 4-5 ou 180-200°).
3° Griller 50 g d'amandes hachées.
4° D'autre part, faire un caramel en faisant fondre 50 g de sucre avec 3 c. à soupe d'eau, 2 gouttes de vinaigre. Porter à feu vif sans tourner. Quand le caramel est blond, napper un moule à charlotte ou à soufflé. Battre les blancs en neige ferme avec une pincée de sel. Verser en pluie, une c. à soupe de sucre par blanc d'œuf, un demi-sachet de sucre vanillé, les amandes grillées. Incorporer délicatement avec la spatule en caoutchouc en soulevant les blancs. Verser cette préparation dans le moule caramélisé et faire cuire au bain-marie (mettre de l'eau chaude dans la lèche-frite) à four doux pendant 30 à 40 mn. Ne pas ouvrir le four pendant la cuisson.
5° Vérifier au bout de 30 mn avec une aiguille à tricoter. Si elle reste nette, l'île est cuite. Laisser refroidir.
Puis juste avant de la démouler, la plonger dans l'eau bouillante quelques secondes. Entourer de la crème anglaise et servir frais.

N.B. – Vous pouvez obtenir une île teintée en rose en remplaçant les amandes grillées par 50 g de pralines roses écrasées en poudre au hachoir électrique. Pour une décoration de Pâques, vous pouvez en plus parsemer l'île de petits œufs de Pâques à la liqueur.

## CRÈME ANGLAISE AU CHOCOLAT

Suivre la recette de la crème anglaise en prenant soin de faire fondre 100 g de chocolat à croquer dans le lait. Diminuer de moitié la quantité de sucre ou le supprimer complètement selon les goûts.

## CRÈME ANGLAISE AU CARAMEL

CARAMEL : *50 g de sucre : 3 c. à soupe d'eau ; 2 gouttes de vinaigre ou de jus de citron.*

Suivre la recette de la crème anglaise. Ajouter une dose de caramel instantané ou de caramel fait de la façon suivante :
Faire fondre, dans une casserole, le sucre avec l'eau et le vinaigre qui évite la cristallisation. Porter ensuite à feu vif sans tourner. Quand le caramel est blond, l'éteindre hors du feu avec un demi-verre d'eau chaude. Verser le caramel dans la crème anglaise et mélanger.

● ●

## LA BAVAROISE

QUANTITÉS : *6 personnes.*
CRÈME ANGLAISE : *1/4 l de lait ; 3 à 4 jaunes d'œufs ; 120 g de sucre ; 4 feuilles de gélatine.*
PARFUMS : *1 gousse de vanille ; 1 c. à soupe de kirsch ; cognac ; liqueur de fruits.*
CRÈME CHANTILLY : *250 g de crème fraîche ; 1 glaçon.*
PRÉPARATION : *30 mn.*
RÉFRIGÉRATEUR : *12 h ou 2 à 3 heures dans le freezer.*
MATÉRIEL : *1 verre mesureur ; 1 terrine ; 1 spatule en bois ; 1 fouet électrique ; moule à charlotte ou « l'Ami gourmet tupperware » à fond amovible.*

1° Préparer la crème anglaise : travailler les jaunes et le sucre jusqu'à ce que le mélange blanchisse. Ajouter peu à peu le lait bouillant contenant la gousse de vanille. Faire épaissir la crème sans bouillir. Y ajouter sans attendre la gélatine dissoute dans 2 c. à soupe d'eau tiède. Parfumer avec un alcool au choix.
2° Préparer la crème chantilly.
Fouetter la crème fraîche avec un glaçon. Quand le volume a doublé (le fouet laisse une marque) arrêter aussitôt de fouetter. Ajouter la crème fouettée à la crème anglaise refroidie mais avant qu'elle ne soit prise en gelée.
3° Huiler un moule à charlotte ou « l'Ami Gourmet Tupperware ». Y verser la préparation.
4° Mettre à prendre 12 h au réfrigérateur ou 2 à 3 heures au freezer.
Quand la crème est prise, la démouler.

# VARIANTES

## BAVAROISE AU CAFÉ

Suivre la recette de la bavaroise en ajoutant 1 c. à soupe de café soluble à la crème anglaise (varier la quantité selon les goûts).

## BAVAROISE AU CHOCOLAT

Suivre la recette de la bavaroise en prenant soin de faire fondre 100 g de chololat à croquer dans le lait.

## BAVAROISE AUX FRAISES OU AUX FRAMBOISES

Suivre la recette de la bavaroise. Ajouter à la crème anglaise cuite, 100 g de sucre, 500 g de fraises réduites en purée au mixer ou à la moulinette.

## BAVAROISE AUX FRUITS AU SIROP

Suivre la recette de la bavaroise. Ajouter à la crème anglaise cuite 500 g de fruits au sirop égouttés (ananas, abricots, poires, prunes, cerises, pêches) et réduits en purée au mixer ou à la moulinette. Parfumer à la liqueur de votre choix.

## SOUFFLÉ GLACÉ A LA BAVAROISE

Suivre la recette de la bavaroise. Parfumer la crème anglaise refroidie avec une c. à soupe de liqueur d'orange. Prendre 6 ramequins. Fixer autour de chacun une bande de bristol dépassant de 3 cm de haut. Remplir les ramequins jusqu'en haut du carton. Mettre à prendre au freezer 4 à 5 h environ. Au moment de servir, retirer les cartons. La glace prise donne l'illusion d'un soufflé. Saupoudrer avec 6 macarons émiettés ou 50 g d'amandes grillées.

● ●

## CRÈME SURPRISE

QUANTITÉS : *5 personnes.*
*1/2 l de lait ; 75 g de sucre ; 4 jaunes d'œufs ; 1 gousse de vanille.*
SIROP : *1 dl d'eau ; 50 g de sucre ; 1 c. à soupe de kirsch ou de cognac.*
GARNITURE : *10 biscuits à la cuillère ; 1/2 pot de confiture de groseille ou d'abricot.*
PRÉPARATION : *1/4 h.*

1° Préparer une crème anglaise selon la recette de base.
2° Faire le sirop en portant à ébullition 1 mn l'eau et le sucre. Hors du feu aromatiser à l'alcool au choix.
3° Coller les biscuits deux par deux, avec la confiture. Puis les déposer dans un compotier.
4° Verser la crème dessus encore chaude. Quand la crème surprise est froide, la mettre au réfrigérateur et servir frais.

● ●

## CRÈME PATISSIÈRE

QUANTITÉS : *6 personnes.*

*1/2 l de lait ; 3 jaunes d'œufs ; 75 g de sucre ; 40 g de farine.*
PARFUMS *(facultatif) : 1 gousse de vanille ; zeste de citron râpé (peau jaune) ou d'orange ; 1 c. à soupe de kirsch, cognac, liqueur de fruits ; 1 c. à soupe de café soluble ; 100 g de chocolat à croquer* (voir « Crème pâtissière au chocolat ») *; 1 dose de caramel* (voir « Crème pâtissière au caramel).
PRÉPARATION *: 5 mn.*
CUISSON *: 5 mn d'ébullition.*
MATÉRIEL *: 1 verre mesureur ; 1 terrine ; 1 spatule en bois ; 1 casserole*

1° Faire chauffer le lait avec la gousse de vanille.
2° D'autre part, travailler les jaunes d'œufs avec le sucre jusqu'à ce que le mélange blanchisse et devienne mousseux.
3° Ajouter la farine en pluie. Bien mélanger. Verser le lait bouillant petit à petit sur le mélange.
4° Remettre le tout sur feu doux et porter doucement à ébullition 5 mn en tournant sans cesse.
5° Il faut attendre que la crème soit refroidie pour lui ajouter l'alcool au choix.
La crème pâtissière peut accompagner les gâteaux, les biscuits. Elle sert aussi à fourrer les savoies, génoises, biscuits roulés, les crêpes ; les choux à la crème ; les éclairs ; les mille-feuilles, les cornets à la crème ; les tartes ; les charlottes.
Suivant sa destination, la crème pâtissière doit être plus ou moins épaisse.
Pour 1/2 l de lait :
– 60 à 70 g de farine = crème pâtissière très épaisse (crème frangipane).
– 50 g de farine = crème pâtissière épaisse (pour fourrer les gâteaux, les choux).
– 40 g de farine = crème pâtissière à napper (dégustation)
– 30 g de farine = crème pâtissière légère (crème saint-honoré).

## VARIANTES

### CRÈME SAINT-HONORÉ

Suivre la recette de la crème pâtissière en mettant seulement 30 g de farine et augmenter la quantité de sucre à 100 g. Battre les blancs d'œufs en neige ferme avec une pincée de sel. Verser la crème bouillante. Fouetter.

### CRÈME FRANGIPANE

Suivre la recette de la crème pâtissière en mettant 70 g de farine et 30 g de beurre ramolli. Quand la crème est cuite incorporer 50 g de poudre d'amandes.

## CRÈME PATISSIÈRE AU CHOCOLAT

Suivre la recette de la crème pâtissière en prenant soin de faire fondre 100 g de chocolat à croquer dans le lait. Diminuer de moitié la quantité de sucre ou le supprimer complètement suivant les goûts.

## CRÈME PATISSIÈRE AU CARAMEL

Suivre la recette de la crème pâtissière. Ajouter du caramel **(voir « Crème anglaise au caramel »)** ou une dose de caramel instantané.

## CRÈME LÉGÈRE A LA MAIZÉNA

QUANTITÉS : *5 ou 6 personnes.*
*1/2 l de lait ; 40 g de maïzéna ; 75 g de sucre; 1 jaune d'œuf.*
PARFUMS *(facultatif) : 1 gousse de vanille ou 1 sachet de sucre vanillé ; 1 c. à soupe de kirsch, cognac , liqueur de fruits ; zeste de citron râpé (peau jaune) ou d'orange; 1 c. à soupe de café soluble ; 100 g de chocolat à croquer fondu dans le lait ; caramel* (voir « Crème anglaise au caramel) *ou 1 dose de caramel instantané).*
PRÉPARATION : *5 mn.*
CUISSON : *jusqu'à ébullition.*

1° Délayer la maïzéna dans un peu de lait froid.
2° Faire bouillir le lait restant avec le sucre et la gousse de vanille.
3° Verser la maïzéna d'un seul coup dans le lait bouillant en tournant sans cesse jusqu'au premier bouillon.
4° Hors du feu, ajouter le jaune d'œuf en mélangeant vivement. Laisser refroidir la crème avant de la parfumer à l'alcool au choix.

N.B. – On peut faire cette crème sans œuf.

## CRÈME PATISSIÈRE A LA MAIZÉNA

QUANTITÉS : *5 ou 6 personnes.*
*1/2 l de lait ; 40 g de maïzéna ; 75 g de sucre ; 2 jaunes d'œufs.*
PARFUMS *(facultatif) : 1 gousse de vanille ou 1 sachet de sucre vanillé ; 1 c. à soupe de kirsch, cognac, liqueur de fruits ; zeste de citron râpé(peau jaune) ou d'orange ; 1c.à soupe de café soluble; 100g de chocolat à croquer fondu dans un peu d'eau ; caramel* (voir « Crème anglaise au caramel ») *ou 1 dose de caramel instantané.*
PRÉPARATION : *5 mn.*
CUISSON : *jusqu'à ébullition.*

1° Dans une casserole, mélanger le sucre, la maïzéna, les jaunes d'œufs.
2° Délayer petit à petit avec le lait froid. Mettre la gousse de vanille. Faire épaissir à feu doux et porter à ébullition quelques secondes en remuant sans cesse.

3° Laisser refroidir la crème avant de la parfumer à l'alcool au choix.

N.B. – On peut mettre les œufs entiers dans la crème.

## VARIANTES

### CRÈME MAIZÉNA AU CARAMEL

Suivre la recette de la crème pâtissière à la maïzéna. Ajouter le caramel *(voir « Crème anglaise au caramel »)* ou une dose de caramel instantané.

### CRÈME MAIZÉNA AU CHOCOLAT

Suivre la recette de la crème pâtissière à la maïzéna en ajoutant, avant de la faire cuire, 100 g de chocolat à croquer fondu doucement au bain-marie (c'est-à-dire en interposant entre la source de chaleur une casserole d'eau chaude) avec 2 c. à soupe d'eau. Quand la crème est cuite ajouter, hors du feu, 30 g de beurre en petits morceaux. Bien mélanger. Verser dans des ramequins ou des coupes et servir bien frais.

### CRÈME MAIZÉNA AU CITRON A L'ORANGE OU AU PAMPLEMOUSSE

Elle est souvent utilisée pour fourrer des gâteaux.
Suivre la recette de la crème pâtissière à la maïzéna en remplaçant le lait par 4 dl de liquide.
– Pour la crème au citron : le jus de 2 citrons et 2 dl d'eau ;
– Pour la crème à l'orange : le jus de 2 oranges, 1 citron, 2 dl d'eau ;
– Pour la crème au pamplemousse : le jus de 2 pamplemousses, 2 oranges, 1/2 citron.
On peut ajouter une crème chantilly *(voir la recette)*. La crème peut alors être servie bien froide dans des coupes.

● ●

## CRÈME MEUNIÈRE

QUANTITÉS : *5 ou 6 personnes.*
BÉCHAMEL : *1 2 l de lait ; 50 g de margarine ; 50 g de farine.*
GARNITURE : *75 g de sucre ; 2 œufs ; 50 g de raisins secs ou de fruits confits ; 2 à 3 c. à soupe de rhum.*
CARAMEL : *50 g sucre ; 3 c. à soupe d'eau ; 2 gouttes de vinaigre ou de jus de citron.*
PRÉPARATION : *1/4 h.*
CUISSON : *béchamel, 5 mn d'ébullition ; crème, à l'autocuiseur, 30 mn ; au four, 30 à 40 mn. Th. 5-6 ou 200-220°.*
MATÉRIEL : *1 verre mesureur ; 1 casserole ; 1 cuillère en bois ; 1 bol ; 1 moule à soufflé ou 1 moule à charlotte.*

1° Préparer la béchamel : faire fondre la margarine. Y ajouter la farine d'un seul coup. Quand le mélange est mousseux verser d'un seul coup, hors du feu, le lait froid. Bien diluer. Remettre sur feu doux et porter à ébullition 5 mn en remuant sans cesse.
2° Hors du feu, incorporer le sucre, les œufs battus en omelette, les raisins secs, le rhum. Bien mélanger.
3° Préparer le caramel : faire fondre dans une casserole, le sucre dans l'eau et le vinaigre qui évite la cristallisation. Porter ensuite à feu vif sans tourner. Quand le caramel est blond, le verser dans un moule à soufflé ou à charlotte pour le caraméliser. Napper le fond et les côtés en faisant tourner le moule sur lui-même.
4° Verser la crème dans le moule caramélisé.
5° On peut la faire cuire soit à four moyen pendant 30 mn environ au bain-marie ou à l'autocuiseur en y mettant à peine 2 cm d'eau. Il faut alors couvrir le moule d'une assiette et le déposer dans le panier souple. Fermer ensuite l'autocuiseur et laisser cuire doucement 30 mn à partir du chuchotement de la soupape.
6° Laisser refroidir la crème meunière avant de la démouler dans un plat creux.

## CRÈME AU BEURRE

QUANTITÉS : *pour garnir un gâteau pour 6 personnes.*
*200 g de beurre ; 200 g de sucre glace ou de sucre en poudre ; 2 jaunes d'œufs.*
PARFUMS : *extrait de vanille liquide ou sucre vanillé ; café ; chocolat ; 1 c. à café de kirsch ; cognac.*
PRÉPARATION : *1/4 h.*

1° Travailler les jaunes d'œufs avec le sucre jusqu'à ce que le mélange blanchisse.
2° Malaxer le beurre avec une fourchette jusqu'à ce qu'il ait la consistance de pommade.
3° Ajouter peu à peu le beurre ramolli. Bien mélanger. Parfumer la crème au choix. La crème au beurre est prête à être utilisée.

### UTILISATIONS

La crème au beurre n'est jamais utilisée seule. Elle sert à fourrer :
– Le savoie, la génoise : la crème est souvent parfumée au café (le gâteau prend le nom de moka) ou au chocolat.
– Le biscuit roulé qui selon la décoration peut servir de bûche de Noël.
– Certaines charlottes.
– Le paris-brest. La crème est alors parfumée avec du pralin.
La crème au beurre peut également servir de base pour la fabrication de gâteaux faits à partir de petits-beurres.

## VARIANTES

### CRÈME AU BEURRE AU CHOCOLAT

Ajouter à la crème au beurre, 100 g de chocolat à croquer, fondu doucement au bain-marie (c'est-à-dire en interposant entre la source de chaleur une casserole d'eau chaude) ou un diffuseur.

### CRÈME AU BEURRE « MOKA »

Ajouter à la crème au beurre, 1 c. à soupe d'essence de café ou 1 c. à soupe de café soluble. Varier la quantité selon les goûts.

### CRÈME AU BEURRE PRALINÉE

PRALIN *: 100 g de sucre ; 3 c. à soupe d'eau ; 2 gouttes de vinaigre ou de jus de citron ; 100 g d'amandes hachées*

Ajouter à la crème au beurre, 100 g de pralin du commerce ou fait selon la manière suivante :

1° Huiler une assiette plate ou la tôle de la cuisinière.

2° Mettre dans une casserole le sucre, l'eau et le vinaigre qui évite la cristallisation. Porter ensuite à feu vif sans tourner. Lorsque le caramel est blond, verser les amandes hachées. Mélanger avec une cuillère de bois, et laisser cuire jusqu'à ce que le caramel prenne couleur. Verser sur l'assiette huilée. Une fois le caramel refroidi, le casser et le passer à la moulinette ou au hachoir électrique pour le réduire en poudre.

●●

### CRÈME CHANTILLY

QUANTITÉS *: 6 personnes.*
*250 g de crème fraîche ; 50 g de sucre en poudre ; 1 sachet de sucre vanillé ; 1 glaçon ; 1 blanc d'œuf (facultatif).*
PRÉPARATION *: 10 mn.*
RÉFRIGÉRATEUR *: la crème doit être 2 h au réfrigérateur avant d'être utilisée.*
MATÉRIEL *: 1 verre mesureur ; 2 terrines ; 1 fouet à main ; 1 fouet électrique.*

1° Battre au fouet à main la crème fraîche et un glaçon jusqu'à ce que la crème ait doublé de volume. Quand le fouet marque, arrêter aussitôt de fouetter car la crème se transformerait en beurre.

2° Ajouter en pluie, le sucre en poudre, le sucre vanillé. Ne pas mélanger.

3° Battre le blanc d'œuf en neige ferme avec une pincée de sel. L'incorporer délicatement à la crème avec une spatule en caoutchouc en soulevant la crème. Ne pas tourner.

La crème chantilly est prête à être utilisée.

N.B. – La présence d'un blanc d'œuf battu en neige dans la crème Chantilly la rend beaucoup plus légère.

UTILISATIONS

La crème chantilly est présente dans de nombreux entremets et gâteaux : glaces ; mousses ; choux à la crème ; savarin ; charlottes.
Elle peut accompagner tous les fruits frais ou au sirop.
Elle est très utilisée dans les douilles à pâtisserie pour la décoration.

● ●

**COUPES DE FRAISES VACHERIN**

QUANTITÉS : *6 personnes.*
*250 g de fromage blanc à 20 % ; 50 g de sucre ; 1 sachet de sucre vanillé ; 1 blanc d'œuf.*
GARNITURE : *6 meringues ; 200 g de fraises ou de framboises, pêches ou abricots.*
PRÉPARATION : *15 mn.*
RÉFRIGÉRATEUR : *1 h.*

1° Ajouter au fromage blanc, le sucre et le sucre vanillé.
2° Battre le blanc en neige ferme avec une pincée de sel. L'incorporer délicatement avec la spatule en caoutchouc en soulevant le fromage blanc. Ne pas tourner.
3° Remplir des coupes de fromage blanc. Poser dessus les meringues et garnir de fraises. Servir bien frais.

N.B. – On peut remplacer le fromage blanc par une crème chantilly. On peut également arroser les meringues avec du caramel. Si on utilise des fruits au sirop, on peut mettre un peu de sirop sur les fruits.

# ENTREMETS AU PAIN

**PAIN PERDU AUX ABRICOTS**

QUANTITÉS : *6 personnes.*
*6 tranches de pain de mie rassis ; 1/4 l de lait ; 1 œuf ; 50 g de margarine ou de beurre ; 50 g de sucre.*
GARNITURE : *1 petite boîte d'abricots au sirop.*
PARFUMS : *1 demi-sachet de sucre vanillé ; 1 c. à soupe de kirsch (facultatif).*
PRÉPARATION : *15 mn.*
CUISSON : *5 mn.*
MATÉRIEL : *1 verre mesureur ; 1 terrine ; 1 fourchette ; 1 assiette ; 1 poêle.*

1° Faire chauffer le lait avec le sucre vanillé.
2° Battre l'œuf en omelette. Verser peu à peu le lait bouillant.
3° Ranger 2 tranches de pain de mie dans une assiette creuse. Les imbiber rapidement de la préparation et les faire dorer aussitôt à la poêle avec de la margarine ou du beurre (surveiller le feu, car la matière grasse ne doit pas brunir).
4° Quand les tranches de pain de mie sont dorées d'un côté, les retourner délicatement avec une pelle en bois pour qu'elles dorent de l'autre côté.

5° Lorsque les tranches de pain de mie sont bien dorées, les ranger sur un plat. Les saupoudrer de sucre. Disposer moitiés d'abricots sur les tranches.
6° D'autre part, faire réduire le sirop avec 50 g de sucre jusqu'à ce que la goutte de sirop ne tombe plus. Parfumer au kirsch et napper les fruits avec le sirop.

N.B. – Il faut tremper rapidement les tranches de pain pour ne pas qu'elles se brisent. Vous pouvez pour varier la recette utiliser d'autres fruits au sirop : (ananas, pêches, poires, prunes) vous pouvez également utiliser de la compote de pommes ou de la confiture.

## PUDDING SAINT-GERMAIN

QUANTITÉS *: 4 ou 5 personnes.*
*250 g de pain rassis (environ) ; 1/4 l de lait ; 40 g de sucre ; 2 œufs.*
PARFUMS *: 1 gousse de vanille ; zeste de citron râpé (peau jaune) ou d'orange ; 1 pincée de cannelle (facultatif) ; 1 pincée de gingembre (facultatif) ; 1 c. à soupe de rhum.*
GARNITURE *: 50 g d'écorce d'orange confite (facultatif) ; 50 g de raisins secs.*
PRÉPARATION *: 15 mn.*
CUISSON *: à l'autocuiseur, 30 mn ou au four, 30 mn. Th. 5-6 ou 200-220°.*

1° Faire chauffer le lait avec la gousse de vanille.
2° Emietter les restes de pain rassis après avoir retiré la croûte.
3° Battre les œufs entiers en omelette. Ajouter peu à peu le lait bouillant.
4° Verser la préparation sur le pain émietté. Ajouter le sucre, le zeste d'orange ou l'écorce d'orange confite, les raisins secs trempés dans le rhum et les épices au choix. Malaxer bien l'ensemble. Remplir un moule à charlotte beurré.
5° On peut le faire cuire soit à l'autocuiseur ou soit au four. Pour la cuisson à l'autocuiseur, mettre 2 cm d'eau dans l'autocuiseur, y déposer le moule dans le panier souple. Couvrir le moule d'une assiette. Fermer ensuite l'autocuiseur et laisser cuire doucement 30 mn à partir du chuchotement de la soupape.
6° Laisser refroidir le pudding avant de le démouler. Vous pouvez le servir saupoudré de sucre et flambé au rhum.

# LES FLANS

## CRÈME RENVERSÉE

QUANTITÉS : *5 ou 6 personnes.*
*1/2 l de lait ; 100 g de sucre ; 3 ou 4 œufs.*
PARFUMS : *1 gousse de vanille ou un sachet de sucre vanillé..*
CARAMEL : *50 g de sucre ; 3 c. à soupe d'eau ; 2 gouttes de vinaigre ou jus de citron.*
PRÉPARATION : *15 mn.*
CUISSON : *à l'autocuiseur, 8 à 10 mn ; au four, 30 à 40 mn. Th. 5-6 ou 200-220°.*
MATÉRIEL : *1 verre mesureur ; 1 terrine ; 1 cuillère de bois ; 2 casseroles ; 1 moule à soufflé ou à charlotte.*

1° Faire le caramel. Faire fondre dans une casserole le sucre avec l'eau et le vinaigre qui évite la cristallisation. Porter ensuite à feu vif sans tourner. Quand le caramel est blond, le verser dans un moule à soufflé ou à charlotte pour le caraméliser. Napper le fond et les côtés en faisant tourner le moule sur lui-même.
2° Faire bouillir le lait avec le sucre et la gousse de vanille.
3° Battre les œufs en omelette. Ajouter le lait bouillant petit à petit en fouettant sans arrêt.
4° Verser la crème dans le moule caramélisé.
5° Vous pouvez la faire cuire soit à four moyen au bain-marie (c'est-à-dire en mettant de l'eau chaude dans la lèche-frite du four), soit à l'autocuiseur en y mettant 2 cm d'eau. Il faut alors couvrir le moule d'une assiette et déposer le moule dans le panier souple. Fermer ensuite l'autocuiseur et laisser 8 mn à partir du chuchotement de la soupape et à feu très doux. La crème ne doit pas bouillir sinon elle se décompose.
6° Laisser refroidir la crème avant de la démouler sur un plat creux.
7° La crème est cuite quand la pointe d'un couteau en ressort lisse.

# VARIANTE

## ŒUFS AU LAIT

Suivre la recette de la crème renversée en supprimant le caramel et en mettant seulement 2 ou 3 œufs pour un demi-litre de lait. Les œufs au lait ne se démoulent pas. Ils se servent dans le plat de service.

## FLAN AU CITRON

QUANTITÉS : *3 ou 4 personnes.*
*1/4 l de lait ; 2 œufs ; 50 g de sucre ; 40 à 50 g de farine ; 30 g de beurre fondu (facultatif).*
PARFUMS : *1/2 sachet de sucre vanillé ; zeste de citron râpé.*
PRÉPARATION : *10 mn.*
CUISSON : *à l'autocuiseur, 20 mn ; au four, 45 mn. Th. 5-6 ou 200-220°.*

MATÉRIEL : *1 verre mesureur ; 1 terrine ; 1 fourchette ; 1 cuillère de bois ; 1 plat creux à four ou 1 plat à manqué pour l'autocuiseur.*

1° Battre les œufs entiers avec le sucre, le sucre vanillé et le zeste de citron râpé(peau jaune). Ajouter la farine et le beurre fon--du (facultatif).
2° Verser peu à peu le lait froid. Bien diluer.
3° Dans un plat allant au four largement beurré, verser dedans la préparation à flan.
4° On peut faire cuire le flan soit à l'autocuiseur (le plus simple et le plus rapide) soit au four :
- CUISSON A L'AUTOCUISEUR : mettre 2 cm d'eau dans l'autocuiseur, déposer le moule dans le panier souple. Le couvrir d'une assiette. Fermer ensuite l'autocuiseur et laisser cuire doucement 30 mn à partir du chuchotement de la soupape (la soupape ne doit pas tourner).
- CUISSON AU FOUR : faire cuire à four moyen environ 3/4 h.

5° Servir le flan froid ou tiède mais non glacé.

N.B. - On peut ajouter une c. à café rase de levure chimique à la farine. On peut battre les blancs en neige ferme et les incorporer délicatement à la préparation. Il faut alors cuire le flan à four doux (th 4-5). On peut également diminuer la quantité d'œuf jusqu'à 1 œuf et demi par 1/4 l de lait.

## VARIANTES

### FLAN AU CHOCOLAT

Suivre la recette du flan au citron en supprimant le zeste de citron.
Ajouter à la farine, 100 g de chocolat fondu doucement au bain-marie.

### FLAN AU CAFÉ

Suivre la recette du flan au citron en supprimant le zeste de citron.
Parfumer la crème avec 2 c. à café de café soluble. Varier la quantité selon les goûts.

### FLAN AUX POIRES ou AUX POMMES

Eplucher 500 g de poires ou de pommes. Les couper en tranches fines et les disposer dans le plat à four beurré. Recouvrir de la préparation du flan au citron.

### FLAN AUX FRUITS A NOYAUX

Suivre la recette du flan au citron en supprimant le zeste de citron.

Dénoyauter 500 g de fruits à noyaux (abricots, cerises, pêches, prunes). Il est préférable de ne pas dénoyauter les cerises car les noyaux donnent un bon parfum. Couper les fruits par moitié ou par quartiers et les disposer dans le plat à four beurré. Recouvrir de la préparation du flan.

## FLAN A L'ANANAS

Suivre la recette du flan au citron en supprimant le zeste de citron.
Prendre une boîte d'ananas au sirop. Egoutter les tranches et les disposer dans le plat à four beurré. Recouvrir de la préparation du flan.

## FLAN AUX PRUNEAUX

Suivre la recette du flan au citron en supprimant le zeste de citron.
Dénoyauter 250 g de pruneaux. Il est inutile de les faire tremper s'ils sont souples. Disposer les pruneaux dans le plat à four beurré. Recouvrir de la préparation du flan.

## FLAN A LA RHUBARBE

Prendre 1 kg de rhubarbe (environ 1 botte). Couper la rhubarbe en bâtonnets et la faire cuire mais pas en purée. Egoutter et disposer dans le plat à four beurré. Recouvrir de la préparation du flan au citron dont on aura supprimé le zeste du citron.

● ●

## FAR AUX PRUNEAUX

QUANTITÉS : *pour 5 ou 6 personnes.*
*1/2 l de lait ; 3 œufs ; 100 g de sucre ; 100 g de farine ; 30 g de beurre fondu (facultatif).*
PARFUM : *1 sachet de sucre vanillé.*
GARNITURE : *250 g de pruneaux ou 100 g de raisins secs.*
PRÉPARATION : *1/4 h.*
CUISSON : *1 h environ. Th. 7 ou 240° le premier quart d'heure ; ensuite, 5-6 ou 200-220°.*
MATÉRIEL : *1 verre mesureur ; 1 terrine ; 1 fourchette ; 1 cuillère de bois ; 1 plat creux allant au four*

1° Battre les œufs entiers avec le sucre, le sucre vanillé. Ajouter la farine. Bien mélanger. Ajouter le beurre fondu (facultatif).
2° Verser peu à peu le lait froid. Bien diluer.
3° Beurrer largement un plat allant au four. Disposer dans le plat les pruneaux dénoyautés. Recouvrir de la préparation du far.
4° Faire cuire à four chaud (th 7) le premier quart d'heure puis à

four modéré (th 5-6) pendant environ 3/4 d'heure.

5° Servir le far aux pruneaux, froid ou chaud, saupoudré de sucre.

### CLAFOUTIS AUX CERISES

QUANTITÉS : *5 ou 6 personnes.*
*2 dl de lait ; 3 œufs ; 100 g de sucre ; 120 g de farine ; 30 g de beurre fondu (facultatif).*
GARNITURE : *500 g de cerises (noires de préférence) ; 1 sachet de sucre vanillé (facultatif).*
PRÉPARATION : *1/4 h.*
CUISSON : *30 mn. Th. 7 ou 240°.*
MATÉRIEL : *1 verre mesureur ; 1 terrine ; 1 fourchette ; 1 cuillère de bois ; 1 plat creux allant au four.*

1° Battre les œufs entiers avec le sucre et le sucre vanillé (facultatif). Ajouter la farine. Bien mélanger. Ajouter le beurre fondu (facultatif).

2° Verser peu à peu le lait froid.

3° Beurrer largement un plat à four. Disposer dans le plat les cerises. Recouvrir de la préparation du clafoutis.

4° Faire cuire à four chaud pendant environ 30 mn. Le clafoutis est cuit lorsque la surface est bien prise et ferme.

5° Servir le clafoutis tiède ou froid et saupoudré de sucre.

## VARIANTES

### CLAFOUTIS AUX POIRES ou AUX POMMES

Suivre la recette du clafoutis aux cerises.
Remplacer les cerises par 500 g de poires ou de pommes. Les éplucher et les couper en tranches fines.

### CLAFOUTIS AUX FRUITS A NOYAUX

Suivre la recette du clafoutis aux cerises.
Remplacer les cerises par 500 g de fruits à noyaux (abricots, pêches, prunes) en ayant soin de les dénoyauter. Couper les fruits par moitié ou par quartiers avant de les disposer dans le plat à four beurré.

### CLAFOUTIS A L'ANANAS

Suivre la recette du clafoutis aux cerises.
Remplacer les cerises par une boîte d'ananas au sirop. Egoutter les tranches avant de les disposer dans le plat à four beurré.

**CLAFOUTIS AUX PRUNEAUX**

Suivre la recette du clafoutis aux cerises.
Remplacer les cerises par 250 g de pruneaux. Il est inutile de les faire tremper s'ils sont souples. Dénoyauter les pruneaux avant de les disposer dans le plat à four beurré.

**CLAFOUTIS A LA RHUBARBE**

Suivre la recette du clafoutis aux cerises.
Remplacer les cerises par 1 kg environ de rhubarbe (1 botte) en ayant soin de la préparer selon la manière suivante : couper la rhubarbe en bâtonnets et la faire cuire mais pas en purée. Egoutter avant de la disposer dans le plat à four beurré.

# LES FRUITS

## POMMES AU FOUR

QUANTITÉS : *6 personnes.*
*6 pommes ; 1/2 dl d'eau.*
CUISSON : *20 à 30 mn. Th. 6-7 ou 220-240°.*
MATÉRIEL : *plat à feu de préférence plat en pyrex avec couvercle.*

1° Laver et essuyer les pommes. Les disposer telles quelles dans le plat à feu et couvrir.
2° Faire cuire à four chaud 20 à 30 mn suivant les fruits.
3° Servir les pommes chaudes.

## POMMES AU BEURRE

QUANTITÉS : *6 personnes.*
*6 pommes ; 100 g de beurre ; 60 g de sucre ; 60 g de confiture (6 c. à soupe) de gelée rouge (groseille, framboise, fraise, cerise) ; 6 tranches de pain rassis.*
PRÉPARATION : *15 mn.*
CUISSON : *40 à 50 mn. Th. 4-5 ou 180-200°.*
MATÉRIEL : *un plat à four.*

1° Couper 6 tranches fines de pain rassis et les beurrer de chaque côté.
2° Garnir le fond d'un plat à feu avec les tartines.
3° D'autre part, peler les pommes. Les vider avec un vide-pommes, en prenant soin de ne pas les briser.
4° Disposer les pommes sur les tartines beurrées. Remplir le trou de chaque pomme avec un petit morceau de beurre et une c. à soupe de gelée de confiture. Saupoudrer le tout de sucre.
5° Mettre à cuire à four doux environ 40 mn avec 2 c. à soupe d'eau. Surveiller de temps en temps pour remettre un peu d'eau.

N.B. – Vous pouvez farcir les pommes avec des pruneaux, des noix hachées, des raisins secs macérés dans du rhum.

## POMMES AU SIROP

QUANTITÉS : *6 personnes.*
*6 pommes ; 200 g de sucre ; 1/4 l d'eau ; 1 citron.*
PARFUM : *1 gousse de vanille ; 1 c. à soupe de kirsch ou de cognac.*
GARNITURE : *50 g de fruits confits.*
PRÉPARATION : *15 mn.*
CUISSON : *10 à 15 mn à la casserole.*

1° Eplucher les pommes. Evider le cœur avec un vide-pommes. Citronner les pommes pour leur éviter de noircir à l'air.
2° Mettre dans une large casserole, le sucre et la vanille. Porter à ébullition pour obtenir un sirop. Mettre les pommes dans le sirop à cuire doucement. Retourner les pommes lorsqu'on voit que le premier côté commence à être cuit.

3° Les pommes sont cuites lorsqu'elles sont tendres et translucides. Les retirer alors du sirop et les ranger dans un compotier.
4° Fourrer les pommes avec des fruits confits hachés.
5° Faire réduire le sirop jusqu'à ce que la goutte ne tombe plus. Napper les pommes avec le sirop.
6° Parfumer les pommes à l'alcool au choix.
Servir froid.

N.B. – Les pommes étant très fragiles à la cuisson, il faut bien les surveiller pour ne pas qu'elles se brisent.

## MARMELADE DE POMMES ou DE POIRES

QUANTITÉS : *6 personnes.*
*1 kg de pommes ; 100 g de sucre ; 1 dl d'eau pour la cuisson à la casserole.*
PARFUMS : *1 gousse de vanille ; 1 pincée de cannelle (facultatif).*
PRÉPARATION : *1/4 h.*
CUISSON : *à l'autocuiseur, 10 à 20 mn ; à la casserole, 20 à 30 mn.*

1° Eplucher les pommes et les couper en quartiers.
2° Vous avez deux possibilités de faire cuire les pommes. Soit à l'autocuiseur, manière plus simple et plus rapide ; soit à la casserole.
CUISSON A L'AUTOCUISEUR. – Mettre dans l'autocuiseur, les quartiers de pommes, le sucre, la gousse de vanille et la pincée de cannelle. Fermer l'autocuiseur et laisser cuire doucement 10 mn environ, à partir de la rotation de la soupape. Le temps varie suivant les fruits. Quand les pommes sont cuites, les passer au moulin à légumes si c'est nécessaire.
CUISSON A LA CASSEROLE. – Mettre dans une casserole les quartiers de pommes avec 1 dl d'eau. Laisser cuire doucement environ 20 mn. Quand les pommes sont cuites les passer au moulin à légumes. Faire réduire ensuite la marmelade pendant environ 10 mn, avec le sucre, la vanille et une pincée de cannelle.
3° On peut servir la marmelade froide, tiède ou chaude.

N.B. – La marmelade peut accompagner des préparations salées : boudin noir, oie, dinde, rôtis de dindonneau, de porc. Dans ce cas, il faut supprimer le sucre, mettre 50 g de beurre et une pincée de sel.

## POIRES AU FOUR

QUANTITÉS : *6 personnes.*
*6 poires fermes ; 1 dl d'eau.*
CUISSON : *1 h à 1 h 30. Th. 6-7 ou 220-240°.*
MATÉRIEL : *1 plat allant au feu.*

1° Laver et essuyer les poires. Les disposer telles quelles dans le plat à feu.
2° Faire cuire à four chaud, 1 h à 1 h 30, suivant les fruits.
3° Servir les poires chaudes.


**Pomme en douillon** (recette p. 345).▶

## POIRES AU CARAMEL

QUANTITÉS *: 6 personnes.*
*6 petites poires fermes ; 1 dl d'eau.*
CARAMEL *: 200 g de sucre ; 3 c. à soupe d'eau ; 2 gouttes de vinaigre.*
PARFUMS *: 1 gousse de vanille ; 2 c. à café de cognac ou de kirsch.*
PRÉPARATION *: 20 mn.*
CUISSON *: à l'autocuiseur, 10 à 20 mn suivant les poires ; à la casserole, 30 mn plus 1 h au four. Th. 5-6 ou 200-220°.*

1° Peler les poires entières.
2° On peut les faire cuire soit à l'autocuiseur (c'est plus simple et plus rapide), soit dans une casserole puis au four :

- CUISSON A L'AUTOCUISEUR : dans l'autocuiseur, mettre le sucre, 3 c. à soupe d'eau et le vinaigre. Porter à feu vif sans tourner. Quand le caramel est blond, l'éteindre avec 1 dl d'eau chaude. Ranger les poires dans le caramel, mettre la gousse de vanille et fermer l'autocuiseur. Laisser cuire doucement environ 1/4 h selon les poires à partir du chuchotement de la soupape.
- CUISSON A LA CASSEROLE PUIS AU FOUR : mettre les poires dans une casserole. Les couvrir à moitié d'eau avec 150 g de sucre et la gousse de vanille. Couvrir. Lorsque les poires sont presque cuites (environ 30 mn selon les poires) les retirer et les mettre dans un plat allant au four.

D'autre part, faire un caramel, avec 50 g de sucre, 2 c. à soupe d'eau et 2 gouttes de vinaigre. Lorsqu'il est blond, l'éteindre avec le jus de cuisson des poires et mettre à four moyen (th. 5-6, pendant 3/4 h à 1 h environ) en les retournant de temps en temps.
3° Parfumer les poires avec l'alcool au choix.
Servir très froid.

## POIRES AU VIN ROUGE

QUANTITÉS *: 6 personnes.*
*6 poires à cuire fermes ; 200 g de sucre ; 1 dl de bon vin rouge.*
PARFUMS *: 1 gousse de vanille ; 1 écorce de cannelle ou une pincée de cannelle en poudre (facultatif) ; 1 clou de girofle (facultatif) ; 2 c. à café de cognac,kirsch , liqueur de fruits.*
PRÉPARATION *: 1/4 h.*
CUISSON *: à l'autocuiseur, 10 à 20 mn suivant les poires ; à la casserole, 15 à 30 mn.*

1° Peler les poires entières.
2° On peut les faire cuire soit à l'autocuiseur (c'est plus simple et plus rapide) soit dans une casserole :

- CUISSON A L'AUTOCUISEUR : dans l'autocuiseur, mettre le sucre avec le vin rouge et les parfums. Ranger les poires. Fermer l'autocuiseur. Laisser cuire doucement

◀ **Far aux pruneaux** (recette p. 395)

environ 1/4 h selon les poires, à partir du chuchotement de la soupape.

– CUISSON A LA CASSEROLE : dans la casserole, mettre le sucre, le vin rouge, 1 dl d'eau et les parfums. Ranger les poires. Couvrir la casserole. Laisser cuire le sirop jusqu'à ce que la goutte ne tombe plus. Napper les poires avec le sirop.

3° Parfumer à l'alcool au choix.
Servir bien froid.

## LES VARIANTES

### POIRES AU SIROP

Suivre la recette des poires au vin rouge en remplaçant le vin par de l'eau

### POIRES DEMI-DEUIL

SAUCE AU CHOCOLAT : *100 g de chocolat à croquer ; 20 g de beurre ; 1 c. à soupe de liqueur d'orange.*

Suivre la recette des poires au vin rouge en remplaçant le vin par de l'eau. Quand les poires sont cuites et bien glacées, faire griller au four 100 g d'amandes en copeaux et préparer une sauce au chocolat.
Faire fondre doucement le chocolat avec le beurre au bain-marie ou sur un diffuseur. Hors du feu, verser la liqueur d'orange. Mettre les poires sur une grille et verser doucement le chocolat sur chaque poire. Avant que la sauce ne soit prise garnir les poires avec les copeaux d'amandes grillées.

● ●

### BANANES FLAMBÉES

QUANTITÉS : *5 personnes.*
*5 bananes ; 25 g de beurre (facultatif) ; 50 g de sucre ; 50 g de raisins secs ; 1 orange ; 1 sachet de sucre vanillé ; 2 c. à soupe de rhum.*
PRÉPARATION : *5 mn.*
CUISSON : *5 mn.*
MATÉRIEL : *1 poêle.*

1° Presser le jus d'orange.
2° Eplucher les bananes, les couper dans le sens de la longueur.
3° Faire revenir les bananes à feu très doux (le beurre ne doit pas brunir).
4° Ajouter le sucre, le sucre vanillé, le jus d'orange, les raisins secs. Laisser cuire doucement les bananes jusqu'à ce qu'elles deviennent transparentes.

5° Juste avant de servir les bananes tièdes, faire chauffer à la flamme du gaz une cuillère à soupe de rhum, l'enflammer. Verser sur les bananes.

N.B. – Les bananes flambées peuvent se servir seules ou accompagnées de riz au lait. Il n'est pas indispensable de faire revenir les bananes dans le beurre. Elles peuvent seulement cuire dans le jus d'orange.

## SALADE DE FRUITS RAPIDE

QUANTITÉS : *6 à 8 personnes.*
*1 petite boîte d'ananas au sirop ; 1 petite boîte de poires au sirop ; 1 petite boîte de pêches au sirop ; 1 petite boîte de framboises au sirop ; 1 banane ; 1 citron.*
PARFUMS : *1 c. à soupe de kirsch, de cognac, de rhum ou de liqueur de fruits (cassis, framboise).*
PRÉPARATION : *10 mn.*
RÉFRIGÉRATEUR : *1 à 2 heures.*

1° Couper les fruits en dés. Les mettre dans un compotier. Peler la banane. L'arroser de jus de citron pour lui éviter de noircir. La couper en rondelles et l'ajouter aux autres fruits.
2° Mélanger les sirops de fruits aux fruits. Parfumer à la liqueur au choix.
3° Servir la salade de fruits bien fraîche.

N.B. – S'il manque du sirop, compléter avec 1/4 de jus de fruits du commerce (jus de raisins, cassis, cerises, oranges).

## SALADE DE FRUITS D'HIVER

QUANTITÉS : *6 personnes.*
*1 petite boîte d'ananas au sirop ; 2 oranges ; 2 pommes ; 1 banane ; 1 citron ; 10 pruneaux ou 50 g de raisins secs.*
SIROP : *1/4 l d'eau ; 125 g de sucre ou 1/4 de jus de fruits du commerce (jus de raisins, cassis, cerises).*
PARFUMS : *1 c. à soupe de kirsch, de cognac, de rhum ou de liqueur de fruits (cassis, framboises).*
PRÉPARATION : *15 mn.*
RÉFRIGÉRATEUR : *1 à 2 h.*

1° Eplucher les fruits et les couper en dés. Pour les oranges, on peut les couper en tranches fines ou en quartiers. Peler la banane, la couper en rondelles et l'ajouter aux autres fruits. L'arroser de jus de citron pour lui éviter de noircir (ainsi que les pommes).
2° Ouvrir la boîte d'ananas. Verser le sirop sur les fruits. Couper en dés les tranches d'ananas.
3° Faire le sirop : porter à ébullition l'eau et le sucre pour le faire fondre. Verser ensuite sur les fruits. Parfumer à la liqueur au choix.

4° Mettre la salade de fruits à rafraîchir au réfrigérateur avant de la servir.

N.B. – Si vous utilisez du jus de fruits du commerce à la place du sirop, la salade de fruits n'en est que meilleure.

## SALADE DE FRUITS D'ETE

QUANTITÉS : *6 personnes.*
*3 pêches ; 6 abricots ou 6 prunes ; 200 g de framboises ou de fraises ou de cerises ; 2 à 3 oranges ; 1 citron.*
SIROP : *1/4 l d'eau ; 125 g de sucre ou 1/4 l de jus de fruits du commerce (jus de raisin, cassis, cerises).*
PARFUMS : *1 c. à soupe de kirsch, de cognac, de rhum ou de liqueur de fruits (cassis, framboises).*
PRÉPARATION : *15 mn.*
RÉFRIGÉRATEUR : *1 à 2 h..*

1° Eplucher les fruits et les couper en dés. Pour les oranges on peut les couper en tranches fines ou en quartiers. Arroser avec le jus de citron.
2° Faire le sirop : porter à ébullition l'eau et le sucre pour le faire fondre. Verser ensuite sur les fruits.
3° Parfumer à la liqueur de votre choix.
4° Mettre la salade de fruits à rafraîchir au réfrigérateur, avant de la servir.

N.B. – Si vous utilisez du jus de fruits du commerce à la place du sirop, la salade de fruits n'en est que meilleure.

# LES MOUSSES

## MOUSSE AU CHOCOLAT

QUANTITÉS : *3 ou 4 personnes.*
*2 œufs ; 100 g de chocolat ; 20 g de beurre (facultatif) ; 20 à 40 g de sucre.*
PARFUMS : *1 c. à soupe de rhum, de cognac, de kirsch ou de liqueur d'orange.*
PRÉPARATION : *15 mn.*
RÉFRIGÉRATEUR : *2 à 3 h.*

1° Faire fondre le chocolat et le beurre (facultatif) au bain-marie (c'est-à-dire en interposant entre la source de chaleur une casserole d'eau chaude) ou sur un diffuseur.
2° Incorporer les jaunes puis le sucre et l'alcool de votre choix.
3° Battre les blancs en neige ferme avec une pincée de sel. Les incorporer délicatement avec la spatule en caoutchouc en soulevant la préparation.
4° Mettre la mousse à prendre 2-3 h au réfrigérateur.

N.B. – Vous pouvez faire la mousse au chocolat en n'utilisant que les blancs d'œufs.

## MOUSSE A L'ORANGE

QUANTITÉS : *3 ou 4 personnes.*
*2 œufs, 2 oranges, 100 g. de sucre.*
PARFUMS : *1 c. à soupe de liqueur d'orange ; zeste d'oranges râpées (peau jaune).*
PRÉPARATION : *1/4 h.*
CUISSON : *Epaissir sans bouillir.*
RÉFRIGÉRATEUR : *2 à 3 h.*
MATÉRIEL : *un verre mesureur ; 1 terrine ; 1 spatule en caoutchouc ; une cuillère en bois ; un fouet électrique.*

1° Râper le zeste d'orange. Ajouter le jus des oranges, le sucre, les jaunes d'œufs. Bien mélanger.
2° Faire épaissir sans bouillir, au bain-marie (c'est-à-dire en interposant entre la source de chaleur une casserole d'eau chaude) ou sur un diffuseur.
3° Battre les blancs d'œufs en neige ferme avec une pincée de sel. Les incorporer délicatement avec la spatule en caoutchouc à la crème refroidie. Ne pas tourner.
4° Mettre la mousse à prendre 2 à 3 h au réfrigérateur.

## VARIANTES

### MOUSSE AU CITRON

Suivre la recette de la mousse à l'orange.
Remplacer les oranges par 2 citrons. Ne mettre que le zeste d'un citron. La mousse au citron étant plus acide que la mousse à l'orange, il est préférable de la garnir de crème chantilly.

## MOUSSE AU PAMPLEMOUSSE

Suivre la recette de la mousse à l'orange.
Remplacer les oranges par un pamplemousse. Vous pouvez la servir garnie d'une crème chantilly.

## MOUSSE AUX BANANES

Suivre la recette de la mousse à l'orange.
Remplacer les oranges par 2 bananes.

## MOUSSE AU CAFE

Suivre la recette de la mousse à l'orange.
Remplacer les oranges par 1 dl de café fort.

● ●

## MOUSSE DE POMMES

QUANTITÉS *: 3 ou 4 personnes.*
*750 g de pommes ou 1 boîte de 500 g de compote de pommes ; 100 g de sucre ; 2 blancs d'œufs ; 50 g de macarons ou d'amandes grillées ; 1 sachet de sucre vanillé.*
CARAMEL *: 50 g sucre ; 3 c. à soupe d'eau ; 2 gouttes de vinaigre ou jus de citron.*
PRÉPARATION *: 1/4 h.*
CUISSON *: 10 mn. Th. 4-5 ou 180-200°*
MATÉRIEL *: un verre mesureur ; 2 terrines ; une spatule en caoutchouc ; un fouet électrique ; un moule à soufflé.*

1° Faire la compote de pommes : éplucher les pommes, les couper en petits morceaux et les mettre à cuire doucement avec le sucre, le sucre vanillé et 1 dl d'eau.
2° Préparer le caramel : faire fondre dans une casserole, le sucre avec l'eau et le vinaigre qui évite la cristallisation. Porter ensuite, sur feu vif, sans tourner. Quand le caramel est blond, le verser dans le moule à soufflé pour le caraméliser. Napper le fond et les côtés du moule en faisant tourner le moule sur lui-même.
3° Battre les blancs d'œufs en neige ferme, avec une pincée de sel. Les incorporer délicatement avec la spatule en caoutchouc en soulevant la compote. Ne pas tourner.
4° Faire cuire à four doux pendant 10 à 15 mn.
5° Servir la mousse de pommes chaude, saupoudrée de macarons écrasés ou d'amandes grillées.

N.B. – Si vous êtes pressée, vous pouvez utiliser la compote du commerce et une dose de caramel instantané.

## MOUSSE AUX FRAISES ou AUX FRAMBOISES

QUANTITÉS *: 3 ou 4 personnes.*
*2 blancs d'œufs ; 250 à 300 g de fraises ou de framboises ; 100 g de sucre.*

PARFUMS : *1 c. à soupe de kirsch ou de liqueur de fruits (fraises, framboises, cassis, cerises).*
PRÉPARATION : *1/4 h.*
RÉFRIGÉRATEUR : *2-3 h.*
MATÉRIEL : *un verre mesureur ; 2 terrines ; une spatule en caoutchouc ; un fouet électrique.*

1° Réduire les fraises en purée et les passer à travers une passoire ou à la moulinette. Ajouter le sucre.
2° Battre les blancs d'œufs en neige ferme avec une pincée de sel. Les incorporer délicatement aux fraises avec la spatule en caoutchouc en soulevant les fraises. Ne pas tourner.
3° Mettre la mousse à prendre 2-3 h au réfrigérateur.

## VARIANTE

### MOUSSE AUX FRUITS AU SIROP
**(ananas, abricots, prunes, pêches, poires).**

Suivre la recette de la mousse aux fraises.
Remplacer les fraises par 250 à 300 g de fruits au sirop égouttés et réduits en purée.

● ●

### MOUSSE AU CARAMEL EN COURONNE

QUANTITÉS : *8 à 10 personnes.*
*5 blancs d'œufs ; 100 g de sucre.*
CARAMEL : *200 g de sucre ; 3 c. à soupe d'eau ; 2 gouttes de vinaigre ou jus de citron.*
PRÉPARATION : *1/4 h.*
CUISSON DU CARAMEL : *10 mn.*
RÉFRIGÉRATEUR : *2 à 3 h.*
MATÉRIEL : *un verre mesureur ; une terrine ; une spatule en caoutchouc ; un fouet électrique ; un moule à savarin (en couronne).*

1° Faire le caramel : faire fondre dans une casserole, le sucre avec l'eau et le vinaigre qui évite la cristallisation. Porter ensuite sur feu vif, sans tourner. Quand le caramel est blond l'éteindre avec un demi-verre d'eau chaude.
2° Battre les blancs en neige ferme, avec une pincée de sel. Verser en pluie le sucre. Incorporer délicatement les blancs sucrés, avec la spatule en caoutchouc, au caramel dilué. Ne pas tourner.
3° Verser la mousse au caramel dans le moule à savarin huilé.
4° Mettre la mousse à prendre 2 à 3 h au réfrigérateur.
5° Démouler la couronne juste avant de servir et accompagner d'un demi-litre de crème anglaise faite avec les jaunes d'œufs. Vous pouvez également utiliser une crème du commerce.

# LES GLACES

## GLACE A LA CRÈME DU COMMERCE

QUANTITÉS : *4 personnes.*
*1 boîte de crème de commerce (vanille, pralinée, chocolat, café, Grand-Marnier) ; 1 blanc d'œuf.*
PARFUMS AU CHOIX : *1 c. à café de cognac ou de liqueur de fruits.*
PRÉPARATION : *5 mn.*
RÉFRIGÉRATEUR : *sans sorbetière, 1 h 30 à 2 h.*

1° Précautions à prendre avant de faire la glace :
– Si nécessaire, dégivrer le réfrigérateur la veille.
– Mettre le thermostat sur la position la plus froide au moins 2 h à l'avance.
2° Battre la crème. Ajouter l'alcool de votre choix si la crème n'en contient pas déjà.
3° La mettre à glacer dans le freezer dans le bac à glace.
4° Lorsque la crème commence à prendre, la battre de nouveau et incorporer le blanc battu en neige pour l'aérer.
5° Servir la glace avec des gaufrettes ou des tuiles.

N.B. – Vous pouvez également ajouter à la crème du commerce 50 g de crème fraîche. Cette glace a l'avantage de ne pas former de cristaux et peut se faire sans inconvénient sans sorbetière.

## GLACE A LA VANILLE

QUANTITÉS : *8 personnes.*
CRÈME ANGLAISE : *1/2 l de lait ; 4 jaunes d'œufs ; 100 g de sucre ; 1 gousse de vanille ;*
PARFUMS *(facultatif) : zeste d'un demi-citron râpé ; 1 c. à café (maximum) de cognac ou de liqueur de fruits.*
PRÉPARATION : *5 mn.*
CUISSON : *crème anglaise, chauffer sans bouillir.*
RÉFRIGÉRATEUR : *avec sorbetière, 1 h 30 à 2 h ; sans sorbetière, 2 h à 3 h.*

1° Précautions à prendre avant de faire la glace :
– Si nécessaire, dégivrer le réfrigérateur la veille.
– Mettre le thermostat sur la position la plus froide au moins 2 h à l'avance. – Déposer, dans le réfrigérateur, la sorbetière ou le bac à glace pendant la préparation de la crème anglaise.
2° Préparer la crème anglaise.
Travailler les jaunes d'œufs avec le sucre jusqu'à ce que le mélange blanchisse. Ajouter, petit à petit, le lait bouillant contenant la gousse de vanille. Remettre sur le feu. Faire épaissir la crème sans bouillir. La crème est cuite lorsqu'elle nappe la cuillère.
3° Laisser refroidir la crème au bain-marie froid (une cuvette avec de l'eau froide) avant de la mettre à glacer au freezer soit dans la sorbetière ; soit dans un bac à glace.
4° Démouler la glace au dernier moment. La plonger, au préalable, quelques instants dans l'eau bouillante.

5° Servir la glace nature avec des gaufrettes, des tuiles ou accompagnée d'une salade de fruits ou d'une sauce au chocolat chaude (100 g de chocolat à croquer fondu doucement avec 20 g de beurre et aromatisé avec 1 c. à soupe de cognac ou autre alcool au choix).

RECOMMANDATIONS

Lorsque la glace est prise, si elle doit attendre plusieurs heures au freezer, il faut remettre le thermostat sur une position moins froide et intermédiaire. Il ne faut pas dépasser la quantité d'alcool proposée dans la recette car la glace ne prendrait pas (l'alcool étant un antigel).
Si vous n'avez pas de sorbetière, il est préférable de battre la crème anglaise quand elle commence à prendre au réfrigérateur. Vous lui ajoutez 100 g de crème fraîche battue pour l'aérer et éviter la formation de cristaux.

## VARIANTES

### GLACE A LA CRÈME ANGLAISE AUX AMANDES OU A LA NOIX DE COCO

Suivre la recette de base de la glace à la vanille.
Ajouter 50 g de poudre d'amandes ou de pulpe de noix de coco fraîche râpée ou achetée en sachet.

### GLACE A LA CRÈME ANGLAISE AU CARAMEL

CARAMEL : *50 g sucre ; 3 c. à soupe d'eau ; 2 gouttes de vinaigre ou de jus de citron.*

Suivre la recette de base de la glace à la vanille. Ajouter à la crème anglaise une dose de caramel instantané ou de caramel fait de la manière suivante : faire fondre dans une casserole le sucre avec l'eau et le vinaigre qui évite la cristallisation. Porter ensuite à feu vif sans tourner. Quand le caramel est blond, l'éteindre hors du feu, avec un demi-verre d'eau chaude. Verser le caramel dans la crème anglaise et mélanger.

### GLACE A LA CRÈME ANGLAISE AU CHOCOLAT

Suivre la recette de base de la glace à la vanille. Ajouter 100 g de chocolat à croquer dans le lait mis à chauffer.

### GLACE A LA CRÈME ANGLAISE AUX FRUITS CONFITS (plombière ou tutti-frutti)

Suivre la recette de base de la glace à la vanille. Parfumer avec 1 c. à café de kirsch. Ajouter 50 g de fruits confits hachés finement. Pour la glace en sorbetière, ajouter les fruits confits seulement lorsque les batteurs de la sorbetière sont relevés.

## GLACE A LA CRÈME ANGLAISE AUX FRUITS

Suivre la recette de base de la glace à la vanille. Mixer 250 g de fruits frais, congelés ou au sirop (fraises, framboises, abricots, pêches, ananas).
Ajouter les fruits à la crème anglaise et parfumer à l'alcool au choix.

## GLACE A LA CRÈME ANGLAISE ET AUX MARRONS GLACÉS

Suivre la recette de base de la glace à la vanille. Ajouter 50 g de marrons glacés réduits en poudre et parfumer la crème avec 1 c. à café de cognac.

## GLACE A LA CRÉME ANGLAISE AUX NOIX, NOISETTES OU PISTACHES

Suivre la recette de base de la glace à la vanille. Ajouter 50 g de noix, noisettes ou pistaches hachées finement.
Pour la glace en sorbetière, les ajouter seulement lorsque les batteurs de la sorbetière sont relevés.

## GLACE A LA CRÈME ANGLAISE PRALINÉE

Suivre la recette de base de la glace à la vanille. Ajouter à la crème 50 g de pralin en poudre du commerce.

## GLACE A LA CRÈME ANGLAISE AUX RAISINS SECS

Suivre la recette de base de la glace à la vanille. Ajouter 50 g de raisins secs hachés finement et macérés dans du rhum tiède.
Pour la glace en sorbetière, ajouter les raisins secs seulement lorsque les batteurs de la sorbetière sont relevés.

• •

## GLACE AU YAOURT AU CITRON

QUANTITES : *6 personnes.*
*4 pots de yaourt ; 150 g de sucre en poudre ou de sucre glace ; 1/2 sachet de sucre vanillé (facultatf) ; 50 g de crème fraîche (facultatif) ; 2 citrons; 1 blanc d'oeuf.*
PARFUMS AU CHOIX : *1 c. à café de cognac ou de liqueur de fruits.*
PRÉPARATION : *10 mn.*
RÉFRIGÉRATEUR : *avec sorbetière 1 h 30 à 2 h ; sans sorbetière, 2 à 3 h.*

1° Précautions à prendre avant de faire la glace :
– Si nécessaire, dégivrer le réfrigérateur la veille.
– Mettre le thermostat sur la position la plus froide au moins 2 h à l'avance.

– Déposer dans le réfrigérateur la sorbetière ou le bac à glace pendant la préparation de la glace.
2° Faire la glace. Battre les yaourts. Ajouter le sucre, le sucre vanillé, le zeste d'un citron râpé, (peau jaune) le jus des 2 citrons et l'alcool de votre choix.
3° Battre le blanc d'œuf en neige ferme avec une pincée de sel.
4° Incorporer délicatement le blanc d'œuf battu à la préparation et mettre à glacer dans le freezer soit dans la sorbetière, soit dans le bac à glace.
5° Servir la glace au yaourt avec des gaufrettes ou des tuiles.

N.B. – Vous pouvez remplacer les citrons par 2 oranges, 1 pamplemousse, 250 g de purée de fruits frais, congelés ou au sirop (fraises, framboises, abricots, ananas, pêches, prunes, poires, cerises). Vous pouvez également remplacer les yaourts par 8 petits-suisses.

## PARFAIT AUX FRUITS

QUANTITÉS : *6 personnes.*
*250 g de purée de fruits frais, congelés ou au sirop (ananas, abricots, avocats, fraises, framboises, pêches, cerises) ; 125 g de sucre glace ; 125 g de crème fraîche.*
PARFUMS AU CHOIX : *1 c. à café de cognac ou de liqueur de fruits.*
PRÉPARATION : *10 mn.*
RÉFRIGÉRATEUR : *avec sorbetière, 1 h 30 à 2 h ; sans sorbetière, 2 à 3 h.*

1° Précautions à prendre avant de faire la glace :
– Si nécessaire, dégivrer le réfrigérateur la veille.
– Mettre le thermostat sur la position la plus froide au moins 2 h à l'avance.
– Déposer dans le réfrigérateur la sorbetière ou le bac à glace pendant la préparation du parfait.
2° Réduire en purée les fruits en les passant au mixer ou à la moulinette.
3° Battre la crème fraîche en chantilly avec un glaçon jusqu'à ce que le fouet marque.
4° Ajouter délicatement le sucre glace, la purée de fruits, l'alcool au choix.
5° Mettre à glacer au freezer soit dans la sorbetière, soit dans le bac à glace.
6° Démouler la glace juste avant de servir en la plongeant au préalable quelques instants dans l'eau bouillante.
7° Servir le parfait avec des gaufrettes ou des tuiles.

N.B. – Vous pouvez réaliser un parfait avec toutes les variantes de la glace à la vanille et au citron. Vous pouvez également ajouter 2 jaunes d'œufs à la préparation.

## SORBET A L'ORANGE

QUANTITÉS : *4 personnes.*
*4 oranges ; 1 citron ; 150 g de sucre glace.*
PARFUMS AU CHOIX : *1 c. à café de liqueur d'orange ou de cognac.*
PRÉPARATION : *10 mn.*
RÉFRIGÉRATEUR : *avec sorbetière, 1 h 30 à 2 h ; sans sorbetière, 2 h à 3 h.*

1° Précautions à prendre avant de faire les sorbets :
– Si nécessaire, dégivrer le réfrigérateur la veille.
– Mettre le thermostat sur la position la plus froide au moins 2 heures à l'avance.
– Déposer, dans le réfrigérateur, la sorbetière ou le bac à glace pendant la préparation des sorbets.
2° Evider les oranges et le citron. Passer la pulpe et le jus au mixer ou à la moulinette. Ajouter le sucre glace, l'alcool au choix.
3° Mettre à glacer au freezer soit dans la sorbetière, soit dans le bac à glace.
4° Servir les sorbets dans des coupes ou dans les écorces de fruits évidés préalablement refroidies au réfrigérateur.

RECOMMANDATIONS

Lorsque le sorbet est pris, s'il doit attendre plusieurs heures au freezer, il faut remettre le thermostat sur une position moins froide et intermédiaire. Il ne faut pas dépasser la quantité d'alcool proposée dans la recette car la glace ne prendrait pas (l'alcool étant un antigel).
Si vous n'avez pas de sorbetière, il est indispensable d'ajouter une feuille de gélatine dissoute dans 2 c. à soupe d'eau tiède ou un blanc d'œuf battu en neige ferme pour éviter la formation de cristaux.
Le blanc d'œuf battu est incorporé au sorbet seulement lorsqu'il commence à prendre.

# VARIANTES

### SORBET AU CITRON

Suivre la recette de base du sorbet à l'orange. Remplacer les oranges par 6 citrons.

### SORBET AU PAMPLEMOUSSE

Suivre la recette de base du sorbet à l'orange. Supprimer le citron et remplacer les oranges par deux pamplemousses.

### SORBET AUX FRUITS

Suivre la recette de base du sorbet à l'orange. Supprimer le citron si les fruits sont déjà acides.
Remplacer les oranges par 500 g de fruits frais, congelés ou au sirop (fraises, abricots, framboises, ananas, prunes, pêches, poires, cerises).

N.B. – Pour l'ananas, vous pouvez le présenter dans l'écorce évidée et préalablement refroidie.

# TABLE DES MATIÈRES

## POTAGES



## CRUDITÉS, SALADES, ENTRÉES

## PLATS EN GELÉE



## LES SOUFFLÉS

## LES ŒUFS

## LE POISSON



## MOLLUSQUES



## CRUSTACÉS



## LES VIANDES



## LE POULET

## LA PINTADE



## DINDE, DINDONNEAU, OIE



## BROCHETTES



## LE LAPIN

## VIANDES



## LE BŒUF

## LE VEAU



## LE PORC

## LE CANARD



## LE MOUTON

## ABATS



## LES LÉGUMES FRAIS

## LES LÉGUMES SECS



## RIZ (UTILISATIONS SALÉES)



## RIZ (UTILISATIONS SUCRÉES)

## LES PATES



## SEMOULE



## LES SAUCES

## PATISSERIE

### PATE LEVÉE AUX BLANCS D'ŒUFS

## LA PATE A LA LEVURE DU BOULANGER



## PATE A GAUFRES



## LA PATE A LA LEVURE CHIMIQUE



## PATE A CHOUX

## PATE A CRÊPES



## PATE A FRIRE



## PATE BRISÉE

## PATE AUX BLANCS D'ŒUFS



## PATE FEUILLETÉE RAPIDE

## PATE SABLÉE



# DESSERTS

## LES CHARLOTTES



## LES CRÈMES

## ENTREMETS AU PAIN



## LES FLANS



## LES FRUITS

## LES MOUSSES



## LES GLACES

# Index

## D



## E

## P

## Q



## R



## S

## T



## V

**Photographies Brigitte et Jean-Pierre Perrin-Chattard :**

Crème d'oseille
Asperges
Omelette
Salade de pissenlits
Moules marinières
Lapin chasseur
Canard rôti
Gigot d'agneau
Crêpes
Tarte aux pommes
Tarte aux oignons
Tarte au flan
Pomme en douillon
Far aux pruneaux

**Photographies Jean-Pierre Laverrière :**

Omelette au jambon
Civet de lapin
Potée
Poulet sauté
Gratin dauphinois
Savoie
Quatre-quart fourré aux cerises

**Photographies Hervé Duchêne :**

Soupe de poisson
Ratatouille niçoise
Sauté de veau à la provençale
Daube à la provençale
Choux farcis
Bettes (ou blettes)
Tomates provençales

Cet ouvrage a été imprimé par Imprimerie Hérissey à Evreux (27).
I.S.B.N. 2.85882.020.1 - Dépôt légal : janvier 1977
N° éditeur : 125.17.18.01.92